PASCAL - PENSÉES

PENSÉES

PASCAL

PENSÉES

Texte établi par LÉON BRUNSCHVICG

Chronologie, introduction,
notes, archives de l'œuvre, index
par
Dominique Descotes

GF Flammarion

CHRONOLOGIE

1620 (1er janvier) : Naissance, à Clermont, de Gilberte Pascal, fille d'Étienne Pascal et sœur aînée de Blaise.

1623 (19 juin) : Naissance de Blaise Pascal.

1625 (5 octobre) : Naissance de Jacqueline Pascal.

1626 : Mort d'Antoinette Begon, leur mère.

1631 : Etienne Pascal s'installe à Paris et se consacre de plus en plus à l'éducation de ses enfants.

1634 : Blaise Pascal écrit un *Traité des sons*.

1635 : Blaise redécouvre la trente-deuxième proposition d'Euclide.

1638 : Etienne Pascal, menacé d'arrestation, doit se cacher. Rentré en grâce en 1639, il se voit confier une charge de Commissaire pour les « subsistances » en Normandie.

1640 : Etienne Pascal à Rouen. Blaise Pascal publie l'*Essai pour les côniques*. Publication de l'*Augustinus* de Jansénius.

1642 : Pascal invente sa Machine arithmétique.

1643 : Bulle papale confirmant la condamnation de l'*Augustinus*. Arnauld publie *la Fréquente Communion*.

1645 : *Lettre dédicatoire* de Pascal au Chancelier Séguier pour sa machine.

1646 : Etienne Pascal rencontre deux gentilshommes normands, qui initient Blaise aux écrits de Port-Royal. La « conversion » de Blaise à une vie plus chrétienne entraîne celle de sa famille. Il réalise l'expérience de Torricelli.

1647 : Affaire Saint-Ange. Pascal regagne Paris, où il entre en rapport avec Port-Royal. Publication des *Expériences nouvelles touchant le vide*, et début de la correspondance avec le Père Noël, jésuite tenant de la physique cartésienne. La maladie de Pascal le force à « se divertir ».

1648 : Pascal écrit à sa sœur plusieurs lettres sur son évolution religieuse. Il poursuit ses travaux sur le vide ; il fait exécuter l'expérience du Puy-de-Dôme et écrit le *Récit de la grande expérience de l'équilibre des liqueurs* (octobre 1648).

1649 : Etienne, Blaise et Jacqueline s'installent à Clermont. Ils retournent à Paris en 1650.

1651 : Pascal écrit la *Préface* au *Traité du vide*. Mort de son père, à l'occasion de laquelle il rédige une lettre à Gilberte.

1652 : Jacqueline entre à Port-Royal malgré les réticences de son frère. Elle fait sa profession religieuse le 5 juin 1653.

1654 : *Traité de l'équilibre des liqueurs et de la pesanteur de la masse de l'air*. Pascal travaille le *Traité des côniques*. *Traité du triangle arithmétique*, ouvrages connexes et correspondance avec Fermat sur ce sujet. Dans la nuit du 23 novembre, expérience « mystique » dont rend compte le *Mémorial*, qui clôt la « période mondaine ».

1655 : Pascal se retire à Port-Royal. Il parle d'Epictète et de Montaigne à M. de Saci, confesseur des religieuses *(Entretien de Pascal avec M. de Saci)*. Arnauld écrit les *Lettres à une personne de condition*.

1656 : Censure des cinq propositions attribuées à Jansénius. Pascal, entraîné dans la querelle, porte la polémique devant le public en écrivant la série des *Provinciales*. Le 24 mars, miracle de la Sainte-Epine opéré sur la nièce de Pascal. *Lettres de Pascal aux Roannez*, à propos de la vocation religieuse de la jeune fille.

1657 : Fin de la série des *Provinciales* ; la querelle se poursuit avec d'autres écrits. C'est sans doute à cette époque que Pascal rédige les *Ecrits sur la grâce*. Il rédige une partie des *Pensées*.

1658 : Pascal collabore aux *Ecrits des curés de Paris* contre l'*Apologie pour les casuistes*. Affaire de la Cycloïde ; le concours organisé par Pascal donne lieu à une querelle, à laquelle il met fin par l'*Histoire de la* *roulette* et les *Lettres de A. Dettonville.* Il expose à quelques amis les grandes lignes de son projet d'*Apologie de la religion chrétienne.*

1659 : *L'Apologie pour les casuistes,* contre laquelle les curés de Paris, avec l'aide de Pascal, ont mené campagne depuis 1658, est condamnée. Pascal tombe malade, au point de ne pouvoir prêter une attention soutenue à quoi que ce soit. Il écrit pourtant la *Prière pour demander à Dieu le bon usage des maladies.*

1660-61 : Reprise des persécutions contre Port-Royal : expulsion des pensionnaires ; ordre donné par le Conseil d'État de signer le formulaire de 1657, condamnant nommément Jansénius. Les religieuses le signent avec des réserves, mais la manœuvre échoue. Jacqueline Pascal meurt le 4 octobre. Pascal, dans un *Écrit sur la signature,* exprime son refus de signer le formulaire de condamnation.

1662 : Affaire des carrosses à cinq sols. Pascal, retombé malade, reçoit les sacrements et meurt le 19 août.

1668 : La Paix de l'Église apaise momentanément les querelles.

1670 : Première édition des *Pensées* par un comité d'amis de Port-Royal.

INTRODUCTION

Depuis Voltaire, une longue tradition critique voit en Pascal à la fois un grand auteur classique et un dangereux séducteur : il est permis au lecteur d'admirer son art, non de se laisser prendre à ses raisonnements. De fait, contrairement à Descartes, Pascal n'a jamais fait école : on cite beaucoup la partie « morale » des *Pensées*, on connaît les théories du divertissement, des deux infinités, et l'opposition de la géométrie et de la finesse. Mais le projet apologétique même de Pascal gêne toujours ses lecteurs. Je vois trop bien « la main de Pascal », dit Valéry, je devine trop où il veut me mener pour me laisser prendre à son piège : Pascal n'est pas philosophe, mais apologiste de la religion chrétienne, et la volonté de persuader effarouche souvent plus qu'elle ne séduit. Tout au plus reprend-on quelques-uns de ses thèmes les plus brillants, ou certaines de ses formules, en les isolant de leur contexte. Et même par ses amis, Pascal n'a pas toujours été bien servi, puisque ses théories les plus radicales ont été atténuées, affadies, et quelquefois tout à fait oubliées.

Aussi Pascal est-il un auteur moins classique qu'on ne le croit : non seulement les *Pensées* ne sont connues que fragmentairement, et comme par échos, mais ses *Ecrits sur la grâce* ou ses analyses du sens des Ecritures saintes demeurent généralement dans l'ombre : ce sont pourtant des pièces essentielles du système. Cette ignorance, évidemment, a pour cause certains traits de la sensibilité historique des lecteurs ; mais c'est surtout l'originalité des *Pensées* qui nous déroute : ni traité de philosophie, ni autobiographie mystique, ni seulement apologie de la religion chrétienne, l'œuvre de Pascal revêt une forme littéraire sans équivalent, à la fois fragmentaire et systématique, dont le lecteur moderne lui-même a encore quelque peine à se faire une idée d'ensemble.

Rien de plus artificiel, en ce sens, que d'isoler les *Pensées* du reste de l'œuvre de Pascal, car elles résonnent de tous ces travaux antérieurs, scientifiques, théologiques ou philosophiques. Dans ses notes, Pascal recueille toute son évolution spirituelle et ses expériences dans les mondes des savants, des religieux, des bourgeois ou des gens de qualité. Il transcrit également ses réflexions sur sa propre œuvre dans chacun des domaines qu'il a explorés : son effort tend toujours à élargir sa pensée, à saisir de mieux en mieux le sens profond de ce qu'il a pu écrire ; Pascal philosophe revient sur Pascal géomètre ou Pascal physicien ; « rhétoricien », il étudie le polémiste des *Provinciales* ; mais inversement, c'est en théologien qu'il justifie ses conceptions rhétoriques et son « Art de Persuader ». « Tout, disait Filleau de la Chaise, pourrait avoir place dans les *Pensées* ; en tout cas, toute l'expérience pascalienne y trouve son reflet et sa propre critique » : c'est pourquoi les registres et les sujets y sont à la fois variés et fortement liés. Les *Pensées* sont nées lentement, au carrefour de préoccupations diverses, dans le mouvement d'une réflexion qui toujours revient et s'interroge sur elle-même.

En un sens, il est difficile de fixer la date précise à laquelle Pascal a décidé d'écrire une apologie de la religion chrétienne dirigée contre les indifférents et les « libertins ». Mais nous connaissons quelques points de repère. Dès 1648, Pascal discute avec l'un de ses confesseurs de Port-Royal, M. de Rebours, auquel il déclare penser que les « principes du sens commun » peuvent contribuer à l'établissement des vérités de la religion, et que le « raisonnement bien conduit » porte à croire, contrairement à une opinion largement répandue à l'époque : retourner ainsi contre les ennemis du véritable christianisme les armes du sens commun, c'est, avant la date, le principe de l'*Apologie*. Cette perspective devient plus nette encore dans l'*Entretien de Pascal avec M. de Saci* (1655), où Pascal montre que les doctrines philosophiques d'Epictète et de Montaigne, considérées dans leur contrariété même, constituent la meilleure introduction possible au christianisme : Epictète a su voir la grandeur et la dignité de la nature humaine ; Montaigne, lui, a fondé son scepticisme sur la considération de la corruption de l'homme. Seule la religion chrétienne concilie ces contrariétés dans l'opposition du péché et de la grâce. Elle seule, par conséquent, rend intégralement

compte de la nature de l'homme, ainsi que de l'incapacité
des philosophes à la comprendre dans sa totalité. Déjà
Pascal parle en pédagogue, presque en apologiste.

Deux autres événements ont encore pu contribuer à
la naissance du projet apolégétique : la nuit du *Mémorial*
(23 novembre 1654) met fin à une crise spirituelle de
Pascal et opère en lui une « conversion » qui le décide à
« mener le bon combat » (H. Gouhier) pour la religion
chrétienne, contre les Jésuites dans la querelle des *Provinciales*, puis contre les incroyants. Mais il semble surtout que ce soit la guérison opérée, durant l'année 1656,
en pleine polémique, sur la nièce de Pascal par la Sainte
Epine, qui ait orienté sa réflexion sur les miracles en
général, considérés comme signes de la volonté divine.
Sans doute ces analyses n'auraient-elles pas figuré dans
l'*Apologie* définitive ; mais c'est à partir d'elles que Pascal
a élargi son projet et conçu certains développements. Ces
différentes orientations, réfléchies et diversifiées, le
conduisent à concevoir son « grand dessein » d'apologie
de la religion, destinée à tirer de leur indifférence inso-
lente les philosophes et les libertins. Dès 1658, le projet
est largement réalisé puisque, durant une conférence
tenue devant les esprits les plus exigeants de Port-Royal,
Pascal expose les grandes lignes de son ouvrage, selon
l'ordre dont Filleau de la Chaise s'est fait l'écho dans son
Discours sur les Pensées de M. Pascal. Il a déjà commencé
à classer ses papiers, à ordonner les fragments de son
livre, lorsque la mort l'empêche d'achever son travail.

Si l'élaboration du « grand dessein » lui-même ne
remonte pas avant la seconde conversion de Pascal, les
grands thèmes des *Pensées*, eux, prolongent, pour la plupart, les plus anciennes préoccupations de l'auteur : l'idée,
fondamentale, de la séparation du domaine de la foi et de
celui de la raison, lui a été enseignée par son père ; c'est
aussi très tôt que Pascal a appris à lire et à connaître les
Ecritures, dont l'influence apparaît clairement jusque
dans les analyses psychologiques et morales des *Pensées ;*
ou encore, certaines considérations épistémologiques
remontent aux leçons de méthodologie données au
Père Noël à l'occasion de la querelle du vide (1647). La
recherche des sources de Pascal ou la connaissance du
contexte culturel n'est donc jamais inutile : tout ce qu'à
un moment ou à un autre il a pu entendre, lire, ou écrire
lui-même réapparaît, au terme d'une longue transfor-
mation, dans les *Pensées*. Comprendre Pascal, c'est

d'abord savoir à partir de quoi il parle, à qui il s'oppose : presque constamment il écrit en polémiste.

Expérience vécue aussi bien que livresque; parfois les deux puisque Pascal a pu, par exemple, à la fois lire et connaître Descartes. Il a pu fréquenter des milieux très différents, scientifiques, mondains ou religieux, dans lesquels il a toujours occupé une place importante. Les *Pensées* reflètent ses querelles et ses discussions avec les grandes figures de l'époque (les Jésuites, mais aussi Méré, Miton, M. de Roannez). Expérience mondaine, d'abord : on sait que les réflexions sur l'esprit de finesse ont été inspirées par le Chevalier de Méré, ami de Pascal et théoricien de l'honnêteté; c'est encore ce même Méré qui, incapable de concevoir la divisibilité de l'espace à l'infini, enseigne à Pascal qu'on peut être habile homme et manquer d'esprit de géométrie. Pascal tire également parti de son expérience scientifique : la fréquentation des milieux savants lui suggère d'utiles réflexions sur la valeur et l'utilité de la géométrie. Il n'est pas jusqu'à une certaine expérience politique qui ne se traduise dans les *Pensées :* la typologie des naïfs, des demi-habiles et des habiles lui a sans doute été suggérée par l'attitude turbulente de certains milieux à l'époque de la Fronde (alors que Pascal lui-même a toujours professé la plus grande soumission au pouvoir royal). Enfin les références aux disputes philosophiques et surtout religieuses du temps, aux problèmes de la grâce et de la morale relâchée, apparaissent sans cesse en filigrane dans tous les fragments de l'*Apologie*.

De la même façon, l'expérience livresque de Pascal est largement réactivée dans les *Pensées :* Epictète le stoïcien et Montaigne le sceptique sont les principaux interlocuteurs de Pascal dans son grand ouvrage, en matière de morale et de connaissance de l'homme. L'*Entretien avec M. de Saci* les présente comme les deux types parfaits de philosophes et, toujours, Pascal parle à la fois avec eux et contre eux; souvent il reprend et développe leurs argumentations, mais c'est pour les critiquer radicalement par la suite. Si Pascal, cependant, a lu attentivement les *Essais*, les échos n'en sont pas purement livresques : le néo-stoïcisme, tout comme le scepticisme de tendance épicurienne, sont à l'époque des courants de pensée bien vivants, que le christianisme perçoit alors comme une double menace. Aussi les *Pensées* font-elles parler, chacun en sa langue et selon son point de vue, les hommes les plus différents, Montaigne, Méré, Epictète, mais aussi les géomètres, les « disciples de saint Augustin », et parfois même les Jésuites ou les ennemis de la religion. Les *Pensées* sont une polyphonie de philosophes, de savants, de gens du monde et de chrétiens, avec lesquels Pascal a pu entrer, d'une façon ou d'une autre, en contact.

Est-ce à dire, comme on l'a voulu, que Pascal n'a fait que recueillir ce qu'il a vu ou entendu, développer des idées trouvées chez d'autres, prenant au hasard des rencontres des notes sans cohérence ? On a souvent remarqué que certains de ses thèmes avaient déjà été développés ailleurs aussi systématiquement que dans les *Pensées;* c'est le cas, par exemple, du Divertissement, dont on trouve la théorie longuement exposée chez Sénèque. Ce serait ignorer le double travail critique et littéraire auquel Pascal soumet les matériaux de son *Apologie,* au terme duquel il en transforme radicalement le sens et la nature.

Travail critique d'une part : lorsqu'il revient sur l'une de ses expériences antérieures, Pascal se situe toujours à un point de vue nouveau. Il ne répète pas, il cherche à élargir le contexte, à faire varier et à généraliser la portée d'une idée; toujours il veut en dégager le sens, c'est-à-dire interpréter cette expérience. La querelle des *Provinciales,* par exemple, fait l'objet d'un grand nombre de fragments des *Pensées,* plus ou moins polémiques, qui reprennent les argumentations de Pascal contre les Jésuites, réfutent leurs thèses et condamnent leurs procédés. Mais ici Pascal cherche moins à accabler encore ses ennemis qu'à comprendre le conflit qui l'oppose à eux, à mieux définir sa propre position par rapport aux casuistes, donc à replacer les *Provinciales* mêmes dans le cadre global de l'histoire de l'Eglise : il ne s'agit plus de polémiquer, mais de comprendre le sens d'une polémique passée. Pour l'interpréter, Pascal distingue, dans la religion chrétienne, des chrétiens charnels et des chrétiens spirituels, les uns attachés aux réalités divines, les autres arrêtant leur regard à la terre : cette dichotomie rend parfaitement compte du cas particulier des Jésuites, qui recherchent la puissance temporelle, par opposition aux « disciples de saint Augustin », comme Pascal lui-même; mais elle s'applique également à la religion hébraïque, et en général à toute l'histoire de l'Eglise. Ce schéma situe donc la querelle des *Provinciales* dans le cours de l'histoire universelle; il en détermine la nécessité et la signification. En ce sens, loin de n'être qu'une répétition des

Lettres, les *Pensées* constituent une réflexion critique de Pascal sur lui-même.

C'est cependant sur l'élaboration proprement littéraire du texte des *Pensées* qu'il faut insister, dans la mesure où elle enveloppe, au fond, toute l'originalité du problème pascalien. Car Pascal n'écrit pas n'importe quoi, ni n'importe comment : Voltaire a voulu répandre l'idée que Pascal notait, à la diable, tout ce qui lui passait par la tête, quitte à se réfuter lui-même par la suite. Il faut renverser la proposition : si Pascal a écrit par fragments, c'est qu'il savait fort bien comment chaque pièce devait s'insérer dans l'ensemble et se rattacher aux autres. D'une certaine façon, loin de manifester l'incapacité de trouver un ordre à ses argumentations, la dispersion des fragments montre que Pascal savait fort bien comment il voulait les organiser. C'est ce paradoxe d'une création littéraire à la fois rigoureuse et lacunaire que l'on doit d'abord expliquer, ce qui ne saurait se faire sans référence aux méthodes de travail de Pascal.

Il faut encore partir de l'opposition entre Pascal et Descartes. Pour celui-ci, il n'y a qu'un seul discours véritable possible, celui qui, partant du « cogito », finit par fonder la science du monde. Le doute a réduit au silence, a étouffé les opinions, les philosophies et les autres formes de discours, en ne les comptant pour rien : reste à suivre le chemin linéaire des certitudes. Pascal, on l'a vu, procède tout autrement : la matière même de son œuvre, c'est son expérience, c'est l'ensemble des discours, philosophiques, religieux, scientifiques, qui existent effectivement; ce sont les conduites des hommes telles qu'on les observe (divertissements, etc.). Loin de parler tout seul, comme Descartes qui a d'emblée fait taire, en doutant de tout, les voix d'Épictète ou de Montaigne, Pascal se situe dans le réseau des discours et des pensées de son époque : anticartésien par son point de départ même, il agit, comme dans les sciences, en empiriste. Puisqu'il veut convertir les hommes, il lui faut d'abord les écouter, accepter le dialogue : considérer, pour ainsi dire, les discours des autres comme des faits d'expérience. Or, constate Pascal, on ne peut se tromper par le côté où l'on envisage les choses; chacun a raison du point de vue où il se place et ne manque qu'à accepter le point de vue opposé; il n'y a donc pas de discours absolument illégitime; et tout discours, même « naïf », même populaire, a sa raison d'être et sa valeur propre, du moment qu'il existe. Il mérite donc d'être analysé et interprété. Ainsi Montaigne a bien vu la faiblesse humaine : il représente un point de vue particulier sur le problème anthropologique, tel qu'on ne peut en faire légitimement abstraction. Déjà, dans l'*Entretien*, Pascal condense et résume les *Essais* pour en tirer une doctrine cohérente; dans les *Pensées*, il reprend et reconstitue le discours du sceptique, en développe certaines parties et en critique d'autres.

Les premières *Provinciales* le prouvaient déjà : tout discours est déterminé par le point de vue de celui qui parle. Toute perspective suppose des zones de lumière et des zones d'ombre : ainsi, dit Pascal, il y a sur l'homme deux points de vue possibles. L'un, celui d'Epictète, voit tout ce qui en fait la grandeur, mais reste aveugle à ses misères; l'autre, celui de Montaigne, perçoit fort bien la bassesse de l'homme, mais il ne voit pas, en lui, les restes de sa dignité. Les deux perspectives s'opposent, car l'une juge selon la « diversité », l'autre selon la « fin » de l'homme, mais elles ont chacune leur part de vérité. Pascal étudie ainsi de nombreux discours en fonction de leur perspective, c'est-à-dire en définissant leurs « points aveugles » (voir, par exemple, l'opposition du peuple aux demi-habiles et aux habiles). La grande originalité de Pascal par rapport au cartésianisme est donc d'avoir, le premier, pris le discours comme matière de sa réflexion.

Inversement, on pourrait dire qu'il traite également les faits comme des discours, dans la mesure où jamais il ne sépare la description d'une conduite humaine de son interprétation. Quel est, ainsi, le sens du divertissement ? Au terme de l'analyse, Pascal en reconstitue la justification, comme pour traduire le divertissement en une formule cohérente : « et ainsi, quand on leur reproche que ce qu'ils recherchent avec tant d'ardeur ne saurait les satisfaire, s'ils répondaient, comme ils devraient le faire s'ils y pensaient bien, qu'ils ne recherchent en cela qu'une occupation violente et impétueuse qui les détourne de penser... ils laisseraient leurs adversaires sans repartie. Mais ils ne répondent pas cela, parce qu'ils ne se connaissent pas eux-mêmes. » Pascal se pose ainsi, pourrait-on dire, en empiriste du discours. On comprend donc pourquoi la réflexion pascalienne touche de très près à la rhétorique, à la persuasion, sans cesser pour autant d'être une apologie de la religion chrétienne. Elle a pour premier objet l'ensemble des discours que Pascal

a pu lui-même « intercepter » : Descartes, Epictète, les
sceptiques sont le corps, la matière des *Pensées*, autant
pour ce qu'ils révèlent de l'homme que parce qu'ils sont
les adversaires de la religion.

Empirisme ne signifie pas réception passive. Pascal est
au contraire passionné de mise en ordre : de récentes
études ont mis en lumière ses méthodes de travail dans
ce domaine. Pour « reconstruire » un auteur, il dispose
en général d'un recueil de citations ou d'extraits plus ou
moins larges, soit sous forme de manuel, soit sous forme
de notes personnelles : les *Ecrits sur la grâce*, par exemple,
sont en partie une collection d' « excerpta ». De la même
façon, dans l'*Entretien*, l'exposé des doctrines d'Epictète et de Montaigne est constitué d'extraits souvent lit-
téraux, parfois modifiés, de ces auteurs, ordonnés les
uns après les autres pour former un ensemble cohérent
et homogène. Les *Pensées* réunissent également de semblables séries de citations plus ou moins développées,
parfois très brèves.

A partir de ces extraits, Pascal construit, pour ainsi
dire, un discours idéal, plus dense et rigoureux que
nature, tel qu'il soit ordonné par un principe unique.
Reprenons l'exemple de Montaigne : l'*Entretien avec
M. de Saci* présente l'établissement d'une sorte de modèle
structural du sceptique. Pascal en détermine d'abord le
principe fondamental ; chez Montaigne, tout découle de
l'idée de la corruption de l'homme et de son incapacité à
connaître et à se connaître. Cette base ordonne rigou-
reusement tout le reste : doute absolu, morale païenne et
épicurienne, insouciance de sa propre fin se déduisent les
uns des autres presque comme on tire géométriquement
les conséquences d'un principe. Ainsi enchaînées, les
citations forment un discours homogène, dans lequel on
reconnaît un modèle réduit des *Essais*. M. de Saci ne s'y
trompe pas : dans cette construction, la mise en ordre est
l'œuvre de Pascal qui, au fond, prête plus à Montaigne
et à Epictète qu'il ne leur emprunte.

Les *Pensées* généralisent le principe : en eux-mêmes,
Epictète et Montaigne sont de peu d'intérêt ; ce qui
compte, c'est qu'ils représentent le modèle idéal d'un
certain type de philosophe, modèle susceptible d'être
travaillé et analysé. Dans les *Pensées*, Pascal élargit cette
typologie des discours : dans l'ordre de la philosophie,
il précise les distinctions : l'opposition des pyrrhoniens
et des dogmatistes demeure ; mais du point de vue du

souverain bien, celle des épicuriens et des stoïciens est plus typique. La classification se complique encore, et se nuance, si l'on distingue les types de philosophes selon la « concupiscence » secrète qui commande leur discours : désir de savoir, désir de jouir, désir de dominer, chacune des « concupiscences » apparaît comme le principe d'une secte particulière de philosophes. A la dualité de l'*Entretien*, les *Pensées* substituent une constellation différenciée de discours philosophiques.

Mais les *Pensées* ne se limitent pas à la philosophie : la classification des hommes en naïfs, demi-habiles, habiles, dévots et parfaits chrétiens introduit une démarche analogue, dans un autre domaine. Chaque catégorie se définit ici par son point de vue propre sur l'ordre du monde, irréductible aux autres : les naïfs, ou le peuple, attribuent à la nature des grands de ce monde une noblesse qui n'est qu'un effet de coutume; les demi-habiles, au contraire, comprennent que les grandeurs ne sont que pure apparence; enfin les habiles « parlent comme le peuple », tout en sachant bien que les grandeurs d'établissement n'ont rien d' « essentiel » en nous. Et ainsi de suite... Dans tous les cas, Pascal classe les perspectives typiques selon leurs différences et leurs ressemblances : le discours du naïf et celui de l'habile sont identiques, puisqu'il faut « parler comme le peuple »; mais ils manifestent pourtant des points de vue distincts, car un honnête homme garde « sa pensée de derrière la tête ». Ainsi cette typologie est-elle complexe : tout en maintenant les différences spécifiques des multiples points de vue, elle marque également leurs rapports d'analogie. La même démonstration serait possible pour la dichotomie des Juifs et des chrétiens.

La constitution de cette typologie est la base de l'argumentation pascalienne : chaque type y conserve son originalité, tout en restant fortement lié aux autres; d'une certaine façon, Pascal crée, dans les *Pensées*, une sorte de réseau des principaux discours possibles, qui s'opposent, se répondent ou se correspondent : les pyrrhoniens s'en prennent aux dogmatistes, les fins aux géomètres, les demi-habiles aux parfaits chrétiens, et même les Jésuites aux « disciples de saint Augustin ». Le lecteur n'y saisit d'ailleurs pas seulement des contradictions, mais aussi des affinités secrètes, comme entre sceptiques et épicuriens. Et à travers Montaigne, il entend tous les sceptiques, à travers Descartes, tous les dogmatiques.

Jamais, pourtant, ces classifications ne tombent dans la sécheresse rhétorique ; au lieu de reprendre platement les discours qu'il entend mettre en œuvre, Pascal les développe et diversifie leurs thèmes essentiels. Il prête à son Stoïcien ou à son Pyrrhonien sa propre éloquence : tantôt on reconnaît la virulence du sceptique dans la critique des institutions ou du « moi humain » ; tantôt la noblesse des stoïciens, ou la chaleur des cartésiens dans leur défense du droit de l'homme à connaître. Chaque discours est à la fois rigoureux et très vivant car si le principe, ou la perspective, reste constant, les domaines analysés et les exemples varient. Par là Pascal concilie la plus grande liberté de création avec son exigence fondamentale d'ordre.

La matière des *Pensées* est donc tout à fait différente, par nature, de celle des *Méditations* de Descartes : la texture des *Pensées* est le dialogue, les échanges et les entrecroisements des discours : ils se répondent, se réfutent ou se renforcent réciproquement, en une sorte de réseau extrêmement complexe. On comprend bien pourquoi l'ordre cartésien n'est pas celui de Pascal : les *Méditations* suivent une voie linéaire, alors que la recherche est ici serpentine, passant d'un point de vue à l'autre, en un dialogue sans cesse recommencé. Descartes suit l'enchaînement des raisons ; Pascal, lui, nous situe au cœur des disputes du temps, dans le dialogue multiple des points de vue qui s'opposent ou se complètent. La recherche de la vérité n'est pas, pour lui, de l'ordre de la simplicité : elle a pour univers la diversité des hommes et des opinions ; à la chaîne cartésienne des raisons, Pascal substitue le labyrinthe des discours.

D'où, en un sens, la forme fragmentaire des *Pensées*, qui n'exprime pas, comme le veut L. Goldmann, une pensée toujours en contradiction avec elle-même. Lorsqu'il construit un discours, Pascal n'a pas besoin d'en reprendre la totalité : il n'en reconstitue souvent qu'un chaînon ou une orientation argumentative. Mais il sait fort bien à quoi répond chaque fragment et quelle est sa place dans l'économie des *Pensées* : c'est la raison de tant d'indications elliptiques, parfois déroutantes, qui, loin d'être une note prise au hasard, seraient plutôt l'écho d'un discours cohérent développé ailleurs. Rien de moins inachevé, d'une certaine façon, que ces fragments puisqu'ils manifestent, au contraire, l'extrême exigence d'ordre propre à Pascal.

D'où, encore, la grande fréquence de la forme dialoguée dans les *Pensées*, que l'on ne retrouve pas seulement dans l'*Argument du Pari*, mais aussi dans presque tous les textes un peu développés, et souvent de façon elliptique dans certains fragments brefs (n° 227, 231, par exemple) : en un éclair, on passe d'un point de vue à l'autre, par « renversement du pour au contre ». La fameuse image du « roseau pensant » en est l'exemple extrême, qui réunit en une formule les points de vue opposés d'Epictète et de Montaigne.

C'est là, sans doute, qu'il faut reconnaître l'extraordinaire maîtrise de Pascal. Car dès maintenant il a pris son lecteur au piège, tout comme il avait, avec les *Provinciales*, réduit les Jésuites à une défensive sans espoir. Les *Pensées* sont, au fond, une sorte de machine infernale, à laquelle on n'échappe nécessairement que vaincu et persuadé : l'un des seuls exemples, avec Rousseau, de piège littéraire. Car Pascal prend toujours soin, dans son livre, de dessiner la place de son lecteur : toujours il lui parle, lui présente le spectacle du monde, lui fait écouter le dialogue des philosophes et des religions. Il y a une véritable mise en scène des *Pensées*, au milieu de laquelle, très vite, le lecteur ne sait plus s'il est spectateur ou acteur : le « vous » qui le met en cause le force, peu à peu, à s'identifier au « je » et, comme par imitation, à écouter, à discuter et, comme le veut Pascal, à « chercher ». Mimant la recherche, le lecteur finit par chercher.

Dès lors, Pascal a gagné la partie : nous avons vu, en effet, que les types de discours qu'il a pu reconstruire offrent des perspectives suffisamment larges pour représenter, de façon schématique, toutes les opinions possibles sur le problème de l'homme. La typologie des points de vue est à la fois assez formelle et variée pour que tout discours puisse être rapporté à un cas ou à une perspective assignable. Nécessairement le lecteur est pris dans le réseau : il se reconnaît soit dans le naïf, soit dans le demi-habile, soit dans le dévot; en Montaigne ou en Descartes; en Epicure ou en un stoïcien. Dans tous les cas il retrouve, « mutatis mutandis », sa propre position dans l'une ou plusieurs de celles que Pascal a construites; il est « embarqué » car, quel que soit son discours, « s'il s'élève », on l'abaisse, « s'il s'abaisse », on l'élève, et « le contredit toujours ».

Tel est en effet le piège pascalien : une opinion étant donnée, elle est sans cesse remise en critique au nom

d'une autre, et cela dans tous les domaines : les sceptiques réfutent à bon droit les dogmatiques car nous ne
sommes jamais certains de ne pas rêver; mais les dogmatiques ont également raison de se fier à la « nature ». De
la même façon, les demi-habiles ont raison de ne pas
prendre la coutume pour la loi naturelle; mais le peuple a
encore plus raison qu'eux car « fronder les Etats » c'est
établir un désordre permanent, sans possibilité réelle de
fonder un ordre légitime. Et ainsi de suite, chaque discours réfute l'autre, passant sans cesse du pour au
contre.

La critique pascalienne consiste fondamentalement en
une méthode d'interprétation : dans chaque cas Pascal
cherche la « raison des effets », la racine d'une opinion ou
encore ce qui lui donne son sens. Il ne faut pas seulement
écouter un discours, il faut encore en découvrir la signification profonde, et souvent cachée, en remontant à son
principe. Ecoutons les sceptiques : ils n'ont raison de
proclamer notre ignorance que s'ils sont peu nombreux;
si tout le monde était de leur avis, il y aurait une vérité
unique et universelle : au fond du scepticisme se trouve
un dogmatisme larvé; son véritable sens est le dogmatisme : le pyrrhonisme se réfute donc lui-même. Autre
exemple : les demi-habiles font profession de mépriser
le peuple; mais lorsqu'ils veulent tout bouleverser pour
établir un ordre qu'ils imaginent plus juste, ils com-
mettent la même erreur que les naïfs : la véritable
signification de la demi-habileté, c'est la naïveté, son
contraire. Prenons encore le cas des ennemis de la religion chrétienne, les Juifs : ils ont beau s'attaquer au
christianisme, dit Pascal, leur folie ne sert qu'à l'établir
et à prouver sa vérité.

Tel est le nerf de l'argumentation des *Pensées* : affirmer
la grandeur de l'homme, c'est prouver sa présomption
et sa misère; mais on reconnaît sa dignité au fait que
l'homme se sait misérable. Ainsi la signification véritable
d'un discours n'est pas son sens explicite, mais toujours
le sens contraire. Le piège est parfait : quoi que vous
puissiez dire, affirme Pascal, la signification de votre
discours vous échappe et vous réfute; tout ce que vous
dites ne fait que renforcer l'opinion contraire. Le débat
des pyrrhoniens et des dogmatiques n'a pas de fin et ne
peut en avoir, par définition. On voit en quoi il n'est pas
exagéré de parler de machine infernale : car une fois
entré dans le jeu, il n'est pas possible d'en sortir : aucun

discours n'échappe au renversement du pour ou contre, et à peine croit-on avoir trouvé un point fixe ou une position stable que tout est remis en question. La première victime en serait le lecteur lui-même : si Pascal a su le mettre en cause, s'il s'identifie au « je » des *Pensées*, le voilà entraîné d'une opinion à l'autre, se reconnaissant sans cesse dans ce qui lui est le plus contraire et toujours pris à revers, quoi qu'il dise. Le « je », chez Pascal, marque toujours la permanence d'une individualité, mais perpétuellement changée et étrangère à elle-même : « je » est un autre.

Mais aussi le lecteur de bonne foi est réduit au silence, c'est-à-dire, d'une certaine façon, convaincu. S'il ne peut rien dire sans se réfuter du même coup, il ne lui reste plus qu'à se taire. C'est là l'effet produit par la construction pascalienne : cette « philosophie du discours » place le lecteur dans une position telle qu'il doit nécessairement rester en silence et écouter la parole de Dieu qui seule peut encore mettre de l'ordre dans un chaos insupportable. Il n'y a donc pas, chez Pascal, une intention apologétique distincte d'une philosophie du discours : les problèmes de la définition, de l'art de persuader, ont toujours intéressé Pascal : les premières *Provinciales*, l'*Opuscule sur l'esprit géométrique*, les *Écrits sur la grâce* en témoignent. Mais dans les *Pensées*, ces problèmes n'ont pas de sens en dehors du projet d'apologie de la religion ; la réflexion rhétorique est la matière même de l'*Apologie*. La théorie pascalienne des discours trouve son fondement dans la parole de Dieu.

Car que dit la Révélation ? Elle tient, dit Pascal, dans l'idée du péché originel et dans la personne de Jésus-Christ : sans elle, nous sommes « incompréhensibles à nous-mêmes ». Mais elle rend compte de tout : la doctrine du péché originel distingue deux natures en l'homme, l'une glorieuse, l'autre déchue, avant et après la faute. Avant le péché, l'homme est heureux, pur de tout mal ; après la chute, il est soumis à la concupiscence et « incapable de tout bien ». La distinction de ces deux natures explique clairement toutes les contrariétés de l'homme.

Du même coup, la Révélation, ou plutôt la personne de Jésus-Christ, devient le point fixe qui rend aux opinions diverses leur vérité et leur sens. Car tout ce que nous disions de la dignité de l'homme peut maintenant se rapporter à sa nature avant la chute ; inversement, ce

que nous disions de sa bassesse s'applique à l'état de
déchéance : il redevient possible, grâce à la parole de
Dieu, de parler sans se contredire, ou sans dire n'importe
quoi. Il suffit de bien penser que notre nature est déchue
pour pouvoir dire que nous sommes misérables et grands
sans absurdité, puisque nous ne le disons plus du même
aspect de l'homme. Il n'y a pas de santé du discours sans
la parole de Dieu, mais avec elle nous pouvons enfin
penser sans contradiction. Ainsi, la Révélation rend la
philosophie inutile puisque jamais la philosophie n'a
conduit au salut ; mais elle la rend aussi possible, car sans
la Révélation toute pensée retombe dans le chaos.

Ceci compris, nous voyons que la Révélation donne
sens à tout : elle est *la raison de tous les « effets »*. C'est
parce que Dieu a voulu se cacher qu'il y a des incroyants,
et leur incroyance même est une preuve supplémentaire
de la vérité du christianisme ; c'est aussi parce que Dieu
se cache que les Juifs n'ont pas vraiment compris le
« sens spirituel » des Ecritures : et leur aveuglement
prouve encore la religion chrétienne. Les pires ennemis
du christianisme ne font que le renforcer. Ce qui paraît
le plus contraire à Dieu n'a de sens que par lui et retom-
berait, sans lui, dans le chaos et le néant. Aussi la religion
rend-elle aussi bien compte de ce qui lui est contraire
que du reste. Elle est la secrète raison d'être de tout, et
même de ses ennemis.

Pascal conserve cependant de son expérience de physicien ce principe qu'une hypothèse, même si elle explique
beaucoup de faits, peut toujours être remise en question :
c'est pourquoi il demande aux Ecritures de fournir des
preuves de leur propre vérité. Or, montre-t-il, la parole
de Dieu porte en elle-même les marques de sa vérité, de
telle sorte qu'il n'est pas possible, de bonne foi, de la
révoquer en doute : les miracles, la « perpétuité de la
religion chrétienne » tout au long de l'histoire et les
prophéties en sont les preuves irréfutables.

La dernière partie des *Pensées*, la moins lue, est cependant la plus importante, car elle rend raison de tout ce
qui précède. La parole de Dieu, ou les Ecritures, sont en
quelque sorte la règle de tout discours possible, sans
laquelle tout est confusion et contrariété : grâce à elle,
l'homme n'est plus un monstre pour lui-même et l'univers ne lui apparaît plus comme un milieu chaotique dans
lequel il est impossible de s'orienter. Mais cette Parole,
encore faut-il la comprendre, et voir quel en est le sens

véritable, caché par le sens littéral. Or le fil de la démonstration pascalienne consiste à montrer que l'Ecriture est le seul discours qui porte en soi-même sa propre raison d'être, qui donne des marques de sa vérité et se justifie soi-même : la parole de Dieu, contrairement aux discours humains, est à elle-même sa propre raison. Figurative, elle donne pourtant au lecteur de bonne volonté des marques de son sens caché (par exemple, Pascal affirme que les livres prophétiques n'ont de sens cohérent que si on les lit à la lumière de la charité, et que les prophètes n'ont cessé de le dire eux-mêmes). Et surtout, le sens caché des Ecritures s'explique lui-même, dans son caractère *figuratif* : Dieu a voulu se cacher aux hommes, il ne leur a parlé qu'en termes voilés; c'est notre corruption qui nous empêche de comprendre la véritable signification de la parole divine.

Raison de tous les effets, raison de soi-même, le discours divin est donc l'absolu qui rend toute pensée possible. Nous ne parlons et n'existons que par lui; la seule attitude raisonnable est de lui obéir et de vivre en « parfait chrétien ».

A ce point intervient la grâce divine : seul Dieu peut inspirer à l'homme le sentiment nécessaire à une véritable conversion et faire qu'il haïsse en lui-même sa corruption et qu'il aime sa nature de fils de Dieu. Mais il est faux de dire par là que Pascal apologiste aura été un « serviteur inutile »; il ne peut évidemment pas faire lui-même le salut de chaque homme. Mais d'une part il nous apprend que la foi ne s'acquiert que contre notre orgueil et notre concupiscence; d'autre part, et c'est l'essentiel, il a tout fait pour ouvrir à l'homme la voie de la charité en lui apprenant que tout ce qu'il dit et pense n'a de sens que par Dieu, auquel il faut se soumettre sous peine de tomber dans l'inconscience ou la folie. Et ici encore, le piège se referme : car refuser ces « célestes lumières », ce serait agir contre toute raison, et contre nous-mêmes. Mais en tout cas, ce n'est pas réfuter le christianisme, puisqu'il est le premier à affirmer que Dieu se cache aux hommes de mauvaise volonté. Quoi que dise, enfin, l'incroyant, il ne prouve que son aveuglement et, indirectement, confirme la parole de Dieu sans la comprendre. Dernière preuve que tout discours n'a de fondement qu'en Dieu.

⁎

On est loin, ici, du Pascal tourmenté des Romantiques
ou du sceptique de Victor Cousin. Longtemps on a vu
dans le « je » des *Pensées* un substitut de Pascal lui-même,
qui aurait transcrit dans ses notes ses doutes et ses
angoisses. Quel rapport avec celui qui a construit cette
machine littéraire, dont nous n'avons vu que les plus
importants ressorts ? N'est-ce pas perdre toute la vie des
Pensées, et se condamner à prendre pour artifice rhétorique ce qui est plutôt confidence émouvante ?

En réalité, il est bien certain que Pascal nous parle
souvent de lui-même dans ses *Pensées*. Nous avons dit
que son livre se serait alimenté de ses expériences et de
ses problèmes personnels, comme le manifeste le fragment 144. Mais il est aussi évident que souvent il prête
la parole à d'autres, à ceux qu'il a connus, lus, ou même
à ses adversaires. C'est, a-t-on pu dire, comme par délé-
gation qu'il parle le langage des libertins ou de celui qui
cherche.

Mais Pascal n'est pas un froid philosophe; il veut
avant tout persuader. Le « je », dans sa rhétorique, représente la place vide du lecteur. Les *Pensées* provoquent
sans cesse celui que Pascal veut convertir et l'entraînent
dans le piège de l'argumentation. Le principe de l'*Apologie* tient dans cette mise en cause perpétuelle du lecteur,
dans son engagement dans un réseau de discours qui le
perdent en un nœud de contrariétés.

C'est là le nerf de l'Art de Persuader des *Pensées*,
qu'elles n'ont d'existence que par la présence, dans le
texte lui-même, de leur lecteur. Tout comme les *Confessions* n'ont de sens que par ceux aux yeux desquels Rousseau veut se justifier.

Pascal l'a si bien senti que ses plus violentes invectives
visent les indifférents, qui refusent d'écouter et de discuter : il n'y a qu'un « monstre » pour agir ainsi contre sa
raison et son intérêt. Car sans lecteur pour s'assimiler
au « je » qui « cherche », les *Pensées* perdent toute raison
d'être, plus encore, leur matière même, car aucun véritable dialogue ne peut plus s'établir. On ne peut guère
réfuter Pascal : la seule façon de lui échapper, c'est de
l'ignorer, de se taire, et de renoncer à se justifier.

Dominique DESCOTES

NOTE SUR LA PRÉSENTE ÉDITION

Parue en 1897, l'édition Brunschvicg fut longtemps considérée comme définitive par les chercheurs. Quelques précautions sont cependant nécessaires pour en faire bon usage.

Depuis le *Rapport à l'Académie* de Victor Cousin (1842), les éditeurs des *Pensées* savaient que le manuscrit original de Pascal se trouvait à la Bibliothèque nationale; Prosper Faugère en fit usage pour établir, en 1844, une édition plus complète et plus exacte que celles qui avaient précédé. L'édition de Léon Brunschvicg a été établie à partir de ce manuscrit et des copies qui en avaient été tirées après la mort de Pascal.

Louis Lafuma a montré que, avant sa mort, Pascal avait opéré, dans les notes qu'il avait prises pour la composition de son *Apologie de la religion chrétienne*, ainsi que sur d'autres sujets, un classement qu'il ne put mener à terme. Découpant les grandes feuilles sur lesquelles il notait ses réflexions, il réunissait les fragments en des liasses classées. Il constitua de cette façon un ensemble de vingt-sept liasses, qui forment une série de chapitres titrés : cet ensemble constitue, écrit J. Mesnard, « une ébauche, raisonnée, de l'*Apologie* ». Le travail de classement fut cependant interrompu, soit à cause de la maladie qui toucha Pascal en 1658, soit pour d'autres raisons. De sorte que nous possédons encore une série de trente-quatre liasses de fragments non classés : cet ensemble contient « des fragments en attente de classement, des fragments étrangers à l'*Apologie*, et des fragments postérieurs à 1658 » (J. Mesnard).

Léon Brunschvicg pensa à publier les fragments dans ce qu'il prenait pour un désordre complet. Il y renonça, parce que ce désordre risquait, à son avis, de dérouter le

lecteur et de le décourager de reconstituer la cohérence
de la pensée pascalienne à travers la dispersion des fragments. Son édition est construite selon des principes
essentiellement pédagogiques et philosophiques.

Léon Brunschvicg a renoncé à restituer les *Pensées*
dans l'ordre que la comparaison du manuscrit et de la
copie imposait. Il a même renoncé à distinguer les fragments que Pascal destinait à l'*Apologie* et qu'il avait
classés, de ceux qui demeuraient en attente ou relevaient
de sujets différents, pour considérer l'ensemble des fragments pascaliens comme un tout. Pour faciliter la lecture,
il décida donc de regrouper les fragments dans un ordre
rationnel, selon leurs thèmes et leurs analogies, procédant
« avec les *Pensées* de Pascal comme on fait dans un musée
de ruines, où sans restauration ni addition, on se préoc-
cupe uniquement de restituer à chaque pierre sa signification et sa valeur en en indiquant la provenance, en la
rapprochant des autres par un groupement méthodique. »
Aussi son édition se présente-t-elle comme un ensemble
de rubriques thématiques, réunissant des textes qui sont
dispersés dans la copie du manuscrit.

Il faut donc prendre garde que cette édition ne restitue
pas exactement le projet pascalien d'*Apologie de la religion chrétienne*. Des fragments qui n'auraient pas fait
partie de l'ouvrage se trouvent mêlés à ceux que Pascal
avait choisis et classés ; d'autre part, l'ordre des fragments
n'est pas celui que Pascal avait prévu. Le lecteur a donc
en main un texte qui ne reflète pas le contenu de la future
apologie, mais un tableau d'ensemble, thématique et
raisonné, de toute la pensée pascalienne. Il peut se faire
par là une idée du système de pensée de Pascal, et non
de son projet apologétique.

Le travail de reconstitution de ce projet a été entrepris
après la parution de l'édition Brunschvicg, par Louis
Lafuma, puis par Jean Mesnard. L'édition Lafuma, telle
du moins qu'elle se présente dans les Editions du Luxembourg, reproduit les fragments classés dans l'ordre du
classement opéré par Pascal, puis les fragments non
classés dans l'ordre où ils ont été retrouvés. On se rap-
proche par là du projet pascalien, sans pour autant perdre
de vue l'ensemble de la réflexion de l'auteur des *Pensées*.
Mais le travail de recherche n'est pas achevé aujourd'hui
encore : Jean Mesnard, qui a, après Lafuma, révélé de
nouveaux fragments, établit une nouvelle édition, dont
l'originalité doit être de rendre aux fragments non clas-

sés leur place dans la chronologie de la composition, afin de rendre compte du mouvement créateur de la pensée pascalienne.

En attendant cette publication qui nous donnera sans doute l'édition la plus satisfaisante des *Pensées* de Pascal, le classement de Léon Brunschvicg se recommande par sa clarté. Ce mérite justifie le succès qu'il connaît depuis plus de trois quarts de siècle.

C'est donc ce texte que nous reproduisons ici.

Nous faisons suivre le numéro de chaque *Pensée* du numéro de cette même *Pensée* dans l'édition Lafuma (Le Seuil, « L'intégrale »). L'astérisque placé avant le chiffre indique que la *Pensée* n'est pas écrite de la main même de Pascal. Nous plaçons entre crochets les passages rayés par Pascal.

BIBLIOGRAPHIE

I. — Éditions

Pensées de M. Pascal sur la Religion et sur quelques autres sujets, qui ont été trouvées après sa mort parmi ses papiers. Chez Guillaume Desprez, 1670. (Edition dite de « Port-Royal »; rééditée par le Centre Interuniversitaire d'éditions et de rééditions, Université de la région Rhône-Alpes, présentée par Georges Couton et Jean Lehasse. Imprimerie P. Guichard, Saint-Etienne, 1971.)

Pensées, Fragments et Lettres de Blaise Pascal, publiés pour la première fois, conformément aux manuscrits originaux... par M. Prosper Faugère, Paris, Andrieux, 1844.

Opuscules et Pensées, publiés avec une introduction, des notices et des notes, par Léon Brunschvicg, Paris, Hachette, 1897.

Pensées de Blaise Pascal, nouvelle édition, collection « les Grands Ecrivains de la France », par Léon Brunschvicg, Paris, Hachette, 1904.

Pensées de Blaise Pascal, édition paléographique des manuscrits originaux conservés à la Bibliothèque nationale, par Z. Tourneur, Paris, Vrin, 1942.

Pensées sur la Religion et sur quelques autres sujets, introduction de Louis Lafuma, 3 volumes, Éditions du Luxembourg, Paris, 1951.

II. — Études

Voltaire : *Lettres philosophiques*, XXV, 1734.
Cousin (Victor) : *Des Pensées de Pascal*. Rapport à l'Académie, Paris, Ladrange, 1843.

CONDORCET : *Eloge de Pascal* (*Œuvres complètes*, III, Paris, Didot, 1874).

VINET : *Etudes sur Blaise Pascal*, Paris, Meyrueis, 1856.

BOUTROUX : *Pascal*, Paris, Hachette, 1900.

STROWSKI : *Pascal et son temps*, Paris, Plon, 1907-1908.

RUSSIER : *La Foi selon Pascal*, Paris, Presses Universitaires de France, 1949.

LAPORTE : *Le Cœur et la Raison selon Pascal*, Elzévir, 1950.

BEGUIN : *Pascal par lui-même*, Paris, Seuil, 1952.

BRUNSCHVICG : *Pascal*, Paris, Vrin, 1953.

GOLDMANN : *Le Dieu caché*, Etude sur la vision tragique dans les *Pensées* de Pascal et le théâtre de Racine, Paris, NRF, Gallimard, 1955.

BRUNET : *Le Pari de Pascal*, Paris, Desclée de Brouwer, 1956.

LE ROY : *Pascal savant et croyant*, Paris, Presses Universitaires de France, 1963.

MESNARD : *Pascal*, Collection « Les Ecrivains devant Dieu », Paris, Desclée de Brouwer, 1965.

GOUHIER : *Blaise Pascal*, Commentaires, Paris, Vrin, 1966.

MESNARD : *Pascal*, « Connaissances des Lettres », Paris, Hatier, 1967.

ERNST : *Approches pascaliennes*, Gembloux, Duculot, 1970.

On lira également sur l'histoire des éditions des *Pensées* :

LAFUMA : *Histoire des* Pensées *de Pascal*, Paris, Editions du Luxembourg, 1954.

PENSÉES

LE MÉMORIAL

†

L'AN DE GRACE 1654,

Lundi, 23 novembre, jour de saint Clément, pape et martyr, et autres au martyrologe,
Veille de saint Chrysogone, martyr, et autres,
Depuis environ 10 heures et demie du soir jusques environ minuit et demi,

FEU,

« Dieu d'Abraham, Dieu d'Isaac, Dieu de Jacob » non des philosophes et des savants.
Certitude. Certitude. Sentiment. Joie. Paix.
Dieu de Jésus-Christ.
Deum meum et Deum vestrum.
« Ton Dieu sera mon Dieu. »
Oubli du monde et de tout, hormis Dieu.
Il ne se trouve que par les voies enseignées dans l'Evangile.
Grandeur de l'âme humaine.
« Père juste, le monde ne t'a point connu, mais je t'ai connu. »
Joie, joie, joie, pleurs de joie.
Je m'en suis séparé :
Dereliquerunt me fontem aquae vivae.
« Mon Dieu, me quitterez-vous ? »
Que je n'en sois pas séparé éternellement.
« Cette est la vie éternelle, qu'ils te connaissent seul vrai Dieu, et celui que tu as envoyé, Jésus-Christ. »

Jésus-Christ.
Jésus-Christ.

Je m'en suis séparé; je l'ai fui, renoncé, crucifié.

Que je n'en sois jamais séparé.

Il ne se conserve que par les voies enseignées dans l'Evangile.

Renonciation totale et douce.

Soumission totale à Jésus-Christ et à mon directeur.

Eternellement en joie pour un jour d'exercice sur la terre.

Non obliviscar sermones tuos. Amen.

PENSÉES

ARTICLE PREMIER

PENSÉES SUR L'ESPRIT ET SUR LE STYLE

*I-512. — *Différence entre l'esprit de géométrie et l'esprit de finesse.* — En l'un, les principes sont palpables, mais éloignés de l'usage commun; de sorte qu'on a peine à tourner la tête de ce côté-là, manque d'habitude : mais pour peu qu'on l'y tourne, on voit les principes à plein; et il faudrait avoir tout à fait l'esprit faux pour mal raisonner sur des principes si gros qu'il est presque impossible qu'ils échappent.

Mais dans l'esprit de finesse, les principes sont dans l'usage commun et devant les yeux de tout le monde. On n'a que faire de tourner la tête, ni de se faire violence; il n'est question que d'avoir bonne vue, mais il faut l'avoir bonne : car les principes sont si déliés et en si grand nombre, qu'il est presque impossible qu'il n'en échappe. Or, l'omission d'un principe mène à l'erreur; ainsi, il faut avoir la vue bien nette pour voir tous les principes, et ensuite l'esprit juste pour ne pas raisonner faussement sur des principes connus.

Tous les géomètres seraient donc fins s'ils avaient la vue bonne, car ils ne raisonnent pas faux sur les principes qu'ils connaissent; et les esprits fins seraient géomètres, s'ils pouvaient plier leur vue vers les principes inaccoutumés de géométrie.

Ce qui fait donc que de certains esprits fins ne sont pas géomètres, c'est qu'ils ne peuvent du tout se tourner vers les principes de géométrie; mais ce qui fait que des géomètres ne sont pas fins, c'est qu'ils ne voient pas ce qui est devant eux, et qu'étant accoutumés aux principes nets et grossiers de géométrie, et à ne raisonner qu'après avoir bien vu et manié leurs principes, ils se perdent dans les choses de finesse, où les principes ne se laissent pas ainsi manier. On les voit à peine, on les sent plutôt qu'on ne les

voit; on a des peines infinies à les faire sentir à ceux qui
ne les sentent pas d'eux-mêmes : ce sont choses tellement
délicates et si nombreuses, qu'il faut un sens bien délicat
et bien net pour les sentir, et juger droit et juste selon ce
sentiment, sans pouvoir le plus souvent les démontrer
par ordre comme en géométrie, parce qu'on n'en possède
pas ainsi les principes, et que ce serait une chose infinie de
l'entreprendre. Il faut tout d'un coup voir la chose d'un
seul regard, et non pas par progrès de raisonnement, au
moins jusqu'à un certain degré. Et ainsi il est rare que les
géomètres soient fins et que les fins soient géomètres,
à cause que les géomètres veulent traiter géométriquement
ces choses fines, et se rendent ridicules, voulant commencer par les définitions et ensuite par les principes,
ce qui n'est pas la manière d'agir en cette sorte de raisonnement. Ce n'est pas que l'esprit ne le fasse; mais il le
fait tacitement, naturellement et sans art, car l'expression
en passe tous les hommes, et le sentiment n'en appartient
qu'à peu d'hommes.

Et les esprits fins, au contraire, ayant ainsi accoutumé
à juger d'une seule vue, sont si étonnés, — quand on leur
présente des propositions où ils ne comprennent rien et
où pour entrer, il faut passer par des définitions et des
principes si stériles, qu'ils n'ont point accoutumé de voir
ainsi en détail, — qu'ils s'en rebutent et s'en dégoûtent.

Mais les esprits faux ne sont jamais ni fins ni géomètres.

Les géomètres, qui ne sont que géomètres, ont donc
l'esprit droit, mais pourvu qu'on leur explique bien toutes
choses par définitions et principes; autrement, ils sont
faux et insupportables, car ils ne sont droits que sur les
principes bien éclaircis.

Et les fins qui ne sont que fins ne peuvent avoir la
patience de descendre jusque dans les premiers principes des choses spéculatives et d'imagination, qu'ils
n'ont jamais vues dans le monde, et tout à fait hors
d'usage.

*2-511. — Diverses sortes de sens droit; les uns dans
un certain ordre de choses, et non dans les autres ordres,
où ils extravaguent.

Les uns tirent bien les conséquences de peu de principes, et c'est une droiture de sens.

Les autres tirent bien les conséquences des choses où
il y a beaucoup de principes.

Par exemple, les uns comprennent bien les effets de
l'eau, en quoi il y a peu de principes; mais les consé-

quences en sont si fines, qu'il n'y a qu'une extrême droiture d'esprit qui y puisse aller.

Et ceux-là ne seraient peut-être pas pour cela grands géomètres, parce que la géométrie comprend un grand nombre de principes, et qu'une nature d'esprit peut être telle qu'elle puisse bien pénétrer peu de principes jusqu'au fond, et qu'elle ne puisse pénétrer le moins du monde les choses où il y a beaucoup de principes.

Il y a donc deux sortes d'esprits : l'une, de pénétrer vivement et profondément les conséquences des principes, et c'est là l'esprit de justesse ; l'autre, de comprendre un grand nombre de principes sans les confondre, et c'est là l'esprit de géométrie. L'un est force et droiture d'esprit, l'autre est amplitude d'esprit. Or l'un peut bien être sans l'autre, l'esprit pouvant être fort et étroit, et pouvant être aussi ample et faible.

3-751. — Ceux qui sont accoutumés à juger par le sentiment ne comprennent rien aux choses de raisonnement, car ils veulent d'abord pénétrer d'une vue et ne sont point accoutumés à chercher les principes. Et les autres, au contraire, qui sont accoutumés à raisonner par principes, ne comprennent rien aux choses de sentiment, y cherchant des principes, et ne pouvant voir d'une vue.

4-513. — *Géométrie, finesse.* — La vraie éloquence se moque de l'éloquence, la vraie morale se moque de la morale ; c'est-à-dire que la morale du jugement se moque de la morale de l'esprit — qui est sans règles.

Car le jugement est celui à qui appartient le sentiment, comme les sciences appartiennent à l'esprit. La finesse est la part du jugement, la géométrie est celle de l'esprit.

Se moquer de la philosophie, c'est vraiment philosopher.

*5-534. — Ceux qui jugent d'un ouvrage sans règle sont, à l'égard des autres, comme ceux qui n'ont pas de montre à l'égard des autres. L'un dit : « Il y a deux heures. » L'autre dit : « Il n'y a que trois quarts d'heure. » Je regarde ma montre, et je dis à l'un : « Vous vous ennuyez » ; et à l'autre : « Le temps ne vous dure guère ; car il y a une heure et demie. » Et je me moque de ceux qui me disent que le temps me dure à moi, et que j'en juge par fantaisie ; ils ne savent pas que je juge par ma montre.

*6-814. — Comme on se gâte l'esprit, on se gâte aussi le sentiment.

On se forme l'esprit et le sentiment par les conversa-

tions. On se gâte l'esprit et le sentiment par les conversations. Ainsi les bonnes ou les mauvaises le forment ou
le gâtent. Il importe donc de tout de bien savoir choisir,
pour se le former et ne le point gâter; et on ne peut faire
ce choix, si on ne l'a déjà formé et point gâté. Ainsi cela
fait un cercle, d'où sont bienheureux ceux qui sortent.

*7-516. — A mesure qu'on a plus d'esprit, on trouve
qu'il y a plus d'hommes originaux. Les gens du commun
ne trouvent pas de différence entre les hommes.

8-766. — Il y a beaucoup de gens qui entendent le
sermon de la même manière qu'ils entendent vêpres.

*9-701. — Quand on veut reprendre avec utilité, et
montrer à un autre qu'il se trompe, il faut observer par
quel côté il envisage la chose, car elle est vraie ordinairement de ce côté-là, et lui avouer cette vérité, mais lui
découvrir le côté par où elle est fausse. Il se contente de
cela, car il voit qu'il ne se trompait pas, et qu'il manquait
seulement à voir tous les côtés; or on ne se fâche pas de
ne pas tout voir, mais on ne veut pas [s']être trompé; et
peut-être que cela vient de ce que naturellement l'homme
ne peut tout voir, et de ce que naturellement il ne se
peut tromper dans le côté qu'il envisage; comme les appré-
hensions des sens sont toujours vraies.

*10-737. — On se persuade mieux, pour l'ordinaire,
par les raisons qu'on a soi-même trouvées, que par celles
qui sont venues dans l'esprit des autres.

11-764. — Tous les grands divertissements sont dangereux pour la vie chrétienne; mais entre tous ceux que
le monde a inventés, il n'y a point qui soit plus à
craindre que la comédie. C'est une représentation si
naturelle et si délicate des passions, qu'elle les émeut et
les fait naître dans notre cœur, et surtout celle de l'amour;
principalement lorsqu'on [le] représente fort chaste et fort
honnête. Car plus il paraît innocent aux âmes innocentes,
plus elles sont capables d'en être touchées; sa violence
plaît à notre amour-propre, qui forme un désir de causer
les mêmes effets, que l'on voit si bien représentés; et l'on
se fait en même temps une conscience fondée sur l'honnêteté des sentiments qu'on y voit, qui ôtent la crainte
des âmes pures, qui s'imaginent que ce n'est pas blesser
la pureté, d'aimer d'un amour qui leur semble si sage.

Ainsi l'on s'en va de la comédie le cœur si rempli de
toutes les beautés et de toutes les douceurs de l'amour,
et l'âme et l'esprit si persuadés de son innocence, qu'on
est tout préparé à recevoir ses premières impressions, ou

plutôt à chercher l'occasion de les faire naître dans le
cœur de quelqu'un, pour recevoir les mêmes plaisirs et
les mêmes sacrifices que l'on a vus si bien dépeints dans
la comédie.

12-581. — Scaramouche, qui ne pense qu'à une chose.
Le docteur, qui parle un quart d'heure après avoir
tout dit, tant il est plein de désir de dire.

13-635. — On aime à voir l'erreur, la passion de
Cléobuline, parce qu'elle ne la connaît pas. Elle déplairait,
si elle n'était trompée.

*14-652. — Quand un discours naturel peint une pas-
sion ou un effet, on trouve dans soi-même la vérité de
ce qu'on entend, laquelle on ne savait pas qu'elle y fût,
en sorte qu'on est porté à aimer celui qui nous le fait
sentir ; car il ne nous a pas fait montre de son bien, mais
du nôtre ; et ainsi ce bienfait nous le rend aimable, outre
que cette communauté d'intelligence que nous avons
avec lui incline nécessairement le cœur à l'aimer.

15-584. — Eloquence qui persuade par douceur, non
par empire, en tyran, non en roi.

16. — L'éloquence est un art de dire les choses de
telle façon : 1° que ceux à qui l'on parle puissent les
entendre sans peine et avec plaisir ; 2° qu'ils s'y sentent
intéressés, en sorte que l'amour-propre les porte plus
volontiers à y faire réflexion.

Elle consiste donc dans une correspondance qu'on
tâche d'établir entre l'esprit et le cœur de ceux à qui l'on
parle d'un côté, et de l'autre les pensées et les expressions
dont on se sert ; ce qui suppose qu'on aura bien étudié
le cœur de l'homme pour en savoir tous les ressorts, et
pour trouver ensuite les justes proportions du discours
qu'on veut y assortir. Il faut se mettre à la place de ceux
qui doivent nous entendre, et faire essai sur son propre
cœur du tour qu'on donne à son discours, pour voir si
l'un est fait pour l'autre, et si l'on peut s'assurer que
l'auditeur sera comme forcé de se rendre. Il faut se renfermer, le plus qu'il est possible, dans le simple naturel ;
ne pas faire grand ce qui est petit, ni petit ce qui est
grand. Ce n'est pas assez qu'une chose soit belle, il faut
qu'elle soit propre au sujet, qu'il n'y ait rien de trop ni
rien de manque.

17-717. — Les rivières sont des chemins qui marchent,
et qui portent où l'on veut aller.

*18-744. — Lorsqu'on ne sait pas la vérité d'une chose,
il est bon qu'il y ait une erreur commune qui fixe l'esprit

des hommes, comme, par exemple, la lune, à qui on attribue le changement des saisons, le progrès des maladies, etc.; car la maladie principale de l'homme est la curiosité inquiète des choses qu'il ne peut savoir; et il ne lui est pas si mauvais d'être dans l'erreur, que dans cette curiosité inutile.

18 *bis*-745. — La manière d'écrire d'Epictète, de Montaigne et de Salomon de Tultie est la plus d'usage, qui s'insinue le mieux, qui demeure plus dans la mémoire, et qui se fait le plus citer, parce qu'elle est toute composée de pensées nées sur les entretiens ordinaires de la vie; comme, quand on parlera de la commune erreur qui est parmi le monde, que la lune est cause de tout, on ne manquera jamais de dire que Salomon de Tultie dit que, lorsqu'on ne sait pas la vérité d'une chose, il est bon qu'il y ait une erreur commune, etc., qui est la pensée de l'autre côté.

*19-976. — La dernière chose qu'on trouve en faisant un ouvrage, est de savoir celle qu'il faut mettre la première.

*20-683. — *Ordre*. — Pourquoi prendrai-je plutôt à diviser ma morale en quatre qu'en six ? Pourquoi établirai-je plutôt la vertu en quatre, en deux, en un ? Pourquoi en *abstine et sustine* plutôt qu'en « suivre nature », ou « faire ses affaires particulières sans injustice », comme Platon, ou autre chose ? — Mais voilà, direz-vous, tout renfermé en un mot. — Oui, mais cela est inutile, si on ne l'explique ; et quand on vient à l'expliquer, dès qu'on ouvre ce précepte qui contient tous les autres, ils en sortent en la première confusion que vous vouliez éviter. Ainsi, quand ils sont tous renfermés en un, ils y sont cachés et inutiles, comme en un coffre, et ne paraissent jamais qu'en leur confusion naturelle. La nature les a tous établis sans renfermer l'un en l'autre.

21-684. — La nature a mis toutes ses vérités chacune en soi-même; notre art les renferme les unes dans les autres, mais cela n'est pas naturel : chacune tient sa place.

*22-696. — Qu'on ne dise pas que je n'ai rien dit de nouveau : la disposition des matières est nouvelle; quand on joue à la paume, c'est une même balle dont joue l'un et l'autre, mais l'un la place mieux.

J'aimerais autant qu'on me dît que je me suis servi des mots anciens. Et comme si les mêmes pensées ne formaient pas un autre corps de discours, par une disposition différente, aussi bien que les mêmes mots forment d'autres pensées par leur différente disposition.

23-784. — Les mots diversement rangés font un divers sens et les sens diversement rangés font différents effets.

*24-710. — *Langage.* — Il ne faut point détourner l'esprit ailleurs, sinon pour le délasser, mais dans le temps où cela est à propos, le délasser quand il faut, et non autrement; car qui délasse hors de propos, il lasse; et qui lasse hors de propos délasse, car on quitte tout là; tant la malice de la concupiscence se plaît à tout faire le contraire de ce qu'on veut obtenir de nous sans nous donner du plaisir, qui est la monnaie pour laquelle nous donnons tout ce qu'on veut.

*25-667. — *Eloquence.* — Il faut de l'agréable et du réel; mais il faut que cet agréable soit lui-même pris du vrai.

26-578. — L'éloquence est une peinture de la pensée; et ainsi, ceux qui, après avoir peint, ajoutent encore, font un tableau au lieu d'un portrait.

*27-559. — *Miscellan. Langage.* — Ceux qui font les antithèses en forçant les mots sont comme ceux qui font de fausses fenêtres pour la symétrie : leur règle n'est pas de parler juste, mais de faire des figures justes.

28-580. — Symétrie, en ce qu'on voit d'une vue, fondée sur ce qu'il n'y a pas de raison de faire autrement : et fondée aussi sur la figure de l'homme, d'où il arrive qu'on ne veut la symétrie qu'en largeur, non en hauteur ni profondeur.

*29-675. — Quand on voit le style naturel, on est tout étonné et ravi, car on s'attendait de voir un auteur, et on trouve un homme. Au lieu que ceux qui ont le goût bon, et qui en voyant un livre croient trouver un homme, sont tout surpris de trouver un auteur : *Plus poetice quam humane locutus es.* Ceux-là honorent bien la nature, qui lui apprennent qu'elle peut parler de tout, et même de théologie.

30-610-611. — *Qu'on voie les discours de la 2*e*, 4*e* et 5*e* du Janséniste; cela est haut et sérieux.*

Je hais également le bouffon et l'enflé : on ne ferait son ami de l'un ni de l'autre.

On ne consulte que l'oreille, parce qu'on manque de cœur : la règle est l'honnêteté. Poète et non honnête homme.

*Après ma 8*e*, je croyais avoir assez répondu.* Beauté d'omission, de jugement.

31-721. — Toutes les fausses beautés que nous blâmons

en Cicéron ont des admirateurs, et en grand nombre.

   *32-585. — Il y a un certain modèle d'agrément et de beauté qui consiste en un certain rapport entre notre nature, faible ou forte, telle qu'elle est, et la chose qui nous plaît.

Tout ce qui est formé sur ce modèle nous agrée : soit maison, chanson, discours, vers, prose, femme, oiseaux, rivières, arbres, chambres, habits, etc. Tout ce qui n'est point fait sur ce modèle déplaît à ceux qui ont le goût bon.

Et, comme il y a un rapport parfait entre une chanson et une maison qui sont faites sur le bon modèle, parce qu'elles ressemblent à ce modèle unique, quoique chacune selon son genre, il y a de même un rapport parfait entre les choses faites sur le mauvais modèle. Ce n'est pas que le mauvais modèle soit unique, car il y en a une infinité; mais chaque mauvais sonnet, par exemple, sur quelque faux modèle qu'il soit fait, ressemble parfaitement à une femme vêtue sur ce modèle.

Rien ne fait mieux entendre combien un faux sonnet est ridicule que d'en considérer la nature et le modèle, et de s'imaginer ensuite une femme ou une maison faite sur ce modèle-là.

   *33-586. — *Beauté poétique.* — Comme on dit beauté poétique, on devrait aussi dire beauté géométrique, et beauté médicinale; mais on ne le dit pas : et la raison en est qu'on sait bien quel est l'objet de la géométrie, et qu'il consiste en preuves, et quel est l'objet de la médecine et qu'il consiste en la guérison; mais on ne sait pas en quoi consiste l'agrément, qui est l'objet de la poésie. On ne sait ce que c'est que ce modèle naturel qu'il faut imiter; et, à faute de cette connaissance, on a inventé de certains termes bizarres : « siècle d'or, merveille de nos jours, fatal », etc.; et on appelle ce jargon beauté poétique.

Mais qui s'imaginera une femme sur ce modèle-là qui consiste à dire de petites choses avec de grands mots, verra une jolie damoiselle toute pleine de miroirs et de chaînes, dont il rira, parce qu'on sait mieux en quoi consiste l'agrément d'une femme que l'agrément des vers. Mais ceux qui ne s'y connaîtraient pas l'admireraient en cet équipage; et il y a bien des villages où on la prendrait pour la reine; et c'est pourquoi nous appelons les sonnets faits sur ce modèle-là les reines de village.

   *34-587. — On ne passe point dans le monde pour se connaître en vers, si l'on n'a mis l'enseigne de poète, de mathématicien, etc. Mais les gens universels ne veulent point d'enseigne, et ne mettent guère de différence entre le métier de poète et celui de brodeur.

Les gens universels ne sont appelés ni poètes, ni géomètres, etc.; mais ils sont tout cela, et juges de tous ceux-là. On ne les devine point. Ils parleront de ce qu'on parlait quand ils sont entrés. On ne s'aperçoit point en eux d'une qualité plutôt que d'une autre, hors de la nécessité de la mettre en usage; mais alors on s'en souvient, car il est également de ce caractère qu'on ne dise point d'eux qu'ils parlent bien, quand il n'est pas question du langage, et qu'on dise d'eux qu'ils parlent bien, quand il en est question.

C'est donc une fausse louange qu'on donne à un homme quand on dit de lui, lorsqu'il entre, qu'il est fort habile en poésie; et c'est une mauvaise marque, quand on n'a pas recours à un homme quand il s'agit de juger de quelques vers.

*35-647. — Il faut qu'on n'en puisse [dire], ni : « Il est mathématicien », ni « prédicateur », ni « éloquent », mais « il est honnête homme ». Cette qualité universelle me plaît seule. Quand en voyant un homme on se souvient de son livre, c'est mauvais signe; je voudrais qu'on ne s'aperçût d'aucune qualité que par la rencontre et l'occasion d'en user *(Ne quid nimis)*, de peur qu'une qualité ne l'emporte, et ne fasse baptiser; qu'on ne songe point qu'il parle bien, sinon quand il s'agit de bien parler, mais qu'on y songe alors.

36-605. — L'homme est plein de besoins : il n'aime que ceux qui peuvent les remplir tous. « C'est un bon mathématicien », dira-t-on. — Mais je n'ai que faire de mathématiques; il me prendrait pour une proposition. — « C'est un bon guerrier. » — Il me prendrait pour une place assiégée. Il faut donc un honnête homme qui puisse s'accommoder à tous mes besoins généralement.

37-195. — [Puisqu'on ne peut être universel et savoir tout ce qui se peut savoir sur tout, il faut savoir peu de tout. Car il est bien plus beau de savoir quelque chose de tout que de savoir tout d'une chose; cette universalité est la plus belle. Si on pouvait avoir les deux, encore mieux, mais s'il faut choisir, il faut choisir celle-là, et le monde le sent et le fait, car le monde est un bon juge souvent.]

38-732. — Poète et non honnête homme.

*39-765. — Si le foudre tombait sur les lieux bas, etc., les poètes et ceux qui ne savent raisonner que sur les choses de cette nature manqueraient de preuves.

*40-527. — Les exemples qu'on prend pour prouver d'autres choses, si on voulait prouver les exemples, on prendrait les autres choses pour en être les exemples; car, comme on croit toujours que la difficulté est à ce qu'on veut prouver, on trouve les exemples plus clairs et aidant à le montrer.

Ainsi, quand on veut montrer une chose générale, il faut en donner la règle particulière d'un cas; mais si on veut montrer un cas particulier, il faudra commencer par la règle [*générale*]. Car on trouve toujours obscure la chose qu'on veut prouver, et claire celle qu'on emploie à la preuve; car, quand on propose une chose à prouver, d'abord on se remplit de cette imagination qu'elle est donc obscure, et, au contraire, que celle qui la doit prouver est claire, et ainsi on l'entend aisément.

*41-798. — *Epigrammes de Martial*. — L'homme aime la malignité; mais ce n'est pas contre les borgnes ou les malheureux, mais contre les heureux superbes. On se trompe autrement.

Car la concupiscence est la source de tous nos mouvements, et l'humanité, etc.

Il faut plaire à ceux qui ont les sentiments humains et tendres.

Celle des deux borgnes ne vaut rien, car elle ne les console pas, et ne fait que donner une pointe à la gloire de l'auteur. Tout ce qui n'est que pour l'auteur ne vaut rien. *Ambitiosa recidet ornamenta.*

42-636. — *Prince* à un roi plaît, parce qu'il diminue sa qualité.

43-1000. — Certains auteurs, parlant de leurs ouvrages, disent : « Mon livre, mon commentaire, mon histoire, etc. » Ils sentent leurs bourgeois qui ont pignon sur rue, et toujours un « chez moi » à la bouche. Ils feraient mieux de dire : « Notre livre, notre commentaire, notre histoire, etc. », vu que d'ordinaire il y a plus en cela du bien d'autrui que du leur.

44-671. — Voulez-vous qu'on croie du bien de vous ? n'en dites pas.

*45-557. — Les langues sont des chiffres, où non les lettres sont changées en lettres, mais les mots en mots, de sorte qu'une langue inconnue est déchiffrable.

*46-670. — Diseur de bons mots, mauvais caractère.

*47-555. — Il y en a qui parlent bien et qui n'écrivent pas bien. C'est que le lieu, l'assistance les échauffe, et tire de leur esprit plus qu'ils n'y trouvent sans cette chaleur.

*48-515. — Quand dans un discours se trouvent des mots répétés, et qu'essayant de les corriger, on les trouve si propres qu'on gâterait le discours, il les faut laisser, c'en est la marque; et c'est là la part de l'envie, qui est aveugle, et qui ne sait pas que cette répétition n'est pas faute en cet endroit, car il n'y a point de règle générale.

*49-509. — Masquer la nature et la déguiser. Plus de roi, de pape, d'évêque, — mais *auguste monarque*, etc.; point de Paris, — *capitale du royaume*. Il y a des lieux où il faut appeler Paris, Paris, et d'autres où il la faut appeler capitale du royaume.

50-789. — Un même sens change selon les paroles qui l'expriment. Les sens reçoivent des paroles leur dignité, au lieu de la leur donner. Il en faut chercher des exemples...

51-886. — Pyrrhonien pour opiniâtre.

52-888. — Nul ne dit « cartésien » que ceux qui ne le sont pas; « pédant », qu'un pédant; « provincial », qu'un provincial, et je gagerais que c'est l'imprimeur qui l'a mis au titre des *Lettres au Provincial*.

53-579. — Carrosse *versé* ou *renversé*, selon l'intention. *Répandre* ou *verser*, selon l'intention. (Plaidoyer de M. Le M[aître] sur le cordelier par force.)

54-572. — *Miscell.* Façon de parler : « Je m'étais voulu appliquer à cela. »

55-907. — Vertu *apéritive* d'une clé, *attractive* d'un croc.

56-583. — Deviner : « La part que je prends à votre déplaisir. » M. le cardinal ne voulait point être deviné.
« J'ai l'esprit plein d'inquiétude. » Je suis plein d'inquiétude vaut mieux.

57-528. — Je me suis mal trouvé de ces compliments : « Je vous ai bien donné de la peine; je crains de vous ennuyer; je crains que cela soit trop long. » Ou on entraîne ou on irrite.

58-772. — Vous avez mauvaise grâce : « Excusez-moi, s'il vous plaît. » Sans cette excuse, je n'eusse point aperçu qu'il y eût d'injure. « Révérence parler... » Il n'y a rien de mauvais que leur excuse.

59-637. — « Eteindre le flambeau de la sédition » : trop luxuriant.
« L'inquiétude de son génie » : trop de deux mots hardis.

ARTICLE II

MISÈRE DE L'HOMME SANS DIEU

60-6. — *Première partie :* Misère de l'homme sans Dieu.
Seconde partie : Félicité de l'homme avec Dieu.
Autrement :
Première partie : Que la nature est corrompue. (Par la nature même.)
Seconde partie : Qu'il y a un réparateur. (Par l'Ecriture.)

61-694. — *Ordre.* — J'aurais bien pris ce discours d'ordre comme celui-ci : pour montrer la vanité de toutes sortes de conditions, montrer la vanité des vies communes, et puis la vanité des vies philosophiques pyrrhoniennes, stoïques; mais l'ordre ne serait pas gardé. Je sais un peu ce que c'est, et combien peu de gens l'entendent. Nulle science humaine ne le peut garder. Saint Thomas ne l'a pas gardé. La mathématique le garde, mais elle est inutile en sa profondeur.

*62-780. — *Préface de la première partie.* — Parler de ceux qui ont traité de la connaissance de soi-même; des divisions de Charron, qui attristent et ennuient; de la confusion de Montaigne; qu'il avait bien senti le défaut [*d'une droite*] méthode, qu'il l'évitait en sautant de sujct en sujet, qu'il cherchait le bon air.

Le sot projet qu'il a de se peindre! et cela non pas en passant et contre ses maximes, comme il arrive à tout le monde de faillir; mais par ses propres maximes et par un dessein premier et principal. Car de dire des sottises par hasard et par faiblesse, c'est un mal ordinaire; mais d'en dire par dessein, c'est ce qui n'est pas supportable, et d'en dire de telles que celle-ci...

*63-680. — *Montaigne.* — Les défauts de Montaigne sont grands. Mots lascifs; cela ne vaut rien, malgré Mlle de Gournay. Crédule, *gens sans yeux*. Ignorant,

quadrature du cercle, Monde plus grand. Ses sentiments
sur l'homicide volontaire, sur la mort. Il inspire une
nonchalance du salut, *sans crainte et sans repentir.* Son
livre n'étant pas fait pour porter à la piété, il n'y était pas
obligé : mais on est toujours obligé de n'en point détourner. On peut excuser ses sentiments un peu libres et
voluptueux en quelques rencontres de la vie; mais on
ne peut excuser ses sentiments tout païens sur la mort;
car il faut renoncer à toute piété, si on ne veut au moins
mourir chrétiennement; or, il ne pense qu'à mourir
lâchement et mollement par tout son livre.

64-689. — Ce n'est pas dans Montaigne, mais dans
moi, que je trouve tout ce que j'y vois.

*65-649. — Ce que Montaigne a de bon ne peut être
acquis que difficilement. Ce qu'il a de mauvais, j'entends
hors les mœurs, peut être corrigé en un moment, si on
l'eût averti qu'il faisait trop d'histoires, et qu'il parlait
trop de soi.

66-72. — Il faut se connaître soi-même : quand cela
ne servirait pas à trouver le vrai, cela au moins sert à
régler sa vie, et il n'y a rien de plus juste.

*67-23. — *Vanité des sciences.* — La science des choses
extérieures ne me consolera pas de l'ignorance de la
morale, au temps d'affliction; mais la science des mœurs
me consolera toujours de l'ignorance des sciences extérieures.

*68-778. — On n'apprend pas aux hommes à être
honnêtes hommes, et on leur apprend tout le reste; et ils
ne se piquent jamais tant de savoir rien du reste, comme
d'être honnêtes hommes. Ils ne se piquent de savoir que
la seule chose qu'ils n'apprennent point.

69-41-723. — *Deux infinis, milieu.* — Quand on lit
trop vite ou trop doucement, on n'entend rien.

70-519. — *Nature ne p...* [La nature nous a si bien mis
au milieu que si nous changeons un côté de la balance,
nous changeons aussi l'autre : *Je fesons, zôa trékei.* Cela
me fait croire qu'il y a des ressorts dans notre tête, qui
sont tellement disposés que qui touche l'un touche aussi
le contraire.]

71-38. — Trop et trop peu de vin; ne lui en donnez
pas, il ne peut trouver la vérité; donnez-lui en trop, de
même.

*72-199. — *Disproportion de l'homme.* — [Voilà où
nous mènent les connaissances naturelles. Si celles-là ne
sont véritables, il n'y a point de vérité dans l'homme; et

si elles le sont, il y trouve un grand sujet d'humiliation, forcé à s'abaisser d'une ou d'autre manière. Et, puisqu'il ne peut subsister sans les croire, je souhaite, avant que d'entrer dans de plus grandes recherches de la nature, qu'il la considère une fois sérieusement et à loisir, qu'il se regarde aussi soi-même, et connaissant quelle proportion il y a...] Que l'homme contemple donc la nature entière dans sa haute et pleine majesté; qu'il éloigne sa vue des objets bas qui l'environnent. Qu'il regarde cette éclatante lumière, mise comme une lampe éternelle pour éclairer l'univers; que la terre lui paraisse comme un point au prix du vaste tour que cet astre décrit et qu'il s'étonne de ce que ce vaste tour lui-même n'est qu'une pointe très délicate à l'égard de celui que les astres qui roulent dans le firmament embrassent.

Mais si notre vue s'arrête là, que l'imagination passe outre; elle se lassera plutôt de concevoir que la nature de fournir. Tout ce monde visible n'est qu'un trait imperceptible dans l'ample sein de la nature. Nulle idée n'en approche. Nous avons beau enfler nos conceptions, au-delà des espaces imaginables, nous n'enfantons que des atomes, au prix de la réalité des choses. C'est une sphère infinie dont le centre est partout, la circonférence nulle part. Enfin c'est le plus grand caractère sensible de la toute-puissance de Dieu, que notre imagination se perde dans cette pensée.

Que l'homme, étant revenu à soi, considère ce qu'il est au prix de ce qui est; qu'il se regarde comme égaré dans ce canton détourné de la nature; et que, de ce petit cachot où il se trouve logé, j'entends l'univers, il apprenne à estimer la terre, les royaumes, les villes et soi-même son juste prix. Qu'est-ce qu'un homme dans l'infini ?

Mais pour lui présenter un autre prodige aussi étonnant, qu'il recherche dans ce qu'il connaît les choses les plus délicates. Qu'un ciron lui offre dans la petitesse de son corps des parties incomparablement plus petites, des jambes avec des jointures, des veines dans ces jambes, du sang dans ces veines, des humeurs dans ce sang, des gouttes dans ces humeurs, des vapeurs dans ces gouttes; que, divisant encore ces dernières choses, il épuise ses forces en ces conceptions, et que le dernier objet où il peut arriver soit maintenant celui de notre discours; il pensera peut-être que c'est là l'extrême petitesse de la nature. Je veux lui faire voir là-dedans un abîme nouveau. Je lui veux peindre non seulement l'univers visible, mais l'immensité qu'on peut concevoir de la nature, dans l'enceinte de ce raccourci d'atome. Qu'il y voie une infinité d'univers, dont chacun a son firmament, ses planètes, sa terre, en la même proportion que le monde visible; dans cette terre, des animaux et enfin des cirons, dans lesquels il retrouvera ce que les premiers ont donné; et trouvant encore dans les autres la même chose sans fin et sans repos, qu'il se perde dans ces merveilles, aussi étonnantes dans leur petitesse que les autres par leur étendue; car qui n'admirera que notre corps, qui tantôt n'était pas perceptible dans l'univers, imperceptible lui-même dans le sein du tout, soit à présent un colosse, un monde, ou plutôt un tout, à l'égard du néant où l'on ne peut arriver?

Qui se considérera de la sorte s'effraiera de soi-même, et, se considérant soutenu dans la masse que la nature lui a donnée, entre ces deux abîmes de l'infini et du néant, il tremblera dans la vue de ces merveilles; et je crois que sa curiosité se changeant en admiration, il sera plus disposé à les contempler en silence qu'à les rechercher avec présomption.

Car enfin, qu'est-ce que l'homme dans la nature? Un néant à l'égard de l'infini, un tout à l'égard du néant, un milieu entre rien et tout. Infiniment éloigné de comprendre les extrêmes, la fin des choses et leur principe sont pour lui invinciblement cachés dans un secret impénétrable, également incapable de voir le néant d'où il est tiré, et l'infini où il est englouti.

Que fera-t-il donc, sinon d'apercevoir [quelque] apparence du milieu des choses, dans un désespoir éternel de connaître ni leur principe ni leur fin? Toutes choses sont sorties du néant et portées jusqu'à l'infini. Qui suivra ces étonnantes démarches? L'auteur de ces merveilles les comprend. Tout autre ne le peut faire.

Manque d'avoir contemplé ces infinis, les hommes se sont portés témérairement à la recherche de la nature, comme s'ils avaient quelque proportion avec elle. C'est une chose étrange qu'ils ont voulu comprendre les principes des choses, et de là arriver jusqu'à connaître tout, par une présomption aussi infinie que leur objet. Car il est sans doute qu'on ne peut former ce dessein sans une présomption ou sans une capacité infinie, comme la nature.

Quand on est instruit, on comprend que la nature ayant gravé son image et celle de son auteur dans toutes choses, elles tiennent presque toutes de sa double infinité. C'est ainsi que nous voyons que toutes les sciences sont infinies en l'étendue de leurs recherches : car qui doute que la géométrie, par exemple, a une infinité d'infinités de proportions à exposer ? Elles sont aussi infinies dans la multitude et la délicatesse de leurs principes ; car qui ne voit que ceux qu'on propose pour les derniers ne se soutiennent pas d'eux-mêmes, et qu'ils sont appuyés sur d'autres qui, en ayant d'autres pour appui, ne souffrent jamais de dernier ? Mais nous faisons des derniers qui paraissent à la raison comme on fait dans les choses matérielles, où nous appelons un point indivisible celui au-delà duquel nos sens n'aperçoivent plus rien, quoique divisible infiniment et par sa nature.

De ces deux infinis de sciences, celui de grandeur est bien plus sensible, et c'est pourquoi il est arrivé à peu de personnes de prétendre connaître toutes choses. « Je vais parler de tout », disait Démocrite.

Mais l'infinité en petitesse est bien moins visible. Les philosophes ont bien plutôt prétendu d'y arriver, et c'est là où tous ont achoppé. C'est ce qui a donné lieu à ces titres si ordinaires, *Des principes des choses*, *Des principes de la philosophie*, et aux semblables, aussi fastueux en effet, quoique moins en apparence, que cet autre qui crève les yeux, *De omni scibili*.

On se croit naturellement bien plus capable d'arriver au centre des choses que d'embrasser leur circonférence. L'étendue visible du monde nous surpasse visiblement ; mais comme c'est nous qui surpassons les petites choses. nous nous croyons plus capables de les posséder, et cependant il ne faut pas moins de capacité pour aller jusqu'au néant que jusqu'au tout ; il la faut infinie pour l'un et l'autre ; et il me semble que qui aurait compris les derniers principes des choses pourrait aussi arriver jusqu'à connaître l'infini. L'un dépend de l'autre, et l'un conduit à l'autre. Ces extrémités se touchent et se réunissent en Dieu, et en Dieu seulement.

Connaissons donc notre portée ; nous sommes quelque chose, et ne sommes pas tout ; ce que nous avons d'être nous dérobe la connaissance des premiers principes, qui naissent du néant ; et le peu que nous avons d'être nous cache la vue de l'infini.

Notre intelligence tient dans l'ordre des choses intelligibles le même rang que notre corps dans l'étendue de la nature.

Bornés en tout genre, cet état qui tient le milieu entre deux extrêmes se trouve en toutes nos puissances. Nos sens n'aperçoivent rien d'extrême : trop de bruit nous assourdit; trop de lumière éblouit; trop de distance et trop de proximité empêchent la vue; trop de longueur et trop de brièveté de discours l'obscurcissent; trop de vérité nous étonne (j'en sais qui ne peuvent comprendre que qui de zéro ôte quatre reste zéro); les premiers principes ont trop d'évidence pour nous; trop de plaisir incommode; trop de consonances déplaisent dans la musique; et trop de bienfaits irritent : nous voulons avoir de quoi surpayer la dette : *Beneficia eo usque laeta sunt dum videntur exsolvi posse; ubi multum antevenere, pro gratia odium redditur.* Nous ne sentons ni l'extrême chaud ni l'extrême froid. Les qualités excessives nous sont ennemies, et non pas sensibles; nous ne les sentons plus, nous les souffrons. Trop de jeunesse et trop de vieillesse empêchent l'esprit, trop et trop peu d'instruction; enfin les choses extrêmes sont pour nous comme si elles n'étaient point, et nous ne sommes point à leur égard : elles nous échappent, ou nous à elles.

Voilà notre état véritable. C'est ce qui nous rend incapables de savoir certainement et d'ignorer absolument. Nous voguons sur un milieu vaste, toujours incertains et flottants, poussés d'un bout vers l'autre. Quelque terme où nous pensions nous attacher et nous affermir, il branle et nous quitte et si nous le suivons, il échappe à nos prises, nous glisse et fuit d'une fuite éternelle. Rien ne s'arrête pour nous. C'est l'état qui nous est naturel, et toutefois le plus contraire à notre inclination; nous brûlons de désir de trouver une assiette ferme, et une dernière base constante pour y édifier une tour qui s'élève à l'infini; mais tout notre fondement craque, et la terre s'ouvre jusqu'aux abîmes.

Ne cherchons donc point d'assurance et de fermeté. Notre raison est toujours déçue par l'inconstance des apparences; rien ne peut fixer le fini entre les deux infinis, qui l'enferment et le fuient.

Cela étant bien compris, je crois qu'on se tiendra en repos, chacun dans l'état où la nature l'a placé. Ce milieu qui nous est échu en partage étant toujours distant des extrêmes, qu'importe qu'un homme ait un peu plus d'intelligence des choses ? S'il en a, il les prend un peu de plus haut. N'est-il pas toujours infiniment éloigné du bout, et la durée de notre vie n'est-elle pas également infiniment [*éloignée*] de l'éternité, pour durer dix ans davantage ?

Dans la vue de ces infinis, tous les finis sont égaux; et je ne vois pas pourquoi asseoir son imagination plutôt sur un que sur l'autre. La seule comparaison que nous faisons de nous au fini nous fait peine.

Si l'homme s'étudiait le premier, il verrait combien il est incapable de passer outre. Comment se pourrait-il qu'une partie connût le tout ? — Mais il aspirera peut-être à connaître au moins les parties avec lesquelles il a de la proportion ? Mais les parties du monde ont toutes un tel rapport et un tel enchaînement l'une avec l'autre, que je crois impossible de connaître l'une sans l'autre et sans le tout.

L'homme, par exemple, a rapport à tout ce qu'il connaît. Il a besoin de lieu pour le contenir, de temps pour durer, de mouvement pour vivre, d'éléments pour le composer, de chaleur et d'aliments pour [*se*] nourrir, d'air pour respirer; il voit la lumière, il sent les corps; enfin tout tombe sous son alliance. Il faut donc, pour connaître l'homme, savoir d'où vient qu'il a besoin d'air pour subsister; et pour connaître l'air, savoir par où il a ce rapport à la vie de l'homme, etc. La flamme ne subsiste point sans air; donc, pour connaître l'un, il faut connaître l'autre.

Donc toutes choses étant causées et causantes, aidées et aidantes, médiates et immédiates, et toutes s'entretenant par un lien naturel et insensible qui lie les plus éloignées et les plus différentes, je tiens impossible de connaître les parties sans connaître le tout, non plus que de connaître le tout sans connaître particulièrement les parties.

[L'éternité des choses en elle-même ou en Dieu doit encore étonner notre petite durée. L'immobilité fixe et constante de la nature, comparaison au changement continuel qui se passe en nous, doit nous faire le même effet.]

Et ce qui achève notre impuissance à connaître les choses, est qu'elles sont simples en elles-mêmes, et que nous sommes composés de deux natures opposées et de divers genre, d'âme et de corps. Car il est impossible que la partie qui raisonne en nous soit autre que spirituelle; et quand on prétendrait que nous serions simplement corporels, cela nous exclurait bien davantage de la connaissance des choses, n'y ayant rien de si inconcevable que de dire que la matière se connaît soi-même; il ne nous est pas possible de connaître comment elle se connaîtrait.

Et ainsi si nous [sommes] simplement matériels, nous ne pouvons rien du tout connaître, et si nous sommes composés d'esprit et de matière, nous ne pouvons connaître parfaitement les choses simples, spirituelles ou corporelles.

De là vient que presque tous les philosophes confondent les idées des choses, et parlent des choses corporelles spirituellement et des spirituelles corporellement. Car ils disent hardiment que les corps tendent en bas, qu'ils aspirent à leur centre, qu'ils fuient leur destruction, qu'ils craignent le vide, qu'elle a des inclinations, des sympathies, des antipathies, qui sont toutes choses qui n'appartiennent qu'aux esprits. Et en parlant des esprits, ils les considèrent comme en un lieu, et leur attribuent le mouvement d'une place à une autre, qui sont choses qui n'appartiennent qu'aux corps.

Au lieu de recevoir les idées de ces choses pures, nous les teignons de nos qualités, et empreignons [de] notre être composé toutes les choses simples que nous contemplons.

Qui ne croirait, à nous voir composer toutes choses d'esprit et de corps, que ce mélange-là nous serait très compréhensible ? C'est néanmoins la chose qu'on comprend le moins. L'homme est à lui-même le plus prodigieux objet de la nature; car il ne peut concevoir ce que c'est que corps, et encore moins ce que c'est qu'esprit, et moins qu'aucune chose comme un corps peut être uni avec un esprit. C'est là le comble de ses difficultés, et cependant c'est son propre être : *Modus quo corporibus adhaerent spiritus comprehendi ab hominibus non potest, et hoc tamen homo est.*

Enfin pour consommer la preuve de notre faiblesse, je finirai par ces deux considérations...

73-76. — Mais peut-être que ce sujet passe la portée de la raison. Examinons donc ses inventions sur les choses de sa force. S'il y a quelque chose où son intérêt propre ait dû la faire appliquer de son plus sérieux, c'est à la recherche de son souverain bien. Voyons donc où ces âmes fortes et clairvoyantes l'ont placé, et si elles en sont d'accord.

L'un dit que le souverain bien est en la vertu, l'autre le met en la volupté; l'un en la science de la nature, l'autre en la vérité : *Felix qui potuit rerum cognoscere causas,* l'autre en l'ignorance totale, l'autre en l'indolence, d'autres à résister aux apparences, l'autre à n'admirer rien, *nihil mirari prope res una quae possit facere et servare beatum*, et les vrais pyrrhoniens en leur ataraxie, doute et suspension perpétuelle; et d'autres, plus sages, pensent trouver un peu mieux. Nous voilà bien payés!

Transposer après les lois au titre suivant.

Si faut-il voir si cette belle philosophie n'a rien acquis de certain par un travail si long et si tendu, peut-être qu'au moins l'âme se connaîtra soi-même. Ecoutons les régents du monde sur ce sujet. Qu'ont-ils pensé de sa substance ? 394. Ont-ils été plus heureux à la loger ? 395. Qu'ont-ils trouvé de son origine, de sa durée, et de son départ ? 399.

Est-ce donc que l'âme est encore un sujet trop noble pour ses faibles lumières ? Abaissons-la donc à la matière, voyons si elle sait de quoi est fait le propre corps qu'elle anime et les autres qu'elle contemple et qu'elle remue à son gré. Qu'en ont-ils connu, ces grands dogmatistes qui n'ignorent rien ? *Harum sententiarum*, 393.

Cela suffirait sans doute si la raison était raisonnable. Elle l'est bien assez pour avouer qu'elle n'a encore pu trouver rien de ferme; mais elle ne désespère pas encore d'y arriver, [au contraire, elle est aussi ardente que jamais dans cette recherche, et s'assure d'avoir en soi les forces nécessaires pour cette conquête. Il faut donc l'achever, et après avoir examiné ses puissances dans leurs effets, reconnaissons-les en elles-mêmes; voyons si elle a quelques forces et quelques prises capables de saisir la vérité.]

74-408. — Une lettre *de la folie de la science humaine et de la philosophie.*

Cette lettre avant *le divertissement.*

Felix qui potuit... Nihil admirari.

Deux cent quatre-vingts sortes de souverains biens dans Montaigne.

75-958. — Part. I, l. 2, c. 1, Section 4.

[*Conjecture.* Il ne sera pas difficile de faire descendre encore un degré et de la faire paraître ridicule. Car pour commencer en elle-même], qu'y a-t-il de plus absurde que de dire que des corps inanimés ont des passions, des craintes, des horreurs ? que des corps insensibles, sans vie et même incapables de vie aient des passions, qui présupposent une âme au moins sensitive pour le ressentir ? de plus, que l'objet de cette horreur fût le vide ? Qu'y

a-t-il dans le vide qui puisse leur faire peur ? Qu'y a-t-il
de plus bas et de plus ridicule ? Ce n'est pas tout : qu'ils
aient en eux-mêmes un principe de mouvement pour
éviter le vide, ont-ils des bras, des jambes, des muscles,
des nerfs ?

76-553. — Ecrire contre ceux qui approfondissent trop
les sciences. Descartes.

77-1001. — Je ne puis pardonner à Descartes; il aurait
bien voulu, dans toute sa philosophie, pouvoir se passer
de Dieu; mais il n'a pu s'empêcher de lui faire donner
une chiquenaude, pour mettre le monde en mouvement;
après cela, il n'a plus que faire de Dieu.

78-887. — Descartes inutile et incertain.

79-84. — [*Descartes.* — Il faut dire en gros : « Cela se
fait par figure et mouvement », car cela est vrai. Mais de
dire quels, et composer la machine, cela est ridicule. Car
cela est inutile et incertain et pénible. Et quand cela serait
vrai, nous n'estimons pas que toute la philosophie vaille
une heure de peine.]

*80-98 et 99. — D'où vient qu'un boiteux ne nous
irrite pas, et un esprit boiteux nous irrite ? A cause qu'un
boiteux reconnaît que nous allons droit, et qu'un esprit
boiteux dit que c'est nous qui boitons; sans cela, nous
en aurions pitié et non colère.

Epictète demande bien plus fortement : « Pourquoi
ne nous fâchons-nous pas si on dit que nous avons mal
à la tête et que nous nous fâchons de ce qu'on dit que
nous raisonnons mal, ou que nous choisissons mal. »
Ce qui cause cela est que nous sommes bien certains que
nous n'avons pas mal à la tête, et que nous ne sommes
pas boiteux; mais nous ne sommes pas si assurés que nous
choisissons le vrai. De sorte que, n'en ayant d'assurance
qu'à cause que nous le voyons de toute notre vue, quand
un autre voit de toute sa vue le contraire, cela nous met
en suspens et nous étonne, et encore plus quand mille
autres se moquent de notre choix; car il faut préférer nos
lumières à celles de tant d'autres, et cela est hardi et difficile. Il n'y a jamais cette contradiction dans les sens
touchant un boiteux.

*81-661. — L'esprit croit naturellement, et la volonté
aime naturellement; de sorte que, faute de vrais objets, il
faut qu'ils s'attachent aux faux.

*82-44. — *Imagination.* — C'est cette partie décevante
dans l'homme, cette maîtresse d'erreur et de fausseté, et
d'autant plus fourbe qu'elle ne l'est pas toujours; car elle

serait règle infaillible de vérité, si elle l'était infaillible du mensonge. Mais, étant le plus souvent fausse, elle ne donne aucune marque de sa qualité, marquant du même caractère le vrai et le faux.

Je ne parle pas des fous, je parle des plus sages; et c'est parmi eux que l'imagination a le grand don de persuader les hommes. La raison a beau crier, elle ne peut mettre le prix aux choses.

Cette superbe puissance, ennemie de la raison, qui se plaît à la contrôler et à la dominer, pour montrer combien elle peut en toutes choses, a établi dans l'homme une seconde nature. Elle a ses heureux, ses malheureux, ses sains, ses malades, ses riches, ses pauvres; elle fait croire, douter, nier la raison; elle suspend les sens, elle les fait sentir; elle a ses fous et ses sages : et rien ne nous dépite davantage que de voir qu'elle remplit ses hôtes d'une satisfaction bien autrement pleine et entière que la raison. Les habiles par imagination se plaisent tout autrement à eux-mêmes que les prudents ne se peuvent raisonnablement plaire. Ils regardent les gens avec empire; ils disputent avec hardiesse et confiance; les autres, avec crainte et défiance : et cette gaieté de visage leur donne souvent l'avantage dans l'opinion des écoutants, tant les sages imaginaires ont de faveur auprès des juges de même nature. Elle ne peut rendre sages les fous; mais elle les rend heureux, à l'envi de la raison qui ne peut rendre ses amis que misérables, l'une les couvrant de gloire, l'autre de honte.

Qui dispense la réputation ? qui donne le respect et la vénération aux personnes, aux ouvrages, aux lois, aux grands, sinon cette faculté imaginante ? Combien toutes les richesses de la terre [sont] insuffisantes sans son consentement!

Ne diriez-vous pas que ce magistrat, dont la vieillesse vénérable impose le respect à tout un peuple, se gouverne par une raison pure et sublime, et qu'il juge des choses dans leur nature sans s'arrêter à ces vaines circonstances qui ne blessent que l'imagination des faibles ? Voyez-le entrer dans un sermon où il apporte un zèle tout dévot, renforçant la solidité de sa raison par l'ardeur de sa charité. Le voilà prêt à l'ouïr avec un respect exemplaire. Que le prédicateur vienne à paraître, que la nature lui ait donné une voix enrouée et un tour de visage bizarre, que son barbier l'ait mal rasé, si le hasard l'a encore barbouillé de surcroît, quelque grandes vérités qu'il annonce, je parie la perte de la gravité de notre sénateur.

Le plus grand philosophe du monde, sur une planche plus large qu'il ne faut, s'il y a au-dessous un précipice, quoique sa raison le convainque de sa sûreté, son imagination prévaudra. Plusieurs n'en sauraient soutenir la pensée sans pâlir et suer.

Je ne veux pas rapporter tous ses effets.

Qui ne sait que la vue de chats, de rats, l'écrasement d'un charbon, etc., emportent la raison hors des gonds ? Le ton de voix impose aux plus sages, et change un discours et un poème de force.

L'affection ou la haine change la justice de face. Et combien un avocat bien payé par avance trouve-t-il plus juste la cause qu'il plaide ! combien son geste hardi le fait-il paraître meilleur aux juges, dupés par cette apparence ! Plaisante raison qu'un vent manie, et à tous sens !

Je rapporterais presque toutes les actions des hommes qui ne branlent presque que par ses secousses. Car la raison a été obligée de céder, et la plus sage prend pour ses principes ceux que l'imagination des hommes a témérairement introduits en chaque lieu.

[Qui ne voudrait suivre que la raison serait fou au jugement du commun des hommes. Il faut juger au jugement de la plus grande partie du monde. Il faut, puisqu'il lui a plu, travailler tout le jour pour des biens reconnus pour imaginaires, et quand le sommeil nous a délassés des fatigues de notre raison, il faut incontinent se lever en sursaut pour aller courir après les fumées et essuyer les impressions de cette maîtresse du monde. Voilà un des principes d'erreur, mais ce n'est pas le seul.]

Nos magistrats ont bien connu ce mystère. Leurs robes rouges, leurs hermines, dont ils s'emmaillotent en chats fourrés, les palais où ils jugent, les fleurs de lis, tout cet appareil auguste était fort nécessaire ; et si les médecins n'avaient des soutanes et des mules, et que les docteurs n'eussent des bonnets carrés et des robes trop amples de quatre parties, jamais ils n'auraient dupé le monde qui ne peut résister à cette montre si authentique. S'ils avaient la véritable justice et si les médecins avaient le vrai art de guérir, ils n'auraient que faire de bonnets carrés ; la majesté de ces sciences serait assez vénérable d'elle-même. Mais n'ayant que des sciences imaginaires, il faut qu'ils prennent ces vains instruments qui frappent l'imagination à laquelle ils ont affaire ; et par là, en effet, ils s'attirent le respect. Les seuls gens de guerre ne sont pas déguisés de la sorte, parce qu'en effet leur part est plus essentielle, ils s'établissent par la force, les autres par grimace.

C'est ainsi que nos rois n'ont pas recherché ces déguisements. Ils ne se sont pas masqués d'habits extraordinaires pour paraître tels; mais ils se sont accompagnés de gardes, de hallebardes. Ces trognes armées qui n'ont de mains et de force que pour eux, les trompettes et les tambours qui marchent au-devant, et ces légions qui les environnent, font trembler les plus fermes. Ils n'ont pas l'habit seulement, ils ont la force. Il faudrait avoir une raison bien épurée pour regarder comme un autre homme le Grand Seigneur environné, dans son superbe sérail, de quarante mille janissaires.

Nous ne pouvons pas seulement voir un avocat en soutane et le bonnet en tête, sans une opinion avantageuse de sa suffisance.

L'imagination dispose de tout; elle fait la beauté, la justice, et le bonheur, qui est le tout du monde. Je voudrais de bon cœur voir le livre italien, dont je ne connais que le titre, qui vaut lui seul bien des livres : *Della opinione regina del mondo*. J'y souscris sans le connaître, sauf le mal, s'il y en a.

Voilà à peu près les effets de cette faculté trompeuse qui semble nous être donnée exprès pour nous induire à une erreur nécessaire. Nous en avons bien d'autres principes.

Les impressions anciennes ne sont pas seules capables de nous abuser : les charmes de la nouveauté ont le même pouvoir. De là viennent toutes les disputes des hommes, qui se reprochent ou de suivre leurs fausses impressions de l'enfance, ou de courir témérairement après les nouvelles. Qui tient le juste milieu ? Qu'il paraisse, et qu'il le prouve. Il n'y a principe, quelque naturel qu'il puisse être, même depuis l'enfance, qu'on ne fasse passer pour une fausse impression, soit de l'instruction, soit des sens.

« Parce, dit-on, que avez cru dès l'enfance qu'un coffre était vide lorsque vous n'y voyez rien, vous avez cru le vide possible. C'est une illusion de vos sens, fortifiée par la coutume, qu'il faut que la science corrige. » Et les autres disent : « Parce qu'on vous a dit dans l'école qu'il n'y a point de vide, on a corrompu votre sens commun, qui le comprenait si nettement avant cette mauvaise impression, qu'il faut corriger en recourant à votre pre-

mière nature. » Qui a donc trompé ? le sens ou l'instruction ?

Nous avons un autre principe d'erreur, les maladies.
Elles nous gâtent le jugement et le sens; et si les grandes
l'altèrent sensiblement, je ne doute point que les petites
n'y fassent impression à leur proportion.

Notre propre intérêt est encore un merveilleux instrument pour nous crever les yeux agréablement. Il n'est
pas permis au plus équitable homme du monde d'être
juge en sa cause; j'en sais qui, pour ne pas tomber dans
cet amour-propre, ont été les plus injustes du monde à
contre-biais : le moyen sûr de perdre une affaire toute
juste était de la leur faire recommander par leurs proches
parents.

La justice et la vérité sont deux pointes si subtiles, que
nos instruments sont trop mousses pour y toucher exactement. S'ils y arrivent, ils en écachent la pointe, et
appuient tout autour, plus sur le faux que sur le vrai.

[L'homme est donc si heureusement fabriqué qu'il
n'a aucun pr[*incipe*] juste du vrai et plusieurs excellents
du faux. Voyons maintenant combien... Mais la plus
puissante cause de ces erreurs est la guerre qui est entre
les sens et la raison.]

83-45. — Il faut commencer par là le chapitre des
puissances trompeuses. L'homme n'est qu'un sujet plein
d'erreur, naturelle et ineffaçable sans la grâce. Rien ne
lui montre la vérité. Tout l'abuse; ces deux principes de
vérités, la raison et les sens, outre qu'ils manquent chacun de sincérité, s'abusent réciproquement l'un l'autre.
Les sens abusent la raison par de fausses apparences; et
cette même piperie qu'ils apportent à la raison, ils la
reçoivent d'elle à leur tour. Elle s'en revanche. Les passions de l'âme troublent les sens, et leur font des impressions fausses. Ils mentent et se trompent à l'envi.

Mais outre ces erreurs qui viennent par accident et par
le manque d'intelligence, avec ses facultés hétérogènes...

*84-551. — L'imagination grossit les petits objets jus-
qu'à en remplir notre âme, par une estimation fantas-
tique; et, par une insolence téméraire, elle amoindrit les
grands jusqu'à sa mesure, comme en parlant de Dieu.

*85-531. — Les choses qui nous tiennent le plus,
comme de cacher son peu de bien, ce n'est souvent
presque rien. C'est un néant que notre imagination grossit en montagne. Un autre tour d'imagination nous le
fait découvrir sans peine.

86-196. — [Ma fantaisie me fait haïr un croasseur et un qui souffle en mangeant. La fantaisie a grand poids. Que profiterons-nous de là ? Que nous suivrons ce poids à cause qu'il est naturel ? Non. Mais que nous y résisterons...]

87-506. — *Quasi quidquam infelicius sit homine cui sua figmenta dominantur.* (Plin.)

88-779. — Les enfants qui s'effrayent du visage qu'ils ont barbouillé, ce sont des enfants; mais le moyen que ce qui est si faible, étant enfant, soit bien fort étant plus âgé! On ne fait que changer de fantaisie. Tout ce qui se perfectionne par progrès périt aussi par progrès. Tout ce qui a été faible ne peut jamais être absolument fort. On a beau dire : *il est crû, il est changé;* il est aussi le même.

89-419. — La coutume est notre nature. Qui s'accoutume à la foi, la croit, et ne peut plus ne pas craindre l'enfer, et ne croit autre chose. Qui s'accoutume à croire que le roi est terrible..., etc. Qui doute donc que, notre âme étant accoutumée à voir nombre, espace, mouvement, croie cela et rien que cela ?

90-506. — *Quod crebro videt non miratur, etiamsi cur fiat nescit; quod ante non viderit, id si evenerit, ostentum esse censet.* (Cic.)

Nae iste magno conatu magnas nugas dixerit.

91-660. — *Spongia solis.* — Quand nous voyons un effet arriver toujours de même, nous en concluons une nécessité naturelle, comme qu'il sera demain jour, etc. Mais souvent la nature nous dément, et ne s'assujettit pas à ses propres règles.

*92-125. — Qu'est-ce que nos principes naturels, sinon nos principes accoutumés ? Et dans les enfants, ceux qu'ils ont reçus de la coutume de leurs pères, comme la chasse dans les animaux ?

Une différente coutume nous donnera d'autres principes naturels, cela se voit par expérience; et s'il y en a d'ineffaçables à la coutume, il y en a aussi de la coutume contre la nature, ineffaçables à la nature, et à une seconde coutume. Cela dépend de la disposition.

*93-126. — Les pères craignent que l'amour naturel des enfants ne s'efface. Quelle est donc cette nature, sujette à être effacée ? La coutume est une seconde nature qui détruit la première. Mais qu'est-ce que nature ? Pourquoi la coutume n'est-elle pas naturelle ? J'ai grand'peur que cette nature ne soit elle-même qu'une

première coutume, comme la coutume est une seconde
nature.

94-630. — La nature de l'homme est tout nature,
omne animal.

Il n'y a rien qu'on ne rende naturel; il n'y a naturel
qu'on ne fasse perdre.

95-646. — La mémoire, la joie, sont des sentiments;
et même les propositions géométriques deviennent sentiments, car la raison rend les sentiments naturels et les
sentiments naturels s'effacent par la raison.

96-736. — Lorsqu'on est accoutumé à se servir de
mauvaises raisons pour prouver des effets de la nature,
on ne veut plus recevoir les bonnes lorsqu'elles sont
découvertes. L'exemple qu'on en donna fut sur la circulation du sang, pour rendre raison pourquoi la veine enfle
au-dessous de la ligature.

*97-634. — La chose la plus importante à toute la vie
est le choix du métier : le hasard en dispose. La coutume
fait les maçons, soldats, couvreurs. « C'est un excellent
couvreur », dit-on; et, en parlant des soldats : « Ils sont
bien fous », dit-on; et les autres au contraire : « Il n'y a
rien de grand que la guerre; le reste des hommes sont des
coquins. » A force d'ouïr louer en l'enfance ces métiers,
et mépriser tous les autres, on choisit; car naturellement
on aime la vérité, et on hait la folie; ces mots nous
émeuvent : on ne pèche qu'en l'application. Tant est
grande la force de la coutume, que, de ceux que la nature
n'a faits qu'hommes, on fait toutes les conditions des
hommes; car des pays sont tous de maçons, d'autres
tous de soldats, etc. Sans doute que la nature n'est pas
si uniforme. C'est la coutume qui fait donc cela, car elle
contraint la nature; et quelquefois la nature la surmonte,
et retient l'homme dans son instinct, malgré toute coutume, bonne ou mauvaise.

98-193. — *La prévention induisant en erreur.* — C'est
une chose déplorable de voir tous les hommes ne délibé-
rer que des moyens, et point de la fin. Chacun songe
comme il s'acquittera de sa condition; mais pour le
choix de la condition, et de la patrie, le sort nous le
donne.

C'est une chose pitoyable, de voir tant de Turcs, d'hérétiques, d'infidèles, suivre le train de leurs pères, par
cette seule raison qu'ils ont été prévenus chacun que c'est
le meilleur. Et c'est ce qui détermine chacun à chaque
condition, de serrurier, soldat, etc.

C'est par là que les sauvages n'ont que faire de la Provence.

*99-539. — Il y a différence universelle et essentielle entre les actions de la volonté et toutes les autres.

La volonté est un des principaux organes de la créance; non qu'elle forme la créance, mais parce que les choses sont vraies ou fausses, selon la face par où on les regarde. La volonté, qui se plaît à l'une plus qu'à l'autre, détourne l'esprit de considérer les qualités de celles qu'elle n'aime pas à voir; et ainsi l'esprit, marchant d'une pièce avec la volonté, s'arrête à regarder la face qu'elle aime; et ainsi il en juge par ce qu'il voit.

100-978. — *Amour-propre.* — La nature de l'amour-propre et de ce *moi* humain est de n'aimer que soi et de ne considérer que soi. Mais que fera-t-il? Il ne saurait empêcher que cet objet qu'il aime ne soit plein de défauts et de misères : il veut être grand, il se voit petit; il veut être heureux, et il se voit misérable; il veut être parfait, et il se voit plein d'imperfections; il veut être l'objet de l'amour et de l'estime des hommes, et il voit que ses défauts ne méritent que leur aversion et leur mépris. Cet embarras où il se trouve produit en lui la plus injuste et la plus criminelle passion qu'il soit possible de s'imaginer; car il conçoit une haine mortelle contre cette vérité qui le reprend, et qui le convainc de ses défauts. Il désirerait de l'anéantir, et, ne pouvant la détruire en elle-même il la détruit, autant qu'il peut, dans sa connaissance et dans celle des autres; c'est-à-dire qu'il met tout son soin à couvrir ses défauts et aux autres et à soi-même, et qu'il ne peut souffrir qu'on les lui fasse voir ni qu'on les voie.

C'est sans doute un mal que d'être plein de défauts; mais c'est encore un plus grand mal que d'en être plein et de ne les vouloir pas reconnaître, puisque c'est y ajouter encore celui d'une illusion volontaire. Nous ne voulons pas que les autres nous trompent; nous ne trouvons pas juste qu'ils veuillent être estimés de nous plus qu'ils ne méritent : il n'est donc pas juste aussi que nous les trompions et que nous voulions qu'ils nous estiment plus que nous ne méritons.

Ainsi, lorsqu'ils ne découvrent que des imperfections et des vices que nous avons en effet, il est visible qu'ils ne nous font point de tort, puisque ce ne sont pas eux qui en sont cause, et qu'ils nous font un bien, puisqu'ils nous aident à nous délivrer d'un mal, qui est l'ignorance

de ces imperfections. Nous ne devons pas être fâchés
qu'ils les connaissent, et qu'ils nous méprisent : étant
juste et qu'ils nous connaissent pour ce que nous sommes,
et qu'ils nous méprisent, si nous sommes méprisables.

Voilà les sentiments qui naîtraient d'un cœur qui serait
plein d'équité et de justice. Que devons-nous donc dire
du nôtre, en y voyant une disposition toute contraire ?
Car n'est-il pas vrai que nous haïssons la vérité et ceux
qui nous la disent, et que nous aimons qu'ils se trompent
à notre avantage, et que nous voulons être estimés d'eux
autres que nous ne sommes en effet ?

En voici une preuve qui me fait horreur. La religion
catholique n'oblige pas à découvrir ses péchés indiffé-
remment à tout le monde : elle souffre qu'on demeure
caché à tous les autres hommes ; mais elle en excepte un
seul, à qui elle commande de découvrir le fond de son
cœur, et de se faire voir tel qu'on est. Il n'y a que ce
seul homme au monde qu'elle nous ordonne de désabuser, et elle l'oblige à un secret inviolable, qui fait que
cette connaissance est dans lui comme si elle n'y était
pas. Peut-on s'imaginer rien de plus charitable et de plus
doux ? Et néanmoins la corruption de l'homme est telle,
qu'il trouve encore de la dureté dans cette loi ; et c'est
une des principales raisons qui a fait révolter contre
l'Eglise une grande partie de l'Europe.

Que le cœur de l'homme est injuste et déraisonnable,
pour trouver mauvais qu'on l'oblige de faire à l'égard
d'un homme ce qu'il serait juste, en quelque sorte, qu'il
fît à l'égard de tous les hommes ! Car est-il juste que nous
les trompions ?

Il y a différents degrés dans cette aversion pour la
vérité ; mais on peut dire qu'elle est dans tous en quelque
degré, parce qu'elle est inséparable de l'amour-propre.
C'est cette mauvaise délicatesse qui oblige ceux qui sont
dans la nécessité de reprendre les autres, de choisir tant
de détours et de tempéraments pour éviter de les choquer.
Il faut qu'ils diminuent nos défauts, qu'ils fassent semblant de les excuser, qu'ils y mêlent des louanges et des
témoignages d'affection et d'estime. Avec tout cela, cette
médecine ne laisse pas d'être amère à l'amour-propre. Il
en prend le moins qu'il peut, et toujours avec dégoût, et
souvent même avec un secret dépit contre ceux qui la lui
présentent.

Il arrive de là que, si on a quelque intérêt d'être aimé
de nous, on s'éloigne de nous rendre un office qu'on sait

nous être désagréable; on nous traite comme nous voulons être traités : nous haïssons la vérité, on nous la cache; nous voulons être flattés, on nous flatte; nous aimons à être trompés, on nous trompe.

C'est ce qui fait que chaque degré de bonne fortune qui nous élève dans le monde nous éloigne davantage de la vérité, parce qu'on appréhende plus de blesser ceux dont l'affection est plus utile et l'aversion plus dangereuse. Un prince sera la fable de toute l'Europe, et lui seul n'en saura rien. Je ne m'en étonne pas : dire la vérité est utile à celui à qui on la dit, mais désavantageux à ceux qui la disent, parce qu'ils se font haïr. Or, ceux qui vivent avec les princes aiment mieux leurs intérêts que celui du prince qu'ils servent; et ainsi, ils n'ont garde de lui procurer un avantage en se nuisant à eux-mêmes.

Ce malheur est sans doute plus grand et plus ordinaire dans les plus grandes fortunes; mais les moindres n'en sont pas exemptes, parce qu'il y a toujours quelque intérêt à se faire aimer des hommes. Ainsi la vie humaine n'est qu'une illusion perpétuelle; on ne fait que s'entre-tromper et s'entre-flatter. Personne ne parle de nous en notre présence comme il en parle en notre absence. L'union qui est entre les hommes n'est fondée que sur cette mutuelle tromperie; et peu d'amitiés subsisteraient, si chacun savait ce que son ami dit de lui lorsqu'il n'y est pas, quoiqu'il en parle alors sincèrement et sans passion.

L'homme n'est donc que déguisement, que mensonge et hypocrisie, et en soi-même et à l'égard des autres. Il ne veut donc pas qu'on lui dise la vérité. Il évite de la dire aux autres; et toutes ces dispositions, si éloignées de la justice et de la raison, ont une racine naturelle dans son cœur.

101-792. — Je mets en fait que si tous les hommes savaient ce qu'ils disent les uns des autres, il n'y aurait pas quatre amis dans le monde. Cela paraît par les querelles que causent les rapports indiscrets qu'on en fait quelquefois. [Je dis bien plus, tous les hommes seraient...]

*102-535. — Il y a des vices qui ne tiennent à nous que par d'autres, et qui, en ôtant le tronc, s'emportent comme des branches.

*103-770. — L'exemple de la chasteté d'Alexandre n'a pas tant fait de continents que celui de son ivrognerie a fait d'intempérants. Il n'est pas honteux de n'être pas aussi vertueux que lui. On croit n'être pas tout à fait dans les vices du commun des hommes, quand on se

voit dans les vices de ces grands hommes; et cependant
on ne prend pas garde qu'ils sont en cela du commun
des hommes. On tient à eux par le bout par où ils tiennent
au peuple; car, quelque élevés qu'ils soient, si sont-ils
unis aux moindres des hommes par quelque endroit. Ils
ne sont pas suspendus en l'air, tout abstraits de notre
société. Non, non; s'ils sont plus grands que nous, c'est
qu'ils ont la tête plus élevée; mais ils ont les pieds aussi
bas que les nôtres. Ils y sont tous à même niveau, et
s'appuient sur la même terre; et, par cette extrémité, ils
sont aussi abaissés que nous, que les plus petits, que les
enfants, que les bêtes.

104-937. — Quand notre passion nous porte à faire
quelque chose, nous oublions notre devoir : comme on
aime un livre, on le lit, lorsqu'on devrait faire autre
chose. Mais, pour s'en souvenir, il faut se proposer de
faire quelque chose qu'on hait; et lors on s'excuse sur
ce qu'on a autre chose à faire, et on se souvient de son
devoir par ce moyen.

*105-529. — Qu'il est difficile de proposer une chose
au jugement d'un autre, sans corrompre son jugement
par la manière de la lui proposer! Si on dit : « Je le trouve
beau; je le trouve obscur », ou autre chose semblable, on
entraîne l'imagination à ce jugement, ou on l'irrite au
contraire. Il vaut mieux ne rien dire; et alors il juge selon
ce qu'il est, c'est-à-dire selon ce qu'il est alors, et selon
[ce] que les autres circonstances dont on n'est pas auteur
y auront mis. Mais au moins on n'y aura rien mis; si ce
n'est que ce silence n'y fasse aussi son effet, selon le tour
et l'interprétation qu'il sera en humeur de lui donner, ou
selon qu'il le conjecturera des mouvements et air du
visage ou du ton de la voix, selon qu'il sera physiono-
miste : tant il est difficile de ne point démonter un jugement de son assiette naturelle, ou plutôt, tant il en a
peu de ferme et stable!

*106-805. — En sachant la passion dominante de cha-
cun, on est sûr de lui plaire; et néanmoins chacun a ses
fantaisies, contraires à son propre bien, dans l'idée même
qu'il a du bien; et c'est une bizarrerie qui met hors de
gamme.

*107-552. — *Lustravit lampade terras.* — Le temps et
mon humeur ont peu de liaison; j'ai mes brouillards et
mon beau temps au-dedans de moi; le bien, et le mal de
mes affaires même, y fait peu. Je m'efforce quelquefois
de moi-même contre la fortune; la gloire de la dompter

me la fait dompter gaiement; au lieu que je fais quelquefois le dégoûté dans la bonne fortune.

*108-742. — Quoique les personnes n'aient point d'intérêt à ce qu'elles disent, il ne faut pas conclure de là absolument qu'elle ne mentent point : car il y a des gens qui mentent simplement pour mentir.

*109-638. — Quand on se porte bien, on admire comment on pourrait faire si on était malade; quand on l'est, on prend médecine gaiement : le mal y résout. On n'a plus les passions et les désirs de divertissements et de promenades, que la santé donnait, et qui sont incompatibles avec les nécessités de la maladie. La nature donne alors des passions et des désirs conformes à l'état présent. Il n'y a que les craintes, que nous nous donnons nous-mêmes, et non pas la nature, qui nous troublent, parce qu'elles joignent à l'état où nous sommes les passions de l'état où nous ne sommes pas.

109bis-639. — La nature nous rendant toujours malheureux en tous états, nos désirs nous figurent un état heureux, parce qu'ils joignent à l'état où nous sommes les plaisirs de l'état où nous ne sommes pas; et, quand nous arriverions à ces plaisirs, nous ne serions pas heureux pour cela, parce que nous aurions d'autres désirs conformes à ce nouvel état.

Il faut particulariser cette proposition générale.

*110-73. — Le sentiment de la fausseté des plaisirs présents, et l'ignorance de la vanité des plaisirs absents causent l'inconstance.

111-55. — *Inconstance.* — On croit toucher des orgues ordinaires, en touchant l'homme. Ce sont des orgues, à la vérité, mais bizarres, changeantes, variables [dont les tuyaux ne se suivent pas par degrés conjoints]. Ceux qui ne savent toucher que les ordinaires ne feront pas d'accords sur celles-là. Il faut savoir où sont les [*touches*].

*112-54. — *Inconstance.* — Les choses ont diverses qualités, et l'âme diverses inclinations; car rien n'est simple de ce qui s'offre à l'âme, et l'âme ne s'offre jamais simple à aucun sujet. De là vient qu'on pleure et qu'on rit d'une même chose.

113-17. — *Inconstance et bizarrerie.* — Ne vivre que de son travail, et régner sur le plus puissant Etat du monde, sont choses très opposées. Elles sont unies dans la personne du grand Seigneur des Turcs.

114-558. — La diversité est si ample, que tous les tons de voix, tous les marchers, toussers, mouchers, éternuers... On distingue des fruits les raisins, et, entre eux tous, les muscats, et puis Condrieu, et puis Desargues, et puis cette ente. Est-ce tout ? en a-t-elle jamais produit deux grappes pareilles ? et une grappe a-t-elle deux grains pareils ? etc.

Je ne saurais juger d'une même chose exactement de même. Je ne puis juger de mon ouvrage en le faisant; il faut que je fasse comme les peintres, et que je m'en éloigne; mais non pas trop. De combien donc ? Devinez.

115-65. — *Diversité.* — La théologie est une science, mais en même temps combien est-ce de sciences ? Un homme est un suppôt; mais si on l'anatomise, sera-ce la tête, le cœur, les veines, chaque veine, chaque portion de veine, le sang, chaque humeur du sang ?

Une ville, une campagne, de loin est une ville et une campagne; mais, à mesure qu'on s'approche, ce sont des maisons, des arbres, des tuiles, des feuilles, des herbes, des fourmis, des jambes de fourmis, à l'infini. Tout cela s'enveloppe sous le nom de campagne.

116-129. — *Pensées.* — Tout est un, tout est divers. Que de natures en celle de l'homme! que de vacations! Et par quel hasard chacun prend d'ordinaire ce qu'il a ouï estimer! Talon bien tourné.

117-35. — *Talon de soulier.* — « Oh! que cela est bien tourné! que voilà un habile ouvrier! que ce soldat est hardi! » Voilà la source de nos inclinations, et du choix des conditions. « Que celui-là boit bien! que celui-ci boit peu! » Voilà ce qui fait les gens sobres et ivrognes, soldats, poltrons, etc.

118-715. — Talent principal, qui règle tous les autres.

119-698. — La nature s'imite : une graine, jetée en bonne terre, produit; un principe, jeté dans un bon esprit, produit; les nombres imitent l'espace, qui sont de nature si différente.

Tout est fait et conduit par un même maître : la racine, les branches, les fruits; les principes, les conséquences.

120-541. — [Nature diversifie et imite, artifice imite et diversifie.]

121-663. — La nature recommence toujours les mêmes choses, les ans, les jours, les heures; les espaces, de même, et les nombres sont bout à bout à la suite l'un de l'autre. Ainsi se fait une espèce d'infini et d'éternel. Ce n'est pas qu'il y ait rien de tout cela qui soit infini et éternel, mais ces êtres terminés se multiplient infiniment. Ainsi il n'y a, ce me semble, que le nombre qui les multiplie qui soit infini.

*122-802. — Le temps guérit les douleurs et les querelles, parce qu'on change : on n'est plus la même personne. Ni l'offensant, ni l'offensé, ne sont plus eux-mêmes. C'est comme un peuple qu'on a irrité, et qu'on reverrait après deux générations. Ce sont encore les Français, mais non les mêmes.

123-673. — Il n'aime plus cette personne qu'il aimait il y a dix ans. Je crois bien : elle n'est plus la même, ni lui non plus. Il était jeune et elle aussi; elle est tout autre. Il l'aimerait peut-être encore, telle qu'elle était alors.

124-672. — Non seulement nous regardons les choses par d'autres côtés, mais avec d'autres yeux; nous n'avons garde de les trouver pareilles.

125-124. — *Contrariétés.* — L'homme est naturellement crédule, incrédule, timide, téméraire.

126-78. — Description de l'homme : dépendance, désir d'indépendance, besoin.

127-24. — Condition de l'homme : inconstance, ennui, inquiétude.

128-79. — L'ennui qu'on a de quitter les occupations où l'on s'est attaché. Un homme vit avec plaisir en son ménage : qu'il voie une femme qui lui plaise, qu'il joue cinq ou six jours avec plaisir; le voilà misérable s'il retourne à sa première occupation. Rien n'est plus ordinaire que cela.

129-641. — Notre nature est dans le mouvement; le repos entier est la mort.

130-415. — *Agitation.* — Quand un soldat se plaint de la peine qu'il a, ou un laboureur, etc., qu'on les mette sans rien faire.

131-622. — *Ennui.* — Rien n'est si insupportable à l'homme que d'être dans un plein repos, sans passions, sans affaire, sans divertissement, sans application. Il sent alors son néant, son abandon, son insuffisance, sa dépendance, son impuissance, son vide. Incontinent il sortira du fond de son âme l'ennui, la noirceur, la tristesse, le chagrin, le dépit, le désespoir.

*132-49. — César était trop vieil, ce me semble, pour s'aller amuser à conquérir le monde. Cet amusement était bon à Auguste ou à Alexandre; c'étaient des jeunes gens, qu'il est difficile d'arrêter; mais César devait être plus mûr.

133-13. — Deux visages semblables, dont aucun ne

fait rire en particulier, font rire ensemble par leur ressemblance.

134-40. — Quelle vanité que la peinture, qui attire l'admiration par la ressemblance des choses dont on n'admire point les originaux.

*135-773. — Rien ne nous plaît que le combat, mais non pas la victoire : on aime à voir les combats des animaux, non le vainqueur acharné sur le vaincu; que voulait-on voir, sinon la fin de la victoire ? Et dès qu'elle arrive, on en est saoul. Ainsi dans le jeu, ainsi dans la recherche de la vérité. On aime à voir, dans les disputes, le combat des opinions; mais de contempler la vérité trouvée, point du tout; pour la faire remarquer avec plaisir, il faut la faire voir naître de la dispute. De même, dans les passions : il y a du plaisir à voir deux contraires se heurter; mais, quand l'une est maîtresse, ce n'est plus que brutalité. Nous ne cherchons jamais les choses, mais la recherche des choses. Ainsi, dans les comédies, les scènes contentes sans crainte ne valent rien, ni les extrêmes misères sans espérance, ni les amours brutaux, ni les sévérités âpres.

*136-43. — Peu de chose nous console parce que peu de chose nous afflige.

137-478. — Sans examiner toutes les occupations particulières, il suffit de les comprendre sous le divertissement.

138-879. — Hommes naturellement couvreurs et de toutes vocations, hormis en chambre.

*139-136. — *Divertissement.* — Quand je m'y suis mis quelquefois à considérer les diverses agitations des hommes et les périls et les peines où ils s'exposent, dans la cour, dans la guerre, d'où naissent tant de querelles, de passions, d'entreprises hardies et souvent mauvaises, etc., j'ai découvert que tout le malheur des hommes vient d'une seule chose, qui est de ne savoir pas demeurer en repos, dans une chambre. Un homme qui a assez de bien pour vivre, s'il savait demeurer chez soi avec plaisir, n'en sortirait pas pour aller sur la mer ou au siège d'une place. On n'achètera une charge à l'armée si cher, que parce qu'on trouverait insupportable de ne bouger de la ville; et on ne recherche les conversations et les divertissements des jeux que parce qu'on ne peut demeurer chez soi avec plaisir.

Mais quand j'ai pensé de plus près, et qu'après avoir trouvé la cause de tous nos malheurs, j'ai voulu en découvrir la raison, j'ai trouvé qu'il y en a une bien effective, qui consiste dans le malheur naturel de notre condition faible et mortelle, et si misérable, que rien ne peut nous consoler, lorsque nous y pensons de près.

Quelque condition qu'on se figure, si l'on assemble tous les biens qui peuvent nous appartenir, la royauté est le plus beau poste du monde; et cependant, qu'on s'en imagine [un] accompagné de toutes les satisfactions qui peuvent le toucher, s'il est sans divertissement, et qu'on le laisse considérer et faire réflexion sur ce qu'il est, cette félicité languissante ne le soutiendra point, il tombera par nécessité dans les vues qui le menacent, des révoltes qui peuvent arriver, et enfin de la mort et des maladies qui sont inévitables; de sorte que, s'il est sans ce qu'on appelle divertissement, le voilà malheureux, et [plus] malheureux que le moindre de ses sujets, qui joue et qui se divertit.

De là vient que le jeu et la conversation des femmes, la guerre, les grands emplois sont si recherchés. Ce n'est pas qu'il y ait en effet du bonheur, ni qu'on s'imagine que la vraie béatitude soit d'avoir l'argent qu'on peut gagner au jeu, ou dans le lièvre qu'on court : on n'en voudrait pas, s'il était offert. Ce n'est pas cet usage mol et paisible, et qui nous laisse penser à notre malheureuse condition, qu'on recherche, ni les dangers de la guerre, ni la peine des emplois, mais c'est le tracas qui nous détourne d'y penser et nous divertit.

De là vient que les hommes aiment tant le bruit et le remuement; de là vient que la prison est un supplice si horrible; de là vient que le plaisir de la solitude est une chose incompréhensible. Et c'est enfin le plus grand sujet de félicité de la condition des rois, de [ce] qu'on essaie sans cesse à les divertir et à leur procurer toute sorte de plaisirs.

Le roi est environné de gens qui ne pensent qu'à divertir le roi, et l'empêcher de penser à lui. Car il est malheureux, tout roi qu'il est, s'il y pense.

Voilà tout ce que les hommes ont pu inventer pour se rendre heureux. Et ceux qui font sur cela les philosophes, et qui croient que le monde est bien peu raisonnable de passer tout le jour à courir après un lièvre qu'ils ne voudraient pas avoir acheté, ne connaissent guère notre nature. Ce lièvre ne nous garantirait pas de la vue de la mort et des misères, mais la chasse — qui nous en détourne — nous en garantit.

Le conseil qu'on donnait à Pyrrhus, de prendre le repos qu'il allait chercher par tant de fatigues, recevait bien des difficultés.

[Dire à un homme qu'il vive en repos, c'est lui dire qu'il vive heureux; c'est lui conseiller d'avoir une condition tout heureuse et laquelle il puisse considérer à loisir, sans y trouver sujet d'affliction; c'est lui conse[iller]... Ce n'est donc pas entendre la nature.

[Aussi les hommes qui sentent naturellement leur condition n'évitent rien tant que le repos : il n'y a rien qu'ils ne fassent pour chercher le trouble. Ce n'est pas qu'ils n'aient un instinct qui leur fait connaître que la vraie béatitude... La vanité, le plaisir de le montrer aux autres.

[Ainsi on se prend mal pour les blâmer; leur faute n'est pas en ce qu'ils cherchent le tumulte, s'ils ne le cherchaient que comme un divertissement; mais le mal est qu'ils le recherchent comme si la possession des choses qu'ils recherchent les devait rendre véritablement heureux, et c'est en quoi on a raison d'accuser leur recherche de vanité; de sorte qu'en tout cela et ceux qui blâment et ceux qui sont blâmés n'entendent la véritable nature de l'homme.]

Et ainsi, quand on leur reproche que ce qu'ils recherchent avec tant d'ardeur ne saurait les satisfaire, s'ils répondaient, comme ils devraient le faire s'ils y pensaient bien, qu'ils ne recherchent en cela qu'une occupation violente et impétueuse qui les détourne de penser à soi, et que c'est pour cela qu'ils se proposent un objet attirant qui les charme et les attire avec ardeur, ils laisseraient leurs adversaires sans repartie. Mais ils ne répondent pas cela, parce qu'ils ne se connaissent pas eux-mêmes. Ils ne savent pas que ce n'est que la chasse, et non pas la prise, qu'ils recherchent.

(La danse : il faut bien penser où l'on mettra ses pieds. — Le gentilhomme croit sincèrement que la chasse est un plaisir grand et un plaisir royal; mais le piqueur n'est pas de ce sentiment-là.)

Ils s'imaginent que, s'ils avaient obtenu cette charge, ils se reposeraient ensuite avec plaisir, et ne sentent pas la nature insatiable de leur cupidité. Ils croient chercher sincèrement le repos, et ne cherchent en effet que l'agitation.

Ils ont un instinct secret qui les porte à chercher le divertissement et l'occupation au-dehors, qui vient du ressentiment de leurs misères continuelles; et ils ont un autre instinct secret, qui reste de la grandeur de notre première nature, qui leur fait connaître que le bonheur n'est en effet que dans le repos, et non pas dans le tumulte; et de ces deux instincts contraires, il se forme en eux un projet confus, qui se cache à leur vue dans le fond de leur âme, qui les porte à tendre au repos par l'agitation, et à se figurer toujours que la satisfaction qu'ils n'ont point leur arrivera, si, en surmontant quelques difficultés qu'ils envisagent, ils peuvent s'ouvrir par là la porte au repos.

Ainsi s'écoule toute la vie. On cherche le repos en combattant quelques obstacles; et si on les a surmontés, le repos devient insupportable; car, ou l'on pense aux misères qu'on a, ou à celles qui nous menacent. Et quand on se verrait même assez à l'abri de toutes parts, l'ennui, de son autorité privée, ne laisserait pas de sortir du fond du cœur, où il a des racines naturelles, et de remplir l'esprit de son venin.

Ainsi l'homme est si malheureux, qu'il s'ennuierait même sans aucune cause d'ennui, par l'état propre de sa complexion; et il est si vain, qu'étant plein de mille causes essentielles d'ennui, la moindre chose, comme un billard et une balle qu'il pousse, suffisent pour le divertir.

— Mais, direz-vous, quel objet a-t-il en tout cela ? — Celui de se vanter demain entre ses amis de ce qu'il a mieux joué qu'un autre. Ainsi, les autres suent dans leur cabinet pour montrer aux savants qu'ils ont résolu une question d'algèbre qu'on n'aurait pu trouver jusques ici, et tant d'autres s'exposent aux derniers périls pour se vanter ensuite d'une place qu'ils auront prise, et aussi sottement à mon gré; et enfin les autres se tuent pour remarquer toutes ces choses, non pas pour en devenir plus sages, mais seulement pour montrer qu'ils les savent, et ceux-là sont les plus sots de la bande, puisqu'ils le sont avec connaissance, au lieu qu'on peut penser des autres qu'ils ne le seraient plus, s'ils avaient cette connaissance.

Tel homme passe sa vie sans ennui en jouant tous les jours peu de chose. Donnez-lui tous les matins l'argent qu'il peut gagner chaque jour, à la charge qu'il ne joue point : vous le rendez malheureux. On dira peut-être que c'est qu'il recherche l'amusement du jeu, et non pas le gain. Faites-le donc jouer pour rien, il ne s'y échauffera pas et s'y ennuiera. Ce n'est donc pas l'amusement seul qu'il recherche : un amusement languissant et sans passion l'ennuiera. Il faut qu'il s'y échauffe et qu'il se pipe lui-même, en s'imaginant qu'il serait heureux de gagner ce qu'il ne voudrait pas qu'on lui donnât à condition de ne point jouer, afin qu'il se forme un sujet de passion, et qu'il excite sur cela son désir, sa colère, sa crainte, pour l'objet qu'il s'est formé, comme les enfants qui s'effrayent du visage qu'ils ont barbouillé.

D'où vient que cet homme qui a perdu depuis peu de mois son fils unique, et qui, accablé de procès et de querelles, était ce matin si troublé, n'y pense plus maintenant ? Ne vous en étonnez point : il est tout occupé à voir par où passera ce sanglier que les chiens poursuivent avec tant d'ardeur depuis six heures. Il n'en faut pas davantage. L'homme, quelque plein de tristesse qu'il soit, si on peut gagner sur lui de le faire entrer en quelque divertissement, le voilà heureux pendant ce temps-là ; et l'homme, quelque heureux qu'il soit, s'il n'est diverti et occupé par quelque passion ou quelque amusement qui empêche l'ennui de se répandre, sera bientôt chagrin et malheureux. Sans divertissement, il n'y a point de joie ; avec le divertissement, il n'y a point de tristesse. Et c'est aussi ce qui forme le bonheur des personnes de grande condition, qu'ils ont un nombre de personnes qui les divertissent, et qu'ils ont le pouvoir de se maintenir en cet état.

Prenez-y garde. Qu'est-ce autre chose d'être surintendant, chancelier, premier président, sinon d'être en une condition où l'on a dès le matin un grand nombre de gens qui viennent de tous côtés pour ne leur laisser pas une heure en la journée où ils puissent penser à eux-mêmes ? Et quand ils sont dans la disgrâce et qu'on les renvoie à leurs maisons des champs, où ils ne manquent ni de biens, ni de domestiques pour les assister dans leur besoin, ils ne laissent pas d'être misérables et abandonnés, parce que personne ne les empêche de songer à eux.

140-522. — [Cet homme si affligé de la mort de sa femme et de son fils unique, qui a cette grande querelle qui le tourmente, d'où vient qu'à ce moment il n'est pas triste, et qu'on le voit si exempt de toutes ces pensées pénibles et inquiétantes ? Il ne faut pas s'en étonner ; on vient de lui servir une balle, et il faut qu'il la rejette à son compagnon ; il est occupé à la prendre à la chute du toit, pour gagner une chasse ; comment voulez-vous qu'il pense à ses affaires, ayant cette autre affaire à manier ?

Voilà un soin digne d'occuper cette grande âme, et de lui ôter toute autre pensée de l'esprit. Cet homme né pour connaître l'univers, pour juger de toutes choses, pour régir tout un Etat, le voilà occupé et tout rempli du soin de prendre un lièvre! Et s'il ne s'abaisse à cela et veuille toujours être tendu, il n'en sera que plus sot, parce qu'il voudra s'élever au-dessus de l'humanité, et il n'est qu'un homme, au bout du compte, c'est-à-dire capable de peu et de beaucoup, de tout et de rien : il est ni ange ni bête, mais homme.]

141-39. — Les hommes s'occupent à suivre une balle et un lièvre; c'est le plaisir même des rois.

*142-137. — *Divertissement.* — La dignité royale n'est-elle pas assez grande d'elle-même pour celui qui la possède, pour le rendre heureux par la seule vue de ce qu'il est ? Faudra-t-il le divertir de cette pensée, comme les gens du commun ? Je vois bien que c'est rendre un homme heureux, de le divertir de la vue de ses misères domestiques pour remplir toute sa pensée du soin de bien danser. Mais en sera-t-il de même d'un roi, et sera-t-il plus heureux, en s'attachant à ces vains amusements qu'à la vue de sa grandeur ? Et quel objet plus satisfaisant pourrait-on donner à son esprit ? Ne serait-ce donc pas faire tort à sa joie, d'occuper son âme à penser à ajuster ses pas à la cadence d'un air, ou à placer adroitement une [balle], au lieu de le laisser jouir en repos de la contemplation de la gloire majestueuse qui l'environne ? Qu'on en fasse l'épreuve : qu'on laisse un roi tout seul, sans aucune satisfaction des sens, sans aucun soin dans l'esprit, sans compagnie, penser à lui tout à loisir; et l'on verra qu'un roi sans divertissement est un homme plein de misères. Aussi on évite cela soigneusement, et il ne manque jamais d'y avoir auprès des personnes des rois un grand nombre de gens qui veillent à faire succéder le divertissement à leurs affaires, et qui observent tout le temps de leur loisir pour leur fournir des plaisirs et des jeux, en sorte qu'il n'y ait point de vide; c'est-à-dire qu'ils sont environnés de personnes qui ont un soin merveilleux de prendre garde que le roi ne soit seul et en état de penser à soi, sachant bien qu'il sera misérable, tout roi qu'il est, s'il y pense.

Je ne parle point en tout cela des rois chrétiens comme chrétiens, mais seulement comme rois.

*143-139. — *Divertissement.* — On charge les hommes, dès l'enfance, du soin de leur honneur, de leur bien, de leurs amis, et encore du bien et de l'honneur de leurs amis. On les accable d'affaires, de l'apprentissage des langues et d'exercices, et on leur fait entendre qu'ils ne sauraient être heureux sans que leur santé, leur honneur, leur fortune et celle de leurs amis soient en bon état, et qu'une seule chose qui manque les rendrait malheureux. Ainsi on leur donne des charges et des affaires qui les font tracasser dès la pointe du jour. — Voilà, direz-vous, une étrange manière de les rendre heureux! Que pourrait-on faire de mieux pour les rendre malheureux ? — Comment! ce qu'on pourrait faire ? Il ne faudrait que leur ôter tous ces soins; car alors ils se verraient, ils penseraient à ce qu'ils sont, d'où ils viennent, où ils vont; et ainsi on ne peut trop les occuper et les détourner. Et c'est pourquoi, après leur avoir tant préparé d'affaires, s'ils ont quelque temps de relâche, on leur conseille de l'employer à se divertir, à jouer, et à s'occuper toujours tout entiers.

Que le cœur de l'homme est creux et plein d'ordure!

*144-687. — J'avais passé longtemps dans l'étude des sciences abstraites; et le peu de communication qu'on en peut avoir m'en avait dégoûté. Quand j'ai commencé l'étude de l'homme, j'ai vu que ces sciences abstraites ne sont pas propres à l'homme, et que je m'égarais plus de ma condition en y pénétrant que les autres en les ignorant. J'ai pardonné aux autres d'y peu savoir. Mais j'ai cru trouver au moins bien des compagnons en l'étude de l'homme et que c'est la vraie étude qui lui est propre. J'ai été trompé; il y en a encore moins qui l'étudient que la géométrie. Ce n'est que manque de savoir étudier cela qu'on cherche le reste; mais n'est-ce pas que ce n'est pas encore là la science que l'homme doit avoir, et qu'il lui est meilleur de s'ignorer pour être heureux ?

145-523. — Une seule pensée nous occupe, nous ne pouvons penser à deux choses à la fois : dont bien nous prend selon le monde, non selon Dieu.

*146-620. — L'homme est visiblement fait pour penser; c'est toute sa dignité et tout son métier; et tout son devoir est de penser comme il faut. Or l'ordre de la pensée est de commencer par soi, et par son auteur et sa fin.

Or à quoi pense le monde ? Jamais à cela; mais à danser, à jouer du luth, à chanter, à faire des vers, à courir la bague, etc., à se battre, à se faire roi, sans penser à ce que c'est qu'être roi, et qu'être homme.

*147-806. — Nous ne nous contentons pas de la vie que nous avons en nous et en notre propre être : nous voulons vivre dans l'idée des autres d'une vie imaginaire, et nous nous efforçons pour cela de paraître. Nous travaillons incessamment à embellir et conserver notre être imaginaire et négligeons le véritable. Et si nous avons ou la tranquillité, ou la générosité, ou la fidélité, nous nous empressons de le faire savoir, afin d'attacher ces vertus-là à notre autre être, et les détacherions plutôt de nous pour les joindre à l'autre; nous serions de bon cœur poltrons pour acquérir la réputation d'être vaillants. Grande marque du néant de notre propre être, de n'être pas satisfait de l'un sans l'autre, et d'échanger souvent l'un pour l'autre! Car qui ne mourrait pour conserver son honneur, celui-là serait infâme.

*148-120. — Nous sommes si présomptueux, que nous voudrions être connus de toute la terre, et même des gens qui viendront quand nous ne serons plus; et nous sommes si vains, que l'estime de cinq ou six personnes qui nous environnent nous amuse et nous contente.

*149-31. — Les villes par où on passe, on ne se soucie pas d'y être estimé. Mais, quand on y doit demeurer un peu de temps, on s'en soucie. Combien de temps faut-il ? Un temps proportionné à notre durée vaine et chétive.

*150-627. — La vanité est si ancrée dans le cœur de l'homme, qu'un soldat, un goujat, un cuisinier, un crocheteur se vante et peut avoir ses admirateurs; et les philosophes mêmes en veulent; et ceux qui écrivent contre veulent avoir la gloire d'avoir bien écrit; et ceux qui le lisent veulent avoir la gloire de l'avoir lu; et moi qui écris ceci, ai peut-être cette envie; et peut-être que ceux qui le liront...

151-63. — *La gloire.* — L'admiration gâte tout dès l'enfance : Oh! que cela est bien dit! oh! qu'il a bien fait! qu'il est sage! etc.

Les enfants de Port-Royal, auxquels on ne donne point cet aiguillon d'envie et de gloire, tombent dans la nonchalance.

152-77. — *Orgueil.* — Curiosité n'est que vanité. Le plus souvent on ne veut savoir que pour en parler. Autrement on ne voyagerait pas sur la mer, pour ne jamais en rien dire, et pour le seul plaisir de voir, sans espérance d'en jamais communiquer.

*153-628. — *Du désir d'être estimé de ceux avec qui on*

est. — L'orgueil nous tient d'une possession si naturelle au milieu de nos misères, erreurs, etc. Nous perdons encore la vie avec joie, pourvu qu'on en parle.

Vanité : jeu, chasse, visite, comédies, fausse perpétuité de nom.

154. — [Je n'ai point d'amis] à votre avantage.]

155-606. — Un vrai ami est une chose si avantageuse, même pour les plus grands seigneurs, afin qu'il dise du bien d'eux, et qu'il les soutienne en leur absence même, qu'ils doivent tout faire pour en avoir. Mais qu'ils choisissent bien; car, s'ils font tous leurs efforts pour des sots, cela leur sera inutile, quelque bien qu'ils disent d'eux; et même ils n'en diront pas du bien, s'ils se trouvent les plus faibles, car ils n'ont pas d'autorité; et ainsi ils en médiront par compagnie.

*156-29. — *Ferox gens, nullam esse vitam sine armis rati.* Ils aiment mieux la mort que la paix; les autres aiment mieux la mort que la guerre.

Toute opinion peut être préférable à la vie, dont l'amour paraît si fort et si naturel.

157-123. — Contradiction : mépris de notre être, mourir pour rien, haine de notre être.

*158-37. — *Métiers.* — La douceur de la gloire est si grande, qu'à quelque objet qu'on l'attache, même à la mort, on l'aime.

*159-643. — Les belles actions cachées sont les plus estimables. Quand j'en vois quelques-unes dans l'histoire (comme p. 184), elles me plaisent fort. Mais enfin elles n'ont pas été tout à fait cachées, puisqu'elles ont été sues; et quoiqu'on ait fait ce qu'on a pu pour les cacher, ce peu par où elles ont paru gâte tout; car c'est là le plus beau, de les avoir voulu cacher.

160-795. — L'éternuement absorbe toutes les fonctions de l'âme, aussi bien que la besogne; mais on n'en tire pas les mêmes conséquences contre la grandeur de l'homme, parce que c'est contre son gré. Et quoiqu'on se le procure, néanmoins c'est contre son gré qu'on se le procure; ce n'est pas en vue de la chose même, c'est pour une autre fin : et ainsi ce n'est pas une marque de la faiblesse de l'homme, et de sa servitude sous cette action.

Il n'est pas honteux à l'homme de succomber sous la douleur, et il lui est honteux de succomber sous le plaisir. Ce qui ne vient pas de ce que la douleur nous vient d'ailleurs, et que nous recherchons le plaisir; car on peut

rechercher la douleur, et y succomber à dessein, sans ce
genre de bassesse. D'où vient donc qu'il est glorieux à la
raison de succomber sous l'effort de la douleur, et qu'il
lui est honteux de succomber sous l'effort du plaisir ?
C'est que ce n'est pas la douleur qui nous tente et nous
attire ; c'est nous-mêmes qui volontairement la choisissons et voulons la faire dominer sur nous ; de sorte que
nous sommes maîtres de la chose ; et en cela c'est l'homme
qui succombe à soi-même ; mais, dans le plaisir, c'est
l'homme qui succombe au plaisir. Or il n'y a que la
maîtrise et l'empire qui fasse la gloire, et que la servitude
qui fasse [la] honte.

161-16. — *Vanité*. — Qu'une chose aussi visible qu'est
la vanité du monde soit si peu connue que ce soit une
chose étrange et surprenante de dire que c'est une sottise
de chercher les grandeurs, cela est admirable.

162-413. — Qui voudra connaître à plein la vanité de
l'homme n'a qu'à considérer les causes et les effets de
l'amour. La cause en est *un je ne sais quoi* (Corneille), et
les effets en sont effroyables. Ce *je ne sais quoi*, si peu de
chose qu'on ne peut le reconnaître, remue toute la terre,
les princes, les armées, le monde entier.
Le nez de Cléopâtre : s'il eût été plus court, toute la
face de la terre aurait changé.

163-46-197. — *Vanité*. — La cause et les effets de
l'amour : Cléopâtre.

164-36. — Qui ne voit pas la vanité du monde est bien
vain lui-même. Aussi qui ne la voit, excepté de jeunes
gens qui sont tous dans le bruit, dans le divertissement,
et dans la pensée de l'avenir ? Mais, ôtez leur divertissement, vous les verrez se sécher d'ennui ; ils sentent alors
leur néant sans le connaître ; car c'est bien être malheureux que d'être dans une tristesse insupportable, aussitôt
qu'on est réduit à se considérer, et à n'en être point
diverti.

*165-889. — *Pensées*. — *In omnibus requiem quaesivi*.
Si notre condition était véritablement heureuse, il ne nous
faudrait pas divertir d'y penser pour nous rendre heureux.

*166-138. — *Divertissement*. — La mort est plus aisée
à supporter sans y penser, que la pensée de la mort sans
péril.

167-10. — Les misères de la vie humaine ont fondé
tout cela : comme ils ont vu cela, ils ont pris le divertissement.

*168-134. — *Divertissement*. — Les hommes n'ayant

pu guérir la mort, la misère, l'ignorance, ils se sont avisés, pour se rendre heureux, de n'y point penser.

169-133. — ...Nonobstant ces misères, il veut être heureux, et ne veut être qu'heureux, et ne peut ne vouloir pas l'être; mais comment s'y prendra-t-il ? Il faudrait, pour bien faire, qu'il se rendît immortel; mais, ne le pouvant, il s'est avisé de s'empêcher d'y penser.

*170-132. — *Divertissement.* — Si l'homme était heureux, il le serait d'autant plus qu'il serait moins diverti, comme les saints et Dieu. — Oui; mais n'est-ce pas être heureux, que de pouvoir être réjoui par le divertissement ? — Non; car il vient d'ailleurs et de dehors; et ainsi il est dépendant, et partant, sujet à être troublé par mille accidents, qui font les afflictions inévitables.

171-414. — *Misère.* — La seule chose qui nous console de nos misères est le divertissement, et cependant c'est la plus grande de nos misères. Car c'est cela qui nous empêche principalement de songer à nous, et qui nous fait perdre insensiblement. Sans cela, nous serions dans l'ennui, et cet ennui nous pousserait à chercher un moyen plus solide d'en sortir. Mais le divertissement nous amuse, et nous fait arriver insensiblement à la mort.

*172-47. — Nous ne nous tenons jamais au temps présent. Nous anticipons l'avenir comme trop lent à venir, comme pour hâter son cours; ou nous rappelons le passé pour l'arrêter comme trop prompt : si imprudents, que nous errons dans les temps qui ne sont pas nôtres, et ne pensons point au seul qui nous appartient; et si vains, que nous songeons à ceux qui ne sont plus rien, et échappons sans réflexion le seul qui subsiste. C'est que le présent, d'ordinaire, nous blesse. Nous le cachons à notre vue, parce qu'il nous afflige; et s'il nous est agréable, nous regrettons de le voir échapper. Nous tâchons de le soutenir par l'avenir, et pensons à disposer les choses qui ne sont pas en notre puissance, pour un temps où nous n'avons aucune assurance d'arriver.

Que chacun examine ses pensées, il les trouvera toutes occupées au passé et à l'avenir. Nous ne pensons presque point au présent; et, si nous y pensons, ce n'est que pour en prendre la lumière pour disposer de l'avenir. Le présent n'est jamais notre fin : le passé et le présent sont nos moyens; le seul avenir est notre fin. Ainsi nous ne vivons jamais, mais nous espérons de vivre; et, nous disposant toujours à être heureux, il est inévitable que nous ne le soyons jamais.

173-561. — Ils disent que les éclipses présagent malheur, parce que les malheurs sont ordinaires, de sorte qu'il arrive si souvent du mal, qu'ils devinent souvent; au lieu que s'ils disaient qu'elles présagent bonheur, ils mentiraient souvent. Ils ne donnent le bonheur qu'à des rencontres du ciel rares; ainsi ils manquent peu souvent à deviner.

*174-403. — *Misère.* — Salomon et Job ont le mieux connu et le mieux parlé de la misère de l'homme : l'un le plus heureux, et l'autre le plus malheureux; l'un connaissant la vanité des plaisirs par expérience, l'autre la réalité des maux.

175-709. — Nous nous connaissons si peu que plusieurs pensent aller mourir quand ils se portent bien; et plusieurs pensent se porter bien quand ils sont proches de mourir, ne sentant pas la fièvre prochaine, ou l'abcès prêt à se former.

*176-750. — Cromwell allait ravager toute la chrétienté; la famille royale était perdue, et la sienne à jamais puissante, sans un petit grain de sable qui se mit dans son uretère. Rome même allait trembler sous lui; mais ce petit gravier s'étant mis là, il est mort, sa famille abaissée, tout en paix, et le roi rétabli.

*177-62. — [Trois hôtes.] Qui aurait eu l'amitié du roi d'Angleterre, du roi de Pologne et de la reine de Suède, aurait-il cru manquer de retraite et d'asile au monde ?

178-320. — Macrobe : des innocents tués par Hérode.

179-753. — Quand Auguste eut appris qu'entre les enfants qu'Hérode avait fait mourir, au-dessous de l'âge de deux ans, était son propre fils, il dit qu'il était meilleur d'être le pourceau d'Hérode, que son fils. Macrobe, livre II, *Sat.*, chap. IV.

*180-705. — Les grands et les petits ont mêmes accidents, et mêmes fâcheries, et mêmes passions; mais l'un est au haut de la roue et l'autre près du centre, et ainsi moins agité par le même mouvement.

*181-56. — Nous sommes si malheureux que nous ne pouvons prendre plaisir à une chose qu'à condition de nous fâcher si elle réussit mal; ce que mille choses peuvent faire, et font, à toute heure. [*Qui*] aurait trouvé le secret de se réjouir du bien sans se fâcher du mal contraire, aurait trouvé le point; c'est le mouvement perpétuel.

182-640. — Ceux qui, dans de fâcheuses affaires, ont

toujours bonne espérance et se réjouissent des aventures heureuses, s'ils ne s'affligent également des mauvaises, sont suspects d'être bien aises de la perte de l'affaire ; et sont ravis de trouver ces prétextes d'espérance pour montrer qu'ils s'y intéressent, et couvrir par la joie qu'ils feignent d'en concevoir celles qu'ils ont de voir l'affaire perdue.

*183-166. — Nous courons sans souci dans le précipice, après que nous avons mis quelque chose devant nous pour nous empêcher de le voir.

ARTICLE III

DE LA NÉCESSITÉ DU PARI

184-4. — Lettre pour porter à rechercher Dieu.

Et puis le faire chercher chez les philosophes, pyrrhoniens et dogmatistes, qui travaillent celui qui les recherche.

185-172. — La conduite de Dieu, qui dispose toutes choses avec douceur, est de mettre la religion dans l'esprit par les raisons, et dans le cœur par la grâce. Mais de la vouloir mettre dans l'esprit et dans le cœur par la force et par les menaces, ce n'est pas y mettre la religion, mais la terreur, *terrorem potius quam religionem*.

186-591. — *Ne si terrerentur et non docerentur, improba quasi dominatio videretur* (Aug., Ep. 48 ou 49 — IV tom. : *Contra mendacium ad Consentium*).

*187-12. — *Ordre*. — Les hommes ont mépris pour la religion; ils en ont haine et peur qu'elle soit vraie. Pour guérir cela, il faut commencer par montrer que la religion n'est point contraire à la raison; vénérable, en donner respect; la rendre ensuite aimable, faire souhaiter aux bons qu'elle fût vraie; et puis montrer qu'elle est vraie.

Vénérable, parce qu'elle a bien connu l'homme; aimable, parce qu'elle promet le vrai bien.

188-669. — Il faut, en tout dialogue et discours, qu'on puisse dire à ceux qui s'en offensent : « De quoi vous plaignez-vous ? »

189-162. — Commencer par plaindre les incrédules; ils sont assez malheureux, par leur condition. Il ne les faudrait injurier qu'au cas que cela servît; mais cela leur nuit.

190-156. — Plaindre les athées qui cherchent, car ne sont-ils pas assez malheureux ? Invectiver contre ceux qui en font vanité.

191-932. — Et celui-là se moquera de l'autre ? Qui se doit moquer ? Et cependant, celui-ci ne se moque pas de l'autre, mais en a pitié.

192-853. — Reprocher à Miton de ne pas se remuer, quand Dieu le reprochera.

193-810. — *Quid fiet hominibus qui minima contemnunt, majora non credunt ?*

*194-427. — ... Qu'ils apprennent au moins quelle est la religion qu'ils combattent, avant que de la combattre. Si cette religion se vantait d'avoir une vue claire de Dieu, et de le posséder à découvert et sans voile, ce serait la combattre que de dire qu'on ne voit rien dans le monde qui le montre avec cette évidence. Mais puisqu'elle dit, au contraire, que les hommes sont dans les ténèbres et dans l'éloignement de Dieu, qu'il s'est caché à leur connaissance, que c'est même le nom qu'il se donne dans les Ecritures, *Deus absconditus;* et, enfin, si elle travaille également à établir ces deux choses : que Dieu a établi des marques sensibles dans l'Eglise pour se faire reconnaître à ceux qui le chercheraient sincèrement; et qu'il les a couvertes néanmoins de telle sorte qu'il ne sera aperçu que de ceux qui le cherchent de tout leur cœur, quel avantage peuvent-ils tirer, lorsque dans la négligence où ils font profession d'être de chercher la vérité, ils crient que rien ne la leur montre, puisque cette obscurité où ils sont, et qu'ils objectent à l'Eglise, ne fait qu'établir une des choses qu'elle soutient, sans toucher à l'autre, et établit sa doctrine, bien loin de la ruiner ?

Il faudrait, pour la combattre, qu'ils criassent qu'ils ont fait tous leurs efforts pour la chercher partout, et, même dans ce que l'Eglise propose pour s'en instruire, mais sans aucune satisfaction. S'ils parlaient de la sorte, ils combattraient à la vérité une de ses prétentions. Mais j'espère montrer ici qu'il n'y a personne raisonnable qui puisse parler de la sorte; et j'ose même dire que jamais personne ne l'a fait. On sait assez de quelle manière agissent ceux qui sont dans cet esprit. Ils croient avoir fait de grands efforts pour s'instruire, lorsqu'ils ont employé quelques heures à la lecture de quelque livre de l'Ecriture, et qu'ils ont interrogé quelque ecclésiastique sur les vérités de la foi. Après cela, ils se vantent d'avoir cherché sans succès dans les livres et parmi les hommes. Mais, en vérité, je leur dirais ce que j'ai dit souvent, que cette négligence n'est pas supportable. Il ne s'agit pas ici de l'intérêt léger de quelque personne étrangère, pour en user de cette façon; il s'agit de nous-mêmes, et de notre tout.

L'immortalité de l'âme est une chose qui nous importe si fort, qui nous touche si profondément, qu'il faut avoir perdu tout sentiment pour être dans l'indifférence de savoir ce qui en est. Toutes nos actions et nos pensées doivent prendre des routes si différentes, selon qu'il y aura des biens éternels à espérer ou non, qu'il est impossible de faire une démarche avec sens et jugement, qu'en la réglant par la vue de ce point, qui doit être notre dernier objet.

Ainsi notre premier intérêt et notre premier devoir est de nous éclaircir sur ce sujet, d'où dépend toute notre conduite. Et c'est pourquoi, entre ceux qui n'en sont pas persuadés, je fais une extrême différence de ceux qui travaillent de toutes leurs forces à s'en instruire, à ceux qui vivent sans s'en mettre en peine et sans y penser.

Je ne puis avoir que de la compassion pour ceux qui gémissent sincèrement dans ce doute, qui le regardent comme le dernier des malheurs, et qui, n'épargnant rien pour en sortir, font de cette recherche leurs principales et leurs plus sérieuses occupations.

Mais pour ceux qui passent leur vie sans penser à cette dernière fin de la vie, et qui, par cette seule raison qu'ils ne trouvent pas en eux-mêmes les lumières qui les en persuadent, négligent de les chercher ailleurs, et d'examiner à fond si cette opinion est de celles que le peuple reçoit par une simplicité crédule, ou de celles qui, quoique obscures d'elles-mêmes, ont néanmoins un fondement très solide et inébranlable, je les considère d'une manière toute différente.

Cette négligence en une affaire où il s'agit d'eux-mêmes, de leur éternité, de leur tout, m'irrite plus qu'elle ne m'attendrit; elle m'étonne et m'épouvante : c'est un monstre pour moi. Je ne dis pas ceci par le zèle pieux d'une dévotion spirituelle. J'entends au contraire qu'on doit avoir ce sentiment par un principe d'intérêt humain et par un intérêt d'amour-propre : il ne faut pour cela que voir ce que voient les personnes les moins éclairées.

Il ne faut pas avoir l'âme fort élevée pour comprendre qu'il n'y a point ici de satisfaction véritable et solide, que tous nos plaisirs ne sont que vanité, que nos maux sont infinis, et qu'enfin la mort, qui nous menace à chaque instant, doit infailliblement nous mettre, dans peu d'années, dans l'horrible nécessité d'être éternellement ou anéantis ou malheureux.

Il n'y a rien de plus réel que cela, ni de plus terrible. Faisons tant que nous voudrons les braves : voilà la fin qui attend la plus belle vie du monde. Qu'on fasse réflexion là-dessus, et qu'on dise ensuite s'il n'est pas indubitable qu'il n'y a de bien en cette vie qu'en l'espérance d'une autre vie, qu'on n'est heureux qu'à mesure qu'on s'en approche, et que, comme il n'y aura plus de malheurs pour ceux qui avaient une entière assurance de l'éternité, il n'y a point aussi de bonheur pour ceux qui n'en ont aucune lumière.

C'est donc assurément un grand mal que d'être dans ce doute; mais c'est au moins un devoir indispensable de chercher, quand on est dans ce doute; et ainsi celui qui doute et qui ne cherche pas est tout ensemble et bien malheureux et bien injuste. Que s'il est avec cela tranquille et satisfait, qu'il en fasse profession, et enfin qu'il en fasse le sujet de sa joie et de sa vanité, je n'ai point de termes pour qualifier une si extravagante créature.

Où peut-on prendre ces sentiments ? Quel sujet de joie trouve-t-on à n'attendre plus que des misères sans ressource ? Quel sujet de vanité de se voir dans des obscurités impénétrables, et comment se peut-il faire que ce raisonnement se passe dans un homme raisonnable ?

— « Je ne sais qui m'a mis au monde, ni ce que c'est que le monde, ni que moi-même; je suis dans une ignorance terrible de toutes choses; je ne sais ce que c'est que mon corps, que mes sens, que mon âme et cette partie même de moi qui pense ce que je dis, qui fait réflexion sur tout et sur elle-même, et ne se connaît non plus que le reste.

« Je vois ces effroyables espaces de l'univers qui m'enferment, et je me trouve attaché à un coin de cette vaste étendue, sans que je sache pourquoi je suis plutôt placé en ce lieu qu'en un autre, ni pourquoi ce peu de temps qui m'est donné à vivre m'est assigné à ce point plutôt qu'en un autre de toute l'éternité qui m'a précédé et de toute celle qui me suit. Je ne vois que des infinités de toutes parts, qui m'enferment comme un atome et comme une ombre qui ne dure qu'un instant sans retour. Tout ce que je connais est que je dois bientôt mourir; mais ce que j'ignore le plus est cette mort même que je ne saurais éviter.

« Comme je ne sais d'où je viens, aussi je ne sais où je vais ; et je sais seulement qu'en sortant de ce monde je tombe pour jamais ou dans le néant, ou dans les mains d'un Dieu irrité, sans savoir à laquelle de ces deux conditions je dois être éternellement en partage. Voilà mon état, plein de faiblesse et d'incertitude. Et, de tout cela, je conclus que je dois donc passer tous les jours de ma vie sans songer à chercher ce qui doit m'arriver. Peut-être que je pourrais trouver quelque éclaircissement dans mes doutes ; mais je n'en veux pas prendre la peine, ni faire un pas pour le chercher ; et après, en traitant avec mépris ceux qui se travailleront de ce soin, je veux aller, sans prévoyance et sans crainte, tenter un si grand événement, et me laisser mollement conduire à la mort, dans l'incertitude de l'éternité de ma condition future. »

— Qui souhaiterait d'avoir pour ami un homme qui discourt de cette manière ? qui le choisirait entre les autres pour lui communiquer ses affaires ? qui aurait recours à lui dans ses afflictions ? Et enfin à quel usage de la vie on le pourrait destiner ?

En vérité, il est glorieux à la religion d'avoir pour ennemis des hommes si déraisonnables ; et leur opposition lui est si peu dangereuse, qu'elle sert au contraire à l'établissement de ses vérités. Car la foi chrétienne ne va presque qu'à établir ces deux choses : la corruption de la nature, et la rédemption de Jésus-Christ. Or, je soutiens que s'ils ne servent pas à montrer la vérité de la rédemption par la sainteté de leurs mœurs, ils servent au moins admirablement à montrer la corruption de la nature, par des sentiments si dénaturés.

Rien n'est si important à l'homme que son état ; rien ne lui est si redoutable que l'éternité. Et ainsi, qu'il se trouve des hommes indifférents à la perte de leur être et au péril d'une éternité de misères, cela n'est point naturel. Ils sont tout autres à l'égard de toutes les autres choses : ils craignent jusqu'aux plus légères, ils les prévoient, il les sentent ; et ce même homme qui passe tant de jours et de nuits dans la rage et dans le désespoir pour la perte d'une charge ou pour quelque offense imaginaire à son honneur, c'est celui-là même qui sait qu'il va tout perdre par la mort, sans inquiétude et sans émotion. C'est une chose monstrueuse de voir dans un même cœur et en même temps cette sensibilité pour les moindres choses et cette étrange insensibilité pour les plus grandes. C'est un enchantement incompréhensible, et un assoupissement surnaturel, qui marque une force toute-puissante qui le cause.

Il faut qu'il y ait un étrange renversement dans la nature de l'homme pour faire gloire d'être dans cet état, dans lequel il semble incroyable qu'une seule personne puisse être. Cependant l'expérience m'en fait voir en si grand nombre, que cela serait surprenant, si nous ne savions que la plupart de ceux qui s'en mêlent se contrefont et ne sont pas tels en effet. Ce sont des gens qui ont ouï dire que les belles manières du monde consistent à faire ainsi l'emporté. C'est ce qu'ils appellent avoir secoué le joug, et qu'ils essayent d'imiter. Mais il ne serait pas difficile de leur faire entendre combien ils s'abusent en cherchant par là de l'estime. Ce n'est pas le moyen d'en acquérir, je dis même parmi les personnes du monde qui jugent sainement des choses et qui savent que la seule voie d'y réussir est de se faire paraître honnête, fidèle, judicieux et capable de servir utilement son ami, parce que les hommes n'aiment naturellement que ce qui leur peut être utile. Or, quel avantage y a-t-il pour nous à ouïr dire à un homme qu'il a donc secoué le joug, qu'il ne croit pas qu'il y ait un Dieu qui veille sur ses actions, qu'il se considère comme seul maître de sa conduite, et qu'il ne pense en rendre compte qu'à soi-même ? Pense-t-il nous avoir porté par là à avoir désormais bien de la confiance en lui, et en attendre des consolations, des conseils et des secours dans tous les besoins de la vie ? Prétendent-ils nous avoir bien réjoui, de nous dire qu'ils tiennent que notre âme n'est qu'un peu de vent et de fumée, et encore de nous le dire d'un ton de voix fier et content ? Est-ce donc une chose à dire gaiement ? et n'est-ce pas une chose à dire tristement, au contraire, comme la chose du monde la plus triste ?

S'ils y pensaient sérieusement, ils verraient que cela est si mal pris, si contraire au bon sens, si opposé à l'honnêteté, et si éloigné en toutes manières de ce bon air qu'ils cherchent, qu'ils seraient plutôt capables de redresser que de corrompre ceux qui auraient quelque inclination à les suivre. Et en effet, faites-leur rendre compte de leurs sentiments et des raisons qu'ils ont de douter de la religion ; ils vous diront des choses si faibles et si basses, qu'ils vous persuaderont du contraire. C'était ce que leur disait un jour fort à propos une personne : « Si vous continuez à discourir de la sorte, leur disait-il, en vérité vous me convertirez. » Et il avait raison, car qui n'aurait horreur de se voir dans des sentiments où l'on a pour compagnons des personnes si méprisables ?

Ainsi ceux qui ne font que feindre ces sentiments seraient bien malheureux de contraindre leur naturel pour se rendre les plus impertinents des hommes. S'ils sont fâchés dans le fond de leur cœur de n'avoir pas plus de lumière, qu'ils ne le dissimulent pas : cette déclaration ne sera point honteuse. Il n'y a de honte qu'à n'en point avoir. Rien n'accuse davantage une extrême faiblesse d'esprit que de ne pas connaître quel est le malheur d'un homme sans Dieu; rien ne marque davantage une mauvaise disposition du cœur que de ne pas souhaiter la vérité des promesses éternelles; rien n'est plus lâche que de faire le brave contre Dieu. Qu'ils laissent donc ces impiétés à ceux qui sont assez mal nés pour en être véritablement capables; qu'ils soient au moins honnêtes gens s'ils ne peuvent être chrétiens, et qu'ils reconnaissent enfin qu'il n'y a que deux sortes de personnes qu'on puisse appeler raisonnables : ou ceux qui servent Dieu de tout leur cœur parce qu'ils le connaissent, ou ceux qui le cherchent de tout leur cœur parce qu'ils ne le connaissent pas.

Mais pour ceux qui vivent sans le connaître et sans le chercher, ils se jugent eux-mêmes si peu dignes de leur soin, qu'ils ne sont pas dignes du soin des autres et il faut avoir toute la charité de la religion qu'ils méprisent pour ne les pas mépriser jusqu'à les abandonner dans leur folie. Mais, parce que cette religion nous oblige de les regarder toujours, tant qu'ils seront en cette vie, comme capables de la grâce qui peut les éclairer, et de croire qu'ils peuvent être dans peu de temps plus remplis de foi que nous ne sommes, et que nous pouvons au contraire tomber dans l'aveuglement où ils sont, il faut faire pour eux ce que nous voudrions qu'on fît pour nous si nous étions à leur place, et les appeler à avoir pitié d'eux-mêmes, et à faire au moins quelques pas pour tenter s'ils ne trouveront pas de lumières. Qu'ils donnent à cette lecture quelques-unes de ces heures qu'ils emploient si inutilement ailleurs : quelque aversion qu'ils y apportent, peut-être rencontreront-ils quelque chose, et pour le moins ils n'y perdront pas beaucoup. Mais pour ceux qui y apporteront une sincérité parfaite et un véritable désir de rencontrer la vérité, j'espère qu'ils auront satisfaction, et qu'ils seront convaincus des preuves d'une religion si divine, que j'ai ramassées ici, et dans lesquelles j'ai suivi à peu près cet ordre...

*195-428. — Avant que d'entrer dans les preuves de la religion chrétienne, je trouve nécessaire de représenter l'injustice des hommes qui vivent dans l'indifférence de chercher la vérité d'une chose qui leur est si importante, et qui les touche de si près.

De tous leurs égarements, c'est sans doute celui qui les convainc le plus de folie et d'aveuglement, et dans lequel il est le plus facile de les confondre par les premières vues du sens commun et par les sentiments de la nature. Car il est indubitable que le temps de cette vie n'est qu'un instant, que l'état de la mort est éternel, de quelque nature qu'il puisse être, et qu'ainsi toutes nos actions et nos pensées doivent prendre des routes si différentes selon l'état de cette éternité, qu'il est impossible de faire une démarche avec sens et jugement qu'en la réglant par la vue de ce point qui doit être notre dernier objet.

Il n'y a rien de plus visible que cela et qu'ainsi, selon les principes de la raison, la conduite des hommes est tout à fait déraisonnable, s'ils ne prennent une autre voie. Que l'on juge donc là-dessus de ceux qui vivent sans songer à cette dernière fin de la vie, qui se laissent conduire à leurs inclinations et à leurs plaisirs sans réflexion et sans inquiétude, et, comme s'ils pouvaient anéantir l'éternité en en détournant leur pensée, ne pensent à se rendre heureux que dans cet instant seulement.

Cependant cette éternité subsiste, et la mort, qui la doit ouvrir et qui les menace à toute heure, les doit mettre infailliblement dans peu de temps dans l'horrible nécessité d'être éternellement ou anéantis ou malheureux, sans qu'ils sachent laquelle de ces éternités leur est à jamais préparée.

Voilà un doute d'une terrible conséquence. Ils sont dans le péril de l'éternité de misères ; et sur cela, comme si la chose n'en valait pas la peine, ils négligent d'examiner si c'est de ces opinions que le peuple reçoit avec une facilité trop crédule, ou de celles qui, étant obscures d'elles-mêmes, ont un fondement très solide, quoique caché. Ainsi ils ne savent s'il y a vérité ou fausseté dans la chose, ni s'il y a force ou faiblesse dans les preuves. Ils les ont devant les yeux ; ils refusent d'y regarder, et dans cette ignorance ils prennent le parti de faire tout ce qu'il faut pour tomber dans ce malheur au cas qu'il soit, d'attendre à en faire l'épreuve à la mort, d'être cependant fort satisfaits en cet état, d'en faire profession et enfin d'en faire vanité. Peut-on penser sérieusement à l'importance de cette affaire sans avoir horreur d'une conduite si extravagante ?

Ce repos dans cette ignorance est une chose monstrueuse, et dont il faut faire sentir l'extravagance et la stupidité à ceux qui y passent leur vie, en la leur représentant à eux-mêmes, pour les confondre par la vue de leur folie. Car voici comme raisonnent les hommes, quand ils choisissent de vivre dans cette ignorance de ce qu'ils sont et sans rechercher d'éclaircissement. « Je ne sais », disent-ils...

196-731. — Ces gens manquent de cœur; on n'en ferait pas son ami.

197-383. — D'être insensible à mépriser les choses intéressantes, et devenir insensible au point qui nous intéresse le plus.

198-632. — La sensibilité de l'homme aux petites choses et l'insensibilité pour les grandes choses, marque d'un étrange renversement.

*199-434. — Qu'on s'imagine un nombre d'hommes dans les chaînes, et tous condamnés à la mort, dont les uns étant chaque jour égorgés à la vue des autres, ceux qui restent voient leur propre condition dans celle de leurs semblables, et, se regardant les uns et les autres avec douleur et sans espérance, attendent à leur tour. C'est l'image de la condition des hommes.

*200-163. — Un homme dans un cachot, ne sachant si son arrêt est donné, n'ayant plus qu'une heure pour l'apprendre, cette heure suffisant, s'il sait qu'il est donné, pour le faire révoquer, il est contre nature qu'il emploie cette heure-là, non à s'informer si l'arrêt est donné, mais à jouer au piquet. Ainsi, il est surnaturel que l'homme, etc. C'est un appesantissement de la main de Dieu.

Ainsi, non seulement le zèle de ceux qui le cherchent prouve Dieu, mais l'aveuglement de ceux qui ne le cherchent pas.

201-441. — Toutes les objections des uns et des autres ne vont que contre eux-mêmes, et point contre la religion. Tout ce que disent les impies...

202-596. — [Par ceux qui sont dans le déplaisir de se voir sans foi, on voit que Dieu ne les éclaire pas; mais les autres, on voit qu'il y a un Dieu qui les aveugle.]

203-386. — *Fascinatio nugacitatis.* — Afin que la passion ne nuise point, faisons comme s'il n'y avait que huit jours de vie.

204-159. — Si on doit donner huit jours de sa vie, on doit donner cent ans.

*205-68. — Quand je considère la petite durée de ma vie, absorbée dans l'éternité précédant et suivant le petit espace que je remplis et même que je vois, abîmé dans l'infinie immensité des espaces que j'ignore et qui m'ignorent, je m'effraie et m'étonne de me voir ici plutôt que là, car il n'y a point de raison pourquoi ici plutôt que là, pourquoi à présent plutôt que lors. Qui m'y a mis ? Par l'ordre et la conduite de qui ce lieu et ce temps a-t-il été destiné à moi ? *Memoria hospitis unius diei praetereuntis.*

206-201. — Le silence éternel de ces espaces infinis m'effraie.

207-42. — Combien de royaumes nous ignorent!

208-194. — Pourquoi ma connaissance est-elle bornée ? ma taille ? ma durée à cent ans plutôt qu'à mille ? Quelle raison a eue la nature de me la donner telle, et de choisir ce nombre plutôt qu'un autre, dans l'infinité desquels il n'y a pas plus de raison de choisir l'un que l'autre, rien ne tentant plus que l'autre ?

209-361. — Es-tu moins esclave, pour être aimé et flatté de ton maître ? Tu as bien du bien, esclave. Ton maître te flatte, il te battra tantôt.

*210-165. — Le dernier acte est sanglant, quelque belle que soit la comédie en tout le reste : on jette enfin de la terre sur la tête, et en voilà pour jamais.

*211-151. — Nous sommes plaisants de nous reposer dans la société de nos semblables : misérables comme nous, impuissants comme nous, ils ne nous aideront pas; on mourra seul. Il faut donc faire comme si on était seul; et alors, bâtirait-on des maisons superbes, etc. ? On chercherait la vérité sans hésiter; et, si on le refuse, on témoigne estimer plus l'estime des hommes, que la recherche de la vérité.

*212-757. — *Ecoulement.* — C'est une chose horrible de sentir s'écouler tout ce qu'on possède.

*213-152. — Entre nous, et l'enfer ou le ciel, il n'y a que la vie entre deux, qui est la chose du monde la plus fragile.

214-625. — *Injustice.* — Que la présomption soit jointe à la misère, c'est une extrême injustice.

215-716. — Craindre la mort hors du péril, et non dans le péril; car il faut être homme.

216-984. — Mort soudaine seule à craindre, et c'est pourquoi les confesseurs demeurent chez les grands.

*217-823. — C'est un héritier qui trouve les titres de sa maison. Dira-t-il : « Peut-être qu'ils sont faux ? » et négligera-t-il de les examiner ?

*218-164. — *Cachot.* — Je trouve bon qu'on n'approfondisse pas l'opinion de Copernic : mais ceci...! Il importe à toute la vie de savoir si l'âme est mortelle ou immortelle.

*219-612. — Il est indubitable que, que l'âme soit mortelle ou immortelle, cela doit mettre une différence entière dans la morale. Et cependant les philosophes ont conduit leur morale indépendamment de cela : ils délibèrent de passer une heure.

Platon, pour disposer au christianisme.

220-409. — Fausseté des philosophes qui ne discutaient pas l'immortalité de l'âme. Fausseté de leur dilemme dans Montaigne.

*221-161. — Les athées doivent dire des choses parfaitement claires ; or, il n'est point parfaitement clair que l'âme soit matérielle.

222-882. — *Athées.* — Quelle raison ont-ils de dire qu'on ne peut ressusciter ? quel est plus difficile, de naître ou de ressusciter, que ce qui n'a jamais été soit, ou que ce qui a été soit encore ? Est-il plus difficile de venir en être que d'y revenir ? La coutume nous rend l'un facile, le manque de coutume rend l'autre impossible : populaire façon de juger !

Pourquoi une vierge ne peut-elle enfanter ? Une poule ne fait-elle pas des œufs sans coq ? qui les distingue par dehors d'avec les autres ? et qui nous a dit que la poule n'y peut former ce germe aussi bien que le coq ?

*223-227. — Qu'ont-ils à dire contre la résurrection, et contre l'enfantement de la Vierge ? Qu'est-il plus difficile, de produire un homme ou un animal, ou de le reproduire ? Et s'ils n'avaient jamais vu une espèce d'animaux, pourraient-ils deviner s'ils se produisent sans la compagnie les uns des autres ?

224-168. — Que je hais ces sottises, de ne pas croire l'Eucharistie, etc.! Si l'Evangile est vrai, si Jésus-Christ est Dieu, quelle difficulté y a-t-il là ?

225-157. — Athéisme marque de force d'esprit, mais jusqu'à un certain degré seulement.

*226-150. — Les impies qui font profession de suivre la raison doivent être étrangement forts en raison. Que disent-ils donc ? « Ne voyons-nous pas, disent-ils, mourir et vivre les bêtes comme les hommes, et les Turcs comme les Chrétiens ? Ils ont leurs cérémonies, leurs prophètes, leurs docteurs, leurs saints, leurs religieux, comme nous, etc. ». (Cela est-il contraire à l'Ecriture ? ne dit-elle pas tout cela ?)

Si vous ne vous souciez guère de savoir la vérité, en voilà assez pour vous laisser en repos. Mais si vous désirez de tout votre cœur de la connaître, ce n'est pas assez; regardez au détail. C'en serait assez pour une question de philosophie; mais ici où il va de tout... Et cependant, après une réflexion légère de cette sorte, on s'amusera, etc. Qu'on s'informe de cette religion même si elle ne rend pas raison de cette obscurité; peut-être qu'elle nous l'apprendra.

227-2 et 3. — *Ordre par dialogues.* — « Que dois-je faire ? Je ne vois partout qu'obscurités. Croirai-je que je ne suis rien ? croirai-je que je suis Dieu ? Toutes choses changent et se succèdent. » Vous vous trompez, il y a...

228-244. — Objection des athées : « Mais nous n'avons nulle lumière. »

*229-429. — Voilà ce que je vois et ce qui me trouble. Je regarde de toutes parts, et je ne vois partout qu'obscurité. La nature ne m'offre rien qui ne soit matière de doute et d'inquiétude. Si je n'y voyais rien qui marquât une Divinité, je me déterminerais à la négative; si je voyais partout les marques d'un Créateur, je reposerais en paix dans la foi. Mais, voyant trop pour nier et trop peu pour m'assurer, je suis dans un état à plaindre, et où j'ai souhaité cent fois que, si un Dieu la soutient, elle le marquât sans équivoque; et que, si les marques qu'elle en donne sont trompeuses, elle les supprimât tout à fait; qu'elle dît tout ou rien, afin que je visse quel parti je dois suivre. Au lieu qu'en l'état où je suis, ignorant ce que je suis et ce que je dois faire, je ne connais ni ma condition, ni mon devoir. Mon cœur tend tout entier à connaître où est le vrai bien, pour le suivre; rien ne me serait trop cher pour l'éternité.

Je porte envie à ceux que je vois dans la foi vivre avec tant de négligence, et qui usent si mal d'un don duquel il me semble que je ferais un usage si différent.

230-809. — Incompréhensible que Dieu soit, et incompréhensible qu'il ne soit pas; que l'âme soit avec le corps que nous n'ayons pas d'âme; que le monde soit créé, qu'il ne le soit pas, etc.; que le péché originel soit, et qu'il ne soit pas.

231-420. — Croyez-vous qu'il soit impossible que Dieu soit infini, sans parties ? — Oui. — Je vous veux donc faire voir une chose infinie et indivisible. C'est un point se mouvant partout d'une vitesse infinie; car il est un en tous lieux et est tout entier en chaque endroit.

Que cet effet de nature, qui vous semblait impossible auparavant, vous fasse connaître qu'il peut y en avoir d'autres que vous ne connaissez pas encore. Ne tirez pas cette conséquence de votre apprentissage, qu'il ne vous reste rien à savoir; mais qu'il vous reste infiniment à savoir.

232-682. — Le mouvement infini, le point qui remplit tout, le moment de repos : infini sans quantité, indivisible et infini.

233-418. — *Infini. Rien.* — Notre âme est jetée dans le corps, où elle trouve nombre, temps, dimensions. Elle raisonne là-dessus, et appelle cela nature, nécessité, et ne peut croire autre chose.

L'unité jointe à l'infini ne l'augmente de rien, non plus qu'un pied à une mesure infinie. Le fini s'anéantit en présence de l'infini, et devient un pur néant. Ainsi notre esprit devant Dieu; ainsi notre justice devant la justice divine. Il n'y a pas si grande disproportion entre notre justice et celle de Dieu, qu'entre l'unité et l'infini. Il faut que la justice de Dieu soit énorme comme sa miséricorde. Or, la justice envers les réprouvés est moins énorme et doit moins choquer que la miséricorde envers les élus.

Nous connaissons qu'il y a un infini et ignorons sa nature. Comme nous savons qu'il est faux que les nombres soient finis, donc il est vrai qu'il y a un infini en nombre. Mais nous ne savons ce qu'il est : il est faux qu'il soit pair, il est faux qu'il soit impair; car, en ajoutant l'unité, il ne change point de nature; cependant, c'est un nombre et tout nombre est pair ou impair (il est vrai que cela s'entend de tout nombre fini). Ainsi on peut bien connaître qu'il y a un Dieu sans savoir ce qu'il est.

N'y a-t-il point une vérité substantielle, voyant tant de choses vraies qui ne sont point la vérité même ?

Nous connaissons donc l'existence et la nature du fini, parce que nous sommes finis et étendus comme lui. Nous connaissons l'existence de l'infini et ignorons sa nature, parce qu'il a étendue comme nous, mais non pas des bornes comme nous. Mais nous ne connaissons ni l'existence ni la nature de Dieu, parce qu'il n'a ni étendue ni bornes. Mais par la foi nous connaissons son existence;

par la gloire nous connaîtrons sa nature. Or, j'ai déjà
montré qu'on peut bien connaître l'existence d'une chose,
sans connaître sa nature.

Parlons maintenant selon les lumières naturelles.

S'il y a un Dieu, il est infiniment incompréhensible,
puisque, n'ayant ni parties ni bornes, il n'a nul rapport à
nous. Nous sommes donc incapables de connaître ni ce
qu'il est, ni s'il est. Cela étant, qui osera entreprendre de
résoudre cette question ? Ce n'est pas nous, qui n'avons
aucun rapport à lui.

Qui blâmera donc les chrétiens de ne pouvoir rendre
raison de leur créance, eux qui professent une religion
dont ils ne peuvent rendre raison ? Ils déclarent, en l'exposant au monde, que c'est une sottise, *stultitiam;* et puis,
vous vous plaignez de ce qu'ils ne la prouvent pas ! S'ils
la prouvaient, ils ne tiendraient pas parole; c'est en man-
quant de preuves qu'ils ne manquent pas de sens. —
« Oui; mais encore que cela excuse ceux qui l'offrent telle,
et que cela les ôte de blâme de la produire sans raison,
cela n'excuse pas ceux qui la reçoivent. » — Examinons
donc ce point, et disons : « Dieu est, ou il n'est pas. »
Mais de quel côté pencherons-nous ? La raison n'y peut
rien déterminer : il y a un chaos infini qui nous sépare.
Il se joue un jeu, à l'extrémité de cette distance infinie,
où il arrivera croix ou pile. Que gagerez-vous ? Par raison, vous ne pouvez faire ni l'un ni l'autre; par raison,
vous ne pouvez défendre nul des deux. Ne blâmez donc
pas de fausseté ceux qui ont pris un choix; car vous n'en
savez rien. — « Non; mais je les blâmerai d'avoir fait,
non ce choix, mais un choix; car, encore que celui qui
prend croix et l'autre soient en pareille faute, ils sont
tous deux en faute : le juste est de ne point parier. » —
Oui; mais il faut parier. Cela n'est pas volontaire : vous
êtes embarqué. Lequel prendrez-vous donc ? Voyons.
Puisqu'il faut choisir, voyons ce qui vous intéresse le
moins. Vous avez deux choses à perdre : le vrai et le
bien, et deux choses à engager : votre raison et votre
volonté, votre connaissance et votre béatitude; et votre
nature a deux choses à fuir : l'erreur et la misère. Votre
raison n'est pas plus blessée, en choisissant l'un que
l'autre, puisqu'il faut nécessairement choisir. Voilà un
point vidé. Mais votre béatitude ? Pesons le gain et la
perte, en prenant croix que Dieu est. Estimons ces deux
cas : si vous gagnez, vous gagnez tout; si vous perdez,
vous ne perdez rien. Gagez donc qu'il est, sans hésiter.

— « Cela est admirable. Oui, il faut gager; mais je gage
peut-être trop. » — Voyons. Puisqu'il y a pareil hasard
de gain et de perte, si vous n'aviez qu'à gagner deux vies
pour une, vous pourriez encore gager; mais s'il y en avait
trois à gagner, il faudrait jouer (puisque vous êtes dans
la nécessité de jouer), et vous seriez imprudent, lorsque
vous êtes forcé à jouer, de ne pas hasarder votre vie pour
en gagner trois à un jeu où il y a pareil hasard de perte
et de gain. Mais il y a une éternité de vie et de bonheur.
Et cela étant, quand il y aurait une infinité de hasards
dont un seul serait pour vous, vous auriez encore raison
de gager un pour avoir deux, et vous agiriez de mauvais
sens, étant obligé à jouer, de refuser de jouer une vie
contre trois à un jeu où d'une infinité de hasards il y en
a un pour vous, s'il y avait une infinité de vie infiniment
heureuse à gagner. Mais il y a ici une infinité de vie infiniment heureuse à gagner, un hasard de gain contre un
nombre fini de hasards de perte, et ce que vous jouez est
fini. Cela ôte tout parti; partout où est l'infini, et où il
n'y a pas infinité de hasards de perte contre celui de
gain, il n'y a point à balancer, il faut tout donner. Et ainsi,
quand on est forcé à jouer, il faut renoncer à la raison
pour garder la vie, plutôt que de la hasarder pour le gain
infini aussi prêt à arriver que la perte du néant.

Car il ne sert de rien de dire qu'il est incertain si on
gagnera et qu'il est certain qu'on hasarde, et que l'infinie
distance qui est entre la *certitude* de ce qu'on s'expose, et
l'*incertitude* de ce qu'on gagnera, égale le bien fini, qu'on
expose certainement, à l'infini, qui est incertain. Cela
n'est pas; aussi tout joueur hasarde avec certitude pour
gagner avec incertitude; et néanmoins il hasarde certainement le fini pour gagner incertainement le fini, sans
pécher contre la raison. Il n'y a pas infinité de distance
entre cette certitude de ce qu'on s'expose et l'incertitude
du gain; cela est faux. Il y a, à la vérité, infinité entre la
certitude de gagner et la certitude de perdre. Mais l'incertitude de gagner est proportionnée à la certitude de
ce qu'on hasarde, selon la proportion des hasards de gain
et de perte. Et de là vient que, s'il y a autant de hasards
d'un côté que de l'autre, le parti est à jouer égal contre
égal; et alors la certitude de ce qu'on s'expose est égale
à l'incertitude du gain : tant s'en faut qu'elle en soit
infiniment distante. Et ainsi, notre proposition est dans
une force infinie, quand il y a le fini à hasarder à un jeu
où il y a pareils hasards de gain que de perte, et l'infini

à gagner. Cela est démonstratif; et, si les hommes sont capables de quelque vérité, celle-là l'est. — « Je le confesse, je l'avoue. Mais encore n'y a-t-il point moyen de voir le dessous du jeu ? » — Oui, l'Ecriture, et le reste, etc.

— « Oui; mais j'ai les mains liées et la bouche muette; on me force à parier, et je ne suis pas en liberté; on ne me relâche pas, et je suis fait d'une telle sorte que je ne puis croire. Que voulez-vous donc que je fasse ? »

— Il est vrai. Mais apprenez au moins votre impuissance à croire, puisque la raison vous y porte, et que néanmoins vous ne le pouvez. Travaillez donc, non pas à vous convaincre par l'augmentation des preuves de Dieu, mais par la diminution de vos passions. Vous voulez aller à la foi, et vous n'en savez pas le chemin; vous voulez vous guérir de l'infidélité, et vous en demandez le remède : apprenez de ceux qui ont été liés comme vous, et qui parient maintenant tout leur bien; ce sont gens qui savent ce chemin que vous voudriez suivre, et guéris d'un mal dont vous voulez guérir. Suivez la manière par où ils ont commencé : c'est en faisant tout comme s'ils croyaient, en prenant de l'eau bénite, en faisant dire des messes, etc. Naturellement même cela vous fait croire et vous abêtira. — « Mais c'est ce que je crains. » — Et pourquoi ? qu'avez-vous à perdre ?

Mais pour vous montrer que cela y mène, c'est que cela diminuera les passions, qui sont vos grands obstacles.

Fin de ce discours. — Or, quel mal vous arrivera-t-il en prenant ce parti ? Vous serez fidèle, honnête, humble, reconnaissant, bienfaisant, ami sincère, véritable. A la vérité, vous ne serez point dans les plaisirs empestés, dans la gloire, dans les délices; mais n'en aurez-vous point d'autres ? Je vous dis que vous y gagnerez en cette vie; et qu'à chaque pas que vous ferez dans ce chemin, vous verrez tant de certitude du gain, et tant de néant de ce que vous avez parié pour une chose certaine, infinie, pour laquelle vous n'avez rien donné.

— « Oh! ce discours me transporte, me ravit, etc. »

— Si ce discours vous plaît et vous semble fort, sachez qu'il est fait par un homme qui s'est mis à genoux auparavant et après, pour prier cet Etre infini et sans parties, auquel il soumet tout le sien, de se soumettre aussi le vôtre pour votre propre bien et pour sa gloire; et qu'ainsi la force s'accorde avec cette bassesse.

*234-577. — S'il ne fallait rien faire que pour le certain, on ne devrait rien faire pour la religion ; car elle n'est pas certaine. Mais combien de choses fait-on pour l'incertain, les voyages sur mer, les batailles ! Je dis donc qu'il ne faudrait rien faire du tout, car rien n'est certain ; et qu'il y a plus de certitude à la religion, que non pas que nous voyions le jour de demain : car il n'est pas certain que nous voyions demain, mais il est certainement possible que nous ne le voyions pas. On n'en peut pas dire autant de la religion. Il n'est pas certain qu'elle soit ; mais qui osera dire qu'il est certainement possible qu'elle ne soit pas ? Or, quand on travaille pour demain, et pour l'incertain, on agit avec raison ; car on doit travailler pour l'incertain, par la règle des partis qui est démontrée.

Saint Augustin a vu qu'on travaille pour l'incertain sur mer, en bataille, etc. ; mais il n'a pas vu la règle des partis, qui démontre qu'on le doit. Montaigne a vu qu'on s'offense d'un esprit boiteux, et que la coutume peut tout ; mais il n'a pas vu la raison de cet effet.

Toutes ces personnes ont vu les effets, mais ils n'ont pas vu les causes ; ils sont à l'égard de ceux qui ont découvert les causes comme ceux qui n'ont que les yeux à l'égard de ceux qui ont l'esprit ; car les effets sont comme sensibles, et les causes sont visibles seulement à l'esprit. Et quoique ces effets-là se voient par l'esprit, cet esprit est à l'égard de l'esprit qui voit les causes comme les sens corporels à l'égard de l'esprit.

235-206. — *Rem viderunt, causam non viderunt.*

*236-158. — Par les partis, vous devez vous mettre en peine de rechercher la vérité, car si vous mourez sans adorer le vrai principe, vous êtes perdu. — « Mais, dites-vous, s'il avait voulu que je l'adorasse, il m'aurait laissé des signes de sa volonté. » — Aussi a-t-il fait ; mais vous les négligez. Cherchez-les donc, cela le vaut bien.

*237-154. — *Partis.* — Il faut vivre autrement dans le monde selon ces diverses suppositions : 1º si on pouvait y être toujours ; 2º s'il est sûr qu'on n'y sera pas long-temps, et incertain si on y sera une heure. Cette dernière supposition est la nôtre.

238-153. — Que me promettez-vous enfin (car dix ans, c'est le parti), sinon dix ans d'amour-propre, à bien essayer de plaire sans y réussir, outre les peines certaines ?

*239-748. — *Objection.* — Ceux qui espèrent leur salut sont heureux en cela, mais ils ont pour contrepoids la crainte de l'enfer.

Réponse. — Qui a plus de sujet de craindre l'enfer, ou celui qui est dans l'ignorance s'il y a un enfer, et dans la certitude de damnation, s'il y en a; ou celui qui est dans une certaine persuasion qu'il y a un enfer, et dans l'espérance d'être sauvé, s'il est?

*240-816. — « J'aurais bientôt quitté les plaisirs, disent-ils, si j'avais la foi. » — Et moi, je vous dis : « Vous auriez bientôt la foi, si vous aviez quitté les plaisirs. » Or, c'est à vous à commencer. Si je pouvais, je vous donnerais la foi; je ne puis le faire, ni partant éprouver la vérité de ce que vous dites. Mais vous pouvez bien quitter les plaisirs, et éprouver si ce que je dis est vrai.

*241-387. — *Ordre.* — J'aurais bien plus de peur de me tromper, et de trouver que la religion chrétienne soit vraie, que non pas de me tromper en la croyant vraie.

ARTICLE IV

DES MOYENS DE CROIRE

*242-781. — *Préface de la seconde partie :* Parler de ceux qui ont traité de cette matière.

J'admire avec quelle hardiesse ces personnes entre-prennent de parler de Dieu. En adressant leurs discours aux impies, leur premier chapitre est de prouver la Divinité par les ouvrages de la nature. Je ne m'étonnerais pas de leur entreprise s'ils adressaient leurs discours aux fidèles, car il est certain [*que ceux*] qui ont la foi vive dedans le cœur voient incontinent que tout ce qui est n'est autre chose que l'ouvrage du Dieu qu'ils adorent. Mais pour ceux en qui cette lumière s'est éteinte, et dans lesquels on a dessein de la faire revivre, ces personnes destituées de foi et de grâce, qui, recherchant de toute leur lumière tout ce qu'ils voient dans la nature qui les peut mener à cette connaissance, ne trouvent qu'obscurité et ténèbres; dire à ceux-là qu'ils n'ont qu'à voir la moindre des choses qui les environnent, et qu'ils y verront Dieu à découvert, et leur donner, pour toute preuve de ce grand et important sujet, le cours de la lune et des planètes, et prétendre avoir achevé sa preuve avec un tel discours, c'est leur donner sujet de croire que les preuves de notre religion sont bien faibles; et je vois par raison et par expérience que rien n'est plus propre à leur en faire naître le mépris.

Ce n'est pas de cette sorte que l'Ecriture, qui connaît mieux les choses qui sont de Dieu, en parle. Elle dit au contraire que Dieu est un Dieu caché; et que, depuis la corruption de la nature, il les a laissés dans un aveugle-ment dont ils ne peuvent sortir que par Jésus-Christ, hors duquel toute communication avec Dieu est ôtée : *Nemo novit Patrem nisi Filius, et cui voluerit Filius reve-lare.*

C'est ce que l'Ecriture nous marque, quand elle dit en tant d'endroits que ceux qui cherchent Dieu le trouvent. Ce n'est point de cette lumière qu'on parle, « comme le jour en plein midi ». On ne dit point que ceux qui cherchent le jour en plein midi, ou de l'eau dans la mer, en trouveront; et ainsi il faut bien que l'évidence de Dieu ne soit pas telle dans la nature. Aussi elle nous dit ailleurs : *Vere tu es Deus absconditus.*

243-463. — C'est une chose admirable que jamais auteur canonique ne s'est servi de la nature pour prouver Dieu. Tous tendent à le faire croire. David, Salomon, etc., jamais n'ont dit : « Il n'y a point de vide, donc il y a un Dieu. » Il fallait qu'ils fussent plus habiles que les plus habiles gens qui sont venus depuis, qui s'en sont tous servis. Cela est très considérable.

244-3. — « Eh quoi ! ne dites-vous pas vous-même que le ciel et les oiseaux prouvent Dieu ? — Non. — « Et votre religion ne le dit-elle pas ? » — Non. Car encore que cela est vrai en un sens pour quelques âmes à qui Dieu donne cette lumière, néanmoins cela est faux à l'égard de la plupart.

*245-808. — Il y a trois moyens de croire : la raison, la coutume, l'inspiration. La religion chrétienne, qui seule a la raison, n'admet pas pour ses vrais enfants ceux qui croient sans inspiration; ce n'est pas qu'elle exclue la raison et la coutume, au contraire; mais il faut ouvrir son esprit aux preuves, s'y confirmer par la coutume, mais s'offrir par les humiliations aux inspirations, qui seules peuvent faire le vrai et salutaire effet : *Ne evacuetur crux Christi.*

246-11. — *Ordre.* — Après la lettre « qu'on doit chercher Dieu » faire la lettre « d'ôter les obstacles », qui est le discours de la « machine », de préparer la machine, de chercher par raison.

247-5. — *Ordre.* — Une lettre d'exhortation à un ami pour le porter à chercher. — Et il répondra : « Mais à quoi me servira de chercher ? rien ne paraît. » — Et lui répondre : « Ne désespérez pas. » — Et il répondrait qu'il serait heureux de trouver quelque lumière, mais que, selon cette religion même, quand il croirait ainsi, cela ne lui servirait de rien, et qu'ainsi il aime autant ne point chercher. — Et à cela lui répondre. La machine.

248-7. — *Lettre qui marque l'utilité des preuves par la machine.* — La foi est différente de la preuve : l'une est humaine, l'autre est un don de Dieu. *Justus ex fide vivit :*

c'est de cette foi que Dieu lui-même met dans le cœur, dont la preuve est souvent l'instrument, *fides ex auditu*, mais cette foi est dans le cœur, et fait dire non *scio*, mais *credo*.

*249-364. — C'est être superstitieux, de mettre son espérance dans les formalités; mais c'est être superbe de ne vouloir s'y soumettre.

250-944. — Il faut que l'extérieur soit joint à l'intérieur pour obtenir de Dieu; c'est-à-dire que l'on se mette à genoux, prie des lèvres, etc., afin que l'homme orgueilleux, qui n'a voulu se soumettre à Dieu, soit maintenant soumis à la créature. Attendre de cet extérieur le secours est être superstitieux, ne vouloir pas le joindre à l'intérieur est être superbe.

*251-219. — Les autres religions, comme les païennes, sont plus populaires, car elles sont en extérieur; mais elles ne sont pas pour les gens habiles. Une religion purement intellectuelle serait plus proportionnée aux habiles; mais elle ne servirait pas au peuple. La seule religion chrétienne est proportionnée à tous, étant mêlée d'extérieur et d'intérieur. Elle élève le peuple à l'intérieur, et abaisse les superbes à l'extérieur; et n'est pas parfaite sans les deux, car il faut que le peuple entende l'esprit de la lettre, et que les habiles soumettent leur esprit à la lettre.

*252-821. — ... Car il ne faut pas se méconnaître : nous sommes automate autant qu'esprit; et de là vient que l'instrument par lequel la persuasion se fait n'est pas la seule démonstration. Combien y a-t-il peu de choses démontrées! Les preuves ne convainquent que l'esprit. La coutume fait nos preuves les plus fortes et les plus crues; elle incline l'automate, qui entraîne l'esprit sans qu'il y pense. Qui a démontré qu'il sera demain jour, et que nous mourrons ? Et qu'y a-t-il de plus cru ? c'est donc la coutume qui nous en persuade; c'est elle qui fait tant de chrétiens, c'est elle qui fait les Turcs, les païens, les métiers, les soldats, etc. (Il y a la foi reçue dans le baptême aux Chrétiens de plus qu'aux Turcs.) Enfin il faut avoir recours à elle quand une fois l'esprit a vu où est la vérité, afin de nous abreuver et nous teindre de cette créance, qui nous échappe à toute heure; car d'en avoir toujours les preuves présentes, c'est trop d'affaire. Il faut acquérir une créance plus facile, qui est celle de l'habitude, qui, sans violence, sans art, sans argument, nous fait croire les choses, et incline toutes nos puissances à cette croyance, en sorte que notre âme y tombe naturellement. Quand on ne croit que par la force de la conviction, et que l'automate est incliné à croire le contraire, ce n'est pas assez. Il faut donc faire croire nos deux pièces : l'esprit, par les raisons, qu'il suffit d'avoir vues une fois en sa vie; et l'automate, par la coutume, et en ne lui permettant pas de s'incliner au contraire. *Inclina cor meum, Deus.*

La raison agit avec lenteur, et avec tant de vues, sur tant de principes, lesquels il faut qu'ils soient toujours présents, qu'à toute heure elle s'assoupit ou s'égare, manque d'avoir tous ses principes présents. Le sentiment n'agit pas ainsi : il agit en un instant, et toujours est prêt à agir. Il faut donc mettre notre foi dans le sentiment; autrement, elle sera toujours vacillante.

*253-183. — Deux excès : exclure la raison, n'admettre que la raison.

254-187. — Ce n'est pas une chose rare qu'il faille reprendre le monde de trop de docilité. C'est un vice naturel comme l'incrédulité et aussi pernicieux : superstition.

255-181. — La piété est différente de la superstition.

Soutenir la piété jusqu'à la superstition, c'est la détruire.

Les hérétiques nous reprochent cette soumission superstitieuse, c'est faire ce qu'ils nous reprochent...

Impiété de ne pas croire l'Eucharistie, sur ce qu'on ne la voit pas.

Superstition de croire des propositions. Foi, etc.

256-179. — Il y a peu de vrais Chrétiens, je dis même pour la foi. Il y en a bien qui croient, mais par superstition : il y en a bien qui ne croient pas, mais par libertinage : peu sont entre deux.

Je ne comprends pas en cela ceux qui sont dans la véritable piété de mœurs, et tous ceux qui croient par un sentiment de cœur.

*257-160. — Il n'y a que trois sortes de personnes : les unes qui servent Dieu, l'ayant trouvé; les autres qui s'emploient à le chercher, ne l'ayant pas trouvé; les autres qui vivent sans le chercher ni l'avoir trouvé. Les premiers sont raisonnables et heureux, les derniers sont fous et malheureux, ceux du milieu sont malheureux et raisonnables.

258-755. — *Unusquisque sibi Deum fingit.*

Le dégoût.

259-815. — Le monde ordinaire a le pouvoir de ne pas

songer à ce qu'il ne veut pas songer. « Ne pensez pas aux passages du Messie », disait le Juif à son fils. Ainsi font les nôtres souvent. Ainsi se conservent les fausses religions, et la vraie même, à l'égard de beaucoup de gens.

Mais il y en a qui n'ont pas le pouvoir de s'empêcher ainsi de songer, et qui songent d'autant plus qu'on leur défend. Ceux-là se défont des fausses religions, et de la vraie même, s'ils ne trouvent des discours solides.

260-504 et 505. — Ils se cachent dans la presse, et appellent le nombre à leur secours. Tumulte.

L'autorité. — Tant s'en faut que d'avoir ouï dire une chose soit la règle de votre créance, que vous ne devez rien croire sans vous mettre en l'état comme si jamais vous ne l'aviez ouï.

C'est le consentement de vous à vous-même, et la voix constante de votre raison, et non des autres, qui vous doit faire croire.

Le croire est si important! Cent contradictions seraient vraies.

Si l'antiquité était la règle de la créance, les anciens étaient donc sans règle ? Si le consentement général, si les hommes étaient péris ?

Fausse humilité, orgueil.

Levez le rideau. Vous avez beau faire; si faut-il ou croire, ou nier, ou douter. N'aurons-nous donc pas de règle ? Nous jugeons des animaux qu'ils font bien ce qu'ils font. N'y aura-t-il point une règle pour juger des hommes ?

Nier, croire, et douter bien, sont à l'homme ce que le courir est au cheval.

Punition de ceux qui pèchent, erreur.

261-176. — Ceux qui n'aiment pas la vérité prennent le prétexte de la contestation, de la multitude de ceux qui la nient. Et ainsi leur erreur ne vient que de ce qu'ils n'aiment pas la vérité ou la charité; et ainsi ils ne s'en sont pas excusés.

*262-908. — Superstition, — et concupiscence.

Scrupules, — désirs mauvais.

Crainte mauvaise :

Crainte, non celle qui vient de ce qu'on croit Dieu, mais celle de ce qu'on doute s'il est ou non. La bonne crainte vient de la foi, — la fausse crainte vient du doute. La bonne crainte, jointe à l'espérance, parce qu'elle naît de la foi, et qu'on espère au Dieu que l'on croit; — la

mauvaise, jointe au désespoir, parce qu'on craint le Dieu
auquel on n'a point de foi. Les uns craignent de le
perdre, — les autres craignent de le trouver.

*263-574. — « Un miracle, dit-on, affermirait ma
créance. » On le dit quand on ne le voit pas. Les raisons
qui, étant vues de loin, paraissent borner notre vue,
mais quand on y est arrivé, on commence à voir encore
au-delà. Rien n'arrête la volubilité de notre esprit. Il n'y
a point, dit-on, de règle qui n'ait quelque exception, ni
de vérité si générale qui n'ait quelque face par où elle
manque. Il suffit qu'elle ne soit pas absolument universelle, pour nous donner sujet d'appliquer l'exception au
sujet présent, et de dire : « Cela n'est pas toujours vrai;
donc il y a des cas où cela n'est pas. » Il ne reste plus
qu'à montrer que celui-ci en est; et c'est à quoi on est
bien maladroit ou bien malheureux si on ne trouve
quelque jour.

264-941. — On ne s'ennuie point de manger et dormir
tous les jours, car la faim renaît, et le sommeil; sans cela
on s'en ennuierait. Ainsi, sans la faim des choses spiri-
tueiles, on s'en ennuie. Faim de la justice : béatitude
huitième.

*265-185. — La foi dit bien ce que les sens ne disent
pas, mais non pas le contraire de ce qu'ils voient. Elle
est au-dessus, et non pas contre.

266-782. — Combien les lunettes nous ont-elles découvert d'astres qui n'étaient point pour nos philosophes
d'auparavant! On entreprenait franchement l'Ecriture
sainte sur le grand nombre des étoiles, en disant : « Il n'y
en a que mille vingt-deux, nous le savons. »

Il y a des herbes sur la terre; nous les voyons. — De la
lune on ne les verrait pas. — Et sur ces herbes des poils;
et dans ces poils, de petits animaux; mais après cela,
plus rien. — O présomptueux! — Les mixtes sont composés d'éléments; et les éléments, non. — O présomptueux,
voici un trait délicat. — Il ne faut pas dire qu'il y a ce
qu'on ne voit pas. — Il faut donc dire comme les autres,
mais ne pas penser comme eux.

*267-188. — La dernière démarche de la raison est de
reconnaître qu'il y a une infinité de choses qui la surpassent; elle n'est que faible, si elle ne va jusqu'à connaître
cela.

Que si les choses naturelles la surpassent, que dira-t-on
des surnaturelles.

*268-170. — *Soumission*. — Il faut savoir douter où il

faut, assurer où il faut, en se soumettant où il faut. Qui ne fait ainsi n'entend pas la force de la raison. Il y [en] a qui faillent contre ces trois principes, ou en assurant tout comme démonstratif, manque de se connaître en démonstration; ou en doutant de tout, manque de savoir où il faut se soumettre; ou en se soumettant en tout, manque de savoir où il faut juger.

269-167. — Soumission et usage de la raison, en quoi consiste le vrai christianisme.

*270-174. — Saint Augustin : la raison ne se soumettrait jamais, si elle ne jugeait qu'il y a des occasions où elle se doit soumettre. Il est donc juste qu'elle se soumette, quand elle juge qu'elle se doit soumettre.

271-82. — La sagesse nous envoie à l'enfance : *Nisi efficiamini sicut parvuli.*

*272-182. — Il n'y a rien de si conforme à la raison que ce désaveu de la raison.

*273-173. — Si on soumet tout à la raison, notre religion n'aura rien de mystérieux et de surnaturel. Si on choque les principes de la raison, notre religion sera absurde et ridicule.

*274-530. — Tout notre raisonnement se réduit à céder au sentiment. Mais la fantaisie est semblable et contraire au sentiment, de sorte qu'on ne peut distinguer entre ces contraires. L'un dit que mon sentiment est fantaisie, l'autre que sa fantaisie est sentiment. Il faudrait avoir une règle. La raison s'offre, mais elle est ployable à tous sens; et ainsi il n'y en a point.

*275-975. — Les hommes prennent souvent leur imagination pour leur cœur; et ils croient être convertis dès qu'ils pensent à se convertir.

276-983. — M. de Roannez disait : « Les raisons me viennent après, mais d'abord la chose m'agrée ou me choque sans en savoir la raison, et cependant cela me choque par cette raison que je ne découvre qu'ensuite. » Mais je crois, non pas que cela choquait par ces raisons qu'on trouve après, mais qu'on ne trouve ces raisons que parce que cela choque.

*277-423. — Le cœur a ses raisons, que la raison ne connaît point; on le sait en mille choses. Je dis que le cœur aime l'être universel naturellement, et soi-même naturellement selon qu'il s'y adonne; et il se durcit contre l'un ou l'autre à son choix. Vous avez rejeté l'un et conservé l'autre : est-ce par raison que vous vous aimez ?

*278-424. — C'est le cœur qui sent Dieu et non la raison. Voilà ce que c'est que la foi : Dieu sensible au cœur, non à la raison.

279-588. — La foi est un don de Dieu; ne croyez pas que nous disions que c'est un don de raisonnement. Les autres religions ne disent pas cela de leur foi : elles ne donnaient que le raisonnement pour y arriver, qui n'y mène pas néanmoins.

280-377. — Qu'il y a loin de la connaissance de Dieu à l'aimer!

281-155. — Cœur, instinct, principes.

*282-110. — Nous connaissons la vérité, non seulement par la raison, mais encore par le cœur; c'est de cette dernière sorte que nous connaissons les premiers principes, et c'est en vain que le raisonnement qui n'y a point de part essaye de les combattre. Les pyrrhoniens qui n'ont que cela pour objet, y travaillent inutilement. Nous savons que nous ne rêvons point; quelque impuissance où nous soyons de le prouver par raison, cette impuissance ne conclut autre chose que la faiblesse de notre raison, mais non pas l'incertitude de toutes nos connaissances, comme ils le prétendent. Car la connaissance des premiers principes, comme qu'il y a espace, temps, mouvements, nombres, [est] aussi ferme qu'aucune de celles que nos raisonnements nous donnent. Et c'est sur ces connaissances du cœur et de l'instinct qu'il faut que la raison s'appuie, et qu'elle y fonde tout son discours. (Le cœur sent qu'il y a trois dimensions dans l'espace et que les nombres sont infinis; et la raison démontre ensuite qu'il n'y a point deux nombres carrés dont l'un soit double de l'autre. Les principes se sentent, les propositions se concluent; et le tout avec certitude, quoique par différentes voies.) Et il est aussi inutile et aussi ridicule que la raison demande au cœur des preuves de ses premiers principes, pour vouloir y consentir, qu'il serait ridicule que le cœur demandât à la raison un sentiment de toutes les propositions qu'elle démontre, pour vouloir les recevoir.

Cette impuissance ne doit donc servir qu'à humilier la raison, qui voudrait juger de tout, mais non pas à combattre notre certitude, comme s'il n'y avait que la raison capable de nous instruire. Plût à Dieu que nous n'en eussions, au contraire, jamais besoin, et que nous connussions toutes choses par instinct et par sentiment! Mais la nature nous a refusé ce bien; elle ne nous a, au contraire, donné que très peu de connaissances de cette sorte ; toutes les autres ne peuvent être acquises que par raisonnement.

Et c'est pourquoi ceux à qui Dieu a donné la religion par sentiment du cœur sont bien heureux et bien légitimement persuadés. Mais ceux qui ne l'ont pas nous ne pouvons la [leur] donner que par raisonnement, en attendant que Dieu la leur donne par sentiment de cœur, sans quoi la foi n'est qu'humaine, et inutile pour le salut.

*283-298. — *L'ordre. Contre l'objection que l'Ecriture n'a pas d'ordre.* — Le cœur a son ordre ; l'esprit a le sien, qui est par principe et démonstration ; le cœur en a un autre. On ne prouve pas qu'on doit être aimé en exposant d'ordre les causes de l'amour : cela serait ridicule.

Jésus-Christ, saint Paul ont l'ordre de la charité, non de l'esprit ; car ils voulaient échauffer, non instruire. Saint Augustin de même. Cet ordre consiste principalement à la digression sur chaque point qu'on rapporte à la fin, pour la montrer toujours.

*284-380. — Ne vous étonnez pas de voir des personnes simples croire sans raisonner. Dieu leur donne l'amour de soi et la haine d'eux-mêmes. Il incline leur cœur à croire. On ne croira jamais d'une créance utile et de foi, si Dieu n'incline le cœur ; et on croira dès qu'il l'inclinera. Et c'est ce que David connaissait bien, lorsqu'il disait : *Inclina cor meum, Deus, in [testimonia tua]*.

*285-895. — La religion est proportionnée à toute sorte d'esprits. Les premiers s'arrêtent au seul établissement, et cette religion est telle, que son seul établissement est suffisant pour en prouver la vérité. Les autres vont jusques aux apôtres. Les plus instruits vont jusqu'au commencement du monde. Les anges la voient encore mieux, et de plus loin.

*286-381. — Ceux qui croient sans avoir lu les Testaments, c'est parce qu'ils ont une disposition intérieure toute sainte, et que ce qu'ils entendent dire de notre religion y est conforme. Ils sentent qu'un Dieu les a faits ; ils ne veulent aimer que Dieu ; ils ne veulent haïr qu'eux-mêmes. Ils sentent qu'ils n'en ont pas la force d'eux-mêmes ; qu'ils sont incapables d'aller à Dieu ; et que, si Dieu ne vient à eux, ils ne peuvent avoir aucune communication avec lui. Et ils entendent dire dans notre religion qu'il ne faut aimer que Dieu, et ne haïr que soi-même ; mais qu'étant tous corrompus, et incapables de Dieu,

Dieu s'est fait homme pour s'unir à nous. Il n'en faut pas davantage pour persuader des hommes qui ont cette disposition dans le cœur, et qui ont cette connaissance de leur devoir et de leur incapacité.

*287-382. — Ceux que nous voyons Chrétiens sans la connaissance des prophéties et des preuves ne laissent pas d'en juger aussi bien que ceux qui ont cette connaissance. Ils en jugent par le cœur, comme les autres en jugent par l'esprit. C'est Dieu lui-même qui les incline à croire; et ainsi ils sont très efficacement persuadés.

J'avoue bien qu'un de ces Chrétiens qui croient sans preuves n'aura peut-être pas de quoi convaincre un infidèle qui en dira autant de soi. Mais ceux qui savent les preuves de la religion prouveront sans difficulté, que ce fidèle est véritablement inspiré de Dieu, quoiqu'il ne pût le prouver lui-même.

Car Dieu ayant dit dans ses prophéties (qui sont indubitablement prophéties) que dans le règne de Jésus-Christ il répandrait son esprit sur les nations, et que les fils, les filles et les enfants de l'Eglise prophétiseraient, il est sans doute que l'esprit de Dieu est sur ceux-là, et qu'il n'est point sur les autres.

*288-394. — Au lieu de vous plaindre de ce que Dieu s'est caché, vous lui rendrez grâces de ce qu'il s'est tant découvert; et vous lui rendrez grâces encore de ce qu'il ne s'est pas découvert aux sages superbes, indignes de connaître un Dieu si saint.

Deux sortes de personnes connaissent : ceux qui ont le cœur humilié, et qui aiment la bassesse, quelque degré d'esprit qu'ils aient, haut ou bas; ou ceux qui ont assez d'esprit pour voir la vérité, quelque opposition qu'ils y aient.

289-482. — PREUVES. — 1º La religion chrétienne, par son établissement, par elle-même établie si fortement, si doucement, étant si contraire à la nature. — 2º La sainteté, la hauteur et l'humilité d'une âme chrétienne. — 3º Les merveilles de l'Ecriture sainte. — 4º Jésus-Christ en particulier. — 5º Les apôtres en particulier. — 6º Moïse et les prophètes en particulier. — 7º Le peuple juif. — 8º Les prophéties. — 9º La perpétuité : nulle religion n'a la perpétuité. — 10º La doctrine, qui rend raison de tout. — 11º La sainteté de cette loi. — 12º Par la conduite du monde.

Il est indubitable qu'après cela on ne doit pas refuser, en considérant ce que c'est que la vie, et que cette religion, de suivre l'inclination de la suivre, si elle nous vient dans le cœur; et il est certain qu'il n'y a nul lieu de se moquer de ceux qui la suivent.

290-402. — *Preuves de la religion*. — Morale, Doctrine, Miracles, Prophéties, Figures.

ARTICLE V

LA JUSTICE ET LA RAISON DES EFFETS

291-9. — Dans la lettre *De l'injustice* peut venir la plaisanterie des aînés qui ont tout. « Mon ami, vous êtes né de ce côté de la montagne; il est donc juste que votre aîné ait tout. »

« Pourquoi me tuez-vous ? »

292-20. — Il demeure au-delà de l'eau.

293-51. — « Pourquoi me tuez-vous ? — Eh quoi! ne demeurez-vous pas de l'autre côté de l'eau ? Mon ami, si vous demeuriez de ce côté, je serais un assassin et cela serait injuste de vous tuer de la sorte; mais puisque vous demeurez de l'autre côté, je suis un brave, et cela est juste. »

*294-60. — ... Sur quoi la fondera-t-il, l'économie du monde qu'il veut gouverner ? Sera-ce sur le caprice de chaque particulier ? quelle confusion! Sera-ce sur la justice ? il l'ignore.

Certainement, s'il la connaissait, il n'aurait pas établi cette maxime, la plus générale de toutes celles qui sont parmi les hommes, que chacun suive les mœurs de son pays; l'éclat de la véritable équité aurait assujetti tous les peuples, et les législateurs n'auraient pas pris pour modèle, au lieu de cette justice constante, les fantaisies et les caprices des Perses et Allemands. On la verrait plantée par tous les Etats du monde et dans tous les temps, au lieu qu'on ne voit rien de juste ou d'injuste qui ne change de qualité en changeant de climat. Trois degrés d'élévation du pôle renversent toute la jurisprudence; un méridien décide de la vérité; en peu d'années de possession, les lois fondamentales changent; le droit a ses époques, l'entrée de Saturne au Lion nous marque l'origine d'un tel crime. Plaisante justice qu'une rivière borne! Vérité au-deçà des Pyrénées, erreur au-delà.

Ils confessent que la justice n'est pas dans ces coutumes, qu'elle réside dans les lois naturelles, connues en tout pays. Certainement ils le soutiendraient opiniâtrement, si la témérité du hasard qui a semé les lois humaines en avait rencontré au moins une qui fût universelle; mais la plaisanterie est telle, que le caprice des hommes s'est si bien diversifié, qu'il n'y en a point. Le larcin, l'inceste, le meurtre des enfants et des pères, tout a eu sa place entre les actions vertueuses. Se peut-il rien de plus plaisant, qu'un homme ait droit de me tuer parce qu'il demeure au-delà de l'eau, et que son prince a querelle contre le mien, quoique je n'en aie aucune avec lui ? Il y a sans doute des lois naturelles; mais cette belle raison corrompue a tout corrompu : *Nihil amplius nostrum est; quod nostrum dicimus, artis est. Ex senatus consultis et plebiscitis crimina exercentur. Ut olim vitiis, sic nunc legibus laboramus.*

De cette confusion arrive que l'un dit que l'essence de la justice est l'autorité du législateur, l'autre la commodité du souverain, l'autre la coutume présente; et c'est le plus sûr : rien, suivant la seule raison, n'est juste de soi, tout branle avec le temps. La coutume fait toute l'équité, par cette seule raison qu'elle est reçue; c'est le fondement mystique de son autorité. Qui la ramène à son principe, l'anéantit. Rien n'est si fautif que ces lois qui redressent les fautes; qui leur obéit parce qu'elles sont justes, obéit à la justice qu'il imagine, mais non pas à l'essence de la loi; elle est toute ramassée en soi; elle est loi, et rien davantage. Qui voudra en examiner le motif le trouvera si faible et si léger, que, s'il n'est accoutumé à contempler les prodiges de l'imagination humaine, il admirera qu'un siècle lui ait tant acquis de pompe et de révérence. L'art de fronder, bouleverser les Etats, est d'ébranler les coutumes établies, en sondant jusque dans leur source, pour marquer leur défaut d'autorité et de justice. « Il faut, dit-on, recourir aux lois fondamentales et primitives de l'Etat, qu'une coutume injuste a abolies. » C'est un jeu sûr pour tout perdre; rien ne sera juste à cette balance. Cependant le peuple prête aisément l'oreille à ces discours. Ils secouent le joug dès qu'ils le reconnaissent; et les grands en profitent à sa ruine, et à celle de ces curieux examinateurs des coutumes reçues. Mais, par un défaut contraire, les hommes croient quelquefois pouvoir faire avec justice tout ce qui n'est pas sans exemple. C'est pourquoi le plus sage des législateurs disait que, pour le bien des hommes, il faut souvent les piper; et un autre, bien politique : *Cum veritatem qua liberetur ignoret, expedit quod fallatur.* Il ne faut pas qu'il sente la vérité de l'usurpation; elle a été introduite autrefois sans raison, elle est devenue raisonnable; il faut la faire regarder comme authentique, éternelle, et en cacher le commencement, si l'on ne veut qu'elle ne prenne bientôt fin.

*295-64. — *Mien, tien.* — « Ce chien est à moi, disaient ces pauvres enfants; c'est là ma place au soleil. » Voilà le commencement et l'image de l'usurpation de toute la terre.

296-59. — Quand il est question de juger si on doit faire la guerre et tuer tant d'hommes, condamner tant d'Espagnols à la mort, c'est un homme seul qui en juge et encore intéressé : ce devrait être un tiers indifférent.

297-86. — *Veri juris.* — Nous n'en avons plus; si nous en avions, nous ne prendrions pas pour règle de justice de suivre les mœurs de son pays.

C'est là que ne pouvant trouver le juste, on a trouvé le fort, etc.

298-103. — *Justice, force.* — Il est juste que ce qui est juste soit suivi, il est nécessaire que ce qui est le plus fort soit suivi. La justice sans la force est impuissante : la force sans la justice est tyrannique. La justice sans force est contredite, parce qu'il y a toujours des méchants; la force sans la justice est accusée. Il faut donc mettre ensemble la justice et la force; et pour cela faire que ce qui est juste soit fort, ou que ce qui est fort soit juste.

La justice est sujette à dispute, la force est très reconnaissable et sans dispute. Ainsi on n'a pu donner la force à la justice, parce que la force a contredit la justice et a dit qu'elle était injuste, et a dit que c'était elle qui était juste. Et ainsi ne pouvant faire que ce qui est juste fût fort, on a fait que ce qui est fort fût juste.

299-81. — Les seules règles universelles sont les lois du pays aux choses ordinaires, et la pluralité aux autres. D'où vient cela ? de la force qui y est. Et de là vient que les rois, qui ont la force d'ailleurs, ne suivent pas la pluralité de leurs ministres.

Sans doute, l'égalité des biens est juste; mais, ne pouvant faire qu'il soit force d'obéir à la justice, on a fait qu'il soit juste d'obéir à la force; ne pouvant fortifier la justice, on a justifié la force, afin que le juste et le fort fussent ensemble, et que la paix fût, qui est le souverain bien.

300-876. — « Quand le fort armé possède son bien, ce qu'il possède est en paix. »

301-711. — Pourquoi suit-on la pluralité ? est-ce à cause qu'ils ont plus de raison ? non, mais plus de force.

Pourquoi suit-on les anciennes lois et anciennes opinions ? est-ce qu'elles sont les plus saines ? non, mais elles sont uniques, et nous ôtent la racine de la diversité.

*302-88. — ... C'est l'effet de la force, non de la coutume ; car ceux qui sont capables d'inventer sont rares ; les plus forts en nombre ne veulent que suivre, et refusent la gloire à ces inventeurs qui la cherchent par leurs inventions ; et s'ils s'obstinent à la vouloir obtenir, et mépriser ceux qui n'inventent pas, les autres leur donneront des noms ridicules, leur donneraient des coups de bâton. Qu'on ne se pique donc pas de cette subtilité, ou qu'on se contente en soi-même.

303-554. — La force est la reine du monde, et non pas l'opinion. — Mais l'opinion est celle qui use de la force. — C'est la force qui fait l'opinion. La mollesse est belle, selon notre opinion. Pourquoi ? Parce que qui voudra danser sur la corde sera seul ; et je ferai une cabale plus forte, de gens qui diront que cela n'est pas séant.

304-828. — Les cordes qui attachent le respect des uns envers les autres, en général, sont cordes de nécessité ; car il faut qu'il y ait différents degrés, tous les hommes voulant dominer, et tous ne le pouvant pas, mais quelques-uns le pouvant.

Figurons-nous donc que nous les voyons commençant à se former. Il est sans doute qu'ils se battront jusqu'à ce que la plus forte partie opprime la plus faible, et qu'enfin il y ait un parti dominant. Mais quand cela est une fois déterminé, alors les maîtres, qui ne veulent pas que la guerre continue, ordonnent que la force qui est entre leurs mains succédera comme il leur plaît ; les uns la remettent à l'élection des peuples, les autres à la succession de naissance, etc.

Et c'est là où l'imagination commence à jouer son rôle. Jusque-là le pouvoir force le fait : ici c'est la force qui se tient par l'imagination en un certain parti, en France des gentilshommes, en Suisse des roturiers, etc.

Ces cordes qui attachent donc le respect à tel et à tel en particulier, sont des cordes d'imagination.

305-50. — Les Suisses s'offensent d'être dits gentilshommes, et prouvent leur roture de race pour être jugés dignes de grands emplois.

306-767. — Comme les duchés et royautés et magistratures sont réelles et nécessaires à cause de ce que la force règle tout, il y en a partout et toujours. Mais parce que ce n'est qu'une fantaisie qui fait qu'un tel ou tel le soit, cela n'est pas constant, cela est sujet à varier, etc.

307-87. — Le chancelier est grave et revêtu d'ornements, car son poste est faux; et non le roi : il a la force, il n'a que faire de l'imagination. Les juges, médecins, etc., n'ont que l'imagination.

308-25. — La coutume de voir les rois accompagnés de gardes, de tambours, d'officiers, et de toutes les choses qui ploient la machine vers le respect et la terreur, fait que leur visage, quand il est quelquefois seul et sans ces accompagnements, imprime dans leurs sujets le respect et la terreur, parce qu'on ne sépare point dans la pensée leurs personnes d'avec leurs suites, qu'on y voit d'ordinaire jointes. Et le monde, qui ne sait pas que cet effet vient de cette coutume, croit qu'il vient d'une force naturelle; et de là viennent ces mots : « Le caractère de la Divinité est empreint sur son visage, etc. »

309-61. — *Justice*. — Comme la mode fait l'agrément, aussi fait-elle la justice.

310-797. — *Roi et tyran*. — J'aurai aussi mes idées de derrière la tête.

Je prendrai garde à chaque voyage.

Grandeur d'établissement, respect d'établissement.

Le plaisir des grands est de pouvoir faire des heureux.

Le propre de la richesse est d'être donnée libéralement.

Le propre de chaque chose doit être cherché. Le propre de la puissance est de protéger.

Quand la force attaque la grimace, quand un simple soldat prend le bonnet carré d'un premier président, et le fait voler par la fenêtre...

311-665. — L'empire fondé sur l'opinion et l'imagination règne quelque temps, et cet empire est doux et volontaire; celui de la force règne toujours. Ainsi l'opinion est comme la reine du monde, mais la force en est le tyran.

312-645. — La justice est ce qui est établi; et ainsi toutes nos lois établies seront nécessairement tenues pour justes sans être examinées, puisqu'elles sont établies.

313-94. — *Opinions du peuple saines*. — Le plus grand des maux est les guerres civiles. Elles sont sûres, si on veut récompenser les mérites, car tous diront qu'ils

méritent. Le mal à craindre d'un sot, qui succède par
droit de naissance, n'est ni si grand, ni si sûr.

314-796. — Dieu a créé tout pour soi; a donné puissance de peine et de bien pour soi.

Vous pouvez l'appliquer à Dieu ou à vous. Si à Dieu,
l'Evangile est la règle. Si à vous, vous tiendrez la place
de Dieu. Comme Dieu est environné de gens pleins de
charité, qui lui demandent les biens de la charité qui sont
en sa puissance, ainsi... Connaissez-vous donc et sachez
que vous n'êtes qu'un roi de concupiscence, et prenez
les voies de la concupiscence.

315-89. — *Raison des effets.* — Cela est admirable : on
ne veut pas que j'honore un homme vêtu de brocatelle et
suivi de sept ou huit laquais! Eh quoi! il me fera donner
les étrivières si je ne le salue. Cet habit, c'est une force.
C'est bien de même qu'un cheval bien enharnaché à
l'égard d'un autre! Montaigne est plaisant de ne pas voir
quelle différence il y a, et d'admirer qu'on y en trouve,
et d'en demander la raison. « De vrai, dit-il, d'où
vient, etc. ».

316-95. — *Opinions du peuple saines.* — Etre brave
n'est pas trop vain; car c'est montrer qu'un grand nombre
de gens travaillent pour soi; c'est montrer par ses cheveux qu'on a un valet de chambre, un parfumeur, etc.;
par son rabat, le fil, le passement..., etc. Or, ce n'est pas
une simple superficie, ni un simple harnais, d'avoir plusieurs bras. Plus on a de bras, plus on est fort. Etre brave,
c'est montrer sa force.

317-80. — Le respect est : « Incommodez-vous. » Cela
est vain en apparence, mais très juste; car c'est dire :
« Je m'incommoderais bien si vous en aviez besoin,
puisque je le fais bien sans que cela vous serve. » Outre
que le respect est pour distinguer les grands; or, si le
respect était d'être en fauteuil, on respecterait tout le
monde, et ainsi on ne distinguerait pas; mais, étant incom-
modé, on distingue fort bien.

318-19. — Il a quatre laquais.

*319. — Que l'on a bien fait de distinguer les hommes
par l'extérieur, plutôt que par les qualités intérieures!
Qui passera de nous deux ? qui cédera la place à l'autre ?
Le moins habile ? mais je suis aussi habile que lui, il
faudra se battre sur cela. Il a quatre laquais, et je n'en
ai qu'un : cela est visible; il n'y a qu'à compter; c'est à
moi à céder, et je suis un sot si je le conteste. Nous voilà
en paix par ce moyen, ce qui est le plus grand des biens.

320-977. — Les choses du monde les plus déraisonnables deviennent les plus raisonnables à cause du dérèglement des hommes. Qu'y a-t-il de moins raisonnable que de choisir, pour gouverner un Etat, le premier fils d'une reine ? L'on ne choisit pas pour gouverner un bateau celui des voyageurs qui est de meilleure maison. Cette loi serait ridicule et injuste; mais parce qu'ils le sont et le seront toujours, elle devient raisonnable et juste, car qui choisira-t-on ? Le plus vertueux et le plus habile ? Nous voilà incontinent aux mains, chacun prétend être ce plus vertueux et ce plus habile. Attachons donc cette qualité à quelque chose d'incontestable. C'est le fils aîné du roi; cela est net, il n'y a point de dispute. La raison ne peut mieux faire, car la guerre civile est le plus grand des maux.

321-465. — Les enfants étonnés voient leurs camarades respectés.

*322-104. — Que la noblesse est un grand avantage, qui, dès dix-huit ans, met un homme en passe, connu et respecté, comme un autre pourrait avoir mérité à cinquante ans. C'est trente ans gagnés sans peine.

*323-688. — Qu'est-ce que le *moi* ?

Un homme qui se met à la fenêtre pour voir les passants, si je passe par là, puis-je dire qu'il s'est mis là pour me voir ? Non; car il ne pense pas à moi en particulier; mais celui qui aime quelqu'un à cause de sa beauté, l'aime-t-il ? Non : car la petite vérole, qui tuera la beauté sans tuer la personne, fera qu'il ne l'aimera plus.

Et si on m'aime pour mon jugement, pour ma mémoire, m'aime-t-on *moi* ? Non, car je puis perdre ces qualités sans me perdre moi-même. Où est donc ce *moi*, s'il n'est ni dans le corps, ni dans l'âme ? et comment aimer le corps ou l'âme, sinon pour ces qualités, qui ne sont point ce qui fait le moi, puisqu'elles sont périssables ? car aimerait-on la substance de l'âme d'une personne, abstraitement, et quelques qualités qui y fussent ? Cela ne se peut, et serait injuste. On n'aime donc jamais personne, mais seulement des qualités.

Qu'on ne se moque donc plus de ceux qui se font honorer pour des charges et des offices, car on n'aime personne que pour des qualités empruntées.

*324-101. — Le peuple a les opinions très saines; par exemple :

1º D'avoir choisi le divertissement et la chasse plutôt que la poésie. Les demi-savants s'en moquent, et triomphent à montrer là-dessus la folie du monde; mais, par une raison qu'ils ne pénètrent pas, on a raison;

2° D'avoir distingué les hommes par le dehors, comme par la noblesse ou le bien. Le monde triomphe encore à montrer combien cela est déraisonnable; mais cela est très raisonnable (cannibales se rient d'un enfant roi);

3° De s'offenser pour avoir reçu un soufflet, ou de tant désirer la gloire. Mais cela est très souhaitable, à cause des autres biens essentiels qui y sont joints; et un homme qui a reçu un soufflet sans s'en ressentir est accablé d'injures et de nécessités;

4° Travailler pour l'incertain; aller sur la mer; passer sur une planche.

*325-525. — Montaigne a tort : la coutume ne doit être suivie que parce qu'elle est coutume, et non parce qu'elle soit raisonnable ou juste; mais le peuple la suit par cette seule raison qu'il la croit juste. Sinon, il ne la suivrait plus, quoiqu'elle fût coutume; car on ne veut être assujetti qu'à la raison ou à la justice. La coutume, sans cela, passerait pour tyrannie; mais l'empire de la raison et de la justice n'est non plus tyrannique que celui de la délectation; ce sont les principes naturels à l'homme.

Il serait donc bon qu'on obéît aux lois et aux coutumes, parce qu'elles sont lois; qu'il sût qu'il n'y en a aucune vraie et juste à introduire, que nous n'y connaissons rien, et qu'ainsi il faut seulement suivre les reçues : par ce moyen, on ne les quitterait jamais. Mais le peuple n'est pas susceptible de cette doctrine; et ainsi, comme il croit que la vérité se peut trouver, et qu'elle est dans les lois et coutumes, il les croit, et prend leur antiquité comme une preuve de leur vérité (et non de leur seule autorité sans vérité). Ainsi il y obéit; mais il est sujet à se révolter dès qu'on lui montre qu'elles ne valent rien; ce qui se peut faire voir de toutes, en les regardant d'un certain côté.

326-66. — *Injustice.* — Il est dangereux de dire au peuple que les lois ne sont pas justes, car il n'y obéit qu'à cause qu'il les croit justes. C'est pourquoi il lui faut dire en même temps qu'il y faut obéir parce qu'elles sont lois, comme il faut obéir aux supérieurs, non pas parce qu'ils sont justes, mais parce qu'ils sont supérieurs. Par là, voilà toute sédition prévenue si on peut faire entendre cela, et [ce] que [c'est] proprement que la définition de la justice.

*327-83. — Le monde juge bien des choses, car il est

dans l'ignorance naturelle, qui est le vrai siège de l'homme. Les sciences ont deux extrémités qui se touchent. La première est la pure ignorance naturelle où se trouvent tous les hommes en naissant. L'autre extrémité est celle où arrivent les grandes âmes, qui, ayant parcouru tout ce que les hommes peuvent savoir, trouvent qu'ils ne savent rien, et se rencontrent en cette même ignorance d'où ils étaient partis; mais c'est une ignorance savante qui se connaît. Ceux d'entre deux, qui sont sortis de l'ignorance naturelle, et n'ont pu arriver à l'autre, ont quelque teinture de cette science suffisante, et font les entendus. Ceux-là troublent le monde, et jugent mal de tout. Le peuple et les habiles composent le train du monde; ceux-là le méprisent et sont méprisés. Ils jugent mal de toutes choses, et le monde en juge bien.

328-93. — *Raison des effets.* — Renversement continuel du pour au contre.

Nous avons donc montré que l'homme est vain, par l'estime qu'il fait des choses qui ne sont point essentielles; et toutes ces opinions sont détruites. Nous avons montré ensuite que toutes ces opinions sont très saines, et qu'ainsi toutes ces vanités étant très bien fondées, le peuple n'est pas si vain qu'on dit; et ainsi nous avons détruit l'opinion qui détruisait celle du peuple.

Mais il faut détruire maintenant cette dernière proposition, et montrer qu'il demeure toujours vrai que le peuple est vain, quoique ses opinions soient saines : parce qu'il n'en sent pas la vérité où elle est, et que, la mettant où elle n'est pas, ses opinions sont toujours très fausses et très mal saines.

329-96. — *Raison des effets.* — La faiblesse de l'homme est la cause de tant de beautés qu'on établit, comme de savoir bien jouer du luth.

Ce n'est un mal qu'à cause de notre faiblesse.

330-26. — La puissance des rois est fondée sur la raison et sur la folie du peuple, et bien plus sur la folie. La plus grande et importante chose du monde a pour fondement la faiblesse, et ce fondement-là est admirablement sûr; car il n'y a rien de plus [*sûr*] que cela, que le peuple sera faible. Ce qui est fondé sur la saine raison est bien mal fondé, comme l'estime de la sagesse.

*331-533. — On ne s'imagine Platon et Aristote qu'avec de grandes robes de pédants. C'étaient des gens honnêtes et, comme les autres. riant avec leurs amis; et, quand ils se sont divertis à faire leurs *Lois* et leur *Poli-*

tique, ils l'ont fait en se jouant; c'était la partie la moins philosophe et la moins sérieuse de leur vie, la plus philosophe était de vivre simplement et tranquillement. S'ils ont écrit de politique, c'était comme pour régler un hôpital de fous; et s'ils ont fait semblant d'en parler comme d'une grande chose, c'est qu'ils savaient que les fous à qui ils parlaient pensaient être rois et empereurs. Ils entraient dans leurs principes pour modérer leur folie au moins mal qu'il se pouvait.

*332-58. — La tyrannie consiste au désir de domination, universel et hors de son ordre.

Diverses chambres, de forts, de beaux, de bons esprits, de pieux, dont chacun règne chez soi, non ailleurs; et quelquefois ils se rencontrent, et le fort et le beau se battent, sottement, à qui sera le maître l'un de l'autre : car leur maîtrise est de divers genres. Ils ne s'entendent pas, et leur faute est de vouloir régner partout. Rien ne le peut, non pas même la force; elle ne fait rien au royaume des savants, elle n'est maîtresse que des actions extérieures.

Tyrannie. — ... Ainsi ces discours sont faux et tyranniques : « Je suis beau, donc on doit me craindre. Je suis fort, donc on doit m'aimer. Je suis... »

La tyrannie est de vouloir avoir par une voie ce qu'on ne peut avoir que par une autre. On rend différents devoirs aux différents mérites : devoir d'amour à l'agrément; devoir de crainte à la force; devoir de créance à la science. On doit rendre ces devoirs-là, on est injuste de les refuser, et injuste d'en demander d'autres. Et c'est de même être faux et tyrannique de dire : « Il n'est pas fort, donc je ne l'estimerai pas; il n'est pas habile, donc je ne le craindrai pas. »

*333-650. — N'avez-vous jamais vu des gens qui, pour se plaindre du peu d'état que vous faites d'eux, vous étalent l'exemple de gens de condition qui les estiment ? Je leur répondrais à cela : « Montrez-moi le mérite par où vous avez charmé ces personnes, et je vous estimerai de même. »

*334-97. — *Raison des effets.* — La concupiscence et la force sont les sources de toutes nos actions : la concupiscence fait les volontaires; la force, les involontaires.

*335-92. — *Raison des effets.* — Il est donc vrai de dire que tout le monde est dans l'illusion; car, encore que les opinions du peuple soient saines, elles ne le sont pas dans sa tête, car il pense que la vérité est où elle n'est pas. La vérité est bien dans leurs opinions, mais non pas au point où ils se figurent. [*Ainsi*], il est vrai qu'il faut honorer les gentilshommes, mais non pas parce que la naissance est un avantage effectif, etc.

336-91. — *Raison des effets.* — Il faut avoir une pensée de derrière, et juger de tout par là, en parlant cependant comme le peuple.

*337-90. — *Raison des effets.* — Gradation. Le peuple honore les personnes de grande naissance. Les demi-habiles les méprisent, disent que la naissance n'est pas un avantage de la personne, mais du hasard. Les habiles les honorent, non par la pensée du peuple, mais par la pensée de derrière. Les dévots qui ont plus de zèle que de science les méprisent, malgré cette considération qui les fait honorer par les habiles, parce qu'ils en jugent par une nouvelle lumière que la piété leur donne. Mais les chrétiens parfaits les honorent par une autre lumière supérieure. Ainsi se vont les opinions succédant du pour au contre, selon qu'on a de lumière.

338-14. — Les vrais chrétiens obéissent aux folies néanmoins; non pas qu'ils respectent les folies, mais l'ordre de Dieu, qui, pour la punition des hommes, les a asservis à ces folies : *Omnis creatura subjecta est vanitati. Liberabitur.* Ainsi saint Thomas explique le lieu de saint Jacques sur la préférence des riches, que, s'ils ne le font pas dans la vue de Dieu, ils sortent de l'ordre de la religion.

ARTICLE VI

LES PHILOSOPHES

*339-111. — Je puis bien concevoir un homme sans mains, pieds, tête (car ce n'est que l'expérience qui nous apprend que la tête est plus nécessaire que les pieds). Mais je ne puis concevoir l'homme sans pensée : ce serait une pierre ou une brute.

340-741. — La machine d'arithmétique fait des effets qui approchent plus de la pensée que tout ce que font les animaux; mais elle ne fait rien qui puisse faire dire qu'elle a de la volonté, comme les animaux.

341-738. — L'histoire du brochet et de la grenouille de Liancourt : ils le font toujours, et jamais autrement, ni autre chose d'esprit.

342-105. — Si un animal faisait par esprit ce qu'il fait par instinct, et s'il parlait par esprit ce qu'il parle par instinct, pour la chasse, et pour avertir ses camarades que la proie est trouvée ou perdue, il parlerait bien aussi pour des choses où il a plus d'affection, comme pour dire : « Rongez cette corde qui me blesse, et où je ne puis atteindre. »

343-907. — Le bec du perroquet qu'il essuie, quoiqu'il soit net.

344-112. — Instinct et raison, marques de deux natures.

345-768. — La raison nous commande bien plus impérieusement qu'un maître; car en désobéissant à l'un on est malheureux, et en désobéissant à l'autre on est un sot.

346-759. — Pensée fait la grandeur de l'homme.

*347-200. — L'homme n'est qu'un roseau, le plus faible de la nature; mais c'est un roseau pensant. Il ne faut pas que l'univers entier s'arme pour l'écraser : une vapeur, une goutte d'eau, suffit pour le tuer. Mais, quand l'univers l'écraserait, l'homme serait encore plus noble que ce qui le tue, parce qu'il sait qu'il meurt, et l'avantage que l'univers a sur lui; l'univers n'en sait rien.

Toute notre dignité consiste donc en la pensée. C'est de là qu'il faut nous relever et non de l'espace et de la durée, que nous ne saurions remplir. Travaillons donc à bien penser : voilà le principe de la morale.

348-113. — *Roseau pensant*. — Ce n'est point de l'espace que je dois chercher ma dignité, mais c'est du règlement de ma pensée. Je n'aurai pas davantage en possédant des terres : par l'espace, l'univers me comprend et m'engloutit comme un point; par la pensée, je le comprends.

349-115. — *Immatérialité de l'âme*. — Les philosophes qui ont dompté leurs passions, quelle matière l'a pu faire ?

*350-146. — *Stoïques*. — Ils concluent qu'on peut toujours ce qu'on peut quelquefois, et que, puisque le désir de la gloire fait bien faire à ceux qu'il possède quelque chose, les autres le pourront bien aussi. Ce sont des mouvements fiévreux, que la santé ne peut imiter.

Epictète conclut de ce qu'il y a des chrétiens constants, que chacun le peut bien être.

*351-829. — Ces grands efforts d'esprit, où l'âme touche quelquefois, sont choses où elle ne se tient pas; elle y saute seulement, non comme sur le trône, pour toujours, mais pour un instant seulement.

*352-724. — Ce que peut la vertu d'un homme ne se doit pas mesurer par ses efforts, mais par son ordinaire.

*353-681. — Je n'admire point l'excès d'une vertu, comme de la valeur, si je ne vois en même temps l'excès de la vertu opposée, comme en Epaminondas, qui avait l'extrême valeur et l'extrême bénignité. Car, autrement, ce n'est pas monter, c'est tomber. On ne montre pas sa grandeur pour être à une extrémité, mais bien en touchant les deux à la fois, et remplissant tout l'entre-deux. — Mais peut-être que ce n'est qu'un soudain mouvement de l'âme de l'un à l'autre de ces extrêmes, et qu'elle n'est jamais en effet qu'en un point, comme le tison de feu. — Soit, mais au moins cela marque l'agilité de l'âme, si cela n'en marque l'étendue.

354-27. — La nature de l'homme n'est pas d'aller toujours, elle a ses allées et venues.

La fièvre a ses frissons et ses ardeurs; et le froid

montre aussi bien la grandeur de l'ardeur de la fièvre que le chaud même.

Les inventions des hommes de siècle en siècle vont de même. La bonté et la malice du monde en général en est de même : *Plerumque gratae principibus vices.*

*355-771. — L'éloquence continue ennuie.

Les princes et les rois jouent quelquefois. Ils ne sont pas toujours sur leurs trônes ; ils s'y ennuient : la grandeur a besoin d'être quittée pour être sentie. La continuité dégoûte en tout ; le froid est agréable pour se chauffer.

La nature agit par progrès, *itus et reditus*. Elle passe et revient, puis va plus loin, puis deux fois moins, puis plus que jamais, etc.

Le flux de la mer se fait ainsi, le soleil semble marcher ainsi.

356-514. — La nourriture du corps est peu à peu. Plénitude de nourriture et peu de substance.

357-783. — Quand on veut poursuivre les vertus jusqu'aux extrêmes de part et d'autre, il se présente des vices qui s'y insinuent insensiblement, dans leurs routes insensibles, du côté du petit infini ; et il s'en présente, des vices, en foule du côté du grand infini, de sorte qu'on se perd dans les vices, et on ne voit plus les vertus. On se prend à la perfection même.

*358-678. — L'homme n'est ni ange ni bête, et le malheur veut que qui veut faire l'ange fait la bête.

359-674. — Nous ne nous soutenons pas dans la vertu par notre propre force, mais par le contrepoids de deux vices opposés, comme nous demeurons debout entre deux vents contraires : ôtez un de ces vices, nous tombons dans l'autre.

*360-144. — Ce que les stoïques proposent est si difficile et si vain !

Les stoïques posent : Tous ceux qui ne sont point en haut degré de sagesse sont également fous et vicieux, comme ceux qui sont à deux doigts dans l'eau.

361-147. — *Le souverain bien. Dispute du souverain bien.* — *Ut sis contentus temetipso et ex te nascentibus bonis.* Il y a contradiction, car ils conseillent enfin de se tuer. Oh ! quelle vie heureuse, dont on se délivre comme de la peste !

362-960. — *Ex senatus-consultis et plebiscitis...* Demander des passages pareils.

363-507. — *Ex senatus-consultis et plebiscitis scelera exercentur.* Sen., 588.

Nihil tam absurde dici potest quod non dicatur ab aliquo philosophorum. Divin.

Quibusdam destinatis sententiis consecrati quae non probant coguntur defendere. Cic.

Ut omnium rerum sic litterarum quoque intemperantia laboramus. Senec.

Id maxime quemque decet, quod est cujusque suum maxime. Sen. 588.

Hos natura modos primum dedit. Georg.

Paucis opus est litteris ad bonam mentem.

Si quando turpe non sit, tamen non est non turpe quum id a multitudine laudetur.

Mihi sic usus est, tibi ut opus est facto, fac. Ter.

364. — *Rarum est enim ut satis se quisque vereatur.*

Tot circa unum caput tumultuantes deos.

Nihil turpius quam cognitioni assertionem praecurrere. Cic.

Nec me pudet ut istos fateri nescire quid nesciam.

Melius non incipiet.

*365-756. — *Pensée.* — Toute la dignité de l'homme consiste en la pensée.

La pensée est donc une chose admirable et incomparable par sa nature. Il fallait qu'elle eût d'étranges défauts pour être méprisable; mais elle en a de tels que rien n'est plus ridicule. Qu'elle est grande par sa nature! qu'elle est basse par ses défauts!

Mais qu'est-ce que cette pensée ? Qu'elle est sotte!

*366-48. — L'esprit de ce souverain juge du monde n'est pas si indépendant, qu'il ne soit sujet à être troublé par le premier tintamarre qui se fait autour de lui. Il ne faut pas le bruit d'un canon pour empêcher ses pensées : il ne faut que le bruit d'une girouette ou d'une poulie. Ne vous étonnez pas s'il ne raisonne pas bien à présent; une mouche bourdonne à ses oreilles; c'en est assez pour le rendre incapable de bon conseil. Si vous voulez qu'il puisse trouver la vérité, chassez cet animal qui tient sa raison en échec et trouble cette puissante intelligence qui gouverne les villes et les royaumes. Le plaisant dieu que voilà! *O ridicolosissimo eroe!*

367-22. — La puissance des mouches : elles gagnent des batailles, empêchent notre âme d'agir, mangent notre corps.

368-686. — Quand on dit que le chaud n'est que le

mouvement de quelques globules, et la lumière le *conatus recedendi* que nous sentons, cela nous étonne. Quoi! que le plaisir ne soit autre chose que le ballet des esprits ? Nous en avons conçu une si différente idée! et ces sentiments-là nous semblent si éloignés de ces autres que nous disons être les mêmes que ceux que nous leur comparons! Le sentiment du feu, cette chaleur qui nous affecte d'une manière tout autre que l'attouchement, la réception du son et de la lumière, tout cela nous semble mystérieux, et cependant cela est grossier comme un coup de pierre. Il est vrai que la petitesse des esprits qui entrent dans les pores touchent d'autres nerfs, mais ce sont toujours des nerfs touchés.

369-651. — La mémoire est nécessaire pour toutes les opérations de la raison.

370-542. — [Hasard donne les pensées, et hasard les ôte; point d'art pour conserver ni pour acquérir.

Pensée échappée, je la voudrais écrire; j'écris, au lieu, qu'elle m'est échappée.]

371-556. — [Quand j'étais petit, je serrais mon livre; et parce qu'il m'arrivait quelquefois de... en croyant l'avoir serré, je me défiais...]

*372-656. — En écrivant ma pensée, elle m'échappe quelquefois; mais cela me fait souvenir de ma faiblesse, que j'oublie à toute heure; ce qui m'instruit autant que ma pensée oubliée, car je ne tends qu'à connaître mon néant.

*373-532. — *Pyrrhonisme.* — J'écrirai ici mes pensées sans ordre, et non pas peut-être dans une confusion sans dessein : c'est le véritable ordre, et qui marquera toujours mon objet par le désordre même. Je ferais trop d'honneur à mon sujet, si je le traitais avec ordre, puisque je veux montrer qu'il en est incapable.

*374-33. — Ce qui m'étonne le plus est de voir que tout le monde n'est pas étonné de sa faiblesse. On agit sérieusement, et chacun suit sa condition, non pas parce qu'il est bon en effet de la suivre puisque la mode en est; mais comme si chacun savait certainement où est la raison et la justice. On se trouve déçu à toute heure; et, par une plaisante humilité, on croit que c'est sa faute, et non pas celle de l'art, qu'on se vante toujours d'avoir. Mais il est bon qu'il y ait tant de ces gens-là au monde, qui ne soient pas pyrrhoniens, pour la gloire du pyrrhonisme, afin de montrer que l'homme est bien capable des plus extravagantes opinions, puisqu'il est capable de

croire qu'il n'est pas dans cette faiblesse naturelle et inévitable, et de croire qu'il est, au contraire, dans la
sagesse naturelle.

Rien ne fortifie plus le pyrrhonisme que ce qu'il y en
a qui ne sont point pyrrhoniens : si tous l'étaient, ils
auraient tort.

*375-520. — [J'ai passé longtemps de ma vie en
croyant qu'il y avait une justice ; et en cela je ne me trompais pas ; car il y en a, selon que Dieu nous l'a voulu
révéler. Mais je ne le prenais pas ainsi, et c'est en quoi
je me trompais, car je croyais que notre justice était
essentiellement juste et que j'avais de quoi la connaître
et en juger. Mais je me suis trouvé tant de fois en faute
de jugement droit, qu'enfin je suis entré en défiance de
moi et puis des autres. J'ai vu tous les pays et hommes
changeants ; et ainsi, après bien des changements de
jugement touchant la véritable justice, j'ai connu que
notre nature n'était qu'un continuel changement, et je
n'ai plus changé depuis ; et si je changeais, je confirme-
rais mon opinion.

Le pyrrhonien Arcésilas qui redevient dogmatique.]

376-34. — Cette secte se fortifie par ses ennemis plus
que par ses amis ; car la faiblesse de l'homme paraît bien
davantage en ceux qui ne la connaissent pas qu'en ceux
qui la connaissent.

*377-655. — Les discours d'humilité sont matière
d'orgueil aux gens glorieux, et d'humilité aux humbles.
Ainsi ceux du pyrrhonisme sont matière d'affirmation
aux affirmatifs ; peu parlent de l'humilité humblement ;
peu, de la chasteté chastement ; peu, du pyrrhonisme en
doutant. Nous ne sommes que mensonge, duplicité,
contrariété, et nous cachons et nous déguisons à nous-
mêmes.

*378-518. — *Pyrrhonisme.* — L'extrême esprit est
accusé de folie, comme l'extrême défaut. Rien que la
médiocrité n'est bon. C'est la pluralité qui a établi cela,
et qui mord quiconque s'en échappe par quelque bout
que ce soit. Je ne m'y obstinerai pas, je consens bien
qu'on m'y mette, et me refuse d'être au bas bout, non
parce qu'il est bas, mais parce qu'il est bout ; car je refu-
serais de même qu'on me mît au haut. C'est sortir de
l'humanité que de sortir du milieu. La grandeur de
l'âme humaine consiste à savoir s'y tenir ; tant s'en faut
que la grandeur soit à en sortir, qu'elle est à n'en point
sortir.

379-57. — Il n'est pas bon d'être trop libre. Il n'est
pas bon d'avoir toutes les nécessités.

*380-540. — Toutes les bonnes maximes sont dans le
monde; on ne manque qu'à les appliquer. Par exemple :

On ne doute pas qu'il ne faille exposer sa vie pour
défendre le bien public et plusieurs le font; mais pour
la religion, point.

Il est nécessaire qu'il y ait de l'inégalité parmi les
hommes, cela est vrai; mais cela étant accordé, voilà la
porte ouverte, non seulement à la plus haute domination,
mais à la plus haute tyrannie.

Il est nécessaire de relâcher un peu l'esprit; mais cela
ouvre la porte aux plus grands débordements. — Qu'on
en marque les limites. — Il n'y a point de bornes dans
les choses : les lois y en veulent mettre, et l'esprit ne
peut le souffrir.

381-21. — Si on est trop jeune, on ne juge pas bien;
trop vieil, de même. Si on n'y songe pas assez, si on y
songe trop, on s'entête, et on s'en coiffe. Si on considère
son ouvrage incontinent après l'avoir fait, on en est
encore tout prévenu; si trop longtemps après, on [n']y
entre plus. Ainsi les tableaux, vus de trop loin et de trop
près; et il n'y a qu'un point indivisible qui soit le véritable lieu : les autres sont trop près, trop loin, trop haut
ou trop bas. La perspective l'assigne dans l'art de la
peinture. Mais dans la vérité et dans la morale, qui l'as-
signera ?

*382-699. — Quand tout se remue également, rien ne
se remue en apparence, comme en un vaisseau. Quand
tous vont vers le débordement, nul n'y semble aller.
Celui qui s'arrête fait remarquer l'emportement des
autres, comme un point fixe.

*383-697. — Ceux qui sont dans le dérèglement disent
à ceux qui sont dans l'ordre que ce sont eux qui s'éloignent
de la nature, et ils croient la suivre : comme ceux qui
sont dans un vaisseau croient que ceux qui sont au bord
fuient. Le langage est pareil de tous côtés. Il faut avoir
un point fixe pour en juger. Le port juge ceux qui sont
dans un vaisseau; mais où prendrons-nous un port dans
la morale ?

*384-177. — Contradiction est une mauvaise marque
de vérité : plusieurs choses certaines sont contredites;
plusieurs fausses passent sans contradiction. Ni la contradiction n'est marque de fausseté, ni l'incontradiction
n'est marque de vérité.

385-905. — *Pyrrhonisme.* — Chaque chose est ici vraie
en partie, fausse en partie. La vérité essentielle n'est pas
ainsi; elle est toute pure et toute vraie. Ce mélange la
déshonore et l'anéantit. Rien n'est purement vrai; et
ainsi rien n'est vrai, en l'entendant du pur vrai. On dira
qu'il est vrai que l'homicide est mauvais; oui, car nous
connaissons bien le mal et le faux. Mais que dira-t-on
qui soit bon? La chasteté? je dis que non, car le monde
finirait. Le mariage? non : la continence vaut mieux.
De ne point tuer? Non, car les désordres seraient hor-
ribles, et les méchants tueraient tous les bons. De tuer?
Non, car cela détruit la nature. Nous n'avons ni vrai ni
bien qu'en partie, et mêlé de mal et de faux.

*386-803. — Si nous rêvions toutes les nuits la même
chose, elle nous affecterait autant que les objets que nous
voyons tous les jours. Et si un artisan était sûr de rêver
toutes les nuits, douze heures durant, qu'il est roi, je
crois qu'il serait presque aussi heureux qu'un roi qui
rêverait toutes les nuits, douze heures durant, qu'il serait
artisan.

Si nous rêvions toutes les nuits que nous sommes
poursuivis par des ennemis, et agités par ces fantômes
pénibles, et qu'on passât tous les jours en diverses occupations, comme quand on fait voyage, on souffrirait
presque autant que si cela était véritable, et on appréhen-
derait de dormir, comme on appréhende le réveil quand
on craint d'entrer dans de tels malheurs en effet. Et en
effet il ferait à peu près les mêmes maux que la réalité.

Mais parce que les songes sont tous différents, et qu'un
même se diversifie, ce qu'on y voit affecte bien moins
que ce qu'on voit en veillant, à cause de la continuité,
qui n'est pourtant pas si continue et égale qu'elle ne
change aussi, mais moins brusquement, si ce n'est rarement, comme quand on voyage; et alors on dit : « Il me
semble que je rêve »; car la vie est un songe un peu
moins inconstant.

387-521. — [Il se peut faire qu'il y ait de vraies
démonstrations; mais cela n'est pas certain. Ainsi, cela
ne montre autre chose, sinon qu'il n'est pas certain que
tout soit incertain, à la gloire du pyrrhonisme.]

388-52. — *Le bon sens.* — Ils sont contraints de dire :
« Vous n'agissez pas de bonne foi; nous ne dormons
pas, etc. » Que j'aime à voir cette superbe raison humi-
liée et suppliante! Car ce n'est pas là le langage d'un
homme à qui on dispute son droit, et qui le défend les

armes et la force à la main. Il ne s'amuse pas à dire qu'on
n'agit pas de bonne foi, mais il punit cette mauvaise foi
par la force.

389-75. — L'Ecclésiaste montre que l'homme sans
Dieu est dans l'ignorance de tout, et dans un malheur
inévitable. Car c'est être malheureux que de vouloir et
ne pouvoir. Or il veut être heureux, et assuré de quelque
vérité; et cependant il ne peut ni savoir, ni ne désirer
point de savoir. Il ne peut même douter.

390-896. — Mon Dieu! que ce sont de sots discours!
« Dieu aurait-il fait le monde pour le damner ? demande-
rait-il tant de gens si faibles ? etc. » Pyrrhonisme est le
remède à ce mal, et rabattra cette vanité.

391-658. — *Conversation.* — Grands mots : la religion,
je la nie.

Conversation. — Le pyrrhonisme sert à la religion.

*392-109. — *Contre le pyrrhonisme.* — [... C'est donc
une chose étrange qu'on ne peut définir ces choses sans
les obscurcir, nous en parlons en toute sûreté.] Nous
supposons que tous les conçoivent de même sorte; mais
nous le supposons bien gratuitement, car nous n'en avons
aucune preuve. Je vois bien qu'on applique ces mots
dans les mêmes occasions, et que toutes les fois que
deux hommes voient un corps changer de place, ils
expriment tous deux la vue de ce même objet par le
même mot, en disant, l'un et l'autre, qu'il s'est mû; et
de cette conformité d'application on tire une puissante
conjecture d'une conformité d'idées; mais cela n'est pas
absolument convaincant, de la dernière conviction, quoiqu'il y ait bien à parier pour l'affirmative, puisqu'on sait
qu'on tire souvent les mêmes conséquences de suppositions différentes.

Cela suffit pour embrouiller au moins la matière : non
que cela éteigne absolument la clarté naturelle qui nous
assure de ces choses; les académiciens auraient gagé;
mais cela la ternit, et trouble les dogmatistes, à la gloire
de la cabale pyrrhonienne, qui consiste à cette ambiguïté
ambiguë, et dans une certaine obscurité douteuse, dont
nos doutes ne peuvent ôter toute la clarté, ni nos lumières
naturelles en chasser toutes les ténèbres.

*393-794. — C'est une plaisante chose à considérer,
de ce qu'il y a des gens dans le monde qui, ayant renoncé
à toutes les lois de Dieu et de la nature, s'en sont fait
eux-mêmes auxquelles ils obéissent exactement, comme
par exemple les soldats de Mahomet, les voleurs, les

hérétiques, etc. Et ainsi les logiciens. Il semble que leur
licence doive être sans aucunes bornes ni barrières,
voyant qu'ils en ont franchi tant de si justes et de si
saintes.

394-619. — Tous leurs principes sont vrais, des pyrrhoniens, des stoïques, des athées, etc. Mais leurs conclusions sont fausses, parce que les principes opposés sont
vrais aussi.

*395-406. — *Instinct. Raison.* — Nous avons une
impuissance de prouver, invincible à tout le dogmatisme.
Nous avons une idée de la vérité, invincible à tout le
pyrrhonisme.

396-128. — Deux choses instruisent l'homme de toute
sa nature : l'instinct et l'expérience.

*397-114. — La grandeur de l'homme est grande en
ce qu'il se connaît misérable. Un arbre ne se connaît pas
misérable.

C'est donc être misérable que de [se] connaître misérable; mais c'est être grand que de connaître qu'on est
misérable.

*398-116. — Toutes ces misères-là même prouvent sa
grandeur. Ce sont misères de grand seigneur, misères
d'un roi dépossédé.

*399-437. — On n'est pas misérable sans sentiment :
une maison ruinée ne l'est pas. Il n'y a que l'homme de
misérable. *Ego vir videns.*

*400-411. — *Grandeur de l'homme.* — Nous avons une
si grande idée de l'âme de l'homme, que nous ne pouvons souffrir d'en être méprisés, et de n'être pas dans
l'estime d'une âme; et toute la félicité des hommes
consiste dans cette estime.

*401-685. — *Gloire.* — Les bêtes ne s'admirent point.
Un cheval n'admire point son compagnon; ce n'est pas
qu'il n'y ait entre eux de l'émulation à la course, mais
c'est sans conséquence; car, étant à l'étable, le plus
pesant et plus mal taillé n'en cède pas son avoine à
l'autre, comme les hommes veulent qu'on leur fasse. Leur
vertu se satisfait d'elle-même.

402-118. — Grandeur de l'homme dans sa concupiscence même, d'en avoir su tirer un règlement admirable,
et d'en avoir fait un tableau de la charité.

403-106. — *Grandeur.* — Les raisons des effets
marquent la grandeur de l'homme, d'avoir tiré de la
concupiscence un si bel ordre.

*404-470. — La plus grande bassesse de l'homme est

la recherche de la gloire, mais c'est cela même qui est la plus grande marque de son excellence; car, quelque possession qu'il ait sur la terre, quelque santé et commodité essentielle qu'il ait, il n'est pas satisfait, s'il n'est dans l'estime des hommes. Il estime si grande la raison de l'homme, que, quelque avantage qu'il ait sur la terre, s'il n'est placé avantageusement aussi dans la raison de l'homme, il n'est pas content. C'est la plus belle place du monde, rien ne le peut détourner de ce désir, et c'est la qualité la plus ineffaçable du cœur de l'homme.

Et ceux qui méprisent le plus les hommes, et les égalent aux bêtes, encore veulent-ils en être admirés et crus, et se contredisent à eux-mêmes par leur propre sentiment; leur nature, qui est plus forte que tout, les convainquant de la grandeur de l'homme plus fortement que la raison ne les convainc de leur bassesse.

*405-71. — *Contradiction.* — Orgueil, contrepesant toutes les misères. Ou il cache ses misères; ou, s'il les découvre, il se glorifie de les connaître.

406-477. — L'orgueil contrepèse et emporte toutes les misères. Voilà un étrange monstre, et un égarement bien visible. Le voilà tombé de sa place, il la cherche avec inquiétude. C'est ce que tous les hommes font. Voyons qui l'aura trouvée.

*407-537. — Quand la malignité a la raison de son côté, elle devient fière, et étale la raison en tout son lustre. Quand l'austérité ou le choix sévère n'a pas réussi au vrai bien, et qu'il faut revenir à suivre la nature, elle devient fière par ce retour.

408-526. — Le mal est aisé, il y en a une infinité; le bien presque unique. Mais un certain genre de mal est aussi difficile à trouver que ce qu'on appelle bien, et souvent on fait passer pour bien à cette marque ce mal particulier. Il faut même une grandeur extraordinaire d'âme pour y arriver, aussi bien qu'au bien.

*409-117. — *La grandeur de l'homme.* — La grandeur de l'homme est si visible, qu'elle se tire même de sa misère. Car ce qui est nature aux animaux, nous l'appelons misère en l'homme; par où nous reconnaissons que sa nature étant aujourd'hui pareille à celle des animaux, il est déchu d'une meilleure nature, qui lui était propre autrefois.

Car qui se trouve malheureux de n'être pas roi, sinon un roi dépossédé? Trouvait-on Paul-Emile malheureux de n'être plus consul? Au contraire, tout le monde trou-

vait qu'il était heureux de l'avoir été, parce que sa condition n'était pas de l'être toujours. Mais on trouvait
Persée si malheureux de n'être plus roi, parce que sa
condition était de l'être toujours, qu'on trouvait étrange
de ce qu'il supportait la vie. Qui se trouve malheureux
de n'avoir qu'une bouche ? et qui ne se trouvera malheureux de n'avoir qu'un œil ? On ne s'est peut-être jamais
avisé de s'affliger de n'avoir pas trois yeux; mais on est
inconsolable de n'en point avoir.

410-15. — *Persée, roi de Macédoine, Paul-Emile.* — On
reprochait à Persée de ce qu'il ne se tuait pas.

*411-633. — Malgré la vue de toutes nos misères, qui
nous touchent, qui nous tiennent à la gorge, nous avons
un instinct que nous ne pouvons réprimer, qui nous
élève.

*412-621. — Guerre intestine de l'homme entre la
raison et les passions. S'il n'avait que la raison sans passions... S'il n'avait que les passions sans raison... Mais
ayant l'un et l'autre, il ne peut être sans guerre, ne pouvant avoir la paix avec l'un qu'ayant guerre avec l'autre :
ainsi il est toujours divisé, et contraire à lui-même.

*413-410. — Cette guerre intérieure de la raison
contre les passions a fait que ceux qui ont voulu la paix
se sont partagés en deux sectes. Les uns ont voulu renoncer aux passions, et devenir dieux; les autres ont
voulu renoncer à la raison, et devenir bêtes brutes.
(Des Barreaux.) Mais ils ne l'ont pu, ni les uns ni les
autres; et la raison demeure toujours, qui accuse la
bassesse et l'injustice des passions, et qui trouble le repos
de ceux qui s'y abandonnent; et les passions sont toujours vivantes dans ceux qui y veulent renoncer.

414-412. — Les hommes sont si nécessairement fous,
que ce serait être fou, par un autre tour de folie, de
n'être pas fou.

415-127. — La nature de l'homme se considère en
deux manières : l'une selon sa fin, et alors il est grand et
incomparable; l'autre selon la multitude, comme on juge
de la nature du cheval et du chien, par la multitude, d'y
voir la course, *et animum arcendi;* et alors l'homme est
abject et vil. Et voilà les deux voies qui en font juger
diversement, et qui font tant disputer les philosophes.

Car l'un nie la supposition de l'autre, l'un dit : « Il
n'est pas né à cette fin; car toutes ses actions y répu-
gnent »; l'autre dit : « Il s'éloigne de sa fin quand il fait
ces basses actions. »

*416-122. — A. P. R. *Grandeur et misère.* — La misère se concluant de la grandeur, et la grandeur de la misère, les uns ont conclu la misère d'autant plus qu'ils en ont pris pour preuve la grandeur, et les autres concluant la grandeur avec d'autant plus de force qu'ils l'ont conclue de la misère même, tout ce que les uns ont pu dire pour montrer la grandeur n'a servi que d'un argument aux autres pour conclure la misère, puisque c'est être d'autant plus misérable qu'on est tombé de plus haut; et les autres, au contraire. Ils se sont portés les uns sur les autres par un cercle sans fin : étant certain qu'à mesure que les hommes ont de lumières, ils trouvent et grandeur et misère en l'homme. En un mot, l'homme connaît qu'il est misérable : il est donc misérable, puisqu'il l'est; mais il est bien grand, puisqu'il le connaît.

*417-629. — Cette duplicité de l'homme est si visible, qu'il y en a qui ont pensé que nous avions deux âmes. Un sujet simple leur paraissait incapable de telles et si soudaines variétés d'une présomption démesurée à un horrible abattement de cœur.

*418-121. — Il est dangereux de trop faire voir à l'homme combien il est égal aux bêtes, sans lui montrer sa grandeur. Il est encore dangereux de lui trop faire voir sa grandeur sans sa bassesse. Il est encore plus dangereux de lui laisser ignorer l'un et l'autre. Mais il est très avantageux de lui représenter l'un et l'autre.

Il ne faut pas que l'homme croie qu'il est égal aux bêtes, ni aux anges, ni qu'il ignore l'un et l'autre, mais qu'il sache l'un et l'autre.

419-464. — Je ne souffrirai point qu'il se repose en l'un, ni en l'autre, afin qu'étant sans assiette et sans repos...

*420-130. — S'il se vante, je l'abaisse; s'il s'abaisse, je le vante; et le contredis toujours, jusqu'à ce qu'il comprenne qu'il est un monstre incompréhensible.

421-405. — Je blâme également, et ceux qui prennent parti de louer l'homme, et ceux qui le prennent de le blâmer, et ceux qui le prennent de se divertir; et je ne puis approuver que ceux qui cherchent en gémissant.

422-631. — Il est bon d'être lassé et fatigué par l'inutile recherche du vrai bien, afin de tendre les bras au Libérateur.

*423-119. — *Contrariété. Après avoir montré la bassesse et la grandeur de l'homme.* — Que l'homme maintenant s'estime son prix. Qu'il s'aime, car il y a en lui une nature capable de bien; mais qu'il n'aime pas pour cela les bassesses qui y sont. Qu'il se méprise, parce que cette capacité est vide; mais qu'il ne méprise pas pour cela cette capacité naturelle. Qu'il se haïsse, qu'il s'aime : il a en lui la capacité de connaître la vérité et d'être heureux; mais il n'a point de vérité, ou constante, ou satisfaisante.

Je voudrais donc porter l'homme à désirer d'en trouver, à être prêt, et dégagé des passions, pour la suivre où il la trouvera, sachant combien sa connaissance s'est obscurcie par les passions; je voudrais bien qu'il haït en soi la concupiscence qui le détermine d'elle-même, afin qu'elle ne l'aveuglât point pour faire son choix, et qu'elle ne l'arrêtât point quand il aura choisi.

*424-404. — Toutes ces contrariétés, qui semblaient le plus m'éloigner de la connaissance de la religion, est ce qui m'a le plus tôt conduit à la véritable.

ARTICLE VII

LA MORALE ET LA DOCTRINE

*425-148. — *Seconde partie. Que l'homme sans la foi ne peut connaître le vrai bien, ni la justice.* — Tous les hommes recherchent d'être heureux; cela est sans exception; quelques différents moyens qu'ils y emploient, ils tendent tous à ce but. Ce qui fait que les uns vont à la guerre, et que les autres n'y vont pas, est ce même désir, qui est dans tous les deux, accompagné de différentes vues. La volonté [ne] fait jamais la moindre démarche que vers cet objet. C'est le motif de toutes les actions de tous les hommes, jusqu'à ceux qui vont se pendre.

Et cependant, depuis un si grand nombre d'années, jamais personne, sans la foi, n'est arrivé à ce point où tous visent continuellement. Tous se plaignent : princes, sujets, nobles, roturiers, vieux, jeunes; forts, faibles; savants, ignorants; sains, malades; de tous pays, de tous les temps, de tous âges et de toutes conditions.

Une épreuve si longue, si continuelle et si uniforme, devrait bien nous convaincre de notre impuissance d'arriver au bien par nos efforts; mais l'exemple nous instruit peu. Il n'est jamais si parfaitement semblable, qu'il n'y ait quelque délicate différence; et c'est de là que nous attendons que notre attente ne sera pas déçue en cette occasion comme en l'autre. Et ainsi, le présent ne nous satisfaisant jamais, l'expérience nous pipe, et, de malheur en malheur, nous mène jusqu'à la mort, qui en est un comble éternel.

Qu'est-ce donc que nous crie cette avidité et cette impuissance, sinon qu'il y a eu autrefois dans l'homme un véritable bonheur, dont il ne lui reste maintenant que la marque et la trace toute vide, et qu'il essaye inutilement de remplir de tout ce qui l'environne, recherchant des choses absentes le secours qu'il n'obtient pas des

présentes, mais qui en sont toutes incapables, parce
que le gouffre infini ne peut être rempli que par un
objet infini et immuable, c'est-à-dire que par Dieu
même ?

Lui seul est son véritable bien, et depuis qu'il l'a
quitté, c'est une chose étrange, qu'il n'y a rien dans la
nature qui n'ait été capable de lui en tenir la place :
astres, ciel, terre, éléments, plantes, choux, poireaux,
animaux, insectes, veaux, serpents, fièvre, peste, guerre,
famine, vices, adultère, inceste. Et depuis qu'il a perdu
le vrai bien, tout également peut lui paraître tel, jusqu'à
sa destruction propre, quoique si contraire à Dieu, à la
raison et à la nature tout ensemble.

Les uns le cherchent dans l'autorité, les autres dans
les curiosités et dans les sciences, les autres dans les
voluptés. D'autres, qui en ont en effet plus approché,
ont considéré qu'il est nécessaire que le bien universel,
que tous les hommes désirent, ne soit dans aucune des
choses particulières qui ne peuvent être possédées que
par un seul, et qui, étant partagées, affligent plus leur
possesseur, par le manque de la partie qu'il n'[a] pas,
qu'elles ne le contentent par la jouissance de celle qui
lui appartient. Ils ont compris que le vrai bien devait
être tel que tous pussent le posséder à la fois, sans diminution et sans envie, et que personne ne le pût perdre
contre son gré. Et leur raison est que ce désir étant naturel à l'homme puisqu'il est nécessairement dans tous, et
qu'il ne peut pas ne le pas avoir, ils en concluent...

426-397. — La vraie nature étant perdue, tout devient
sa nature; comme, le véritable bien étant perdu, tout
devient son véritable bien.

*427-400. — L'homme ne sait à quel rang se mettre.
Il est visiblement égaré, et tombé de son vrai lieu sans le
pouvoir retrouver. Il le cherche partout avec inquiétude
et sans succès dans des ténèbres impénétrables.

428-466. — Si c'est une marque de faiblesse, de prouver Dieu par la nature, n'en méprisez point l'Ecriture;
si c'est une marque de force d'avoir connu ces contrariétés, estimez-en l'Ecriture.

429-53. — Bassesse de l'homme, jusqu'à se soumettre
aux bêtes, jusqu'à les adorer.

*430-149 et 230. — A. P. R. *(Commencement, après
avoir expliqué l'incompréhensibilité)*. — Les grandeurs et
les misères de l'homme sont tellement visibles, qu'il faut
nécessairement que la véritable religion nous enseigne et

qu'il y a quelque grand principe de grandeur en l'homme, et qu'il y a un grand principe de misère. Il faut donc qu'elle nous rende raison de ces étonnantes contrariétés.

Il faut que, pour rendre l'homme heureux, elle lui montre qu'il y a un Dieu; qu'on est obligé de l'aimer; que notre vraie félicité est d'être en lui, et notre unique mal d'être séparé de lui; qu'elle reconnaisse que nous sommes pleins de ténèbres qui nous empêchent de le connaître et de l'aimer; et qu'ainsi nos devoirs nous obligeant d'aimer Dieu, et nos concupiscences nous en détournant, nous sommes pleins d'injustice. Il faut qu'elle nous rende raison de ces oppositions que nous avons à Dieu et à notre propre bien. Il faut qu'elle nous enseigne les remèdes à ces impuissances, et les moyens d'obtenir ces remèdes. Qu'on examine sur cela toutes les religions du monde, et qu'on voie s'il y en a une autre que la chrétienne qui y satisfasse.

Sera-ce les philosophes, qui nous proposent pour tout bien les biens qui sont en nous ? Est-ce là le vrai bien ? Ont-ils trouvé le remède à nos maux ? Est-ce avoir guéri la présomption de l'homme que de l'avoir mis à l'égal de Dieu ? Ceux qui nous ont égalés aux bêtes, et les mahométans qui nous ont donné les plaisirs de la terre pour tout bien, même dans l'éternité, ont-ils apporté le remède à nos concupiscences ? Quelle religion nous enseignera donc à guérir l'orgueil et la concupiscence ? Quelle religion enfin nous enseignera notre bien, nos devoirs, les faiblesses qui nous en détournent, la cause de ces faiblesses, les remèdes qui les peuvent guérir, et le moyen d'obtenir ces remèdes ?

Toutes les autres religions ne l'ont pu. Voyons ce que fera la Sagesse de Dieu.

« N'attendez pas, dit-elle, ni vérité, ni consolation des hommes. Je suis celle qui vous a formés, et qui puis seule vous apprendre qui vous êtes. Mais vous n'êtes plus maintenant en l'état où je vous ai formés. J'ai créé l'homme saint, innocent, parfait, je l'ai rempli de lumière et d'intelligence; je lui ai communiqué ma gloire et mes merveilles. L'œil de l'homme voyait alors la majesté de Dieu. Il n'était pas alors dans les ténèbres qui l'aveuglent, ni dans la mortalité et dans les misères qui l'affligent. Mais il n'a pu soutenir tant de gloire sans tomber dans la présomption. Il a voulu se rendre centre de lui-même et indépendant de mon secours. Il s'est soustrait de ma domination; et, s'égalant à moi par le désir de trouver sa félicité en lui-même, je l'ai abandonné à lui; et, révoltant les créatures, qui lui étaient soumises, je les lui ai rendues ennemies : en sorte qu'aujourd'hui l'homme est devenu semblable aux bêtes, et dans un tel éloignement de moi, qu'à peine lui reste-t-il une lumière confuse de son auteur; tant toutes ses connaissances ont été éteintes ou troublées! Les sens, indépendants de la raison, et souvent maîtres de la raison, l'ont emporté à la recherche des plaisirs. Toutes les créatures ou l'affligent ou le tentent, et dominent sur lui, ou en le soumettant par leur force, ou en le charmant par leur douceur, ce qui est une domination plus terrible et plus impérieuse.

« Voilà l'état où les hommes sont aujourd'hui. Il leur reste quelque instinct impuissant du bonheur de leur première nature, et ils sont plongés dans les misères de leur aveuglement et de leur concupiscence, qui est devenue leur seconde nature.

« De ce principe que je vous ouvre, vous pouvez reconnaître la cause de tant de contrariétés qui ont étonné tous les hommes, et qui les ont partagés en de si divers sentiments. Observez maintenant tous les mouvements de grandeur et de gloire que l'épreuve de tant de misères ne peut étouffer, et voyez s'il ne faut pas que la cause en soit en une autre nature. »

A. P. R. pour demain (Prosopopée). — « C'est en vain, ô hommes, que vous cherchez dans vous-mêmes le remède à vos misères. Toutes vos lumières ne peuvent arriver qu'à connaître que ce n'est point dans vous-mêmes que vous trouverez ni la vérité ni le bien. Les philosophes vous l'ont promis, et ils n'ont pu le faire. Ils ne savent ni quel est votre véritable bien, ni quel est votre véritable état. Comment auraient-ils donné des remèdes à vos maux, qu'ils n'ont pas seulement connus ? Vos maladies principales sont l'orgueil, qui vous soustrait de Dieu, la concupiscence qui vous attache à la terre; et ils n'ont fait autre chose qu'entretenir au moins l'une de ces maladies. S'ils vous ont donné Dieu pour objet, ce n'a été que pour exercer votre superbe : ils vous ont fait penser que vous lui étiez semblables et conformes par votre nature. Et ceux qui ont vu la vanité de cette prétention vous ont jetés dans l'autre précipice, en vous faisant entendre que votre nature était pareille à celle des bêtes, et vous ont portés à chercher votre bien dans les concupiscences qui sont le partage des animaux. Ce n'est pas là le moyen de vous guérir de vos injustices, que ces sages n'ont point connues. Je puis seule vous faire entendre qui vous êtes, à... »

Adam, Jésus-Christ.

Si on vous unit à Dieu, c'est par grâce, non par nature. Si on vous abaisse, c'est par pénitence, non par nature.

Ainsi cette double capacité...

Vous n'êtes pas dans l'état de votre création.

Ces deux états étant ouverts. Il est impossible que vous ne les reconnaissiez pas. Suivez vos mouvements, observez-vous vous-mêmes, et voyez si vous n'y trouverez pas les caractères vivants de ces deux natures. Tant de contradictions se trouveraient-elles dans un sujet simple ?

— Incompréhensible ? — Tout ce qui est incompréhensible ne laisse pas d'être. Le nombre infini. Un espace infini, égal au fini.

— Incroyable que Dieu s'unisse à nous ? — Cette considération n'est tirée que de la vue de notre bassesse. Mais si vous l'avez bien sincère, suivez-la aussi loin que moi, et reconnaissez que nous sommes en effet si bas, que nous sommes par nous-mêmes incapables de connaître si sa miséricorde ne peut pas nous rendre capables de lui. Car je voudrais savoir d'où cet animal, qui se reconnaît si faible, a le droit de mesurer la miséricorde de Dieu, et d'y mettre les bornes que sa fantaisie lui suggère. Il sait si peu ce que c'est que Dieu, qu'il ne sait pas ce qu'il est lui-même ; et, tout troublé de la vue de son propre état, il ose dire que Dieu ne le peut pas rendre capable de sa communication.

Mais je voudrais lui demander si Dieu demande autre chose de lui, sinon qu'il l'aime en le connaissant ; et pourquoi il croit que Dieu ne peut se rendre connaissable et aimable à lui, puisqu'il est naturellement capable d'amour et de connaissance. Il est sans doute qu'il connaît au moins qu'il est, et qu'il aime quelque chose. Donc, s'il voit quelque chose dans les ténèbres où il est, et s'il trouve quelque sujet d'amour parmi les choses de la terre, pourquoi, si Dieu lui donne quelque rayon de son essence, ne serait-il pas capable de le connaître et de l'aimer en la manière qu'il lui plaira se communiquer à nous ? Il y a donc sans doute une présomption insupportable dans ces sortes de raisonnements, quoiqu'ils paraissent fondés sur une humilité apparente, qui n'est ni sincère, ni raisonnable, si elle ne nous fait confesser que, ne sachant de nous-mêmes qui nous sommes, nous ne pouvons l'apprendre que de Dieu.

« Je n'entends pas que vous soumettiez votre créance à moi sans raison, et ne prétends pas vous assujettir avec tyrannie. Je ne prétends pas aussi vous rendre raison de toutes choses. Et pour accorder ces contrariétés, j'entends vous faire voir clairement, par des preuves convaincantes, des marques divines en moi, qui vous convainquent de ce que je suis, et m'attirent autorité par des merveilles et des preuves que vous ne puissiez refuser; et qu'ensuite vous croyiez sans [hésiter] les choses que je vous enseigne, quand vous n'y trouverez autre sujet de les refuser, sinon que vous ne pouvez par vous-mêmes connaître si elles sont ou non.

« Dieu a voulu racheter les hommes, et ouvrir le salut à ceux qui le chercheraient. Mais les hommes s'en rendent si indignes qu'il est juste que Dieu refuse à quelques-uns, à cause de leur endurcissement, ce qu'il accorde aux autres par une miséricorde qui ne leur est pas due. S'il eût voulu surmonter l'obstination des plus endurcis, il l'eût pu, en se découvrant si manifestement à eux qu'ils n'eussent pu douter de la vérité de son essence, comme il paraîtra au dernier jour, avec un tel éclat de foudres et un tel renversement de la nature, que les morts ressusciteront, et les plus aveugles le verront.

« Ce n'est pas en cette sorte qu'il a voulu paraître dans son avènement de douceur; parce que tant d'hommes se rendant indignes de sa clémence, il a voulu les laisser dans la privation du bien qu'ils ne veulent pas. Il n'était donc pas juste qu'il parût d'une manière manifestement divine, et absolument capable de convaincre tous les hommes; mais il n'était pas juste aussi qu'il vînt d'une manière si cachée, qu'il ne pût être reconnu de ceux qui le chercheraient sincèrement. Il a voulu se rendre parfaitement connaissable à ceux-là; et ainsi, voulant paraître à découvert à ceux qui le cherchent de tout leur cœur, et caché à ceux qui le fuient de tout leur cœur, il tempère sa connaissance, en sorte qu'il a donné des marques de soi visibles à ceux qui le cherchent, et non à ceux qui ne le cherchent pas.

« Il y a assez de lumière pour ceux qui ne désirent que de voir et assez d'obscurité pour ceux qui ont une disposition contraire. »

*431-430. — Nul autre n'a connu que l'homme est la plus excellente créature. Les uns, qui ont bien connu la réalité de son excellence, ont pris pour lâcheté et pour ingratitude les sentiments bas que les hommes ont naturellement d'eux-mêmes; et les autres, qui ont bien connu combien cette bassesse est effective, ont traité d'une superbe ridicule ces sentiments de grandeur, qui sont aussi naturels à l'homme.

Levez vos yeux vers Dieu, disent les uns; voyez celui auquel vous ressemblez, et qui vous a fait pour l'adorer. Vous pouvez vous rendre semblable à lui; la sagesse vous y égalera, si vous voulez le suivre. « Haussez la tête, hommes libres », dit Epictète. Et les autres lui disent : « Baissez vos yeux vers la terre, chétif ver que vous êtes, et regardez les bêtes dont vous êtes le compagnon. »

Que deviendra donc l'homme ? Sera-t-il égal à Dieu ou aux bêtes ? Quelle effroyable distance! Que serons-nous donc ? Qui ne voit par tout cela que l'homme est égaré, qu'il est tombé de sa place, qu'il la cherche avec inquiétude, qu'il ne la peut plus retrouver ? Et qui l'y adressera donc ? Les plus grands hommes ne l'ont pu.

432-691. — Le pyrrhonisme est le vrai. Car, après tout, les hommes, avant Jésus-Christ, ne savaient où ils en étaient, ni s'ils étaient grands ou petits. Et ceux qui ont dit l'un ou l'autre n'en savaient rien, et devinaient sans raison et par hasard; et même ils erraient toujours en excluant l'un ou l'autre.

Quod ergo ignorantes quaeritis, religio annuntiat vobis.

*433-215. — *Après avoir entendu toute la nature de l'homme.* — Il faut, pour faire qu'une religion soit vraie, qu'elle ait connu notre nature. Elle doit avoir connu la grandeur et la petitesse, et la raison de l'une et de l'autre. Qui l'a connue, que la chrétienne ?

*434-131. — Les principales forces des pyrrhoniens (je laisse les moindres) sont : que nous n'avons aucune certitude de la vérité de ces principes, hors la foi et la révélation, sinon en [ce] que nous les sentons naturellement en nous. Or ce sentiment naturel n'est pas une preuve convaincante de leur vérité, puisque n'y ayant point de certitude, hors la foi, si l'homme est créé par un Dieu bon, par un démon méchant, ou à l'aventure, il est en doute si ces principes nous sont donnés ou véritables, ou faux, ou incertains, selon notre origine. De plus, que personne n'a d'assurance, hors la foi, s'il veille ou s'il dort, vu que durant le sommeil on croit veiller aussi fermement que nous faisons; on croit voir les espaces, les figures, les mouvements; on sent couler le temps, on le mesure; et enfin on agit de même qu'éveillé; de sorte que, — la moitié de la vie se passant en sommeil, par

notre propre aveu, où, quoi qu'il nous en paraisse, nous
n'avons aucune idée du vrai, tous nos sentiments étant
alors des illusions, — qui sait si cette autre moitié de la
vie où nous pensons veiller n'est pas un autre sommeil un
peu différent du premier dont nous nous éveillons quand
nous pensons dormir ?

[Et qui doute que, si on rêvait en compagnie, et que
par hasard les songes s'accordassent ce qui est assez ordinaire et qu'on veillât en solitude, on ne crût les choses
renversées ? Enfin, comme on rêve souvent qu'on rêve,
entassant un songe sur l'autre, [*la*] vie n'est elle-même
qu'un songe, sur lequel les autres sont entés, dont nous
nous éveillons à la mort, pendant laquelle nous avons
aussi peu les principes du vrai et du bien que pendant le
sommeil naturel; ces différentes pensées qui nous y
agitent n'étant peut-être que des illusions, pareilles à
l'écoulement du temps et aux vaines fantaisies de nos
songes.]

Voilà les principales forces de part et d'autre.

Je laisse les moindres, comme les discours que font
les pyrrhoniens contre les impressions de la coutume, de
l'éducation, des mœurs, des pays, et les autres choses
semblables, qui, quoiqu'elles entraînent la plus grande
partie des hommes communs, qui ne dogmatisent que
sur ces vains fondements, sont renversées par le moindre
souffle des pyrrhoniens. On n'a qu'à voir leurs livres, si
l'on n'en est pas assez persuadé; on le deviendra bien
vite, et peut-être trop.

Je m'arrête à l'unique fort des dogmatistes, qui est
qu'en parlant de bonne foi et sincèrement, on ne peut
douter des principes naturels. Contre quoi les pyrrhoniens opposent en un mot l'incertitude de notre origine,
qui enferme celle de notre nature; à quoi les dogmatistes
sont encore à répondre depuis que le monde dure.

Voilà la guerre ouverte entre les hommes, où il faut
que chacun prenne parti, et se range nécessairement ou
au dogmatisme, ou au pyrrhonisme. Car qui pensera
demeurer neutre sera pyrrhonien par excellence; cette
neutralité est l'essence de la cabale [pyrrhonienne] : qui
n'est pas contre eux est excellement pour eux [en quoi
paraît leur avantage]. Ils ne sont pas pour eux-mêmes;
ils sont neutres, indifférents, suspendus à tout, sans
s'excepter.

Que fera donc l'homme en cet état ? Doutera-t-il de
tout ? doutera-t-il s'il veille, si on le pince, si on le brûle ?

doutera-t-il s'il doute ? doutera-t-il s'il est ? On n'en peut venir là; et je mets en fait qu'il n'y a jamais eu de pyrrhonien effectif parfait. La nature soutient la raison impuissante, et l'empêche d'extravaguer jusqu'à ce point.

Dira-t-il donc, au contraire, qu'il possède certainement la vérité, lui qui, si peu qu'on le pousse, ne peut en montrer aucun titre, et est forcé de lâcher prise ?

Quelle chimère est-ce donc que l'homme ? Quelle nouveauté, quel monstre, quel chaos, quel sujet de contradiction, quel prodige! Juge de toutes choses, imbécile ver de terre; dépositaire du vrai, cloaque d'incertitude et d'erreur; gloire et rebut de l'univers.

Qui démêlera cet embrouillement ? La nature confond les pyrrhoniens, et la raison confond les dogmatiques. Que deviendriez-vous donc, ô hommes qui cherchez quelle est votre véritable condition par votre raison naturelle ? Vous ne pouvez fuir une de ces sectes, ni subsister dans aucune.

Connaissez donc, superbe, quel paradoxe vous êtes à vous-même. Humiliez-vous, raison impuissance; taisez-vous, nature imbécile; apprenez que l'homme passe infiniment l'homme, et entendez de votre maître votre condition véritable que vous ignorez. Ecoutez Dieu.

Car enfin, si l'homme n'avait jamais été corrompu, il jouirait dans son innocence et de la vérité et de la félicité avec assurance; et si l'homme n'avait jamais été que corrompu, il n'aurait aucune idée ni de la vérité ni de la béatitude. Mais, malheureux que nous sommes, et plus que s'il n'y avait point de grandeur dans notre condition, nous avons une idée du bonheur, et ne pouvons y arriver; nous sentons une image de la vérité, et ne possédons que le mensonge; incapables d'ignorer absolument et de savoir certainement, tant il est manifeste que nous avons été dans un degré de perfection dont nous sommes malheureusement déchus!

Chose étonnante, cependant, que le mystère le plus éloigné de notre connaissance, qui est celui de la transmission du péché, soit une chose sans laquelle nous ne pouvons avoir aucune connaissance de nous-mêmes! Car il est sans doute qu'il n'y a rien qui choque plus notre raison que de dire que le péché du premier homme ait rendu coupables ceux qui, étant si éloignés de cette source, semblent incapables d'y participer. Cet écoulement ne nous paraît pas seulement impossible, il nous semble même très injuste; car qu'y a-t-il de plus contraire

aux règles de notre misérable justice que de damner éternellement un enfant incapable de volonté, pour un péché
où il paraît avoir si peu de part, qu'il est commis six mille
ans avant qu'il fût en être ? Certainement rien ne nous
heurte plus rudement que cette doctrine; et cependant,
sans ce mystère, le plus incompréhensible de tous, nous
sommes incompréhensibles à nous-mêmes. Le nœud de
notre condition prend ses replis et ses tours dans cet
abîme, de sorte que l'homme est plus inconcevable sans
ce mystère que ce mystère n'est inconcevable à l'homme.
[D'où il paraît que Dieu, voulant nous rendre la difficulté de notre être inintelligible à nous-mêmes, en a
caché le nœud si haut, ou pour mieux dire, si bas, que
nous étions bien incapables d'y arriver; de sorte que ce
n'est pas par les superbes agitations de notre raison, mais
par la simple soumission de la raison, que nous pouvons
véritablement nous connaître.

[Ces fondements, solidement établis sur l'autorité
inviolable de la religion, nous font connaître qu'il y a
deux vérités de foi également constantes : l'une, que
l'homme, dans l'état de la création ou dans celui de la
grâce, est élevé au-dessus de toute la nature, rendu
comme semblable à Dieu, et participant de sa divinité;
l'autre, qu'en l'état de la corruption et de péché, il est
déchu de cet état et rendu semblable aux bêtes.

[Ces deux propositions sont également fermes et certaines. L'Ecriture nous le déclare manifestement, lorsqu'elle dit en quelques lieux : *Deliciae meae esse cum filiis
hominum. Effundam spiritum meum super omnem carnem.
Dii estis*, etc., et qu'elle dit en d'autres : *Omnis caro foe-
num. Homo assimilatus est jumentis insipientibus, et similis
factus est illis. Dixi in corde meo de filiis hominum.* Eccl.,
III.

[Par où il paraît clairement que l'homme, par la grâce,
est rendu comme semblable à Dieu, et participant de sa
divinité, et que, sans la grâce, il est comme semblable
aux bêtes brutes.]

*435-208. — Sans ces divines connaissances, qu'ont pu
faire les hommes, sinon, ou s'élever dans le sentiment
intérieur qui leur reste de leur grandeur passée, ou
s'abattre dans la vue de leur faiblesse présente ? Car, ne
voyant pas la vérité entière, ils n'ont pu arriver à une
parfaite vertu. Les uns considérant la nature comme
incorrompue, les autres comme irréparable, ils n'ont pu
fuir, ou l'orgueil, ou la paresse, qui sont les deux sources

de tous les vices; puisqu'[*ils*] ne [*peuvent*] sinon ou s'y
abandonner par lâcheté, ou en sortir par l'orgueil. Car,
s'ils connaissaient l'excellence de l'homme, ils en ignoraient la corruption; de sorte qu'ils évitaient bien la
paresse, mais ils se perdaient dans la superbe; et s'ils
reconnaissaient l'infirmité de la nature, ils en ignoraient
la dignité : de sorte qu'ils pouvaient bien éviter la vanité,
mais c'était en se précipitant dans le désespoir. De là
viennent les diverses sectes des stoïques et des épicuriens; des dogmatistes et des académiciens, etc.

La seule religion chrétienne a pu guérir ces deux vices,
non pas en chassant l'un par l'autre, par la sagesse de la
terre, mais en chassant l'un et l'autre, par la simplicité
de l'Evangile. Car elle apprend aux justes, — qu'elle
élève jusqu'à la participation de la divinité même, —
qu'en ce sublime état ils portent encore la source de
toute la corruption, qui les rend durant toute la vie
sujets à l'erreur, à la misère, à la mort, au péché; et elle
crie aux plus impies qu'ils sont capables de la grâce de
leur Rédempteur. Ainsi, donnant à trembler [*à*] ceux
qu'elle justifie, et consolant ceux qu'elle condamne, elle
tempère avec tant de justesse la crainte avec l'espérance,
par cette double capacité qui est commune à tous et de
la grâce et du péché, qu'elle abaisse infiniment plus que
la seule raison ne peut faire, mais sans désespérer; et
qu'elle élève infiniment plus que l'orgueil de la nature,
mais sans enfler : faisant bien voir par là qu'étant seule
exempte d'erreur et de vice, il n'appartient qu'à elle et
d'instruire et de corriger les hommes.

Qui peut donc refuser à ces célestes lumières de les
croire et de les adorer ? Car n'est-il pas plus clair que le
jour que nous sentons en nous-mêmes des caractères
ineffaçables d'excellence ? Et n'est-il pas aussi véritable
que nous éprouvons à toute heure les effets de notre
déplorable condition ? Que nous crie donc ce chaos et
cette confusion monstrueuse, sinon la vérité de ces deux
états, avec une voix si puissante qu'il est impossible de
résister ?

*436-28. — *Faiblesse.* — Toutes les occupations des
hommes sont à avoir du bien; et ils ne sauraient avoir de
titre pour montrer qu'ils le possèdent par justice, car ils
n'ont que la fantaisie des hommes, ni force pour le posséder sûrement. Il en est de même de la science car la
maladie l'ôte. Nous sommes incapables et de vrai et de
bien.

*437-401. — Nous souhaitons la vérité, et ne trouvons en nous qu'incertitude.

Nous cherchons le bonheur, et ne trouvons que misère et mort.

Nous sommes incapables de ne pas souhaiter la vérité et le bonheur, et sommes incapables ni de certitude ni de bonheur. Ce désir nous est laissé, tant pour nous punir, que pour nous faire sentir d'où nous sommes tombés.

*438-399. — Si l'homme n'est fait pour Dieu, pourquoi n'est-il heureux qu'en Dieu ? Si l'homme est fait pour Dieu, pourquoi est-il si contraire à Dieu ?

439-491. — *Nature corrompue.* — L'homme n'agit point par la raison, qui fait son être.

440-600. — La corruption de la raison paraît par tant de différentes et extravagantes mœurs. Il a fallu que la vérité soit venue, afin que l'homme ne véquît plus en soi-même.

*441-471. — Pour moi, j'avoue qu'aussitôt que la religion chrétienne découvre ce principe, que la nature des hommes est corrompue et déchue de Dieu, cela ouvre les yeux à voir partout le caractère de cette vérité; car la nature est telle, qu'elle marque partout un Dieu perdu, et dans l'homme, et hors de l'homme, et une nature corrompue.

*442-393. — La vraie nature de l'homme, son vrai bien, et la vraie vertu, et la vraie religion, sont choses dont la connaissance est inséparable.

443-613. — *Grandeur, misère.* — A mesure qu'on a plus de lumière, on découvre plus de grandeur et plus de bassesse dans l'homme. Le commun des hommes — ceux qui sont plus élevés : les philosophes, ils étonnent le commun des hommes; — les chrétiens, ils étonnent les philosophes.

Qui s'étonnera donc de voir que la religion ne fait que connaître à fond ce qu'on reconnaît d'autant plus qu'on a plus de lumière ?

444-229. — Ce que les hommes, par leurs plus grandes lumières, avaient pu connaître, cette religion l'enseignait à ses enfants.

*445-695. — Le péché originel est folie devant les hommes, mais on le donne pour tel. Vous ne me devez donc pas reprocher le défaut de raison en cette doctrine, puisque je la donne pour être sans raison. Mais cette folie est plus sage que toute la sagesse des hommes, *sapientius* *est hominibus.* Car, sans cela, que dira-t-on qu'est l'homme ? Tout son état dépend de ce point imperceptible. Et comment s'en fût-il aperçu par sa raison, puisque c'est une chose contre la raison, et que sa raison, bien loin de l'inventer par ses voies, s'en éloigne quand on le lui présente ?

446-278. — *Du péché originel. Tradition ample du péché originel selon les juifs.*

Sur le mot de la *Genèse*, VIII. La composition du cœur de l'homme est mauvaise dès son enfance.

R. Moïse Haddarschan : Ce mauvais levain est mis dans l'homme dès l'heure où il est formé.

Massechet Succa : Ce mauvais levain a sept noms dans l'Écriture; il est appelé *mal, prépuce, immonde, ennemi, scandale, cœur de pierre, aquilon;* tout cela signifie la malignité qui est cachée et empreinte dans le cœur de l'homme.

Misdrach Tillim dit la même chose, et que Dieu délivrera la bonne nature de l'homme de la mauvaise.

Cette malignité se renouvelle tous les jours contre l'homme, comme il est écrit *Ps.* XXXVII. « L'impie observe le juste, et cherche à le faire mourir; mais Dieu ne l'abandonnera point. » Cette malignité tente le cœur de l'homme en cette vie et l'accusera en l'autre. Tout cela se trouve dans le *Talmud.*

Misdrach Tillim sur le *Ps.* IV : « Frémissez, et vous ne pécherez point. » Frémissez, et épouvantez votre concupiscence, et elle ne vous induira point à pécher. Et sur le *Ps.* XXXVI : « L'impie a dit en son cœur : Que la crainte de Dieu ne soit point devant moi »; c'est-à-dire, que la malignité naturelle à l'homme a dit cela à l'impie.

Misdrach el Kohelet : « Meilleur est l'enfant pauvre et sage que le roi vieux et fol qui ne sait pas prévoir l'avenir. » L'enfant est la vertu, et le roi est la malignité de l'homme. Elle est appelée roi, parce que tous les membres lui obéissent, et vieux, parce qu'il est dans le cœur de l'homme depuis l'enfance jusqu'à la vieillesse; et fol, parce qu'il conduit l'homme dans la voie de [*perdition*] qu'il ne prévoit point.

La même chose est dans *Misdrach Tillim.*

Bereschit Rabba sur le *Ps.* XXXV : « Seigneur, tous mes os te béniront, parce que tu délivres le pauvre du tyran »; et y a-t-il un plus grand tyran que le mauvais levain ? — Et sur les *Prov.*, XXV : « Si ton ennemi a faim, donne-lui à manger »; c'est-à-dire, si le mauvais levain a faim, donnez-lui du pain de la sagesse, dont il est parlé *Prov.*, IX ; et s'il a soif, donnez-lui l'eau dont il est parlé *Is.*, LV.

Misdrach Tillim dit la même chose ; et que l'Ecriture en cet endroit, en parlant de notre ennemi, entend le mauvais levain ; et qu'en lui [*donnant*] ce pain et cette eau, on lui assemblera des charbons sur la tête.

Misdrach el Kohelet, sur l'*Eccl.*, IX : « Un grand roi a assiégé une petite ville. » Ce grand roi est le mauvais levain, les grandes machines dont il l'environne sont les tentations, et il a été trouvé un homme sage et pauvre qui l'a délivrée, c'est-à-dire la vertu.

Et sur le *Ps.* XLI : « Bienheureux qui a égard aux pauvres. »

Et sur le *Ps.* LXXVIII : « L'esprit s'en va et ne revient plus » ; d'où quelques-uns ont pris sujet d'errer contre l'immortalité de l'âme ; mais le sens est que cet esprit est le mauvais levain, qui s'en va avec l'homme jusqu'à la mort, et ne reviendra point en la résurrection.

Et sur le *Ps.* CIII, la même chose.

Et sur le *Ps.* XVI.

Principes des Rabbins : deux Messies.

447-804. — Dira-t-on que pour avoir dit que la justice est partie de la terre, les hommes aient connu le péché originel ? — *Nemo ante obitum beatus est;* c'est-à-dire qu'ils aient connu qu'à la mort la béatitude éternelle et essentielle commence ?

448-642. — [*Miton*] voit bien que la nature est corrompue, et que les hommes sont contraires à l'honnêteté ; mais il ne sait pas pourquoi ils ne peuvent voler plus haut.

449-467. — *Ordre.* — Après la « corruption », dire : « Il est juste que tous ceux qui sont en cet état le connaissent ; et ceux qui s'y plaisent, et ceux qui s'y déplaisent ; mais il n'est pas juste que tous voient la rédemption. »

*450-595. — Si l'on ne se connaît plein de superbe ambition, de concupiscence, de faiblesse, de misère et d'injustice, on est bien aveugle. Et si, en le connaissant, on ne désire d'en être délivré, que peut-on dire d'un homme... ?

Que peut-on donc avoir que de l'estime pour une religion qui connaît si bien les défauts de l'homme, et que du désir pour la vérité d'une religion qui y promet des remèdes si souhaitables ?

451-210. — Tous les hommes se haïssent naturellement l'un l'autre. On s'est servi comme on a pu de la concupiscence pour la faire servir au bien public; mais ce n'est que feindre, et une fausse image de la charité; car au fond ce n'est que haine.

*452-657. — Plaindre les malheureux n'est pas contre la concupiscence. Au contraire, on est bien aise d'avoir à rendre ce témoignage d'amitié, et à s'attirer la réputation de tendresse, sans rien donner.

453-211. — On a fondé et tiré de la concupiscence des règles admirables de police, de morale, et de justice; mais dans le fond, ce vilain fond de l'homme, ce *figmentum malum*, n'est que couvert : il n'est pas ôté.

454-74. — *Injustice.* — Ils n'ont pas trouvé d'autre moyen de satisfaire la concupiscence sans faire tort aux autres.

*455-597. — Le *moi* est haïssable : vous, Miton, le couvrez, vous ne l'ôtez pas pour cela; vous êtes donc toujours haïssable. — Point, car en agissant, comme nous faisons, obligeamment pour tout le monde, on n'a plus sujet de nous haïr. — Cela est vrai, si on ne haïssait dans le *moi* que le déplaisir qui nous en revient. Mais si je le hais parce qu'il est injuste, qu'il se fait centre du tout, je le haïrai toujours.

En un mot, le *moi* a deux qualités : il est injuste en soi, en ce qu'il se fait centre de tout; il est incommode aux autres, en ce qu'il les veut asservir : car chaque *moi* est l'ennemi et voudrait être le tyran de tous les autres. Vous en ôtez l'incommodité, mais non pas l'injustice; et ainsi vous ne le rendez pas aimable à ceux qui en haïssent l'injustice : vous ne le rendez aimable qu'aux injustes, qui n'y trouvent plus leur ennemi, et ainsi vous demeurez injuste et ne pouvez plaire qu'aux injustes.

456-749. — Quel dérèglement de jugement, par lequel il n'y a personne qui ne se mette au-dessus de tout le reste du monde, et qui n'aime mieux son propre bien, et la durée de son bonheur, et de sa vie, que celle de tout le reste du monde !

457-668. — Chacun est un tout à soi-même, car, lui mort, le tout est mort pour soi. Et de là vient que chacun croit être tout à tous. Il ne faut pas juger de la nature selon nous, mais selon elle.

*458-545. — « Tout ce qui est au monde est concupiscence de la chair, ou concupiscence des yeux, ou orgueil de la vie : *libido sentiendi, libido sciendi, libido dominandi*. » Malheureuse la terre de malédiction que ces trois fleuves de feu embrasent plutôt qu'ils n'arrosent! Heureux ceux qui, étant sur ces fleuves, non pas plongés, non pas entraînés, mais immobiles, mais affermis sur ces fleuves; non pas debout, mais assis dans une assiette basse et sûre, d'où ils ne se relèvent pas avant la lumière, mais après s'y être reposés en paix, tendent la main à celui qui les doit élever, pour les faire tenir debout et fermes dans les porches de la sainte Hiérusalem, où l'orgueil ne pourra plus les combattre et les abattre; et qui cependant pleurent, non pas de voir écouler toutes les choses périssables que les torrents entraînent, mais dans le souvenir de leur chère patrie, de la Hiérusalem céleste, dont ils se souviennent sans cesse dans la longueur de leur exil!

459-918. — Les fleuves de Babylone coulent, et tombent et entraînent. O sainte Sion, où tout est stable et où rien ne tombe!

Il faut s'asseoir sur les fleuves, non sous ou dedans, mais dessus; et non debout, mais assis; pour être humble, étant assis, et en sûreté, étant dessus. Mais nous serons debout dans les porches de Hiérusalem.

Qu'on voie si ce plaisir est stable ou coulant : s'il passe, c'est un fleuve de Babylone.

460-933. — *Concupiscence de la chair, concupiscence des yeux, orgueil*, etc. — Il y a trois ordres de choses : la chair, l'esprit, la volonté. Les charnels sont les riches, les rois : ils ont pour objet le corps. Les curieux et savants : ils ont pour objet l'esprit. Les sages : ils ont pour objet la justice.

Dieu doit régner sur tout, et tout se rapporter à lui. Dans les choses de la chair, règne proprement la concupiscence; dans les spirituelles, la curiosité proprement; dans la sagesse, l'orgueil proprement. Ce n'est pas qu'on ne puisse être glorieux pour les biens ou pour les connaissances, mais ce n'est pas le lieu de l'orgueil; car en accordant à un homme qu'il est savant, on ne laissera pas de le convaincre qu'il a tort d'être superbe. Le lieu propre à la superbe est la sagesse : car on ne peut accorder à un homme qu'il s'est rendu sage, et qu'il a tort d'être glorieux; car cela est de justice. Aussi Dieu seul donne la sagesse; et c'est pourquoi : *Qui gloriatur, in Domino glorietur*.

461-145. — Les trois concupiscences ont fait trois sectes, et les philosophes n'ont fait autre chose que suivre une des trois concupiscences.

462-626. — *Recherche du vrai bien.* — Le commun des

hommes met le bien dans la fortune et dans les biens du dehors, ou au moins dans le divertissement. Les philosophes ont montré la vanité de tout cela, et l'ont mis où ils ont pu.

*463-142. — [*Contre les philosophes qui ont Dieu sans Jésus-Christ.*]

Philosophes. — Ils croient que Dieu est seul digne d'être aimé et admiré, et ont désiré d'être aimés et admirés des hommes; et ils ne connaissent pas leur corruption. S'ils se sentent pleins de sentiments pour l'aimer et l'adorer, et qu'ils y trouvent leur joie principale, qu'ils s'estiment bons, à la bonne heure! Mais s'ils s'y trouvent répugnants s'[*ils*] n'[*ont*] aucune pente qu'à se vouloir établir dans l'estime des hommes, et que, pour toute perfection, ils fassent seulement que, sans forcer les hommes, ils leur fassent trouver leur bonheur à les aimer, je dirai que cette perfection est horrible. Quoi! ils ont connu Dieu, et n'ont pas désiré uniquement que les hommes l'aimassent, mais que les hommes s'arrêtassent à eux! Ils ont voulu être l'objet du bonheur volontaire des hommes!

464-143. — *Philosophes.* — Nous sommes pleins de choses qui nous jettent au-dehors.

Notre instinct nous fait sentir qu'il faut chercher notre bonheur hors de nous. Nos passions nous poussent au dehors, quand même les objets ne s'offriraient pas pour les exciter; les objets du dehors nous tentent d'eux-mêmes et nous appellent, quand même nous n'y pensons pas. Et ainsi les philosophes ont beau dire : « Retirez-vous en vous-mêmes, vous y trouverez votre bien »; on ne les croit pas, et ceux qui les croient sont les plus vides et les plus sots.

465-407. — Les stoïques disent : « Rentrez au-dedans de vous-mêmes; c'est là où vous trouverez votre repos. » Et cela n'est pas vrai.

Les autres disent : « Sortez en dehors : recherchez le bonheur en vous divertissant. » Et cela n'est pas vrai. Les maladies viennent.

Le bonheur n'est ni hors de nous, ni dans nous; il est en Dieu, et hors et dans nous.

466-140. — Quand Epictète aurait vu parfaitement bien le chemin, il dit aux hommes : « Vous en suivez un faux »; il montre que c'en est un autre, mais il n'y mène pas. C'est celui de vouloir ce que Dieu veut; Jésus-Christ seul y mène : *Via, veritas.*

Les vices de Zénon même.

467-100. — *Raison des effets.* — Epictète. Ceux qui disent : « Vous avez mal à la tête », ce n'est pas de même. On est assuré de la santé et non pas de la justice ; et en effet la sienne était une niaiserie.

Et cependant il la croyait démonstrative en disant : « Ou en notre puissance ou non. » Mais il ne s'apercevait pas qu'il n'est pas en notre pouvoir de régler le cœur, et il avait tort de le conclure de ce qu'il y avait des chrétiens.

*468-220. — Nulle autre religion n'a proposé de se haïr. Nulle autre religion ne peut donc plaire à ceux qui se haïssent, et qui cherchent un être véritablement aimable. Et ceux-là, s'ils n'avaient jamais ouï parler de la religion d'un Dieu humilié, l'embrasseraient incontinent.

469-135. — Je sens que je puis n'avoir point été, car le moi consiste dans ma pensée ; donc moi qui pense n'aurais point été, si ma mère eût été tuée avant que j'eusse été animé ; donc je ne suis pas un être nécessaire. Je ne suis pas aussi éternel, ni infini ; mais je vois bien qu'il y a dans la nature un être nécessaire, éternel et infini.

*470-378. — « Si j'avais vu un miracle, disent-ils, je me convertirais. » Comment assurent-ils qu'ils feraient ce qu'ils ignorent ? Ils s'imaginent que cette conversion consiste en une adoration qui se fait de Dieu comme un commerce et une conversion telle qu'ils se la figurent. La conversion véritable consiste à s'anéantir devant cet Etre universel qu'on a irrité tant de fois, et qui peut vous perdre légitimement à toute heure ; à reconnaître qu'on ne peut rien sans lui, et qu'on n'a mérité rien de lui que sa disgrâce. Elle consiste à connaître qu'il y a une opposition invincible entre Dieu et nous, et que, sans un médiateur, il ne peut y avoir de commerce.

*471-396. — Il est injuste qu'on s'attache, quoiqu'on le fasse avec plaisir et volontairement. Je tromperais ceux à qui je ferais naître ce désir, car je ne suis la fin de personne et n'ai de quoi les satisfaire. Ne suis-je pas prêt à mourir ? Et ainsi l'objet de leur attachement mourra. Donc comme je serais coupable de faire croire une fausseté, quoique je la persuadasse doucement, qu'on la crût avec plaisir, et qu'en cela on me fît plaisir, de même, je suis coupable si je me fais aimer, et si j'attire les gens à s'attacher à moi. Je dois avertir ceux qui seraient prêts à consentir au mensonge, qu'ils ne le doivent pas croire, quelque avantage qui m'en revienne; et, de même, qu'ils ne doivent pas s'attacher à moi; car il faut qu'ils passent leur vie et leurs soins à plaire à Dieu ou à le chercher.

*472-362. — La volonté propre ne se satisfera jamais, quand elle aurait pouvoir de tout ce qu'elle veut; mais on est satisfait dès l'instant qu'on y renonce. Sans elle, on ne peut être malcontent; par elle, on ne peut être content.

473-371. — Qu'on s'imagine un corps plein de membres pensants.

*474-368. — *Membres. Commencer par là.* — Pour régler l'amour qu'on se doit à soi-même, il faut s'imaginer un corps plein de membres pensants, car nous sommes membres du tout, et voir comment chaque membre devrait s'aimer, etc.

*475-374. — Si les pieds et les mains avaient une volonté particulière, jamais ils ne seraient dans leur ordre qu'en soumettant cette volonté particulière à la volonté première qui gouverne le corps entier. Hors de là, ils sont dans le désordre et dans le malheur; mais en ne voulant que le bien du corps, ils font leur propre bien.

476-373. — Il faut n'aimer que Dieu et ne haïr que soi.

Si le pied avait toujours ignoré qu'il appartînt au corps, et qu'il y eût un corps dont il dépendît, s'il n'avait eu que la connaissance et l'amour de soi, et qu'il vînt à connaître qu'il appartient à un corps duquel il dépend, quel regret, quelle confusion de sa vie passée, d'avoir été inutile au corps qui lui a influé la vie, qui l'eût anéanti s'il l'eût rejeté et séparé de soi, comme il se séparait de lui! Quelles prières d'y être conservé! et avec quelle soumission se laisserait-il gouverner à la volonté qui régit le corps, jusqu'à consentir à être retranché s'il le faut! ou il perdrait sa qualité de membre; car il faut que tout membre veuille bien périr pour le corps, qui est le seul pour qui tout est.

*477-421. — Il est faux que nous soyons dignes que les autres nous aiment, il est injuste que nous le voulions. Si nous naissions raisonnables et indifférents, et connaissant nous et les autres, nous ne donnerions point cette inclination à notre volonté. Nous naissons pourtant avec elle; nous naissons donc injustes, car tout tend à soi. Cela est contre tout ordre; il faut tendre au général; et la pente vers soi est le commencement de tout désordre, en police, en économie, dans le corps particulier de l'homme. La volonté est donc dépravée.

Si les membres des communautés naturelles et civiles tendent au bien du corps, les communautés elles-mêmes doivent tendre à un autre corps plus général, dont elles sont membres. L'on doit donc tendre au général. Nous naissons donc injustes et dépravés.

*478-395. — Quand nous voulons penser à Dieu, n'y a-t-il rien qui nous détourne, nous tente de penser ailleurs ? Tout cela est mauvais et né avec nous.

*479-618. — S'il y a un Dieu, il ne faut aimer que lui, et non les créatures passagères. Le raisonnement des impies, dans la *Sagesse*, n'est fondé que sur ce qu'il n'y a point de Dieu. « Cela posé, dit-il, jouissons donc des créatures. » C'est le pis aller. Mais s'il y avait un Dieu à aimer, ils n'auraient pas conclu cela, mais bien le contraire. Et c'est la conclusion des sages : « Il y a un Dieu, ne jouissons donc pas des créatures. »

Donc tout ce qui nous incite à nous attacher aux créatures est mauvais, puisque cela nous empêche, ou de servir Dieu, si nous le connaissons, ou de le chercher, si nous l'ignorons. Or nous sommes pleins de concupiscence; donc nous sommes pleins de mal; donc nous devons nous haïr nous-mêmes, et tout ce qui nous excite à autre attache que Dieu seul.

480-370. — Pour faire que les membres soient heureux, il faut qu'ils aient une volonté, et qu'ils la conforment au corps.

*481-359. — Les exemples des morts généreuses de Lacédémoniens et autres ne nous touchent guère. Car qu'est-ce que cela nous apporte ? Mais l'exemple de la mort des martyrs nous touche; car ce sont « nos membres ». Nous avons un lien commun avec eux : leur résolution peut former la nôtre, non seulement par l'exemple, mais parce qu'elle a peut-être mérité la nôtre. Il n'est rien de cela aux exemples des païens : nous n'avons point de liaison à eux; comme on ne devient pas riche pour voir un étranger qui l'est, mais bien pour voir son père ou son mari qui le soient.

*482-360. — *Morale*. — Dieu ayant fait le ciel et la terre, qui ne sentent point le bonheur de leur être, il a voulu faire des êtres qui le connussent, et qui composassent un corps de membres pensants. Car nos membres ne sentent point le bonheur de leur union, de leur admirable intelligence, du soin que la nature a d'y influer les esprits, et de les faire croître et durer. Qu'ils seraient heureux s'ils le sentaient, s'ils le voyaient! Mais il faudrait pour cela qu'ils eussent intelligence pour le connaître, et bonne volonté pour consentir à celle de l'âme universelle. Que si, ayant reçu l'intelligence, ils s'en servaient à retenir en eux-mêmes la nourriture, sans la laisser passer aux autres membres, ils seraient non seulement injustes, mais encore misérables, et se haïraient plutôt que de s'aimer; leur béatitude, aussi bien que leur devoir, consistant à consentir à la conduite de l'âme entière à qui ils appartiennent, qui les aime mieux qu'ils ne s'aiment eux-mêmes.

*483-372. — Etre membre, est n'avoir de vie, d'être et de mouvement que par l'esprit du corps et pour le corps.

Le membre séparé, ne voyant plus le corps auquel il appartient, n'a plus qu'un être périssant et mourant. Cependant il croit être un tout, et ne se voyant point de corps dont il dépende, il croit ne dépendre que de soi, et veut se faire centre et corps lui-même. Mais n'ayant point en soi de principe de vie, il ne fait que s'égarer, et s'étonne dans l'incertitude de son être, sentant bien qu'il n'est pas corps et cependant ne voyant point qu'il soit membre d'un corps. Enfin, quand il vient à se connaître, il est comme revenu chez soi, et ne s'aime plus que pour le corps. Il plaint ses égarements passés.

Il ne pourrait pas par sa nature aimer une autre chose, sinon pour soi-même et pour se l'asservir, parce que chaque chose s'aime plus que tout. Mais en aimant le corps, il s'aime soi-même, parce qu'il n'a d'être qu'en lui, par lui et pour lui : *qui adhaeret Deo unus spiritus est.*

Le corps aime la main; et la main, si elle avait une volonté, devrait s'aimer de la même sorte que l'âme l'aime. Tout amour qui va au-delà est injuste.

Adhaerens Deo unus spiritus est. On s'aime parce qu'on est membre de Jésus-Christ, parce qu'il est le corps dont on est membre. Tout est un, l'un est en l'autre, comme les trois Personnes.

*484-376. — Deux lois suffisent pour régler toute la République chrétienne, mieux que toutes les lois politiques.

*485-564. — La vraie et unique vertu est donc de se haïr (car on est haïssable par sa concupiscence), et de chercher un être véritablement aimable, pour l'aimer. Mais, comme nous ne pouvons aimer ce qui est hors de nous, il faut aimer un être qui soit en nous, et qui ne soit

pas nous, et cela est vrai d'un chacun de tous les hommes.
Or il n'y a que l'Etre universel qui soit tel. Le royaume
de Dieu est en nous : le bien universel est en nous, est
nous-même, et n'est pas nous.

*486-788. — La dignité de l'homme consistait, dans
son innocence, à user et dominer sur les créatures, mais
aujourd'hui à s'en séparer et s'y assujettir.

*487-833. — Toute religion est fausse, qui, dans sa foi,
n'adore pas un Dieu comme principe de toutes choses,
et qui, dans sa morale, n'aime pas un seul Dieu comme
objet de toutes choses.

488-988. — ... Mais il est impossible que Dieu soit
jamais la fin, s'il n'est le principe. On dirige sa vue en
haut, mais on s'appuie sur le sable : et la terre fondra, et
on tombera en regardant le ciel.

*489-205. — S'il y a un seul principe de tout, une
seule fin de tout, tout par lui, tout pour lui. Il faut donc
que la vraie religion nous enseigne à n'adorer que lui et
à n'aimer que lui. Mais, comme nous nous trouvons
dans l'impuissance d'adorer ce que nous ne connaissons
pas, et d'aimer autre chose que nous, il faut que la religion qui instruit de ces devoirs nous instruise aussi de
ces impuissances, et qu'elle nous apprenne aussi les
remèdes. Elle nous apprend que, par un homme, tout a
été perdu, et la liaison rompue entre Dieu et nous, et
que, par un homme, la liaison est réparée.

Nous naissons si contraires à cet amour de Dieu, et il
est si nécessaire, qu'il faut que nous naissions coupables,
ou Dieu serait injuste.

490-935. — Les hommse, n'ayant pas accoutumé de
former le mérite, mais seulement le récompenser où ils
le trouvent formé, jugent de Dieu par eux-mêmes.

*491-214. — La vraie religion doit avoir pour marque
d'obliger à aimer son Dieu. Cela est bien juste, et cependant aucune ne l'a ordonné; la nôtre l'a fait. Elle doit
encore avoir connu la concupiscence et l'impuissance; la
nôtre l'a fait. Elle doit y avoir apporté les remèdes; l'un
est la prière. Nulle religion n'a demandé à Dieu de l'aimer et de le suivre.

*492-617. — Qui ne hait en soi son amour-propre, et
cet instinct qui le porte à se faire Dieu, est bien aveuglé.
Qui ne voit que rien n'est si opposé à la justice et à la
vérité ? Car il est faux que nous méritions cela; et il est
injuste et impossible d'y arriver, puisque tous demandent
la même chose. C'est donc une manifeste injustice où

nous sommes nés, dont nous ne pouvons nous défaire, et dont il faut nous défaire.

Cependant aucune religion n'a remarqué que ce fût un péché, ni que nous y fussions nés, ni que nous fussions obligés d'y résister, ni n'a pensé à nous en donner les remèdes.

493-216. — La vraie religion enseigne nos devoirs, nos impuissances (orgueil et concupiscence); et les remèdes (humilité, mortification).

494-450. — Il faudrait que la véritable religion enseignât la grandeur, la misère, portât à l'estime et au mépris de soi, à l'amour et à la haine.

*495-623. — Si c'est un aveuglement surnaturel de vivre sans chercher ce qu'on est, c'en est un terrible de vivre mal, en croyant Dieu.

496-365. — L'expérience nous fait voir une différence énorme entre la dévotion et la bonté.

*497-774. — *Contre ceux qui, sur la confiance de la miséricorde de Dieu, demeurent dans la nonchalance, sans faire de bonnes œuvres.* — Comme les deux sources de nos péchés sont l'orgueil et la paresse, Dieu nous a découvert deux qualités en lui pour les guérir : sa miséricorde et sa justice. Le propre de la justice est d'abattre l'orgueil, quelque saintes que soient les œuvres, *et non intres in judicium*, etc.; et le propre de la miséricorde est de combattre la paresse en exhortant aux bonnes œuvres, selon ce passage : « La miséricorde de Dieu invite à pénitence »; et cet autre des Ninivites : « Faisons pénitence, pour voir si par aventure il aura pitié de nous. » Et ainsi tant s'en faut que la miséricorde autorise le relâchement, que c'est au contraire la qualité qui le combat formellement; de sorte qu'au lieu de dire : « S'il n'y avait point en Dieu de miséricorde, il faudrait faire toute sorte d'efforts pour la vertu »; il faut dire, au contraire, que c'est parce qu'il y a en Dieu de la miséricorde, qu'il faut faire toutes sortes d'efforts.

498-924. — Il est vrai qu'il y a de la peine, en entrant dans la piété. Mais cette peine ne vient pas de la piété qui commence d'être en nous, mais de l'impiété qui y est encore. Si nos sens ne s'opposaient pas à la pénitence, et que notre corruption ne [*s'opposât*] pas à la pureté de Dieu, il n'y aurait en cela rien de pénible pour nous. Nous ne souffrons qu'à proportion que le vice, qui nous est naturel, résiste à la grâce surnaturelle; notre cœur se sent déchiré entre des efforts contraires; mais il serait

bien injuste d'imputer cette violence à Dieu qui nous
attire, au lieu de l'attribuer au monde qui nous retient.
C'est comme un enfant, que sa mère arrache d'entre les
bras des voleurs, doit aimer, dans la peine qu'il souffre,
la violence amoureuse et légitime de celle qui procure sa
liberté, et ne détester que la violence impétueuse et
tyrannique de ceux qui le retiennent injustement. La
plus cruelle guerre que Dieu puisse faire aux hommes en
cette vie est de les laisser sans cette guerre qu'il est venu
apporter. « Je suis venu apporter la guerre », dit-il ; et,
pour instruire de cette guerre : « Je suis venu apporter le
fer et le feu. » Avant lui, le monde vivait dans cette fausse
paix.

499-928. — *Œuvres extérieures.* — Il n'y a rien de si
périlleux que ce qui plaît à Dieu et aux hommes ; car les
états qui plaisent à Dieu et aux hommes ont une chose
qui plaît à Dieu, et une autre qui plaît aux hommes ;
comme la grandeur de sainte Thérèse : ce qui plaît à
Dieu est sa profonde humilité dans ses révélations ; ce
qui plaît aux hommes sont ses lumières. Et ainsi, on se
tue d'imiter ses discours, pensant imiter son état ; et pas
tant d'aimer ce que Dieu aime, et de se mettre en l'état
que Dieu aime.

Il vaut mieux ne pas jeûner et en être humilié, que de
jeûner et en être complaisant. Pharisien, publicain.

Que me servirait de m'en souvenir, si cela peut également me nuire et me servir, et que tout dépend de la
bénédiction de Dieu, qu'il ne donne qu'aux choses faites
pour lui, et selon ses règles et dans ses voies, la manière
étant ainsi aussi importante que la chose, et peut-être
plus, puisque Dieu peut du mal tirer le bien, et que sans
Dieu on tire le mal du bien ?

500-473. — L'intelligence des mots de bien et de mal.

501-754. — Premier degré : être blâmé en faisant mal,
et loué en faisant bien. Second degré : n'être ni loué ni
blâmé.

502-603. — Abraham ne prit rien pour lui, mais seulement pour ses serviteurs ; ainsi le juste ne prend rien pour
soi du monde, ni des applaudissements du monde ; mais
seulement pour ses passions, desquelles il se sert comme
maître, en disant à l'une : *Va*, et [*à l'autre*] : *Viens. Sub
te erit appetitus tuus.* Ses passions ainsi dominées sont
vertus : l'avarice, la jalousie, la colère, Dieu même se les
attribue, et ce sont aussi bien vertus que la clémence, la
pitié, la constance, qui sont aussi des passions. Il faut

s'en servir comme d'esclaves, et, leur laissant leur aliment, empêcher que l'âme n'y en prenne ; car, quand les passions sont les maîtresses, elles sont vices, et alors elles donnent à l'âme de leur aliment, et l'âme s'en nourrit et s'en empoisonne.

503-375. — Les philosophes ont consacré les vices, en les mettant en Dieu même ; les chrétiens ont consacré les vertus.

504-347. — [... Privation de l'esprit de Dieu ; et ses actions nous trompent à cause de la parenthèse ou interruption de l'esprit de Dieu en lui ; et [il] se repent en son affliction.]

Le juste agit par foi dans les moindres choses : quand il reprend ses serviteurs, il souhaite leur conversion par l'esprit de Dieu, et prie Dieu de les corriger, et attend autant de Dieu que de ses répréhensions, et prie Dieu de bénir ses corrections. Et ainsi aux autres actions.

505-927. — Tout nous peut être mortel, même les choses faites pour nous servir ; comme, dans la nature, les murailles peuvent nous tuer, et les degrés nous tuer, si nous n'allons avec justesse.

Le moindre mouvement importe à toute la nature ; la mer entière change pour une pierre. Ainsi, dans la grâce, la moindre action importe par ses suites à tout. Donc tout est important.

En chaque action, il faut regarder, outre l'action, notre état présent, passé, futur, et des autres à qui elle importe, et voir les liaisons de toutes ces choses. Et lors on sera bien retenu.

506-690. — Que Dieu ne nous impute pas nos péchés, c'est-à-dire toutes les conséquences et suites de nos péchés, qui sont effroyables, des moindres fautes, si on veut les suivre sans miséricorde !

507-702. — Les mouvements de grâce, la dureté de cœur ; les circonstances extérieures.

508-869. — Pour faire d'un homme un saint, il faut bien que ce soit la grâce, et qui en doute ne sait ce que c'est que saint et qu'homme.

509-141. — *Philosophie.* — La belle chose de crier à un homme qui ne se connaît pas, qu'il aille de lui-même à Dieu ! Et la belle chose de le dire à un homme qui se connaît !

510-239. — L'homme n'est pas digne de Dieu, mais il n'est pas incapable d'en être rendu digne.

Il est indigne de Dieu de se joindre à l'homme misé-

rable ; mais il n'est pas indigne de Dieu de le tirer de sa
misère.

511-231. — Si l'on veut dire que l'homme est trop peu
pour mériter la communication avec Dieu, il faut être
bien grand pour en juger.

512-957. — Elle est toute le corps de Jésus-Christ, en
son patois, mais il ne peut dire qu'elle est tout le corps
de Jésus-Christ. L'union de deux choses sans changement ne fait point qu'on puisse dire que l'une devient
l'autre : ainsi l'âme étant unie au corps, le feu au bois,
sans changement. Mais il faut changement qui fasse que
la forme de l'une devienne la forme de l'autre, ainsi
l'union du Verbe à l'homme.

Parce que mon corps sans mon âme ne ferait pas le
corps d'un homme, donc mon âme, unie à quelque
matière que ce soit, fera mon corps. Il ne distingue la
condition nécessaire d'avec la condition suffisante :
l'union est nécessaire, mais non suffisante. Le bras
gauche n'est pas le droit. L'impénétrabilité est une pro-
priété des corps.

Identité *de numero* au regard du même temps exige
l'identité de la matière. Ainsi si Dieu unissait mon âme à
un corps à la Chine, le même corps, *idem numero*, serait
à la Chine. La même rivière qui coule là est *idem numero*
que celle qui court en même temps à la Chine.

513-930. — Pourquoi Dieu a établi la prière :

1º Pour communiquer à ses créatures la dignité de la
causalité.

2º Pour nous apprendre de qui nous tenons la vertu.

3º Pour nous faire mériter les autres vertus par travail.

Mais, pour se conserver la prééminence, il donne la
prière à qui il lui plaît.

Objection : Mais on croira qu'on tient la prière de soi.

Cela est absurde ; car, puisque, ayant la foi, on ne peut
pas avoir les vertus, comment aurait-on la foi ? Y a-t-il
pas plus de distance de l'infidélité à la foi que de la foi à
la vertu ?

Mérite, ce mot est ambigu.

Meruit habere Redemptorem.

Meruit tam sacra membra tangere.

Digno tam sacra membra tangere.

Non sum dignus.

Qui manducat indignus.

Dignus est accipere.

Dignare me.

Dieu ne doit que suivant ses promesses. Il a promis d'accorder la justice aux prières, jamais *il* n'a promis les prières qu'aux enfants de la promesse.

Saint Augustin a dit formellement que les forces seraient ôtées au juste. Mais c'est par hasard qu'il l'a dit; car il pouvait arriver que l'occasion de le dire ne s'offrît pas. Mais ses principes font voir que, l'occasion s'en présentant, il était impossible qu'il ne le dît pas, ou qu'il dît rien de contraire. C'est donc plus d'être forcé à le dire, l'occasion s'en offrant, que de l'avoir dit, l'occasion s'étant offerte : l'un étant de nécessité, l'autre de hasard. Mais les deux sont tout ce qu'on peut demander.

514-969. — « Opérez votre salut avec crainte. »

Preuves de la prière : *Petenti dabitur.*

Donc, il est en notre pouvoir de demander. Au contraire du... Il n'y est pas, puisque l'obtention qui le prierait n'y est pas. Car puisque le salut n'y est pas, et que l'obtention y est, la prière n'y est pas.

Le juste ne devrait donc plus espérer en Dieu, car il ne doit pas espérer, mais s'efforcer d'obtenir ce qu'il demande.

Concluons donc que, puisque l'homme est iniquité maintenant depuis le premier péché, et que Dieu ne veut pas que ce soit par là qu'il ne s'éloigne pas de lui, ce n'est que par un premier effet qu'il ne s'éloigne pas.

Donc, ceux qui s'éloignent n'ont pas ce premier sans lequel on ne s'éloigne pas de Dieu, et ceux qui ne s'éloignent pas ont ce premier effet. Donc, ceux qui étaient possédés quelque temps de la grâce par ce premier effet, cessent de prier, manque de ce premier effet.

Ensuite Dieu quitte le premier en ce sens...

*515-546. — Les élus ignoreront leurs vertus, et les réprouvés la grandeur de leurs crimes : « Seigneur, quand t'avons-nous vu avoir faim, soif, etc. ? »

516-703. — *Rom.* III, 27. Gloire exclue : par quelle loi ? des œuvres ? non, mais par la foi. Donc la foi n'est pas en notre puissance comme les œuvres de la loi, et elle nous est donnée d'une autre manière.

517-202. — Consolez-vous! ce n'est pas de vous que vous devez l'attendre, mais au contraire, en n'attendant rien de vous, que vous devez l'attendre.

518-921. — Toute condition et même les martyrs ont à craindre, par l'Ecriture.

La peine du purgatoire la plus grande est l'incertitude du jugement. *Deus absconditus.*

519-807. — Joh., VIII : *Multi crediderunt in eum. Dicebat ergo Jesus :* « *Si manseritis...,* VERE *mei discipuli eritis, et* VERITAS LIBERABIT VOS ». *Responderunt :* « *Semen Abrahae sumus, et nemini servimus unquam.* »

Il y a bien de la différence entre les disciples et les *vrais* disciples. On les reconnaît en leur disant que la vérité les rendra libres; car s'ils répondent qu'ils sont libres et qu'il est en eux de sortir de l'esclavage du diable, ils sont bien disciples, mais non pas vrais disciples.

520-925. — La loi n'a pas détruit la nature; mais elle l'a instruite; la grâce n'a pas détruit la loi; mais elle la fait exercer. La foi au baptême est la source de toute la vie des chrétiens et des convertis.

*521-662. — La grâce sera toujours dans le monde — et aussi la nature — de sorte qu'elle est en quelque sorte naturelle. Et ainsi toujours il y aura des pélagiens, et toujours des catholiques, et toujours combat; parce que la première naissance fait les uns, et la grâce de la seconde naissance fait les autres.

522-824. — La loi obligeait à ce qu'elle ne donnait pas. La grâce donne ce à quoi elle oblige.

523-226. — Toute la foi consiste en Jésus-Christ et en Adam; et toute la morale en la concupiscence et en la grâce.

*524-354. — Il n'y a point de doctrine plus propre à l'homme que celle-là, qui l'instruit de sa double capacité de recevoir et de perdre la grâce, à cause du double péril où il est toujours exposé, de désespoir ou d'orgueil.

*525-398. — Les philosophes ne prescrivaient point des sentiments proportionnés aux deux états.

Ils inspiraient des mouvements de grandeur pure, et ce n'est pas l'état de l'homme.

Ils inspiraient des mouvements de bassesse pure, et ce n'est pas l'état de l'homme.

Il faut des mouvements de bassesse, non de nature, mais de pénitence; non pour y demeurer, mais pour aller à la grandeur. Il faut des mouvements de grandeur, non de mérite, mais de grâce, et après avoir passé par la bassesse.

*526-352. — La misère persuade le désespoir, l'orgueil persuade la présomption. L'incarnation montre à l'homme la grandeur de sa misère, par la grandeur du remède qu'il a fallu.

*527-192. — La connaissance de Dieu sans celle de

sa misère fait l'orgueil. La connaissance de sa misère sans celle de Dieu fait le désespoir. La connaissance de Jésus-Christ fait le milieu, parce que nous y trouvons et Dieu et notre misère.

*528-212. — Jésus-Christ est un Dieu dont on s'approche sans orgueil, et sous lequel on s'abaisse sans désespoir.

*529-353. — ...Non pas un abaissement qui nous rende incapable de bien, ni une sainteté exempte du mal.

*530-712. — Une personne me disait un jour qu'il avait une grande joie et confiance en sortant de confession. L'autre me disait qu'il restait en crainte. Je pensai, sur cela, que de ces deux on en ferait un bon, et que chacun manquait en ce qu'il n'avait pas le sentiment de l'autre. Cela arrive de même souvent en d'autres choses.

531-538. — Celui qui sait la volonté de son maître sera battu de plus de coups, à cause du pouvoir qu'il a par la connaissance. *Qui justus est, justificetur adhuc*, à cause du pouvoir qu'il a par la justice. A celui qui a le plus reçu sera le plus grand compte demandé, à cause du pouvoir qu'il a par le secours.

532-800. — L'Ecriture a pourvu de passages pour consoler toutes les conditions, et pour intimider toutes les conditions.

La nature semble avoir fait la même chose par ses deux infinis, naturels et moraux : car nous aurons toujours du dessus et du dessous, de plus habiles et de moins habiles, de plus élevés et de plus misérables, pour abaisser notre orgueil, et relever notre abjection.

533-897. — *Comminutum cor* (saint Paul), voilà le caractère chrétien. *Albe vous a nommé je ne vous connais plus* (Corneille), voilà le caractère inhumain. Le caractère humain est le contraire.

534-562. — Il n'y a que deux sortes d'hommes : les uns justes, qui se croient pécheurs : les autres pécheurs, qui se croient justes.

535-422. — On a bien de l'obligation à ceux qui avertissent des défauts, car ils mortifient : ils apprennent qu'on a été méprisé; ils n'empêchent pas qu'on ne le soit à l'avenir, car on a bien d'autres défauts pour l'être. Ils préparent l'exercice de la correction et l'exemption d'un défaut.

*536-99. — L'homme est ainsi fait, qu'à force de lui dire qu'il est un sot, il le croit; et, à force de se le dire à soi-même, on se le fait croire. Car l'homme fait lui seul

une conversation intérieure, qu'il importe de bien régler :
Corrumpunt mores bonos colloquia prava. Il faut se tenir
en silence autant qu'on peut, et ne s'entretenir que de
Dieu, qu'on sait être la vérité; et ainsi on se la persuade
à soi-même.

*537-351. — Le christianisme est étrange. Il ordonne
à l'homme de reconnaître qu'il est vil, et même abominable, et lui ordonne de vouloir être semblable à Dieu.
Sans un tel contrepoids, cette élévation le rendrait horri-
blement vain, ou cet abaissement le rendrait terriblement
abject.

*538-358. — Avec combien peu d'orgueil un chrétien
se croit-il uni à Dieu! avec combien peu d'abjection
s'égale-t-il aux vers de la terre!

La belle manière de recevoir la vie et la mort, les biens
et les maux!

*539-356. — Quelle différence entre un soldat et un
chartreux, quant à l'obéissance ? car ils sont également
obéissants et dépendants, et dans des exercices également
pénibles. Mais le soldat espère toujours devenir maître,
et ne le devient jamais, car les capitaines et princes même
sont toujours esclaves et dépendants; mais il l'espère
toujours, et travaille toujours à y venir; au lieu que le
chartreux fait vœu de n'être jamais que dépendant. Ainsi
ils ne diffèrent pas dans la servitude perpétuelle, que tous
deux ont toujours, mais dans l'espérance, que l'un a toujours, et l'autre jamais.

540-917. — L'espérance que les chrétiens ont de posséder un bien infini est mêlée de jouissance effective aussi
bien que de crainte; car ce n'est pas comme ceux qui
espéreraient un royaume, dont ils n'auraient rien, étant
sujets; mais ils espèrent la sainteté, l'exemption d'injustice, et ils en ont quelque chose.

*541-357. — Nul n'est heureux comme un vrai chré-
tien, ni raisonnable, ni vertueux, ni aimable.

542-426. — Il n'y a que la religion chrétienne qui
rende l'homme *aimable et heureux* tout ensemble. Dans
l'honnêteté, on ne peut être aimable et heureux ensemble.

*543-190. — *Préface.* — Les preuves de Dieu méta-
physiques sont si éloignées du raisonnement des hommes,
et si impliquées, qu'elles frappent peu; et quand cela servirait à quelques-uns, cela ne servirait que pendant l'instant qu'ils voient cette démonstration, mais une heure
parès ils craignent de s'être trompés.

Quod curiositate cognoverunt superbia amiserunt.

C'est ce que produit la connaissance de Dieu qui se tire sans Jésus-Christ, qui est de communiquer sans médiateur avec le Dieu qu'on a connu sans médiateur. Au lieu que ceux qui ont connu Dieu par médiateur connaissent leur misère.

*544-460. — Le Dieu des chrétiens est un Dieu qui fait sentir à l'âme qu'il est son unique bien; que tout son repos est en lui, qu'elle n'aura de joie qu'à l'aimer; et qui lui fait en même temps abhorrer les obstacles qui la retiennent, et l'empêchent d'aimer Dieu de toutes ses forces. L'amour-propre et la concupiscence, qui l'arrêtent, lui sont insupportables. Ce Dieu lui fait sentir qu'elle a ce fonds d'amour-propre qui la perd, et que lui seul la peut guérir.

*545-271. — Jésus-Christ n'a fait autre chose qu'apprendre aux hommes qu'ils s'aimaient eux-mêmes, qu'ils étaient esclaves, aveugles, malades, malheureux et pécheurs; qu'il fallait qu'il les délivrât, éclairât, béatifiât et guérît; que cela se ferait en se haïssant soi-même, et en le suivant par la misère et la mort de la croix.

*546-416. — Sans Jésus-Christ, il faut que l'homme soit dans le vice et dans la misère; avec Jésus-Christ, l'homme est exempt de vice et de misère. En lui est toute notre vertu et toute notre félicité. Hors de lui, il n'y a que vice, misère, erreurs, ténèbres, mort, désespoir.

547-189. — *Dieu par Jésus-Christ.* — Nous ne connaissons Dieu que par Jésus-Christ. Sans ce Médiateur, est ôtée toute communication avec Dieu; par Jésus-Christ, nous connaissons Dieu. Tous ceux qui ont prétendu connaître Dieu et le prouver sans Jésus-Christ n'avaient que des preuves impuissantes. Mais pour prouver Jésus-Christ, nous avons les prophéties, qui sont des preuves solides et palpables. Et ces prophéties étant accomplies, et prouvées véritables par l'événement, marquent la certitude de ces vérités, et partant, la preuve de la divinité de Jésus-Christ. En lui et par lui, nous connaissons donc Dieu. Hors de là et sans l'Écriture, sans le péché originel, sans Médiateur nécessaire promis et arrivé, on ne peut trouver absolument Dieu, ni enseigner ni bonne doctrine ni bonne morale. Mais par Jésus-Christ et en Jésus-Christ, on prouve Dieu, et on enseigne la morale et la doctrine. Jésus-Christ est donc le véritable Dieu des hommes.

Mais nous connaissons en même temps notre misère, car ce Dieu-là n'est autre chose que le Réparateur de notre misère. Ainsi nous ne pouvons bien connaître Dieu qu'en connaissant nos iniquités. Aussi ceux qui ont connu Dieu sans connaître leur misère ne l'ont pas glorifié, mais s'en sont glorifiés. *Quia... non cognovit per sapientiam... placuit Deo per stultitiam praedicationis salvos facere.*

*548-419. — Non seulement nous ne connaissons Dieu que par Jésus-Christ, mais nous ne nous connaissons nous-mêmes que par Jésus-Christ. Nous ne connaissons la vie, la mort que par Jésus-Christ. Hors de Jésus-Christ, nous ne savons ce que c'est ni que notre vie, ni que notre mort, ni que Dieu, ni que nous-mêmes.

Ainsi, sans l'Ecriture, qui n'a que Jésus-Christ pour objet, nous ne connaissons rien, et ne voyons qu'obscurité et confusion dans la nature de Dieu et dans la propre nature.

549-191. — Il est non seulement impossible, mais inutile de connaître Dieu sans Jésus-Christ. Ils ne s'en sont pas éloignés, mais approchés; ils ne se sont pas abaissés, mais...

Quo quisquam optimus est, pessimus, si hoc ipsum, quod optimus est, adscribat sibi.

550-931. — [J'aime tous les hommes comme mes frères parce qu'ils sont tous rachetés.] J'aime la pauvreté, parce qu'Il l'a aimée. J'aime les biens, parce qu'ils donnent le moyen d'en assister les misérables. Je garde fidélité à tout le monde, je [ne] rends pas le mal à ceux qui m'en font; mais je leur souhaite une condition pareille à la mienne, où l'on ne reçoit pas de mal ni de bien de la part des hommes. J'essaye d'être juste, véritable, sincère et fidèle à tous les hommes; et j'ai une tendresse de cœur pour ceux à qui Dieu m'a uni plus étroitement; et soit que je sois seul, ou à la vue des hommes, j'ai en toutes mes actions la vue de Dieu qui les doit juger, et à qui je les ai toutes consacrées.

Voilà quels sont mes sentiments, et je bénis tous les jours de ma vie mon Rédempteur qui les a mis en moi, et qui, d'un homme plein de faiblesses, de misères, de concupiscence, d'orgueil et d'ambition, a fait un homme exempt de tous ces maux par la force de sa grâce, à laquelle toute la gloire en est due, n'ayant de moi que la misère et l'erreur.

551-213. — *Dignior plagis quam osculis non timeo quia amo.*

552-560. — *Sépulcre de Jésus-Christ.* — Jésus-Christ

était mort, mais vu, sur la croix. Il est mort et caché dans le sépulcre.

Jésus-Christ n'a été enseveli que par des saints.

Jésus-Christ n'a fait aucuns miracles au sépulcre.

Il n'y a que des saints qui y entrent.

C'est là où Jésus-Christ prend une nouvelle vie, non sur la croix.

C'est le dernier mystère de la Passion et de la Rédemption.

Jésus-Christ n'a point eu où se reposer sur la terre qu'au sépulcre.

Ses ennemis n'ont cessé de Le travailler qu'au sépulcre.

553-919. — LE MYSTÈRE DE JÉSUS. — Jésus souffre dans sa passion les tourments que lui font les hommes; mais dans l'agonie il souffre les tourments qu'il se donne à lui-même : *turbare semetipsum*. C'est un supplice d'une main non humaine, mais toute-puissante, car il faut être tout-puissant pour le soutenir.

⁎_⁎⁎

Jésus cherche quelque consolation au moins dans ses trois plus chers amis et ils dorment; il les prie de soutenir un peu avec lui, et ils le laissent avec une négligence entière, ayant si peu de compassion qu'elle ne pouvait seulement les empêcher de dormir un moment. Et ainsi Jésus était délaissé seul à la colère de Dieu.

⁎_⁎⁎

Jésus est seul dans la terre, non seulement qui ressente et partage sa peine, mais qui la sache : le ciel et lui sont seuls dans cette connaissance.

⁎_⁎⁎

Jésus est dans un jardin, non de délices comme le premier Adam, où il se perdit et tout le genre humain, mais dans un de supplices, où il s'est sauvé et tout le genre humain.

⁎_⁎⁎

Il souffre cette peine et cet abandon dans l'horreur de la nuit.

⁎_⁎⁎

Je crois que Jésus ne s'est jamais plaint que cette seule fois; mais alors il se plaint comme s'il n'eût plus pu contenir sa douleur excessive : « Mon âme est triste jusqu'à la mort. »

⋆

Jésus cherche de la compagnie et du soulagement de la part des hommes. Cela est unique en toute sa vie, ce me semble. Mais il n'en reçoit point, car ses disciples dorment.

⋆

Jésus sera en agonie jusqu'à la fin du monde : il ne faut pas dormir pendant ce temps-là.

⋆

Jésus au milieu de ce délaissement universel et de ses amis choisis pour veiller avec lui, les trouvant dormant, s'en fâche à cause du péril où ils exposent, non lui, mais eux-mêmes, et les avertit de leur propre salut et de leur bien avec une tendresse cordiale pour eux pendant leur ingratitude, et les avertit que l'esprit est prompt et la chair infirme.

⋆

Jésus, les trouvant encore dormant, sans que ni sa considération, ni la leur les en eût retenus, il a la bonté de ne pas les éveiller, et les laisse dans leur repos.

⋆

Jésus prie dans l'incertitude de la volonté du Père, et craint la mort; mais l'ayant connue, il va au-devant s'offrir à elle : *Eamus. Processit* (Joannes).

⋆

Jésus a prié les hommes, et n'en a pas été exaucé.

⋆

Jésus, pendant que ses disciples dormaient, a opéré leur salut. Il l'a fait à chacun des justes pendant qu'ils dormaient, et dans le néant avant leur naissance, et dans les péchés depuis leur naissance.

Il ne prie qu'une fois que le calice passe et encore avec soumission, et deux fois qu'il vienne s'il le faut.

Jésus dans l'ennui.

Jésus, voyant tous ses amis endormis et tous ses ennemis vigilants, se remet tout entier à son Père.

Jésus ne regarde pas dans Judas son inimitié, mais l'ordre de Dieu qu'il aime, et l'avoue, puisqu'il l'appelle ami.

Jésus s'arrache d'avec ses disciples pour entrer dans l'agonie; il faut s'arracher de ses plus proches et des plus intimes pour l'imiter.

Jésus étant dans l'agonie et dans les plus grandes peines, prions plus longtemps.

Nous implorons la miséricorde de Dieu, non afin qu'il nous laisse en paix dans nos vices, mais afin qu'il nous en délivre.

Si Dieu nous donnait des maîtres de sa main, oh! qu'il leur faudrait obéir de bon cœur! La nécessité et les événements en sont infailliblement.

— « Console-toi, tu ne me chercherais pas, si tu ne m'avais trouvé. »

⋆

« Je pensais à toi dans mon agonie, j'ai versé telles gouttes de sang pour toi. »

⋆

« C'est me tenter plus que t'éprouver, que de penser si tu ferais bien telle et telle chose absente : je la ferai en toi si elle arrive. »

⋆

« Laisse-toi conduire à mes règles, vois comme j'ai bien conduit la Vierge et les saints qui m'ont laissé agir en eux. »

⋆

« Le Père aime tout ce que JE fais. »

⋆

« Veux-tu qu'il me coûte toujours du sang de mon humanité, sans que tu donnes des larmes ? »

⋆

« C'est mon affaire que ta conversion; ne crains point, et prie avec confiance comme pour moi. »

⋆

« Je te suis présent par ma parole dans l'Ecriture, par mon esprit dans l'Eglise et par les inspirations, par ma puissance dans les prêtres, par ma prière dans les fidèles. »

⋆

« Les médecins ne te guériront pas, car tu mourras à la fin. Mais c'est moi qui guéris et rends le corps immortel. »

⋆

« Souffre les chaînes et la servitude corporelles; je ne
te délivre que de la spirituelle à présent. »

« Je te suis plus ami que tel et tel; car j'ai fait pour toi
plus qu'eux, et ils ne souffriraient pas ce que j'ai souffert
de toi et ne mourraient pas pour toi dans le temps de
tes infidélités et cruautés, comme j'ai fait et comme je
suis prêt à faire et fais dans mes élus et au Saint Sacrement. »

« Si tu connaissais tes péchés, tu perdrais cœur.
« — Je le perdrai donc, Seigneur, car je crois leur
malice sur votre assurance. »
« — Non, car moi, par qui tu l'apprends, t'en peux
guérir, et ce que je te le dis est un signe que je te veux
guérir. A mesure que tu les expieras, tu les connaîtras, et
il te sera dit : « Vois les péchés qui te sont remis. »
« Fais donc pénitence pour tes péchés cachés et pour
la malice occulte de ceux que tu connais. »

— « Seigneur, je vous donne tout. »

— « Je t'aime plus ardemment que tu n'as aimé tes
souillures, *ut immundus pro luto.*

« Interroge ton directeur, quand mes propres paroles
te sont occasion de mal et de vanité ou curiosité. »

Je vois mon abîme d'orgueil, de curiosité, de concupiscence. Il n'y a nul rapport de moi à Dieu, ni à Jésus-
Christ juste. Mais il a été fait péché par moi; tous vos
fléaux sont tombés sur lui. Il est plus abominable que
moi, et, loin de m'abhorrer, il se tient honoré que j'aille
à lui et le secoure.

Mais il s'est guéri lui-même, et me guérira à plus forte raison.

Il faut ajouter mes plaies aux siennes, et me joindre à lui, et il me sauvera en se sauvant. Mais il n'en faut pas ajouter à l'avenir.

Eritis sicut dii scientes bonum et malum. Tout le monde fait le dieu en jugeant : « Cela est bon ou mauvais »; et s'affligeant ou se réjouissant trop des événements.

Faire les petites choses comme grandes, à cause de la majesté de Jésus-Christ qui les fait en nous, et qui vit notre vie; et les grandes comme petites et aisées, à cause de sa toute-puissance.

La fausse justice de Pilate ne sert qu'à faire souffrir Jésus-Christ; car il le fait fouetter pour sa fausse justice et puis le tue. Il vaudrait mieux l'avoir tué d'abord. Ainsi, les faux justes : ils font de bonnes œuvres et de méchantes pour plaire au monde et montrer qu'ils ne sont pas tout à fait à Jésus-Christ; car ils en ont honte. Et enfin, dans les grandes tentations et occasions, ils le tuent.

554. — Il me semble que Jésus-Christ ne laisse toucher que ses plaies après sa résurrection : *Noli me tangere.* Il ne faut nous unir qu'à ses souffrances.

Il s'est donné à communier comme mortel en la Cène, comme ressuscité aux disciples d'Emmaüs, comme monté au ciel à toute l'Église.

555. — « Ne te compare point aux autres, mais à moi. Si tu ne m'y trouves pas, dans ceux où tu te compares, tu te compares à un abominable. Si tu m'y trouves, compare-t'y. Mais qu'y compareras-tu ? sera-ce toi, ou moi dans toi ? Si c'est toi, c'est un abominable. Si c'est moi, tu compares moi à moi. Or, je suis Dieu en tout.

« Je te parle et te conseille souvent, parce que ton conducteur ne te peut parler, car je ne veux pas que tu manques de conducteur.

« Et peut-être je le fais à ses prières, et ainsi il te conduit sans que tu le voies. Tu ne me chercherais pas si tu ne me possédais.

« Ne t'inquiète donc pas. »

ARTICLE VIII

LES FONDEMENTS DE LA RELIGION CHRÉTIENNE

*556-449. — ...Ils blasphèment ce qu'ils ignorent. La religion chrétienne consiste en deux points; il importe également aux hommes de les connaître et il est également dangereux de les ignorer; et il est également de la miséricorde de Dieu d'avoir donné des marques des deux.

Et cependant ils prennent sujet de conclure qu'un de ces points n'est pas, de ce qui leur devrait faire conclure l'autre. Les sages qui ont dit qu'il n'y avait qu'un Dieu ont été persécutés, les Juifs haïs, les chrétiens encore plus. Ils ont vu par lumière naturelle que, s'il y a une véritable religion sur la terre, la conduite de toutes choses doit y tendre comme à son centre. Toute la conduite des choses doit avoir pour objet l'établissement et la grandeur de la religion; les hommes doivent avoir en eux-mêmes des sentiments conformes à ce qu'elle nous enseigne; et enfin elle doit être tellement l'objet et le centre où toutes choses tendent, que qui en saura les principes puisse rendre raison et de toute la nature de l'homme en particulier, et de toute la conduite du monde en général.

Et sur ce fondement, ils prennent lieu de blasphémer la religion chrétienne, parce qu'ils la connaissent mal. Ils s'imaginent qu'elle consiste simplement en l'adoration d'un Dieu considéré comme grand et puissant et éternel; ce qui est proprement le déisme, presque aussi éloigné de la religion chrétienne que l'athéisme, qui y est tout à fait contraire. Et de là ils concluent que cette religion n'est pas véritable, parce qu'ils ne voient pas que toutes choses concourent à l'établissement de ce point, que Dieu ne se manifeste pas aux hommes avec toute l'évidence qu'il pourrait faire.

Mais qu'ils en concluent ce qu'ils voudront contre le

déisme, ils n'en concluront rien contre la religion chrétienne, qui consiste proprement au mystère du Rédempteur, qui unissant en lui les deux natures, humaine et divine, a retiré les hommes de la corruption du péché pour les réconcilier à Dieu en sa personne divine.

Elle enseigne donc ensemble aux hommes ces deux vérités : et qu'il y a un Dieu, dont les hommes sont capables, et qu'il y a une corruption dans la nature, qui les rend indignes. Il importe également aux hommes de connaître l'un et l'autre de ces points; et il est également dangereux à l'homme de connaître Dieu sans connaître sa misère, et de connaître sa misère sans connaître le Rédempteur qui l'en peut guérir. Une seule de ces connaissances fait, ou la superbe des philosophes, qui ont connu Dieu et non leur misère, ou le désespoir des athées, qui connaissent leur misère sans Rédempteur.

Et ainsi, comme il est également de la nécessité de l'homme de connaître ces deux points, il est aussi également de la miséricorde de Dieu de nous les avoir fait connaître. La religion chrétienne le fait, c'est en cela qu'elle consiste.

Qu'on examine l'ordre du monde sur cela, et qu'on voie si toutes choses ne tendent pas à l'établissement des deux chefs de cette religion : Jésus-Christ est l'objet de tout, et le centre où tout tend. Qui le connaît, connaît la raison de toutes choses.

Ceux qui s'égarent ne s'égarent que manque de voir une de ces deux choses. On peut donc bien connaître Dieu sans sa misère, et sa misère sans Dieu; mais on ne peut connaître Jésus-Christ sans connaître tout ensemble et Dieu et sa misère.

Et c'est pourquoi je n'entreprendrai pas ici de prouver par des raisons naturelles, ou l'existence de Dieu, ou la Trinité, ou l'immortalité de l'âme, ni aucune des choses de cette nature; non seulement parce que je ne me sentirais pas assez fort pour trouver dans la nature de quoi convaincre des athées endurcis, mais encore parce que cette connaissance, sans Jésus-Christ, est inutile et stérile. Quand un homme serait persuadé que les proportions des nombres sont des vérités immatérielles, éternelles et dépendantes d'une première vérité en qui elles subsistent, et qu'on appelle Dieu, je ne le trouverais pas beaucoup avancé pour son salut.

Le Dieu des chrétiens ne consiste pas en un Dieu simplement auteur des vérités géométriques et de l'ordre des éléments; c'est la part des païens et des épicuriens. Il ne consiste pas seulement en un Dieu qui exerce sa providence sur la vie et sur les biens des hommes, pour donner une heureuse suite d'années à ceux qui l'adorent; c'est la portion des Juifs. Mais le Dieu d'Abraham, le Dieu d'Isaac, le Dieu de Jacob, le Dieu des chrétiens, est un Dieu d'amour et de consolation; c'est un Dieu qui remplit l'âme et le cœur de ceux qu'il possède; c'est un Dieu qui leur fait sentir intérieurement leur misère, et sa miséricorde infinie; qui s'unit au fond de leur âme; qui la remplit d'humilité, de joie, de confiance, d'amour; qui les rend incapables d'autre fin que de lui-même.

Tous ceux qui cherchent Dieu hors de Jésus-Christ, et qui s'arrêtent dans la nature, ou ils ne trouvent aucune lumière qui les satisfasse, ou ils arrivent à se former un moyen de connaître Dieu et de le servir sans médiateur, et par là ils tombent ou dans l'athéisme ou dans le déisme, qui sont deux choses que la religion chrétienne abhorre presque également.

Sans Jésus-Christ le monde ne subsisterait pas; car il faudrait, ou qu'il fût détruit, ou qu'il fût comme un enfer.

Si le monde subsistait pour instruire l'homme de Dieu, sa divinité y reluirait de toutes parts d'une manière incontestable; mais comme il ne subsiste que par Jésus-Christ et pour Jésus-Christ et pour instruire les hommes et de leur corruption et de leur rédemption, tout y éclate des preuves de ces deux vérités.

Ce qui y paraît ne marque ni une exclusion totale, ni une présence manifeste de divinité, mais la présence d'un Dieu qui se cache. Tout porte ce caractère.

Le seul qui connaît la nature ne la connaîtra-t-il que pour être misérable? le seul qui la connaît sera-t-il le seul malheureux?

Il ne faut [pas] qu'il ne voie rien du tout; il ne faut pas aussi qu'il en voie assez pour croire qu'il le possède, mais qu'il en voie assez pour connaître qu'il l'a perdu; car, pour connaître qu'on a perdu, il faut voir et ne voir pas; et c'est précisément l'état où est la nature.

Quelque parti qu'il prenne, je ne l'y laisserai point en repos...

*557-444. — Il est donc vrai que tout instruit l'homme de sa condition, mais il le faut bien entendre : car il n'est pas vrai que tout découvre Dieu, et il n'est pas vrai que tout cache Dieu. Mais il est vrai tout ensemble qu'il se cache à ceux qui le tentent, et qu'il se découvre à ceux qui le cherchent, parce que les hommes sont tout ensemble indignes de Dieu, et capables de Dieu : indignes par leur corruption, capables par leur première nature.

558-445. — Que conclurons-nous de toutes nos obscurités, sinon notre indignité ?

*559-448. — S'il n'avait jamais rien paru de Dieu, cette privation éternelle serait équivoque, et pourrait aussi bien se rapporter à l'absence de toute divinité, qu'à l'indignité où seraient les hommes de la connaître; mais de ce qu'il paraît quelquefois, et non pas toujours, cela ôte l'équivoque. S'il paraît une fois, il est toujours; et ainsi on n'en peut conclure, sinon qu'il y a un Dieu, et que les hommes en sont indignes.

*560-431. — Nous ne concevons ni l'état glorieux d'Adam, ni la nature de son péché, ni la transmission qui s'en est faite en nous. Ce sont choses qui se sont passées dans l'état d'une nature toute différente de la nôtre, et qui passent l'état de notre capacité présente.

Tout cela nous est inutile à savoir pour en sortir; et tout ce qu'il nous importe de connaître est que nous sommes misérables, corrompus, séparés de Dieu, mais rachetés par Jésus-Christ; et c'est de quoi nous avons des preuves admirables sur la terre.

Ainsi, les deux preuves de la rédemption se tirent des impies, qui vivent dans l'indifférence de la religion, et des Juifs, qui en sont les ennemis irréconciliables.

561-820. — Il y a deux manières de persuader les vérités de notre religion : l'une par la force de la raison, l'autre par l'autorité de celui qui parle. On ne se sert pas de la dernière, mais de la première. On ne dit pas : « Il faut croire cela; car l'Ecriture qui le dit est divine »; mais on dit qu'il le faut croire par telle ou telle raison, qui sont de faibles arguments, la raison étant flexible à tout.

562-468. — Il n'y a rien sur la terre qui ne montre, ou la misère de l'homme, ou la miséricorde de Dieu; ou l'impuissance de l'homme sans Dieu, ou la puissance de l'homme avec Dieu.

*563-175. — Ce sera une des confusions des damnés, de voir qu'ils seront condamnés par leur propre raison, par laquelle ils ont prétendu condamner la religion chrétienne.

*564-835. — Les prophéties, les miracles mêmes et les

preuves de notre religion ne sont pas de telle nature qu'on puisse dire qu'ils sont absolument convaincants. Mais ils le sont aussi de telle sorte qu'on ne peut dire que ce soit être sans raison que de les croire. Ainsi il y a de l'évidence et de l'obscurité, pour éclairer les uns et obscurcir les autres. Mais l'évidence est telle, qu'elle surpasse, ou égale pour le moins, l'évidence du contraire; de sorte que ce n'est pas la raison qui puisse déterminer à ne pas la suivre; et ainsi ce ne peut être que la concupiscence et la malice du cœur. Et par ce moyen il y a assez d'évidence pour condamner et non assez pour convaincre; afin qu'il paraisse qu'en ceux qui la suivent, c'est la grâce, et non la raison, qui fait suivre; et qu'en ceux qui la fuient, c'est la concupiscence, et non la raison, qui fait fuir.

Vere discipuli, vere Israelita, vere liberi, vere cibus.

*565-439. — Reconnaissez donc la vérité de la religion dans l'obscurité même de la religion, dans le peu de lumière que nous en avons, dans l'indifférence que nous avons de la connaître.

*566-232. — On n'entend rien aux ouvrages de Dieu, si on ne prend pour principe qu'il a voulu aveugler les uns, et éclairer les autres.

567-576. — Les deux raisons contraires. Il faut commencer par là : sans cela on n'entend rien, et tout est hérétique; et même, à la fin de chaque vérité, il faut ajouter qu'on se souvient de la vérité opposée.

568-760-761-762-763. — *Objection.* — Visiblement l'Ecriture pleine de choses non dictées du Saint-Esprit. — *Réponse.* Elles ne nuisent donc point à la foi. — *Objection.* Mais l'Eglise a décidé que tout est du Saint-Esprit. — *Réponse.* Je réponds deux choses : [*l'une*] que l'Eglise n'a jamais décidé cela; l'autre que, quand elle l'aurait décidé, cela se pourrait soutenir.

[Il y a beaucoup d'esprits faux.

Denys a la charité : il était en place.]

Les prophéties citées dans l'Evangile, vous croyez qu'elles sont rapportées pour vous faire croire ? Non, c'est pour vous éloigner de croire.

569-313. — *Canoniques.* — Les hérétiques, au commencement de l'Eglise, servent à prouver les canoniques.

570-223. — Il faut mettre au chapitre des *Fondements* ce qui est en celui des *Figuratifs* touchant la cause des figures : pourquoi Jésus-Christ prophétisé en son premier avènement; pourquoi prophétisé obscurément en la manière.

*571-502. — *Raison pourquoi Figures.* — [Ils avaient à
entretenir un peuple charnel et à le rendre dépositaire du
Testament spirituel]; il fallait que, pour donner foi au
Messie, il y eût des prophéties précédentes, et qu'elles
fussent portées par des gens non suspects et d'une dili-
gence et fidélité et d'un zèle extraordinaire, et connu de
toute la terre.

Pour faire réussir tout cela, Dieu a choisi ce peuple
charnel, auquel il a mis en dépôt les prophéties qui prédisent le Messie comme libérateur et dispensateur des
biens charnels que ce peuple aimait. Et ainsi il a eu une
ardeur extraordinaire pour ses prophètes, et a porté à la
vue de tout le monde ces livres qui prédisent leur Messie,
assurant toutes les nations qu'il devait venir, et en la
manière prédite dans les livres qu'ils tenaient ouverts à
tout le monde. Et ainsi ce peuple, déçu par l'avènement
ignominieux et pauvre du Messie, ont été ses plus cruels
ennemis. De sorte que voilà le peuple du monde le moins
suspect de nous favoriser, et le plus exact et zélé qui se
puisse dire pour sa loi et pour ses prophètes, qui les
porte incorrompus; de sorte que ceux qui ont rejeté et
crucifié Jésus-Christ, qui leur a été en scandale, sont
ceux qui portent les livres qui témoignent de lui et qui
disent qu'il sera rejeté et en scandale; de sorte qu'ils ont
marqué que c'était lui en le refusant, et qu'il a été également prouvé, et par les justes juifs qui l'ont reçu, et par
les injustes qui l'ont rejeté, l'un et l'autre ayant été prédit.

C'est pour cela que les prophéties ont un sens caché,
le spirituel, dont ce peuple était ennemi, sous le charnel,
dont il était ami. Si le sens spirituel eût été découvert, ils
n'étaient pas capables de l'aimer; et, ne pouvant le porter, ils n'eussent pas eu le zèle pour la conservation de
leurs livres et de leurs cérémonies; et, s'ils [avaient] aimé
ces promesses spirituelles, et qu'ils les eussent conservées
incorrompues jusqu'au Messie, leur témoignage n'eût
pas eu de force, puisqu'ils en eussent été amis.

Voilà pourquoi il était bon que le sens spirituel fût
couvert; mais d'un autre côté, si ce sens eût été tellement
caché qu'il n'eût point du tout paru, il n'eût pu servir
de preuve au Messie. Qu'a-t-il donc été fait? Il a été
couvert sous le temporel en la foule des passages, et a été
découvert si clairement en quelques-uns; outre que le
temps et l'état du monde ont été prédits si clairement
qu'il est plus clair que le soleil; et ce sens spirituel est si
clairement expliqué en quelques endroits, qu'il fallut un

aveuglement pareil à celui que la chair jette dans l'esprit quand il lui est assujetti pour ne le pas reconnaître.

Voilà donc quelle a été la conduite de Dieu. Ce sens est couvert d'un autre en une infinité d'endroits, et découvert en quelques-uns rarement, mais en telle sorte néanmoins que les lieux où il est caché sont équivoques et peuvent convenir aux deux; au lieu que les lieux où il est découvert sont univoques, et ne peuvent convenir qu'au sens spirituel.

De sorte que cela ne pouvait induire en erreur, et qu'il n'y avait qu'un peuple aussi charnel qui s'y pût méprendre.

Car, quand les biens sont promis en abondance, qui les empêchait d'entendre les véritables biens, sinon leur cupidité, qui déterminait ce sens aux biens de la terre ? Mais ceux qui n'avaient de bien qu'en Dieu les rapportaient uniquement à Dieu. Car il y a deux principes qui partagent les volontés des hommes, la cupidité et la charité. Ce n'est pas que la cupidité ne puisse être avec la foi en Dieu, et que la charité ne soit avec les biens de la terre; mais la cupidité use de Dieu et jouit du monde; et la charité, au contraire.

Or, la dernière fin est ce qui donne le nom aux choses. Tout ce qui nous empêche d'y arriver est appelé ennemi. Ainsi les créatures, quoique bonnes, sont ennemies des justes, quand elles les détournent de Dieu; et Dieu même est l'ennemi de ceux dont il trouble la convoitise.

Ainsi le mot d'ennemi dépendant de la dernière fin, les justes entendaient par là leurs passions, et les charnels entendaient les Babyloniens; et ainsi ces termes n'étaient obscurs que pour les injustes. Et c'est ce que dit Isaïe : *Signa legem in electis meis*, et que Jésus-Christ sera pierre de scandale. Mais, « Bienheureux, ceux qui ne seront point scandalisés en lui ! » Osée, *ult.*, le dit parfaitement : « Où est le sage ? et il entendra ce que je dis. Les justes l'entendront : car les voies de Dieu sont droites; mais les méchants y trébucheront. »

572-457. — Hypothèse des apôtres fourbes. — Le temps clairement, la manière obscurément. — Cinq preuves de Figuratifs.

$$2.000 \left\{ \begin{array}{l} \text{1.600 Prophètes.} \\ \text{400 Epars.} \end{array} \right.$$

573-893. — *Aveuglement de l'Ecriture.* — « L'Ecriture, disaient les Juifs, dit qu'on ne saura d'où le Christ viendra. (*Joh.*, VII, 27, et XII, 34.) L'Ecriture dit que le Christ demeure éternellement, et celui-ci dit qu'il mourra. »

Ainsi, dit saint Jean, ils ne croyaient point, quoiqu'Il eût tant fait de miracles, afin que la parole d'Isaïe fût accomplie : *Il les a aveuglés*, etc.

574-472. — *Grandeur*. — La religion est une chose si grande, qu'il est juste que ceux qui ne voudraient pas prendre la peine de la chercher, si elle est obscure, en soient privés. De quoi se plaint-on donc, si elle est telle qu'on la puisse trouver en la cherchant ?

*575-566. — Tout tourne en bien pour les élus, jusqu'aux obscurités de l'Ecriture; car ils les honorent, à cause des clartés divines. Et tout tourne en mal pour les autres, jusqu'aux clartés; car ils les blasphèment, à cause des obscurités qu'ils n'entendent pas.

576-594. — *Conduite générale du monde envers l'Eglise : Dieu voulant aveugler et éclairer*. — L'événement ayant prouvé la divinité de ces prophéties, le reste doit en être cru. Et par là nous voyons l'ordre du monde en cette sorte : les miracles de la création et du déluge s'oubliant, Dieu envoie la loi et les miracles de Moïse, les prophètes qui prophétisent des choses particulières; et, pour préparer un miracle subsistant, il prépare des prophéties et l'accomplissement; mais les prophéties pouvant être suspectes, il veut les rendre non suspectes, etc.

577-469. — Dieu a fait servir l'aveuglement de ce peuple au bien des élus.

*578-236. — Il y a assez de clarté pour éclairer les élus et assez d'obscurité pour les humilier. Il y a assez d'obscurité pour aveugler les réprouvés et assez de clarté pour les condamner et les rendre inexcusables. Saint Augustin, [*apud*] Montaigne, *Sebonde*.

La généalogie de Jésus-Christ dans l'Ancien Testament est mêlée parmi tant d'autres inutiles, qu'elle ne peut être discernée. Si Moïse n'eût tenu registre que des ancêtres de Jésus-Christ, cela eût été trop visible. S'il n'eût pas marqué celle de Jésus-Christ, cela n'eût pas été assez visible. Mais, après tout, qui y regarde de près, voit celle de Jésus-Christ bien discernée par Thamar, Ruth, etc.

Ceux qui ordonnaient ces sacrifices en savaient l'inutilité, ceux qui en ont déclaré l'inutilité n'ont pas laissé de les pratiquer.

Si Dieu n'eût permis qu'une seule religion, elle eût

été trop reconnaissable ; mais qu'on y regarde de près, on discerne bien la vérité dans cette confusion.

Principe : Moïse était habile homme. Si donc il se gouvernait par son esprit, il ne dirait rien nettement qui fût directement contre l'esprit.

Ainsi toutes les faiblesses très apparentes sont des forces. Exemple : les deux généalogies de saint Matthieu et de saint Luc. Qu'y a-t-il de plus clair, que cela n'a pas été fait de concert ?

579-536. — Dieu (et les apôtres), prévoyant que les semences d'orgueil feraient naître les hérésies, et ne voulant pas leur donner occasion de naître par des termes propres, a mis dans l'Écriture et les prières de l'Église des mots et des sentences contraires pour produire leurs fruits dans le temps. De même qu'il donne dans la morale la charité, qui produit des fruits contre la concupiscence.

580-934. — La nature a des perfections pour montrer qu'elle est l'image de Dieu, et des défauts pour montrer qu'elle n'en est que l'image.

*581-234. — Dieu veut plus disposer la volonté que l'esprit. La clarté parfaite servirait à l'esprit et nuirait à la volonté. Abaisser la superbe.

582-926. — On se fait une idole de la vérité même ; car la vérité hors de la charité n'est pas Dieu, et est son image et une idole, qu'il ne faut point aimer, ni adorer ; et encore moins faut-il aimer ou adorer son contraire, qui est le mensonge.

Je puis bien aimer l'obscurité totale ; mais, si Dieu m'engage dans un état à demi obscur, ce peu d'obscurité qui y est me déplaît, et, parce que je n'y vois pas le mérite d'une entière obscurité, il ne me plaît pas. C'est un défaut, et une marque que je me fais une idole de l'obscurité, séparée de l'ordre de Dieu. Or il ne faut adorer que son ordre.

583-740. — Les malingres sont gens qui connaissent la vérité, mais qui ne la soutiennent qu'autant que leur intérêt s'y rencontre ; mais, hors de là ils l'abandonnent.

584-461. — Le monde subsiste pour exercer miséricorde et jugement, non pas comme si les hommes y étaient sortant des mains de Dieu, mais comme des ennemis de Dieu auxquels il donne, par grâce, assez de lumière pour revenir, s'ils le veulent chercher et le suivre, mais pour les punir, s'ils refusent de le chercher ou de le suivre.

*585-242. — *Que Dieu s'est voulu cacher.* — S'il n'y avait qu'une religion, Dieu y serait bien manifeste. S'il n'y avait des martyrs qu'en notre religion, de même.

Dieu étant ainsi caché, toute religion qui ne dit pas que Dieu est caché n'est pas véritable; et toute religion qui n'en rend pas la raison n'est pas instruisante. La nôtre fait tout cela : *Vere tu es Deus absconditus.*

*586-446. — S'il n'y avait point d'obscurité, l'homme ne sentirait point sa corruption; s'il n'y avait point de lumière, l'homme n'espérerait point de remède. Ainsi, il est non seulement juste, mais utile pour nous que Dieu soit caché en partie, et découvert en partie, puisqu'il est également dangereux à l'homme de connaître Dieu sans connaître sa misère, et de connaître sa misère sans connaître Dieu.

587-291. — Cette religion si grande en miracles, saints, pieux, irréprochables, savants et grands témoins; martyrs; rois (David) établis; Isaïe, prince du sang; — si grande en science, après avoir étalé tous ses miracles et toute sa sagesse, elle réprouve tout cela, et dit qu'elle n'a ni sagesse ni signes, mais la croix et la folie.

Car ceux qui par ces signes et cette sagesse ont mérité votre créance, et qui vous ont prouvé leur caractère, vous déclarent que rien de tout cela ne peut nous changer, et nous rendre capables de connaître et aimer Dieu, que la vertu de la folie de la croix, sans sagesse ni signes; et non point les signes sans cette vertu. Ainsi notre religion est folle, en regardant à la cause effective, et sage en regardant à la sagesse qui y prépare.

588-842. — Notre religion est sage et folle. Sage, parce qu'elle est la plus savante, et la plus fondée en miracles, prophéties, etc. Folle, parce que ce n'est point tout cela qui fait qu'on en est; cela fait bien condamner ceux qui n'en sont pas, mais non pas croire ceux qui en sont. Ce qui les fait croire, c'est la croix, *ne evacuata sit crux.* Et ainsi saint Paul qui est venu en sagesse et signes, dit qu'il n'est venu ni en sagesse ni en signes : car il venait pour convertir. Mais ceux qui ne viennent que pour convaincre peuvent dire qu'ils viennent en sagesse et en signes.

588 *bis*-458. — Contrariétés. Sagesse infinie et folie de la religion.

ARTICLE IX

LA PERPÉTUITÉ

589-747. — *Sur ce que la religion chrétienne n'est pas unique*. — Tant s'en faut que ce soit une raison qui fasse croire qu'elle n'est pas la véritable, qu'au contraire, c'est ce qui fait voir qu'elle l'est.

590-480. — Pour les religions, il faut être sincère : vrais païens, vrais juifs, vrais chrétiens.

591-565. —   J.-C.
              Païens   Mahomet

Ignorance
de Dieu

592-204. — *Fausseté des autres religions*. — Ils n'ont point de témoins. Ceux-ci en ont. Dieu défie les autres religions de produire de telles marques; Isaïe, XLIII, 9; XLIV, 8.

*593-822. — *Histoire de la Chine*. — Je ne crois que les histoires dont les témoins se feraient égorger.

[Lequel est le plus croyable des deux, Moïse ou la Chine ?]

Il n'est pas question de voir cela en gros. Je vous dis qu'il y a de quoi aveugler et de quoi éclairer.

Par ce mot seul, je ruine tous vos raisonnements. « Mais la Chine obscurcit », dites-vous; et je réponds : « La Chine obscurcit, mais il y a clarté à trouver; cherchez-la. »

Ainsi tout ce que vous dites fait à un des desseins, et rien contre l'autre. Ainsi cela sert, et ne nuit pas.

Il faut donc voir cela en détail, il faut mettre papiers sur table.

594-481. — Contre l'histoire de la Chine. Les historiens de Mexico, des cinq soleils, dont le dernier est il n'y a que huit cents ans.

Différence d'un livre reçu d'un peuple, ou qui forme un peuple.

*595-203. — Mahomet, sans autorité. Il faudrait donc que ses raisons fussent bien puissantes, n'ayant que leur propre force.

Que dit-il donc ? Qu'il faut le croire.

596-1. — Les psaumes chantés par toute la terre.

Qui rend témoignage de Mahomet ? Lui-même. Jésus-Christ veut que son témoignage ne soit rien.

La qualité de témoins fait qu'il faut qu'ils soient toujours et partout, et, misérable, il est seul.

*597-207. — *Contre Mahomet*. — L'Alcoran n'est pas plus de Mahomet, que l'Evangile de saint Matthieu, car il est cité de plusieurs auteurs de siècle en siècle; les ennemis mêmes, Celse et Porphyre, ne l'ont jamais désavoué.

L'Alcoran dit que saint Matthieu était homme de bien. Donc, il était faux prophète, ou en appelant gens de bien des méchants, ou en ne demeurant pas d'accord de ce qu'ils ont dit de Jésus-Christ.

*598-218. — Ce n'est pas par ce qu'il y a d'obscur dans Mahomet, et qu'on peut faire passer pour un sens mystérieux, que je veux qu'on en juge, mais par ce qu'il y a de clair, par son paradis, et par le reste; c'est en cela qu'il est ridicule. Et c'est pourquoi il n'est pas juste de prendre ses obscurités pour des mystères, vu que ses clartés sont ridicules.

Il n'en est pas de même de l'Ecriture. Je veux qu'il y ait des obscurités qui soient aussi bizarres que celles de Mahomet; mais il y a des clartés admirables et des prophéties manifestes accomplies. La partie n'est donc pas égale. Il ne faut pas confondre et égaler les choses qui ne se ressemblent que par l'obscurité et non pas par la clarté, qui mérite qu'on révère les obscurités.

*599-209. — *Différence entre Jésus-Christ et Mahomet*. — Mahomet, non prédit; Jésus-Christ, prédit.

Mahomet, en tuant; Jésus-Christ, en faisant tuer les siens.

Mahomet, en défendant de lire; les apôtres, en ordonnant de lire.

Enfin, cela est si contraire que, si Mahomet a pris la voie de réussir humainement, Jésus-Christ a pris celle de périr humainement; et qu'au lieu de conclure que, puisque Mahomet a réussi, Jésus-Christ a bien pu réussir, il faut dire que, puisque Mahomet a réussi, Jésus-Christ devait périr.

*600-321. — Tout homme peut faire ce qu'a fait Mahomet; car il n'a point fait de miracles, il n'a point été prédit; nul ne peut faire ce qu'a fait Jésus-Christ.

*601-243. — *Fondement de notre foi.* — La religion païenne est sans fondement [aujourd'hui. On dit qu'autrefois elle en a eu par les oracles qui ont parlé. Mais quels sont les livres qui nous en assurent ? Sont-ils si dignes de foi par la vertu de leurs auteurs ? Sont-ils conservés avec tant de soin qu'on puisse s'assurer qu'ils ne sont point corrompus] ?

La religion mahométane a pour fondement l'Alcoran et Mahomet. Mais ce prophète, qui devait être la dernière attente du monde, a-t-il été prédit ? Quelle marque a-t-il que n'ait aussi tout homme qui se voudra dire prophète ? Quels miracles dit-il lui-même avoir faits ? Quels mystères a-t-il enseignés, selon sa tradition même ? Quelle morale et quelle félicité ?

La religion juive doit être regardée différemment dans la tradition des Livres Saints et dans la tradition du peuple. La morale et la félicité en est ridicule dans la tradition du peuple; mais elle est admirable dans celle [*des Livres*] Saints (et toute religion est de même : car la chrétienne est bien différente dans les Livres Saints et dans les casuistes). Le fondement en est admirable, c'est le plus ancien livre du monde et le plus authentique; et, au lieu que Mahomet, pour faire subsister le sien, a défendu de le lire, Moïse, pour faire subsister le sien, a ordonné à tout le monde de le lire.

Notre religion est si divine, qu'une autre religion divine n'en a [*été*] que le fondement.

602-8. — *Ordre.* — Voir ce qu'il y a de clair dans tout l'état des Juifs, et d'incontestable.

603. —

604-425. — La seule science contre le sens commun et la nature des hommes, est la seule qui ait toujours subsisté parmi les hommes.

*605-284. — La seule religion contre la nature, contre le sens commun, contre nos plaisirs, est la seule qui ait toujours été.

*606-421. — Nulle religion que la nôtre n'a enseigné que l'homme naît en péché, nulle secte de philosophes ne l'a dit : nulle n'a donc dit vrai.

Nulle secte ni religion n'a toujours été sur la terre, que la religion chrétienne.

*607-287. — Qui jugera de la religion des Juifs par les grossiers la connaîtra mal. Elle est visible dans les Saints Livres, et dans la tradition des prophètes, qui ont assez fait entendre qu'ils n'entendaient pas la loi à la lettre. Ainsi notre religion est divine dans l'Evangile, les apôtres et la tradition; mais elle est ridicule dans ceux qui la traitent mal.

Le Messie, selon les Juifs charnels, doit être un grand prince temporel. Jésus-Christ, selon les chrétiens charnels, est venu nous dispenser d'aimer Dieu, et nous donner des sacrements qui opèrent tout sans nous. Ni l'un ni l'autre n'est la religion chrétienne, ni juive.

Les vrais Juifs et les vrais chrétiens ont toujours attendu un Messie qui les ferait aimer Dieu, et, par cet amour, triompher de leurs ennemis.

*608-289. — Les Juifs charnels tiennent le milieu entre les chrétiens et les païens. Les païens ne connaissent point Dieu, et n'aiment que la terre. Les Juifs connaissent le vrai Dieu, et n'aiment que la terre. Les Chrétiens connaissent le vrai Dieu, et n'aiment point la terre. Les Juifs et les païens aiment les mêmes biens. Les Juifs et les Chrétiens connaissent le même Dieu.

Les Juifs étaient de deux sortes : les uns n'avaient que les affections païennes, les autres avaient les affections chrétiennes.

*609-286. — Deux sortes d'hommes en chaque religion : parmi les païens, des adorateurs des bêtes, et les autres, adorateurs d'un seul Dieu dans la religion naturelle; parmi les Juifs, les charnels, et les spirituels, qui étaient les Chrétiens de la loi ancienne; parmi les Chrétiens, les grossiers qui sont les Juifs de la loi nouvelle. Des Juifs charnels attendaient un Messie charnel; les Chrétiens grossiers croient que le Messie les a dispensés d'aimer Dieu; les vrais Juifs et les vrais Chrétiens adorent un Messie qui les fait aimer Dieu.

*610-453. — *Pour montrer que les vrais Juifs et les vrais Chrétiens n'ont qu'une même religion.* — La religion des Juifs semblait consister essentiellement en la paternité d'Abraham, en la circoncision, aux sacrifices, aux cérémonies, en l'arche, au temple, en Hiérusalem, et enfin en la loi et en l'alliance de Moïse.

Je dis :

Qu'elle ne consistait en aucune de ces choses; mais

seulement en l'amour de Dieu, et que Dieu réprouvait toutes les autres choses;

Que Dieu n'acceptait point la postérité d'Abraham;

Que les Juifs seront punis de Dieu, comme les étrangers s'ils l'offensent. *Deut.* VIII, 19 : « Si vous oubliez Dieu, et que vous suiviez des dieux étrangers, je vous prédis que vous périrez de la même manière que les nations que Dieu a exterminées devant vous »;

Que les étrangers seront reçus de Dieu comme ces Juifs, s'ils l'aiment, Is., LVI, 3 : « Que l'étranger ne dise pas : « Le Seigneur ne me recevra pas. » Les étrangers qui s'attachent à Dieu seront pour le servir et l'aimer : je les mènerai en ma sainte montagne, et recevrai d'eux des sacrifices, car ma maison est la maison d'oraison »;

Que les vrais Juifs ne considéraient leur mérite que de Dieu, et non d'Abraham, Is., LXIII, 16 : « Vous êtes véritablement notre père, et Abraham ne nous a pas connus et Israël n'a pas eu de connaissance de nous; mais c'est vous qui êtes notre père et notre rédempteur. » — Moïse même leur a dit que Dieu n'accepterait pas les personnes. *Deut.*, X, 17 : « Dieu, dit-il, n'accepte pas les personnes ni les sacrifices. » — Le sabbat n'était qu'un signe, *Ex.*, XXXI, 13; et en mémoire de la sortie d'Égypte, *Deut.*, V, 15. Donc il n'est plus nécessaire, puisqu'il faut oublier l'Égypte. — La circoncision n'était qu'un signe, *Gen.*, XVII, 11. Et de là vient qu'étant dans le désert, ils ne furent point circoncis, parce qu'ils ne pouvaient se confondre avec les autres peuples; et qu'après que Jésus-Christ est venu, elle n'est plus nécessaire;

Que la circoncision du cœur est ordonnée. *Deut.*, X, 16; Jérém., IV, 4 : « Soyez circoncis de cœur; retranchez les superfluités de votre cœur, et ne vous endurcissez plus; car votre Dieu est un Dieu grand, puissant et terrible, qui n'accepte pas les personnes »;

Que Dieu dit qu'il le ferait un jour. *Deut.*, XXX, 6 : « Dieu te circoncira le cœur et à tes enfants afin que tu l'aimes de tout ton cœur »;

Que les incirconcis de cœur seront jugés. Jér., IX, 26 : car Dieu jugera les peuples incirconcis et tout le peuple d'Israël, parce qu'il est « incirconcis de cœur »;

Que l'extérieur ne sert rien sans l'intérieur. Joel., II, 13 : *Scindite corda vestra*, etc. Is., LVIII, 3, 4, etc. L'amour de Dieu est recommandé en tout le Deutéronome. *Deut.*, XXX, 19 : « Je prends à témoin le ciel et la terre que j'ai mis devant vous la mort et la vie, afin que vous choisissiez la vie, et que vous aimiez Dieu et que vous lui obéissiez, car c'est Dieu qui est votre vie »;

Que les Juifs, manque de cet amour, seraient réprouvés pour leurs crimes, et les païens élus en leur place, Os., I, 10; *Deut.*, XXXII, 20 : « Je me cacherai d'eux, dans la vue de leurs derniers crimes; car c'est une nation méchante et infidèle. Ils m'ont provoqué à courroux par les choses qui ne soint point des dieux, et je les provoquerai à jalousie par un peuple qui n'est pas mon peuple, et par une nation sans science et sans intelligence. » Is., LXV, 1;

Que les biens temporels sont faux, et que le vrai bien est d'être uni à Dieu. *Ps.* CXLIII, 15;

Que leurs fêtes déplaisent à Dieu. Amos, V, 21;

Que les sacrifices des Juifs déplaisent à Dieu. Is., LXVI, 1-3; I, 11. Jérém., VI, 20. David, *Miserere.* — Même de la part des bons, *Expectavi. Ps.* XLIX, 8, 9, 10, 11, 12, 13 et 14;

Qu'il ne les a établis pour leur dureté. Michée, admirablement, VI, 6-8; *I. R.*, XV, 22; Osée, VI, 6;

Que les sacrifices des païens seront reçus de Dieu, et que Dieu retirera sa volonté des sacrifices des Juifs. Malach., I, 11;

Que Dieu fera une nouvelle alliance par le Messie, et que l'ancienne sera rejetée. Jérém., XXXI, 31 : *Mandata non bona;* — Ezéch., XX, 25;

Que les anciennes choses seront oubliées. Is., XLIII, 18, 19; LXV, 17, 18;

Qu'on ne se souviendra plus de l'arche. Jér., III, 15, 16;

Que le temple serait rejeté. Jér., VII, 12, 13, 14;

Que les sacrifices seraient rejetés, et d'autres sacrifices purs établis. Malach., I, 11;

Que l'ordre de la sacrificature d'Aaron serait réprouvé, et celle de Melchisédech introduite par le Messie. Ps. *Dixit Dominus;*

Que cette sacrificature serait éternelle. *Ibid.;*

Que Jérusalem serait réprouvée, et Rome admise. Ps. *Dixit Dominus;*

Que le nom des Juifs serait réprouvé, et un nouveau nom donné. Is., LXV, 15;

Que ce dernier nom serait meilleur que celui de Juif, et éternel, Is., LXII, 5;

Que les Juifs devaient être sans prophètes (Amos), sans roi, sans princes, sans sacrifices, sans idole;

Que les Juifs subsisteraient néanmoins toujours en peuple. Jérém., XXXI, 36.

611-369. — *République.* — La république chrétienne, et même judaïque, n'a eu que Dieu pour maître, comme remarque Philon juif, *De la monarchie.*

Quand ils combattaient, ce n'était que pour Dieu; [ils] n'espéraient principalement que de Dieu; ils ne considéraient leurs villes que comme étant à Dieu, et les conservaient pour Dieu. I *Paralip.* XIX, 13.

612-799. — *Gen.*, XVII, *Statuam pactum meum inter me et te fœdere sempiterno... ut sim Deus tuus...*

Et tu ergo custodies pactum meum.

*613-281. — *Perpétuité.* — Cette religion, qui consiste à croire que l'homme est déchu d'un état de gloire et de communication avec Dieu en un état de tristesse, de pénitence et d'éloignement de Dieu, mais qu'après cette vie nous serons rétablis par un Messie qui devait venir, a toujours été sur la terre. Toutes choses ont passé, et celle-là a subsisté, pour laquelle sont toutes choses.

Les hommes, dans le premier âge du monde, ont été emportés dans toute sorte de désordres, et il y avait cependant des saints, comme Enoch, Lamech et d'autres, qui attendaient en patience le Christ promis dès le commencement du monde. Noé a vu la malice des hommes au plus haut degré; et il a mérité de sauver le monde en sa personne par l'espérance du Messie dont il a été la figure. Abraham était environné d'idolâtres, quand Dieu lui a fait connaître le mystère du Messie, qu'il a salué de loin. Au temps d'Isaac et de Jacob, l'abomination était répandue sur toute la terre; mais ces saints vivaient en la foi; et Jacob mourant et bénissant ses enfants, s'écrie, par un transport qui lui fait interrompre son discours : « J'attends, ô mon Dieu! le Sauveur que vous avez promis : *Salutare tuum exspectabo, Domine.* » Les Egyptiens étaient infectés et d'idôlatrie et de magie; le peuple de Dieu même était entraîné par leurs exemples; mais cependant Moïse et d'autres croyaient celui qu'ils ne voyaient pas et l'adoraient en regardant aux dons éternels qu'il leur préparait.

Les Grecs, et les Latins ensuite, ont fait régner les fausses déités; les poètes ont fait cent diverses théologies, les philosophes se sont séparés en mille sectes différentes; et cependant il y avait toujours au cœur de la Judée des hommes choisis qui prédisaient la venue de ce Messie, qui n'était connu que d'eux.

Il est venu enfin en la consommation des temps; et depuis, on a vu naître tant de schismes et d'hérésies, tant renverser d'Etats, tant de changements en toutes choses; et cette Eglise, qui adore Celui qui a toujours été adoré, a subsisté sans interruption. Et ce qui est admirable, incomparable et tout à fait divin, c'est que cette religion, qui a toujours duré, a toujours été combattue. Mille fois elle a été à la veille d'une destruction universelle; et toutes les fois qu'elle a été dans cet état, Dieu l'a relevée par des coups extraordinaires de sa puissance. C'est ce qui est étonnant, et qu'elle s'est maintenue sans fléchir et ployer sous la volonté des tyrans. Car il n'est pas étrange qu'un Etat subsiste, lorsque l'on fait céder ses lois à la nécessité, mais que... (Voyez le rond dans Montaigne).

*614-280. — Les Etats périraient si on ne faisait ployer souvent les lois à la nécessité. Mais jamais la religion n'a souffert cela, et n'en a usé. Aussi il faut ces accommodements, ou ces miracles. Il n'est pas étrange qu'on se conserve en ployant, et ce n'est pas proprement se maintenir; et encore périssent-ils enfin entièrement: il n'y en a point qui ait duré mille ans. Mais que cette religion se soit toujours maintenue, et inflexible, cela est divin.

615-817. — On a beau dire. Il faut avouer que la religion chrétienne a quelque chose d'étonnant. — « C'est parce que vous y êtes né », dira-t-on. — Tant s'en faut; je me roidis contre, pour cette raison-là même, de peur que cette prévention ne me suborne; mais, quoique j'y sois né, je ne laisse pas de le trouver ainsi.

*616-282. — *Perpétuité.* — Le Messie a toujours été cru. La tradition d'Adam était encore nouvelle en Noé et en Moïse. Les prophètes l'ont prédit depuis, en prédisant toujours d'autres choses, dont les événements, qui arrivaient de temps en temps à la vue des hommes, marquaient la vérité de leur mission, et par conséquent celle de leurs promesses touchant le Messie. Jésus-Christ a fait des miracles, et les apôtres aussi, qui ont converti tous les païens: et par là toutes les prophéties étant accomplies, le Messie est prouvé pour jamais.

*617-390. — *Perpétuité.* — Qu'on considère que, depuis le commencement du monde, l'attente ou l'adoration du Messie subsiste sans interruption; qu'il s'est trouvé des hommes qui ont dit que Dieu leur avait révélé qu'il devait naître un Rédempteur qui sauverait son peuple;

qu'Abraham est venu ensuite dire qu'il avait eu révélation qu'il naîtrait de lui par un fils qu'il aurait; que Jacob a déclaré que, de ses douze enfants, il naîtrait de Juda; que Moïse et les prophètes sont venus ensuite déclarer le temps et la manière de sa venue; qu'ils ont dit que la loi qu'ils avaient n'était qu'en attendant celle du Messie; que jusque-là elle serait perpétuelle, mais que l'autre durerait éternellement; qu'ainsi leur loi, ou celle du Messie, dont elle était la promesse serait toujours sur la terre; qu'en effet elle a toujours duré; qu'enfin est venu Jésus-Christ dans toutes les circonstances prédites. Cela est admirable.

618-456. — Ceci est effectif. Pendant que tous les philosophes se séparent en différentes sectes, il se trouve en un coin du monde des gens qui sont les plus anciens du monde, déclarant que tout le monde est dans l'erreur, que Dieu leur a révélé la vérité, qu'elle sera toujours sur la terre. En effet, toutes les autres sectes cessent, celle-là dure toujours, et depuis quatre mille ans.

Ils déclarent qu'ils tiennent de leurs ancêtres que l'homme est déchu de la communication avec Dieu, dans un entier éloignement de Dieu, mais qu'il a promis de les racheter; que cette doctrine serait toujours sur la terre; que leur loi a double sens; que, durant mille six cents ans, ils ont eu des gens qu'ils ont crus prophètes, qui ont prédit le temps et la manière; que quatre cents ans après ils ont été épars partout, puisque Jésus-Christ devait être annoncé partout, que Jésus-Christ est venu en la manière et au temps prédits; que, depuis, les Juifs sont épars, partout en malédiction et subsistant néanmoins.

*619-454. — Je vois la religion chrétienne fondée sur une religion précédente, et voici ce que je trouve d'effectif.

Je ne parle point ici des miracles de Moïse, de Jésus-Christ et des apôtres, parce qu'ils ne paraissent pas d'abord convaincants, et que je ne veux que mettre ici en évidence tous les fondements de cette religion chrétienne qui sont indubitables, et qui ne peuvent être mis en doute par quelque personne que ce soit. Il est certain que nous voyons en plusieurs endroits du monde un peuple particulier, séparé de tous les autres peuples du monde, qui s'appelle le peuple juif.

Je vois donc des foisons de religions en plusieurs endroits du monde et dans tous les temps; mais elles n'ont ni la morale qui peut me plaire, ni les preuves qui peuvent m'arrêter, et qu'ainsi j'aurais refusé également et la religion de Mahomet, et celle de la Chine, et celle des anciens Romains, et celle des Egyptiens, par cette seule raison que l'une n'ayant pas plus [de] marques de vérité que l'autre, ni rien qui déterminât nécessairement, la raison ne peut pencher plutôt vers l'une que vers l'autre.

Mais, en considérant ainsi cette inconstante et bizarre variété de mœurs et de créances dans les divers temps, je trouve en un coin du monde un peuple particulier, séparé de tous les autres peuples de la terre, le plus ancien de tous, et dont les histoires précèdent de plusieurs siècles les plus anciennes que nous ayons. Je trouve donc ce peuple grand et nombreux, sorti d'un seul homme, qui adore un seul Dieu, et qui se conduit par une loi qu'ils disent tenir de sa main. Ils soutiennent qu'ils sont les seuls du monde auxquels Dieu a révélé ses mystères; que tous les hommes sont corrompus et dans la disgrâce de Dieu; qu'ils sont tous abandonnés à leurs sens et à leur propre esprit; et que de là viennent les étranges égarements et les changements continuels qui arrivent entre eux, et de religions, et de coutumes, — au lieu qu'ils demeurent inébranlables dans leur conduite; — mais que Dieu ne laissera pas éternellement les autres peuples dans ces ténèbres; qu'il viendra un libérateur pour tous; qu'ils sont au monde pour l'annoncer aux hommes; qu'ils sont formés exprès pour être les avant-coureurs et les hérauts de ce grand avènement, et pour appeler tous les peuples à s'unir à eux dans l'attente de ce libérateur.

La rencontre de ce peuple m'étonne et me semble digne de l'attention. Je considère cette loi qu'ils se vantent de tenir de Dieu, et je la trouve admirable. C'est la première loi de toutes, et de telle sorte qu'avant même que le mot de loi fût en usage parmi les Grecs, il y avait près de mille ans qu'ils l'avaient reçue et observée sans interruption. Ainsi je trouve étrange que la première loi du monde se rencontre aussi la plus parfaite, en sorte que les plus grands législateurs en ont emprunté les leurs, comme il paraît par la loi des Douze Tables d'Athènes, qui fut ensuite prise par les Romains, et comme il serait aisé de le montrer, si Josèphe et d'autres n'avaient assez traité cette matière.

*620-451. — *Avantages du peuple juif.* — Dans cette

recherche, le peuple juif attire d'abord mon attention par quantité de choses admirables et singulières qui y paraissent.

Je vois d'abord que c'est un peuple tout composé de frères, et, au lieu que tous les autres sont formés de l'assemblage d'une infinité de familles, celui-ci, quoique si étrangement abondant, est tout sorti d'un seul homme, et étant ainsi tous une même chair, et membres les uns des autres, [*ils*] composent un puissant Etat d'une seule famille. Cela est unique.

Cette famille, ou ce peuple, est le plus ancien qui soit en la connaissance des hommes : ce qui me semble lui attirer une vénération particulière, et principalement dans la recherche que nous faisons, puisque, si Dieu s'est de tout temps communiqué aux hommes, c'est à ceux-ci qu'il faut recourir pour en savoir la tradition.

Ce peuple n'est pas seulement considérable par son antiquité; mais il est encore singulier en sa durée, qui a toujours continué depuis son origine jusqu'à maintenant. Car, au lieu que les peuples de Grèce et d'Italie, de Lacédémone, d'Athènes, de Rome, et les autres qui sont venus si longtemps après, soient péris il y a si longtemps, ceux-ci subsistent toujours, et, malgré les entreprises de tant de puissants rois qui ont cent fois essayé de les faire périr, comme leurs historiens le témoignent, et comme il est aisé de le juger par l'ordre naturel des choses, pendant un si long espace d'années, ils ont toujours été conservés néanmoins (et cette conservation a été prédite); et s'étendant depuis les premiers temps jusques aux derniers, leur histoire enferme dans sa durée celle de toutes nos histoires [qu'elle devance de bien longtemps].

La loi par laquelle ce peuple est gouverné est tout ensemble la plus ancienne loi du monde, la plus parfaite, et la seule qui ait toujours été gardée sans interruption dans un Etat. C'est ce que Josèphe montre admirablement *contre Apion*, et Philon juif, en divers lieux, où ils font voir qu'elle est si ancienne, que le nom même de loi n'a été connu des plus anciens que plus de mille ans après; en sorte qu'Homère qui a écrit l'histoire de tant d'Etats ne s'en est jamais servi. Et il est aisé de juger de sa perfection par la simple lecture où l'on voit qu'on a pourvu à toutes choses avec tant de sagesse, tant d'équité, tant de jugement, que les plus anciens législateurs grecs et romains, en ayant eu quelque lumière, en ont emprunté leurs principales lois; ce qui paraît par celle qu'ils appellent des Douze Tables, et par les autres preuves que Josèphe en donne.

Mais cette loi est en même temps la plus sévère et la plus rigoureuse de toutes, en ce qui regarde le culte de leur religion, obligeant ce peuple, pour le retenir dans son devoir, à mille observations particulières et pénibles, sous peine de la vie, de sorte que c'est une chose bien étonnante qu'elle se soit toujours conservée si constamment durant tant de siècles par un peuple rebelle et impatient comme celui-ci, pendant que tous les autres Etats ont changé de temps en temps leurs lois, quoique tout autrement faciles.

Le livre qui contient cette loi, la première de toutes, est lui-même le plus ancien livre du monde, ceux d'Homère, d'Hésiode, et les autres, n'étant que six ou sept cents ans depuis.

621-435. — La création et le déluge étant passés, et Dieu ne devant plus détruire le monde, non plus que le recréer, ni donner de ces grandes marques de lui, il commença d'établir un peuple sur la terre, formé exprès, qui devait durer jusqu'au peuple que le Messie formerait par son esprit.

*622-474. — La création du monde commençant à s'éloigner, Dieu a pourvu d'un historien unique contemporain, et a commis tout un peuple pour la garde de ce livre, afin que cette histoire fût la plus authentique du monde et que tous les hommes pussent apprendre par là une chose si nécessaire à savoir, et qu'on ne pût la savoir que par là.

623-350. — [Japhet commence la généalogie.]
Joseph croise ses bras et préfère le jeune.

*624-292. — Pourquoi Moïse va-t-il faire la vie des hommes si longue, et si peu de générations ?

Parce que [ce n'est] pas la longueur des années, mais la multitude des générations qui rendent les choses obscures. Car la vérité ne s'altère que par le changement des hommes. Et cependant il met deux choses, les plus mémorables qui se soient jamais imaginées, savoir la création et le déluge, si proches, qu'on y touche.

*625-296. — Sem, qui a vu Lamech, qui a vu Adam, a vu aussi Jacob, qui a vu ceux qui ont vu Moïse; donc le déluge et la création sont vrais. Cela conclut entre de certaines gens qui l'entendent bien.

*626-290. — *Autre rond.* — La longueur de la vie des patriarches, au lieu de faire que les histoires des choses passées se perdissent, servait au contraire à les conserver. Car ce qui fait que l'on n'est pas quelquefois assez instruit dans l'histoire de ses ancêtres, est que l'on n'a jamais guère vécu avec eux, et qu'ils sont morts souvent devant que l'on eût atteint l'âge de raison. Or, lorsque les hommes vivaient si longtemps, les enfants vivaient long-temps avec leurs pères. Ils les entretenaient longtemps. Or, de quoi les eussent-ils entretenus, sinon de l'histoire de leurs ancêtres, puisque toute l'histoire était réduite à celle-là, qu'ils n'avaient point d'études, ni de sciences, ni d'arts, qui occupent une grande partie des discours de la vie ? Aussi l'on voit qu'en ce temps les peuples avaient un soin particulier de conserver leurs généalogies.

627-790. — Je crois que Josué a le premier du peuple de Dieu ce nom, comme Jésus-Christ le dernier du peuple de Dieu.

*628-436. — *Antiquité des Juifs.* — Qu'il y a de diffé-rence d'un livre à un autre! Je ne m'étonne pas de ce que les Grecs ont fait l'*Iliade*, ni les Egyptiens et les Chi-nois leurs histoires. Il ne faut que voir comment cela est né. Ces historiens fabuleux ne sont pas contemporains des choses dont ils écrivent. Homère fait un roman, qu'il donne pour tel et qui est reçu pour tel; car personne ne doutait que Troie et Agamemnon n'avaient non plus été que la pomme d'or. Il ne pensait pas aussi à en faire une histoire, mais seulement un divertissement; il est le seul qui écrit de son temps, la beauté de l'ouvrage fait durer la chose : tout le monde l'apprend et en parle; il la faut savoir, chacun la sait par cœur. Quatre cents ans après, les témoins des choses ne sont plus vivants; personne ne sait plus par sa connaissance si c'est une fable ou une histoire : on l'a seulement appris de ses ancêtres, cela peut passer pour vrai.

Toute histoire qui n'est pas contemporaine est sus-pecte; ainsi les livres des sibylles et de Trismégiste, et tant d'autres qui ont eu crédit au monde, sont faux et se trouvent faux à la suite des temps. Il n'en est pas ainsi des auteurs contemporains.

Il y a bien de la différence entre un livre que fait un particulier, et qu'il jette dans le peuple, et un livre que fait lui-même un peuple. On ne peut douter que le livre ne soit aussi ancien que le peuple.

629-295. — Josèphe cache la honte de sa nation.

Moïse ne cache pas sa honte propre, ni...

Quis mihi det ut omnes prophetent.

Il était las du peuple.

*630-492. — *La sincérité des Juifs.* — Depuis qu'ils n'ont plus eu de prophètes, Machab[ées]; depuis Jésus-Christ, Massor.

« Ce livre vous sera en témoignage. »

Les lettres défectueuses et finales.

Sincères contre leur honneur, et mourant pour cela; cela n'a point d'exemple dans le monde, ni sa racine dans la nature.

*631-452. — *Sincérité des Juifs.* — Ils portent avec amour et fidélité ce livre où Moïse déclare qu'ils ont été ingrats envers Dieu toute leur vie, qu'il sait qu'ils le seront encore plus après sa mort; mais qu'il appelle le ciel et la terre à témoin contre eux, et qu'il leur a [enseigné] assez.

Il déclare qu'enfin Dieu, s'irritant contre eux, les dispersera parmi tous les peuples de la terre; que, comme ils l'ont irrité en adorant les dieux qui n'étaient point leur Dieu, de même il les provoquera en appelant un peuple qui n'est point son peuple; et veut que toutes ses paroles soient conservées éternellement et que son livre soit mis dans l'arche de l'alliance pour servir à jamais de témoin contre eux.

Isaïe dit la même chose, xxx, 8.

632-970. — *Sur Esdras.* — Fable : Les livres ont été brûlés avec le temple. Faux par les Machabées : « Jérémie leur donna la loi. »

Fable : qu'il récita tout par cœur. Josèphe et Esdras marquent qu'*il lut le livre.* Baron., *Ann.* p. 180 : *Nullus penitus Hebraeorum antiquorum reperitur qui tradiderit libros periisse et per Esdram esse restitutos, nisi in IV Esdrae.*

Fable : qu'il changea les lettres.

Philo, *in Vita Moysis : Illa lingua ac character quo antiquitus scripta est lex sic permansit usque ad* LXX.

Josèphe dit que la loi était en hébreu quand elle fut traduite par les Septante.

Sous Antiochus et Vespasien, où l'on a voulu abolir les livres, et où il n'y avait point de prophète, on ne l'a pu faire; et sous les Babyloniens, où nulle persécution n'a été faite, et où il y avait tant de prophètes, l'auraient-ils laissé brûler ? . . . .

Josèphe se moque des Juifs qui ne souffriraient...

Tertull. : *Perinde potuit abolefactam eam violentia cataclysmi in spiritu rursus reformare, quemadmodum et Hierosolymis Babylonia expugnatione deletis, omne instrumentum*

judaicae litteraturae per Esdram constat restauratum.
Il dit que Noé a pu aussi bien rétablir en esprit le
livre d'Enoch, perdu par le déluge, qu'Esdras a pu rétablir les Ecritures perdues durant la captivité.

(Θεός) ἐν τῇ ἐπὶ Ναβουχοδόνοσορ αἰχμαλωσίᾳ τοῦ λαοῦ,
διαφθαρεισῶν τῶν Γραφῶν... ἐνέπνευσε Ἔσδρᾳ τῷ ἱερεῖ ἐκ
τῆς φυλῆς Λευὶ τοὺς τῶν προγεγονότων προφητῶν πάντας
ἀνατάξασθαι λόγους, καὶ ἀποκαταστῆσαι τῷ λαῷ τὴν διὰ
Μωυσέως νομοθεσίαν. Il allègue cela pour prouver qu'il
n'est pas incroyable que les Septante aient expliqué les
Ecritures saintes avec cette uniformité que l'on admire
en eux. Et il a pris cela dans saint Irénée.

Saint Hilaire, dans la préface sur les Psaumes, dit
qu'Esdras mit les Psaumes en ordre.

L'origine de cette tradition vient du XIV° chapitre du
IV° livre d'Esdras : *Deus glorificatus est, et Scripturae
vere divinae creditae sunt, omnibus eamdem et eisdem ver-
bis et eisdem nominibus recitantibus ab initio usque ad finem,
uti et praesentes gentes cognoscerent quoniam per inspira-
tionem Dei interpretatae sunt Scripturae, et non esset
mirabile Deum hoc in eis operatum : quando in ea captivi-
tate populi quae facta est a Nabuchodonosor, corruptis
Scripturis et post 70 annos Judaeis descendentibus in regio-
nem suam, et post deinde temporibus Artaxercis Persarun
regis, inspiravit Esdrae sacerdoti tribus Levi praeteritorum
prophetarum omnes rememorare sermones, et restituere
populo eam legem quae data est per Moysen.*

633-971. — *Contre la fable d'Esdras*, II *Mach.*, II; —
Josèphe, *Ant.*, II, 1. Cyrus prit sujet de la prophétie
d'Isaïe de relâcher le peuple. Les Juifs avaient des pos-
sessions paisibles sous Cyrus en Babylone, donc ils
pouvaient bien avoir la loi.

Josèphe, en toute l'histoire d'Esdras, ne dit pas un
mot de ce rétablissement, — IV *Rois*, XVII, 27.

634-972. — Si la fable d'Esdras est croyable, donc il
faut croire que l'Ecriture est Ecriture Sainte; car cette
fable n'est fondée que sur l'autorité de ceux qui disent
celle des Septante, qui montre que l'Ecriture est
sainte.

Donc, si ce conte est vrai, nous avons notre compte
par là; sinon, nous l'avons d'ailleurs. Et ainsi ceux qui
voudraient ruiner la vérité de notre religion, fondée sur
Moïse, l'établissent par la même autorité par où ils l'attaquent. Ainsi, par cette providence, elle subsiste toujours.

635-277. — *Chronologie du Rabbinisme.* (Les citations des pages sont du livre *Pugio*.)

Page 27, R. Hakadosch (an 200), auteur du *Mischna* ou loi vocale, ou seconde loi.

Commentaires de *Mischna* (an 340 : L'un *Siphra.*
                                            Barajetot.
                                            Talmud Hierosol.
                                            Tosiptot.

Bereschit Rabah, par R. Osaia Rabah, commentaire de *Mischna.*

Bereschit Rabah, Bar Nachmoni, sont des discours subtils, agréables, historiques et théologiques. Ce même auteur a fait des livres appelés *Rabot.*

Cent ans après (440) le *Talmud Hierosol*, fut fait le *Talmud babylonique*, par R. Ase, par le consentement universel de tous les Juifs, qui sont nécessairement obligés d'observer tout ce qui y est contenu.

L'addition de R. Ase s'appelle *Gemara*, c'est-à-dire le « commentaire » de *Mischna.*

Et le *Talmud* comprend ensemble la *Mischna* et le *Gemara.*

636-959. — *Si* ne marque pas l'indifférence : Malachie, Isaïe.

Is., *Si volumus*, etc.

In quacumque die.

*637-342. — *Prophéties.* — Le sceptre ne fut point interrompu par la captivité de Babylone, à cause que le retour était promis et prédit.

*638-305. — *Preuves de Jésus-Christ.* — Ce n'est pas avoir été captif que de l'avoir été avec assurance d'être délivré dans soixante-dix ans. Mais maintenant ils le sont sans aucun espoir.

Dieu leur a promis qu'encore qu'il les disperserait aux bouts du monde, néanmoins, s'ils étaient fidèles à sa loi, il les rassemblerait. Ils y sont très fidèles, et demeurent opprimés.

*639-314. — Quand Nabuchodonosor emmena le peuple, de peur qu'on ne crût que le sceptre fût ôté de Juda, il leur fut dit auparavant qu'ils y seraient peu, et qu'ils seraient rétablis. Ils furent toujours consolés par les prophètes, leurs rois continuèrent. Mais la seconde destruction est sans promesse de rétablissement, sans prophètes, sans rois, sans consolation, sans espérance, parce que le sceptre est ôté pour jamais.

*640-311. — C'est une chose étonnante et digne d'une

étrange attention de voir ce peuple juif subsister depuis tant d'années, et de le voir toujours misérable; étant nécessaire pour la preuve de Jésus-Christ et qu'il subsiste pour le prouver, et qu'il soit misérable, puisqu'ils l'ont crucifié; et, quoiqu'il soit contraire d'être misérable et de subsister, il subsiste néanmoins toujours, malgré sa misère.

*641-495. — C'est visiblement un peuple fait exprès pour servir de témoin au Messie (Is., XLIII, 9; XLIV, 8). Il porte les livres, et les aime, et ne les entend point. Et tout cela est prédit : que les jugements de Dieu leur sont confiés, mais comme un livre scellé.

ARTICLE X

LES FIGURATIFS

*642-274. — *Preuve des deux Testaments à la fois.* —
Pour prouver tout d'un coup les deux, il ne faut que voir
si les prophéties de l'un sont accomplies en l'autre. Pour
examiner les prophéties, il faut les entendre. Car, si on
croit qu'elles n'ont qu'un sens, il est sûr que le Messie
ne sera point venu; mais si elles ont deux sens, il est sûr
qu'il sera venu en Jésus-Christ. Toute la question est
donc de savoir si elles ont deux sens.

Que l'Ecriture a deux sens, que Jésus-Christ et les
apôtres ont donnés, dont voici les preuves.

1º Preuve par l'Ecriture même;

2º Preuve par les rabbins : Moïse Maymon dit qu'elle
a deux faces, et que les prophètes n'ont prophétisé que
de Jésus-Christ;

3º Preuve par la cabale;

4º Preuve par l'interprétation mystique que les rabbins
mêmes donnent à l'Ecriture;

5º Preuve par les principes des rabbins, qu'il y a deux
sens, qu'il y a deux avènements, glorieux ou abject, du
Messie, selon leur mérite, que les prophètes n'ont prophétisé que du Messie — la loi n'est pas éternelle, mais
doit changer au Messie — qu'alors on ne se souviendra
plus de la mer Rouge, que les Juifs et les gentils seront
mêlés;

6º [Preuve par la clé que Jésus-Christ et les apôtres
nous en donnent.]

*643-275. — Isaïe, LI. La mer Rouge, image de la
Rédemption. *Ut sciatis quod filius hominis habet potesta-
tem remittendi peccata, tibi dico : Surge.* Dieu, voulant
faire paraître qu'il pouvait former un peuple saint d'une
sainteté invisible et le remplir d'une gloire éternelle, a
fait des choses visibles. Comme la nature est une image

de la grâce, il a fait dans les biens de la nature ce qu'il devait faire dans ceux de la grâce, afin qu'on jugeât qu'il pouvait faire l'invisible, puisqu'il faisait bien le visible.

Il a donc sauvé ce peuple du déluge; il l'a fait naître d'Abraham, il l'a racheté d'entre ses ennemis, et l'a mis dans le repos.

L'objet de Dieu n'était pas de sauver du déluge, et de faire naître tout un peuple d'Abraham, pour ne l'introduire que dans une terre grasse.

Et même la grâce n'est que la figure de la gloire, car elle n'est pas la dernière fin. Elle a été figurée par la loi et figure elle-même la [gloire] : mais elle en est la figure, et le principe ou la cause.

La vie ordinaire des hommes est semblable à celle des saints. Ils recherchent tous leur satisfaction, et ne diffèrent qu'en l'objet où ils la placent; ils appellent leurs ennemis ceux qui les en empêchent, etc. Dieu a donc montré le pouvoir qu'il a de donner les biens invisibles, par celui qu'il a montré qu'il avait sur les visibles.

*644-392. — *Figures.* — Dieu voulant se former un peuple saint, qu'il séparerait de toutes les autres nations, qu'il délivrerait de ses ennemis, qu'il mettrait dans un lieu de repos, a promis de le faire, et a prédit par ses prophètes le temps et la manière de sa venue. Et cependant, pour affermir l'espérance de ses élus, il leur en a fait voir l'image dans tous les temps, sans les laisser jamais sans des assurances de sa puissance et de sa volonté pour leur salut. Car, dans la création de l'homme, Adam en était le témoin, et le dépositaire de la promesse du Sauveur qui devait naître de la femme, lorsque les hommes étaient encore si proches de la création, qu'ils ne pouvaient avoir oublié leur création et leur chute. Lorsque ceux qui avaient vu Adam n'ont plus été au monde, Dieu a envoyé Noé, et l'a sauvé, et noyé toute la terre, par un miracle qui marquait assez le pouvoir qu'il avait de sauver le monde, et la volonté qu'il avait de le faire, et de faire naître de la semence de la femme Celui qu'il avait promis. Ce miracle suffisait pour affermir l'espérance des [hommes].

La mémoire du déluge étant si fraîche parmi les hommes, lorsque Noé vivait encore, Dieu fit ses promesses à Abraham et lorsque Sem vivait encore, Dieu envoya Moïse, etc.

*645-238. — *Figures.* — Dieu voulant priver les siens

des biens périssables, pour montrer que ce n'était pas par impuissance, il a fait le peuple juif.

*646-573. — La synagogue ne périssait point, parce qu'elle était la figure; mais, parce qu'elle n'était que la figure, elle est tombée dans la servitude. La figure a subsisté jusqu'à la vérité, afin que l'Eglise fût toujours visible, ou dans la peinture qui la promettait, ou dans l'effet.

647-245. — Que la loi était figurative.

648-252. — Deux erreurs : 1° prendre tout littéralement; 2° prendre tout spirituellement.

649-254. — Parler contre les trop grands figuratifs.

*650-217. — Il y a des figures claires et démonstratives, mais il y en a d'autres qui semblent un peu tirées par les cheveux, et qui ne prouvent qu'à ceux qui sont persuadés d'ailleurs. Celles-là sont semblables aux apocalyptiques, mais la différence qu'il y a, est qu'ils n'en ont point d'indubitables; tellement qu'il n'y a rien de si injuste que quand ils montrent que les leurs sont aussi bien fondées que quelques-unes des nôtres; car ils n'en ont pas de démonstratives comme quelques-unes des nôtres. La partie n'est donc pas égale. Il ne faut pas égaler et confondre ces choses, parce qu'elles semblent être semblables par un bout, étant si différentes par l'autre; ce sont les clartés qui méritent, quand elles sont divines, qu'on révère les obscurités.

[C'est comme ceux entre lesquels il y a un certain langage obscur : ceux qui n'entendraient pas cela n'y comprendraient qu'un sot sens.]

651-575. — *Extravagances des Apocalyptiques, et Préadamites, Millénaires,* etc. — Qui voudra fonder des opinions extravagantes sur l'Ecriture, en fondera par exemple sur cela : il est dit que « cette génération ne passera point jusqu'à ce que tout cela se fasse ». Sur cela je dirai qu'après cette génération, il viendra une autre génération, et toujours successivement.

Il est parlé dans les II⁰ˢ *Paralipomènes* de Salomon et de roi, comme si c'étaient deux personnes diverses. Je dirai que c'en étaient deux.

652-349. — *Figures particulières.* — Double loi, doubles tables de la loi, double temple, double captivité.

653-248. — *Figures.* — Les prophètes prophétisaient par figures de ceinture, de barbe et de cheveux brûlés, etc.

654-968. — Différence entre le dîner et le souper. En Dieu la parole ne diffère pas de l'intention, car il est véritable; ni la parole de l'effet, car il est puissant; ni les moyens de l'effet, car il est sage. Bern., *ult. sermo in Missus.*

Augustin, *de Civ. Dei*, v, 10. Cette règle est générale : Dieu peut tout, hormis les choses lesquelles s'il les pouvait il ne serait pas tout-puissant, comme mourir, être trompé et mentir, etc.

Plusieurs Evangélistes pour la confirmation de la vérité : leur dissemblance utile.

Eucharistie après la Cène : vérité après figure.

Ruine de Jérusalem : figure de la ruine du monde, quarante ans après la mort de Jésus. « Je ne sais pas » comme homme, ou comme légat. Marc, XIII, 32.

Jésus condamné par les Juifs et Gentils.

Les Juifs et Gentils figurés par les deux fils. Aug., *de Civ.*, XX, 29.

655-283. — Les six âges, les six pères des six âges, les six merveilles à l'entrée des six âges, les six orients à l'entrée des six âges.

656-590. — Adam *forma futuri*. Les six jours pour former l'un, les six âges pour former l'autre; les six jours que Moïse représente pour la formation d'Adam ne sont que la peinture des six âges pour former Jésus-Christ et l'Eglise. Si Adam n'eût point péché, et que Jésus-Christ ne fût point venu, il n'y eût eu qu'une seule alliance, qu'un seul âge des hommes, et la création eût été représentée comme faite en un seul temps.

657-247. — *Figures*. — Les peuples juif et égyptien visiblement prédits par ces deux particuliers que Moïse rencontra : l'Egyptien battant le Juif, Moïse le vengeant et tuant l'Egyptien, et le Juif en étant ingrat.

658-938. — $\binom{20}{v}$ Les figures de l'Evangile pour l'état de l'âme malade sont des corps malades; mais parce qu'un corps ne peut être assez malade pour le bien exprimer, il en a fallu plusieurs. Ainsi il y a le sourd, le muet, l'aveugle, le paralytique, le Lazare mort, le possédé. Tout cela ensemble est dans l'âme malade.

*659-501. — *Figures*. — Pour montrer que l'Ancien Testament n'est que figuratif, et que les prophètes entendaient par les biens temporels d'autres biens, c'est :

Premièrement que cela serait indigne de Dieu;

Secondement que leurs discours expriment très clairement la promesse des biens temporels, et qu'ils disent néanmoins que leurs discours sont obscurs, et que leur sens ne sera point entendu. D'où il paraît que ce sens secret n'était pas celui qu'ils exprimaient à découvert, et que, par conséquent, ils entendaient parler d'autres sacrifices, d'un autre libérateur, etc. Ils disent qu'on ne l'entendra qu'à la fin des temps. Jér., xxx, *ult.*

La troisième preuve est que leurs discours sont contraires et se détruisent, de sorte que, si on pense qu'ils n'aient entendu par les mots de lois et de sacrifice autre chose que celle de Moïse, il y a contradiction manifeste et grossière. Donc ils entendaient autre chose, se contredisant quelquefois dans un même chapitre.

Or, pour entendre le sens d'un auteur...

660-616. — La concupiscence nous est devenue naturelle, et a fait notre seconde nature. Ainsi il y a deux natures en nous : l'une bonne, l'autre mauvaise. Où est Dieu ? où vous n'êtes pas, et le royaume de Dieu est dans vous. Rabbins.

661-945. — La pénitence, seule de tous les mystères, a été déclarée manifestement aux Juifs, et par saint Jean, précurseur ; et puis les autres mystères, — pour marquer qu'en chaque homme comme au monde entier cet ordre doit être observé.

*662-256. — Les Juifs charnels n'entendaient ni la grandeur ni l'abaissement du Messie prédit dans leurs prophéties. Ils l'ont méconnu dans sa grandeur prédite, comme quand il dit que le Messie sera seigneur de David, quoique son fils, et qu'il est devant qu'Abraham, et qu'il l'a vu, ils ne le croyaient pas si grand, qu'il fût éternel et ils l'ont méconnu de même dans son abaissement et dans sa mort. « Le Messie, disaient-ils, demeure éternellement, et celui-ci dit qu'il mourra. » Ils ne le croyaient donc ni mortel, ni éternel : ils ne cherchaient en lui qu'une grandeur charnelle.

663-615. — *Figuratif.* — Rien n'est si semblable à la charité que la cupidité, et rien n'y est si contraire. Ainsi les Juifs, pleins des biens qui flattaient leur cupidité, étaient très conformes aux Chrétiens, et très contraires. Et par ce moyen, ils avaient les deux qualités qu'il fallait qu'ils eussent, d'être très conformes au Messie pour le figurer, et très contraires pour n'être pas témoins suspects.

664-614. — *Figuratif.* — Dieu s'est servi de la concupiscence des Juifs pour les faire servir à Jésus-Christ [qui portait le remède à la concupiscence].

*665-849. — La charité n'est pas un précepte figuratif. Dire que Jésus-Christ, qui est venu ôter les figures pour mettre la vérité, ne serait venu que mettre la figure de la charité, pour ôter la réalité qui était auparavant, cela est horrible.

« Si la lumière est ténèbres, que seront les ténèbres ? »

*666-801. — Fascination. *Somnum suum. Figura hujus mundi.*

L'Eucharistie. *Comedes panem* tuum. *Panem* nostrum.

Inimici Dei terram lingent, les pécheurs lèchent la terre, c'est-à-dire aiment les plaisirs terrestres.

L'Ancien Testament contenait les figures de la joie future, et le Nouveau contient les moyens d'y arriver.

Les figures étaient de joie; les moyens, de pénitence; et néanmoins, l'agneau pascal était mangé avec des laitues sauvages, *cum amaritudinibus.*

Singularis sum ego donec transeam, Jésus-Christ avant sa mort était presque seul de martyr.

667-250. — *Figuratifs.* — Les termes d'épée, d'écu. *Potentissime.*

668-948. — On ne s'éloigne, qu'en s'éloignant de la charité.

Nos prières et nos vertus sont abominables devant Dieu, si elles ne sont les prières et vertus de Jésus-Christ. Et nos péchés ne seront jamais l'objet de la [*miséricorde*], mais de la justice de Dieu, s'ils ne sont [*ceux de*] Jésus-Christ. Il a adopté nos péchés, et nous a [*admis à son*] alliance, car les vertus lui sont [*propres, et les*] péchés étrangers; et les vertus nous [*sont*] étrangères, et nos péchés nous sont propres.

Changeons la règle que nous avons prise jusqu'[*ici*] pour juger de ce qui est bon. Nous en avions pour règle notre volonté, prenons maintenant la volonté de [*Dieu*] : tout ce qu'il veut nous est bon et juste, tout ce qu'il ne veut [*pas, mauvais*].

Tout ce que Dieu ne veut pas est défendu. Les péchés sont défendus par la déclaration générale que Dieu a faite, qu'il ne les voulait pas. Les autres choses qu'il a laissées sans défense générale, et qu'on appelle par cette raison permises, ne sont pas néanmoins toujours permises. Car quand Dieu en éloigne quelqu'une de nous, et que par l'événement qui est une manifestation de la volonté de Dieu, il paraît que Dieu ne veut pas que nous ayons une chose, cela nous est défendu alors comme le péché, puisque la volonté de Dieu est que nous n'ayons non plus l'un que l'autre. Il y a cette différence seule entre ces deux choses, qu'il est sûr que Dieu ne voudra

jamais le péché, au lieu qu'il ne l'est pas qu'il ne voudra
jamais l'autre. Mais tandis que Dieu ne la veut pas,
nous la devons regarder comme péché; tandis que l'absence de la volonté de Dieu, qui est seule toute la bonté
et toute la justice, la rend injuste et mauvaise.

669-582. — Changer de figure, à cause de notre faiblesse.

*670-270. — *Figures.* — Les Juifs avaient vieilli dans
ces pensées terrestres : que Dieu aimait leur père Abraham, sa chair et ce qui en sortait; que pour cela il les
avait multipliés et distingués de tous les autres peuples,
sans souffrir qu'ils s'y mêlassent; que, quand ils languis-
saient dans l'Egypte, il les en retira avec tous ces grands
signes en leur faveur; qu'il les nourrit de la manne dans
le désert; qu'il les mena dans une terre bien grasse;
qu'il leur donna des rois et un temple bien bâti pour y
offrir des bêtes, et par le moyen de l'effusion de leur
sang qu'ils seraient purifiés, et qu'il leur devait enfin
envoyer le Messie pour les rendre maîtres de tout le
monde, et il a prédit le temps de sa venue.

Le monde ayant vieilli dans ces erreurs charnelles,
Jésus-Christ est venu dans le temps prédit, mais non
pas dans l'éclat attendu; et ainsi ils n'ont pas pensé que
ce fût lui. Après sa mort, saint Paul est venu apprendre
aux hommes que toutes ces choses étaient arrivées en
figures; que le royaume de Dieu ne consistait pas en la
chair, mais en l'esprit; que les ennemis des hommes
n'étaient pas les Babyloniens, mais les passions; que Dieu
ne se plaisait pas aux temples faits de main, mais en un
cœur pur et humilié; que la circoncision du corps était
inutile, mais qu'il fallait celle du cœur; que Moïse ne
leur avait pas donné le pain du ciel, etc.

Mais Dieu n'ayant pas voulu découvrir ces choses à
ce peuple, qui en était indigne, et ayant voulu néanmoins
les prédire afin qu'elles fussent crues, il en a prédit le
temps clairement, et les a quelquefois exprimées clairement, mais abondamment, en figures, afin que ceux qui
aimaient les choses figurantes s'y arrêtassent, et que
ceux qui aimaient les figurées les y vissent.

Tout ce qui ne va point à la charité est figure.

L'unique objet de l'Ecriture est la charité.

Tout ce qui ne va point à l'unique but en est la figure.
Car, puisqu'il n'y a qu'un but, tout ce qui n'y va point
en mots propres est figuré.

Dieu diversifie ainsi cet unique précepte de charité,

pour satisfaire notre curiosité qui recherche la diversité, par cette diversité qui nous mène toujours à notre unique nécessaire. Car une seule chose est nécessaire, et nous aimons la diversité; et Dieu satisfait à l'un et à l'autre par ces diversités, qui mènent au seul nécessaire.

Les Juifs ont tant aimé les choses figurantes, et les ont si bien attendues, qu'ils ont méconnu la réalité, quand elle est venue dans le temps et en la manière prédite.

Les Rabbins prennent pour figures les mamelles de l'Epouse, et tout ce qui n'exprime pas l'unique but qu'ils ont, des biens temporels. Et les chrétiens prennent même l'Eucharistie pour figure de la gloire où ils tendent.

*671-838. — Les Juifs, qui ont été appelés à dompter les nations et les rois, ont été esclaves du péché; et les chrétiens, dont la vocation a été à servir et à être sujets, sont les enfants libres.

*672-367. — *Pour formalistes.* — Quand saint Pierre et les apôtres délibèrent d'abolir la circoncision, où il s'agissait d'agir contre la loi de Dieu, ils ne consultent point les prophètes, mais simplement la réception du Saint-Esprit en la personne des incirconcis.

Ils jugent plus sûr que Dieu approuve ceux qu'il remplit de son Esprit, que non pas qu'il faille observer la loi. Ils savaient que la fin de la loi n'était que le Saint-Esprit; et qu'ainsi, puisqu'on l'avait bien sans circoncision, elle n'était pas nécessaire.

*673-826 et 827. — *Fac secundum exemplar quod tibi ostensum est in monte.*

La religion des Juifs a donc été formée sur la ressemblance de la vérité du Messie; et la vérité du Messie a été reconnue par la religion des Juifs, qui en était la figure.

Dans les Juifs, la vérité n'était que figurée; dans le ciel, elle est découverte.

Dans l'Eglise, elle est couverte, et reconnue par le rapport à la figure.

La figure a été faite sur la vérité, et la vérité a été reconnue sur la figure.

Saint Paul dit lui-même que des gens défendront les mariages, et lui-même en parle aux Corinthiens, d'une manière qui est une ratière. Car si un prophète avait dit l'un, et que saint Paul eût dit ensuite l'autre, on l'eût accusé.

674-247. — « Fais toutes choses, selon le patron qui

t'a été montré sur la montagne. » Sur quoi saint Paul dit que les Juifs ont peint les choses célestes.

*675-503. — ...Et cependant, ce Testament, fait pour aveugler les uns et éclairer les autres, marquait, en ceux mêmes qu'il aveuglait, la vérité qui devait être connue des autres. Car les biens visibles qu'ils recevaient de Dieu étaient si grands et si divins, qu'il paraissait bien qu'il était puissant de leur donner les invisibles et un Messie.

Car la nature est une image de la grâce, et les miracles visibles sont images des invisibles. *Ut sciatis... tibi dico : Surge.* Isaïe dit que la Rédemption sera comme le passage de la mer Rouge.

Dieu a donc montré en la sortie d'Egypte, de la mer, en la défaite des rois, en la manne, en toute la généalogie d'Abraham, qu'il était capable de sauver, de faire descendre le pain du ciel, etc.; de sorte que le peuple ennemi est la figure et la représentation du même Messie qu'ils ignorent, etc.

Il nous a donc appris enfin que toutes ces choses n'étaient que figures, et ce que c'est que « vraiment libre », « vrai Israélite », « vraie circoncision », « vrai pain du ciel », etc.

Dans ces promesses-là, chacun trouve ce qu'il a dans le fond de son cœur, les biens temporels et les biens spirituels, Dieu ou les créatures; mais avec cette différence que ceux qui y cherchent les créatures les y trouvent, mais avec plusieurs contradictions, avec la défense de les aimer, avec l'ordre de n'adorer que Dieu et de n'aimer que lui, ce qui n'est qu'une même chose, et qu'enfin il n'est point venu Messie pour eux; au lieu que ceux qui y cherchent Dieu le trouvent, et sans aucune contradiction, avec commandement de n'aimer que lui, et qu'il est venu un Messie dans le temps prédit pour leur donner les biens qu'ils demandent.

Ainsi les Juifs avaient des miracles, des prophéties qu'ils voyaient accomplir; et la doctrine de leur loi était de n'adorer et de n'aimer qu'un Dieu; elle était aussi perpétuelle. Ainsi elle avait toutes les marques de la vraie religion : aussi les l'était. Mais il faut distinguer la doctrine des Juifs avec la doctrine de la loi des Juifs. Or, la doctrine des Juifs n'était pas vraie, quoiqu'elle eût les miracles, les prophéties, et la perpétuité, parce qu'elle n'avait pas cet autre point de n'adorer et de n'aimer que Dieu.

*676-475. — Le voile qui est sur ces livres pour les Juifs y est aussi pour les mauvais Chrétiens, et pour tous ceux qui ne se haïssent pas eux-mêmes. Mais qu'on est bien disposé à les entendre et à connaître Jésus-Christ, quand on se hait véritablement soi-même!

677-265. — Figure porte absence et présence, plaisir et déplaisir. Chiffre a double sens : un clair et où il est dit que le sens est caché.

*678-260. — *Figures.* — Un portrait porte absence et présence, plaisir et déplaisir. La réalité exclut absence et déplaisir.

Pour savoir si la loi et les sacrifices sont réalité ou figure, il faut voir si les prophètes, en parlant de ces choses, y arrêtaient leur vue et leur pensée, en sorte qu'ils n'y vissent que cette ancienne alliance, ou s'ils y voient quelque autre chose dont elle fût la peinture; car dans un portrait on voit la chose figurée. Il ne faut pour cela qu'examiner ce qu'ils en disent.

Quand ils disent qu'elle sera éternelle, entendent-ils parler de l'alliance de laquelle ils disent qu'elle sera changée; et de même des sacrifices, etc. ?

Le chiffre a deux sens. Quand on surprend une lettre importante où l'on trouve un sens clair, et où il est dit néanmoins que le sens en est voilé et obscurci, qu'il est caché en sorte qu'on verra cette lettre sans la voir et qu'on l'entendra sans l'entendre; que doit-on penser, sinon que c'est un chiffre à double sens, et d'autant plus qu'on y trouve des contrariétés manifestes dans le sens littéral ? Les prophètes ont dit clairement qu'Israël serait toujours aimé de Dieu, et que la loi serait éternelle, et ils ont dit que l'on n'entendrait point leur sens, et qu'il était voilé.

Combien doit-on estimer ceux qui nous découvrent le chiffre et nous apprennent à connaître le sens caché, et principalement quand les principes qu'ils en prennent sont tout à fait naturels et clairs! C'est ce qu'a fait Jésus-Christ et les apôtres. Ils ont levé le sceau, il a rompu le voile et a découvert l'esprit. Ils nous ont appris pour cela que les ennemis de l'homme sont ses passions; que le Rédempteur serait spirituel et son règne spirituel; qu'il y aurait deux avènements : l'un de misère pour abaisser l'homme superbe, l'autre de gloire, pour élever l'homme humilié; que Jésus-Christ serait Dieu et homme.

679-253. — *Figures.* — Jésus-Christ leur ouvrit l'esprit pour entendre les Ecritures.

Deux grandes ouvertures sont celles-là : 1° toutes choses leur arrivaient en figures : *vere Israelitae, vere liberi*, vrai pain du ciel; 2° un Dieu humilié jusqu'à la Croix : il a fallu que le Christ ait souffert pour entrer dans sa gloire : « qu'il vaincrait la mort par sa mort ». Deux avènements.

*680-267. — *Figures*. — Dès qu'une fois on a ouvert ce secret il est impossible de ne pas le voir. Qu'on lise le vieil Testament en cette vue, et qu'on voie si les sacrifices étaient vrais, si la parenté d'Abraham était la vraie cause de l'amitié de Dieu, si la terre promise était le véritable lieu de repos ? Non; donc c'étaient des figures. Qu'on voie de même toutes les cérémonies ordonnées, tous les commandements qui ne sont pas pour la charité, on verra que c'en sont les figures.

Tous ces sacrifices et cérémonies étaient donc figures ou sottises. Or il y a des choses claires trop hautes, pour les estimer des sottises.

Savoir si les prophètes arrêtaient leur vue dans l'Ancien Testament, ou y voyaient d'autres choses.

681-249. — *Figuratives*. — Clé du chiffre : *Veri adoratores*. — *Ecce agnus Dei qui tollit peccata mundi*.

682-486. — Is., I, 21. Changement de bien en mal, et vengeance de Dieu, X, 1 ; XXVI, 20; XXVIII, 1. — Miracles : Is., XXXIII, 9; 19; XL, 17; XLI, 26; XLIII, 13; Is., XLIV, 20-24; LIV, 8; LXIII, 12-17; LXI, 17.

Jér., II, 35; IV, 22-24; V, 4, 29-31; VI, 16.

Jér., XI, 21; XV, 12; XVII, 9 : *Pravum est cor omnium et incrustabile; quis cognoscet illud?* C'est-à-dire, qui en connaîtra toute la malice ? car il est déjà connu qu'il est méchant. *Ego Dominus*, etc. — XVII, 17 : *Faciam domui huic*, etc. — Fiance aux sacrements extérieurs. — 22 : *Quia non sum locutus*, etc. L'essentiel n'est pas le sacrifice extérieur. — XI, 13 : *Secundum numerum*, etc. Multitude de doctrines, XXIII, 15-17.

*683-268. — *Figures*. — La lettre tue, tout arrivait en figures. Voilà le chiffre que saint Paul nous donne. Il fallait que le Christ souffrît. Un Dieu humilié. Circoncision du cœur, vrai jeûne, vrai sacrifice, vrai temple. Les prophètes ont indiqué qu'il fallait que tout cela fût spirituel.

Non la viande qui périt, mais celle qui ne périt point.

« Vous seriez vraiment libres. » Donc l'autre liberté n'est qu'une figure de liberté.

« Je suis le vrai pain du ciel. »

*684-257. — *Contradiction*. — On ne peut faire une

bonne physionomie qu'en accordant toutes nos contrariétés, et il ne suffit pas de suivre une suite de qualités
accordantes sans accorder les contraires. Pour entendre
le sens d'un auteur, il faut accorder tous les passages
contraires.

Ainsi, pour entendre l'Ecriture, il faut avoir un sens
dans lequel tous les passages contraires s'accordent. Il ne
suffit pas d'en avoir un qui convienne à plusieurs passages accordants, mais d'en avoir un qui accorde les passages même contraires.

Tout auteur a un sens auquel tous les passages
contraires s'accordent, ou il n'a point de sens du tout. On
ne peut pas dire cela de l'Ecriture et des prophètes; ils
avaient assurément trop bon sens. Il faut donc en chercher un qui accorde toutes les contrariétés.

Le véritable sens n'est donc pas celui des Juifs; mais
en Jésus-Christ toutes les contradictions sont accordées.
Les Juifs ne sauraient accorder la cessation de la royauté
et principauté, prédite par Osée, avec la prophétie de
Jacob.

Si on prend la loi, les sacrifices, et le royaume, pour
réalités, on ne peut accorder tous les passages. Il faut
donc par nécessité qu'ils ne soient que figures. On ne
saurait pas même accorder les passages d'un même auteur,
ni d'un même livre, ni quelquefois d'un même chapitre,
ce qui marque trop quel était le sens de l'auteur; comme
quand Ezéchiel, chap. xx, dit qu'on vivra dans les commandements de Dieu et qu'on n'y vivra pas.

*685-259. — *Figures.* — Si la loi et les sacrifices sont
la vérité, il faut qu'elle plaise à Dieu, et qu'elle ne lui
déplaise point. S'ils sont figures, il faut qu'ils plaisent
et déplaisent.

Or dans toute l'Ecriture ils plaisent et déplaisent. Il est
dit que la loi sera changée, que le sacrifice sera changé;
qu'ils seront sans loi, sans prince et sans sacrifice; qu'il
sera fait une nouvelle alliance; que la loi sera renouvelée;
que les préceptes qu'ils ont reçus ne sont pas bons; que
leurs sacrifices sont abominables; que Dieu n'en a point
demandé.

Il est dit, au contraire, que la loi durera éternellement;
que cette alliance sera éternelle; que le sacrifice sera éternel; que le sceptre ne sortira jamais d'avec eux, puisqu'il
ne doit point en sortir que le Roi éternel n'arrive.

Tous ces passages marquent-ils que ce soit réalité?
Non. Marquent-ils aussi que ce soit figure? Non: mais

que c'est réalité ou figure. Mais les premiers, excluant la réalité, marquent que ce n'est que figure.

Tous ces passages ensemble ne peuvent être dits de la réalité; tous peuvent être dits de la figure : donc ils ne sont pas dits de la réalité, mais de la figure.

Agnus occisus est ab origine mundi. Juge sacrificateur.

686-263. — *Contrariétés.* — Le sceptre jusqu'au Messie, — sans roi ni prince.

Loi éternelle — changée.

Alliance éternelle, — alliance nouvelle.

Lois bonnes, — préceptes mauvais. Ezech.

*687-272. — *Figures.* — Quand la parole de Dieu, qui est véritable, est fausse littéralement, elle est vraie spirituellement. *Sede a dextris meis*, cela est faux littéralement; donc cela est vrai spirituellement.

En ces expressions, il est parlé de Dieu à la manière des hommes; et cela ne signifie autre chose, sinon que l'intention que les hommes ont en faisant s'asseoir à leur droite, Dieu l'aura aussi; c'est donc une marque de l'intention de Dieu, non de sa manière de l'exécuter.

Ainsi quand il dit : « Dieu a reçu l'odeur de vos parfums et vous donnera en récompense une terre grasse »; c'est-à-dire la même intention qu'aurait un homme qui, agréant vos parfums, vous donnerait en récompense une terre grasse, Dieu aura la même intention pour vous, parce que vous avez eu pour [*lui*] la même intention qu'un homme a pour celui à qui il donne des parfums. Ainsi, *iratus est*, « Dieu jaloux », etc. Car les choses de Dieu étant inexprimables, elles ne peuvent être dites autrement, et l'Eglise aujourd'hui en use encore : *Quia confortavit seras*, etc.

Il n'est pas permis d'attribuer à l'Ecriture les sens qu'elle ne nous a pas révélé qu'elle a. Ainsi, de dire que le *mem* fermé d'Isaïe signifie 600, cela n'est pas révélé. Il eût pu dire que les *tsade* finals et les *he deficientes* signifieraient des mystères. Il n'est donc pas permis de le dire, et encore moins de dire que c'est la manière de la pierre philosophale. Mais nous disons que le sens littéral n'est pas le vrai, parce que les prophètes l'ont dit eux-mêmes.

688-476. — Je ne dis pas que le *mem* est mystérieux.

689-288. — Moïse (*Deut.*, xxx) promet que Dieu circoncira leur cœur pour les rendre capables de l'aimer.

*690-279. — Un mot de David ou de Moïse, comme « que Dieu circoncira les cœurs », fait juger de leur esprit.

Que tous leurs autres discours soient équivoques, et douteux d'être philosophes ou chrétiens, enfin un mot de cette nature détermine tous les autres, comme un mot d'Epictète détermine tout le reste au contraire. Jusque-là l'ambiguïté dure, et non pas après.

*691-276. — De deux personnes qui disent de sots contes, l'un qui a double sens entendu dans la cabale, l'autre qui n'a qu'un sens, si quelqu'un, n'étant pas du secret, entend discourir les deux en cette sorte, il en fera même jugement. Mais si ensuite, dans le reste du discours, l'un dit des choses angéliques, et l'autre toujours des choses plates et communes, il jugera que l'un parlait avec mystère, et non pas l'autre : l'un ayant assez montré qu'il est incapable de telle sottise, et capable d'être mystérieux, l'autre, qu'il est incapable de mystère, et capable de sottise.

Le Vieux Testament est un chiffre.

*692-269. — Il y en a qui voient bien qu'il n'y a pas d'autre ennemi de l'homme que la concupiscence, qui le détourne de Dieu, et non pas Dieu; ni d'autre bien que Dieu, et non pas une terre grasse. Ceux qui croient que le bien de l'homme est en la chair, et le mal en ce qui le détourne des plaisirs des sens, qu'il[s] s'en soûle[nt], et qu'il[s] y meure[nt]. Mais ceux qui cherchent Dieu de tout leur cœur, qui n'ont de déplaisir que d'être privés de sa vue, qui n'ont de désir que pour le posséder, et d'ennemis que ceux qui les en détournent, qui s'affligent de se voir environnés et dominés de tels ennemis, — qu'ils se consolent, je leur annonce une heureuse nouvelle : il y a un libérateur pour eux; je leur ferai voir; je leur montrerai qu'il y a un Dieu pour eux; je ne le ferai pas voir aux autres. Je ferai voir qu'un Messie a été promis, qui délivrerait des ennemis; et qu'il en est venu un pour délivrer des iniquités, mais non des ennemis.

Quand David prédit que le Messie délivrera son peuple de ses ennemis, on peut croire charnellement que ce sera des Egyptiens, et alors je ne saurais montrer que la prophétie soit accomplie. Mais on peut bien croire aussi que ce sera des iniquités, car, dans la vérité, les Egyptiens ne sont pas ennemis, mais les iniquités le sont. Ce mot d'ennemis est donc équivoque. Mais s'il dit ailleurs, comme il fait, qu'il délivrera son peuple de ses péchés, aussi bien qu'Isaïe et les autres, l'équivoque est ôtée, le sens double des ennemis réduit au sens simple d'iniquités. Car s'il avait dans l'esprit les péchés, il les pouvait bien dénoter par ennemis, mais s'il pensait aux ennemis, il ne les pouvait pas désigner par iniquités.

Or, Moïse et David et Isaïe usaient des mêmes termes. Qui dira donc qu'ils n'avaient pas même sens, et que le sens de David, qui est manifestement d'iniquités lorsqu'il parlait d'ennemis, ne fût pas le même que [*celui de*] Moïse en parlant d'ennemis ? Daniel (ix) prie pour la délivrance du peuple de la captivité de leurs ennemis ; mais il pensait aux péchés, et, pour le montrer il dit que Gabriel lui vint dire qu'il était exaucé, et qu'il n'y avait plus que soixante-dix semaines à attendre, après quoi le peuple serait délivré d'iniquité, le péché prendrait fin, et le libérateur, le Saint des saints, amènerait la justice *éternelle*, non la légale, mais l'éternelle.

ARTICLE XI

LES PROPHÉTIES

*693-198. — En voyant l'aveuglement et la misère de l'homme, en regardant tout l'univers muet, et l'homme sans lumière, abandonné à lui-même et comme égaré dans ce recoin de l'univers, sans savoir qui l'y a mis, ce qu'il y est venu faire, ce qu'il deviendra en mourant, incapable de toute connaissance, j'entre en effroi, comme un homme qu'on aurait porté endormi dans une île déserte et effroyable et qui s'éveillerait sans connaître où il est, et sans moyen d'en sortir. Et, sur cela, j'admire comment on n'entre point en désespoir d'un si misérable état. Je vois d'autres personnes auprès de moi, d'une semblable nature : je leur demande s'ils sont mieux instruits que moi; ils me disent que non; et sur cela, ces misérables égarés, ayant regardé autour d'eux, et ayant vu quelques objets plaisants, s'y sont donnés et s'y sont attachés. Pour moi, je n'ai pu y prendre d'attache et, considérant combien il y a plus d'apparence qu'il y a autre chose que ce que je vois, j'ai recherché si ce Dieu n'aurait point laissé quelque marque de soi.

Je vois plusieurs religions contraires, et partant toutes fausses, excepté une. Chacune veut être crue par sa propre autorité et menace les incrédules. Je ne les crois donc pas là-dessus. Chacun peut dire cela, chacun peut se dire prophète. Mais je vois la chrétienne où je trouve des prophéties, et c'est ce que chacun ne peut pas faire.

*694-326. — ...Et ce qui couronne tout cela est la prédiction, afin qu'on ne dît point que c'est le hasard qui l'a faite.

Quiconque, n'ayant plus que huit jours à vivre, ne trouvera pas que le parti est de croire que tout cela n'est pas un coup de hasard... Or, si les passions ne nous tenaient point, huit jours et cent ans sont une même chose.

695-343. — *Prophéties*. — Le grand Pan est mort.

696-171. — *Susceperunt verbum cum omni aviditate scrutantes Scripturas, si ita se haberent.*

697-312. — *Prodita lege*. — *Impleta cerne*. — *Implenda collige.*

698-936. — On n'entend les prophéties que quand on voit les choses arrivées : ainsi les preuves de la retraite, et de la discrétion, du silence, etc., ne se prouvent qu'à ceux qui les savent et les croient.

Joseph si intérieur dans une loi tout extérieure.

Les pénitences extérieures disposent à l'intérieure, comme les humiliations à l'humilité. Ainsi les...

699-319. — La synagogue a précédé l'Eglise; les Juifs, les Chrétiens. Les prophètes ont prédit les Chrétiens; saint Jean, Jésus-Christ.

700-500. — Beau de voir par les yeux de la foi l'histoire d'Hérode, de César.

*701-317. — Le zèle des Juifs pour leur roi et leur temple (*Josèphe* et *Philon Juif ad Caïum*). Quel autre peuple a eu un tel zèle ? Il fallait qu'ils l'eussent.

Jésus-Christ prédit quant au temps et à l'état du monde : le duc ôté de la cuisse et la quatrième monarchie. Qu'on est heureux d'avoir cette lumière dans cette obscurité.

Qu'il est beau de voir, par les yeux de la foi, Darius et Cyrus, Alexandre, les Romains, Pompée et Hérode agir, sans le savoir, pour la gloire de l'Evangile!

702-297. — Zèle du peuple juif pour sa loi, et principalement depuis qu'il n'y a plus eu de prophètes.

703-294. — Tandis que les prophètes ont été pour maintenir la loi, le peuple a été négligent; mais depuis qu'il n'y a plus eu de prophètes, le zèle a succédé.

704-589. — Le diable a troublé le zèle des Juifs, avant Jésus-Christ parce qu'il leur eût été salutaire, mais non pas après.

Le peuple juif, moqué des gentils; le peuple chrétien persécuté.

705-240. — *Preuve*. — Prophéties avec l'accomplissement; ce qui a précédé et ce qui a suivi Jésus-Christ.

*706-335. — La plus grande des preuves de Jésus-Christ sont les prophéties. C'est aussi à quoi Dieu a le plus pourvu; car l'événement qui les a remplies est un miracle subsistant depuis la naissance de l'Eglise jusques à la fin. Aussi Dieu a suscité les prophètes durant seize cents ans; et, pendant quatre cents ans après, il a dispersé toutes ces prophéties, avec tous les Juifs qui les portaient, dans tous les lieux du monde. Voilà quelle a été la préparation à la naissance de Jésus-Christ, dont l'Evangile devant être cru de tout le monde, il a fallu non seulement qu'il y ait eu des prophéties pour le faire croire, mais que ces prophéties fussent par tout le monde, pour le faire embrasser par tout le monde.

707-385. — Mais ce n'était pas assez que les prophéties fussent; il fallait qu'elles fussent distribuées par tous les lieux et conservées dans tous les temps. Et afin qu'on ne prît point ce concert pour un effet du hasard, il fallait que cela fût prédit.

Il est bien plus glorieux au Messie qu'ils soient les spectateurs, et même les instruments de sa gloire, outre que Dieu les avait réservés.

708-333. — *Prophéties*. — Le temps prédit par l'état du peuple juif, par l'état du peuple païen, par l'état du temple, par le nombre des années.

*709-336. — Il faut être hardi pour prédire une même chose en tant de manières : il fallait que les quatre monarchies, idolâtres ou païennes, la fin du règne de Juda, et les soixante-dix semaines arrivassent en même temps, et le tout avant que le deuxième temple fût détruit.

*710-332. — *Prophéties*. — Quand un seul homme aurait fait un livre des prédictions de Jésus-Christ, pour le temps et pour la manière, et que Jésus-Christ serait venu conformément à ces prophéties, cc serait une force infinie.

Mais il y a bien plus ici. C'est une suite d'hommes, durant quatre mille ans, qui, constamment et sans variation, viennent, l'un ensuite de l'autre, prédire ce même avènement. C'est un peuple tout entier qui l'annonce, et qui subsiste depuis quatre mille années, pour rendre en corps témoignage des assurances qu'ils en ont, et dont ils ne peuvent être divertis par quelques menaces et persécutions qu'on leur fasse : ceci est tout autrement considérable.

711-484. — *Prédictions des choses particulières*. — Ils étaient étrangers en Egypte, sans aucune possession en propre, ni en ce pays-là, ni ailleurs. [Il n'y avait pas la moindre apparence ni de la royauté qui y a été si longtemps après, ni de ce conseil souverain des soixante-dix juges qu'ils appelaient le *synédrin* qui, ayant été institué par Moïse, a duré jusqu'au temps de Jésus-Christ : toutes ces choses étaient aussi éloignées de leur état présent qu'elles le pouvaient être] lorsque Jacob mourant, et bénissant ses douze enfants, leur déclare qu'ils seront possesseurs d'une grande terre, et prédit particulièrement à la famille de Juda que les rois qui les gouverneraient un jour seraient de sa race et que tous ses frères seraient ses sujets [et que même le Messie qui devait être l'attente des nations naîtrait de lui et que la royauté ne serait point ôtée de Juda, ni le gouverneur et le législateur de ses descendants, jusqu'à ce que ce Messie attendu arrivât dans sa famille].

Ce même Jacob, disposant de cette terre future comme s'il en eût été maître, en donna une portion à Joseph plus qu'aux autres : « Je vous donne, dit-il, une part plus qu'à vos frères. » Et bénissant ses deux enfants, Ephraïm et Manassé, que Joseph lui avait présentés, l'aîné, Manassé, à sa droite, et le jeune Ephraïm à sa gauche, il met ses bras en croix, et posant sa main droite sur la tête d'Ephraïm, et la gauche sur Manassé, il les bénit en [la] sorte; et sur ce que Joseph lui représente qu'il préfère le jeune, il lui répond avec une fermeté admirable : « Je le sais bien, mon fils, je le sais bien; mais Ephraïm croîtra tout autrement que Manassé. » (Ce qui a été en effet si véritable dans la suite, qu'étant seul presque aussi abondant que deux lignées entières qui composaient tout un royaume, elles ont été ordinairement appelées du seul nom d'Ephraïm.)

Ce même Joseph, en mourant, recommande à ses enfants d'emporter ses os avec eux quand ils iront en cette terre, où ils ne furent que deux cents ans après.

Moïse, qui a écrit toutes ces choses si longtemps avant qu'elles fussent arrivées, a fait lui-même à chaque famille les partages de cette terre avant que d'y entrer, comme s'il en eût été maître, [et déclare enfin que Dieu doit susciter de leur nation et de leur race un prophète, dont il a été la figure, et leur prédit exactement tout ce qui leur devait arriver dans la terre où ils allaient entrer après sa mort, les victoires que Dieu leur donnera, leur ingratitude envers Dieu, les punitions qu'ils en recevront, et le reste de leurs aventures]. Il leur donne les arbitres qui en feront le partage, il leur prescrit toute la forme du gouvernement politique qu'ils y observeront, les villes de refuge qu'ils y bâtiront, et...

712-819. — Les prophéties mêlées des choses particulières, et de celles du Messie, afin que les prophéties du Messie ne fussent pas sans preuves, et que les prophéties particulières ne fussent pas sans fruit.

713-489. — *Captivité des Juifs sans retour.* Jér., XI, 11 :
« Je ferai venir sur Juda des maux desquels ils ne pourront être délivrés. »

Figures. — Is., V : « Le Seigneur a eu une vigne dont
il a attendu des raisins, et elle n'a produit que du verjus.
Je la dissiperai donc et la détruirai ; la terre n'en produira
que des épines, et je défendrai au ciel d'y [*pleuvoir*]. La
vigne du Seigneur est la maison d'Israël, et les hommes
de Juda en sont le germe délectable. J'ai attendu qu'ils
fissent des actions de justice, et ils ne produisent qu'iniquités. »

Is., VIII : « Sanctifiez le Seigneur avec crainte et tremblement ; ne redoutez que lui, et il vous sera en sanctification ; mais il sera en pierre de scandale et en pierre
d'achoppement aux deux maisons d'Israël. Il sera en
piège et en ruine au peuple de Jérusalem ; et un grand
nombre d'entre eux heurteront cette pierre, y tomberont,
y seront brisés, et seront pris à ce piège, et y périront.
Voilez mes paroles, et couvrez ma loi pour mes disciples.
J'attendrai donc en patience le Seigneur qui se voile et
se cache à la maison de Jacob. »

Is., XXIX : « Soyez confus et surpris, peuple d'Israël ;
chancelez, trébuchez et soyez ivre, mais non pas d'une
ivresse de vin ; trébuchez, mais non pas d'ivresse, car
Dieu vous a préparé l'esprit d'assoupissement : il vous
voilera les yeux, il obscurcira vos princes et vos prophètes qui ont les visions. » (Daniel, XII : « Les méchants
ne l'entendront point, mais ceux qui seront bien instruits
l'entendront. » Osée, dernier chapitre, dernier verset,
après bien des bénédictions temporelles, dit : « Où est le
sage ? et il entendra ces choses » ; etc.) — Et les visions
de tous les prophètes seront à votre égard comme un
livre scellé, lequel si on le donne à un homme savant, et
qui le puisse lire, il répondra : Je ne puis le lire, car il
est scellé ; et quand on le donnera à ceux qui ne savent
pas lire, ils diront : Je ne connais pas les lettres.

Et le Seigneur m'a dit : Parce que ce peuple m'honore
des lèvres, mais que son cœur est bien loin de moi (en
voilà la raison et la cause ; car s'ils adoraient Dieu de
cœur, ils entendraient les prophéties), et qu'ils ne m'ont
servi que par des voies humaines : c'est pour cette raison
que j'ajouterai à tout le reste d'amener sur ce peuple une
merveille étonnante, et un prodige grand et terrible ; c'est
que la sagesse des sages périra, et leur intelligence en
sera *obs*[*curcie*].

Prophéties. Preuves de divinité. — Is., XLI : « Si vous êtes des dieux, approchez, annoncez-nous les choses futures, nous inclinerons notre cœur à vos paroles. Apprenez-nous les choses qui ont été au commencement et prophétisez-nous celles qui doivent arriver. Par là nous saurons que vous êtes des dieux. Faites-le bien ou mal, si vous pouvez. Voyons donc et raisonnons ensemble. Mais vous n'êtes rien, vous n'êtes qu'abominations ; etc. Qui d'entre vous nous instruit (par des auteurs contemporains) des choses faites dès le commencement et l'origine, afin que nous lui disions : Vous êtes le juste ? Il n'y en a aucun qui nous apprenne, ni qui prédise l'avenir.

Is., XLII : « Moi qui suis le Seigneur je ne communique pas ma gloire à d'autres. C'est moi qui ai fait prédire les choses qui sont arrivées, et qui prédis encore celles qui sont à venir. Chantez-les en un cantique nouveau à Dieu par toute la terre.

« Amène ici ce peuple qui a des yeux et qui ne voit pas, qui a des oreilles et qui est sourd. Que les nations s'assemblent toutes. Qui d'entre elles — et leurs dieux — vous instruira des choses passées et futures ? Qu'elles produisent leurs témoins pour leur justification ; ou qu'elles m'écoutent, et confessent que la vérité est ici. Vous êtes mes témoins, dit le Seigneur, vous et mon serviteur que j'ai élu, afin que vous me connaissiez, et que vous croyiez que c'est moi qui suis.

« J'ai prédit, j'ai sauvé, j'ai fait moi seul ces merveilles à vos yeux ; vous êtes mes témoins de ma divinité, dit le Seigneur. C'est moi qui pour l'amour de vous ai brisé les forces des Babyloniens ; c'est moi qui vous ai sanctifiés et qui vous ai créés. C'est moi qui vous ai fait passer au milieu des eaux et de la mer et des torrents, et qui ai submergé et détruit pour jamais les puissants ennemis qui vous ont résisté. Mais perdez la mémoire de ces anciens bienfaits, et ne jetez plus les yeux vers les choses passées.

« Voici, je prépare de nouvelles choses qui vont bientôt paraître, vous les connaîtrez : je rendrai les déserts habitables et délicieux. Je me suis formé ce peuple, je l'ai établi pour annoncer mes louanges, etc.

« Mais c'est pour moi-même que j'effacerai vos péchés et que j'oublierai vos crimes : car, pour vous, repassez en votre mémoire vos ingratitudes, pour voir si vous avez de quoi vous justifier. Votre premier père a péché, et vos docteurs ont tous été des prévaricateurs. »

Is., XLIV : « Je suis le premier et le dernier, dit le Seigneur ; qui s'égalera à moi, qu'il raconte l'ordre des choses depuis que j'ai formé les premiers peuples, et qu'il annonce les choses qui doivent arriver. Ne craignez rien ; ne vous ai-je pas fait entendre toutes ces choses ? Vous êtes mes témoins. »

Prédiction de Cyrus. — Is., XLV, 4 : « A cause de Jacob que j'ai élu, je t'ai appelé par ton nom. »

Is., XLV, 21 : « Venez et disputons ensemble. Qui a fait entendre les choses depuis le commencement ? Qui a prédit les choses dès lors ? N'est-ce pas moi, qui suis le Seigneur ? »

Is., XLVI : « Ressouvenez-vous des premiers siècles, et connaissez qu'il n'y a rien de semblable à moi, qui annonce dès le commencement les choses qui doivent arriver à la fin, en disant l'origine du monde. Mes décrets subsisteront, et toutes mes volontés seront accomplies. »

Is., XLII : « Les premières choses sont arrivées comme elles avaient été prédites ; et voici maintenant, j'en prédis de nouvelles et vous les annonce avant qu'elles soient arrivées. »

Is., XLVIII, 3 : « J'ai fait prédire les premières, et je les ai accomplies ensuite ; et elles sont arrivées en la manière que j'avais dite, parce que je sais que vous êtes durs, que votre esprit est rebelle et votre front impudent ; c'est pourquoi je les ai voulu annoncer avant l'événement, afin que vous ne puissiez pas dire que ce fût l'ouvrage de vos dieux et l'effet de leur ordre. »

« Vous voyez arrivé ce qui a été prédit ; ne le raconterez-vous pas ? Maintenant je vous annonce des choses nouvelles, que je conserve en ma puissance, et que vous n'avez pas encore vues ; ce n'est que maintenant que je les prépare, et non pas depuis longtemps : je vous les ai tenues cachées de peur que vous ne vous vantassiez de les avoir prévues par vous-mêmes. Car vous n'en avez aucune connaissance, et personne ne vous en a parlé, et vos oreilles n'en ont rien ouï ; car je vous connais, et je sais que vous êtes pleins de prévarication, je vous ai donné le nom de prévaricateurs dès les premiers temps de votre origine. »

Réprobation des Juifs et conversion des Gentils. — Is., LXV : « Ceux-là m'ont cherché qui ne me consultaient point. Ceux-là m'ont trouvé qui ne me cherchaient point ; j'ai dit : Me voici ! me voici ! au peuple qui n'invoquait

pas mon nom. J'ai étendu mes mains tout le jour au
peuple incrédule qui suit ses désirs et qui marche dans
une voie mauvaise, à ce peuple qui me provoque sans
cesse par les crimes qu'il commet en ma présence, qui
s'est emporté à sacrifier aux idoles, etc. Ceux-là seront
dissipés en fumée au jour de ma fureur, etc. J'assemble-
rai les iniquités de vous et de vos pères, et vous rendrai à
tous selon vos œuvres.

« Le Seigneur dit ainsi : Pour l'amour de mes serviteurs, je ne perdrai tout Israël, mais j'en réserverai quelques-uns, de même qu'on réserve un grain resté dans une
grappe, duquel on dit : Ne l'arrachez pas, parce que c'est
bénédiction [et espérance de fruit]. Ainsi j'en prendrai
de Jacob et de Juda pour posséder mes montagnes, que
mes élus et mes serviteurs avaient en héritage, et mes
campagnes fertiles et admirablement abondantes; mais
j'exterminerai tous les autres, parce que vous avez oublié
votre Dieu, pour servir des dieux étrangers. Je vous ai
appelés et vous n'avez pas répondu; j'ai parlé et vous
n'avez pas ouï, et vous avez choisi les choses que j'avais
défendues.

« C'est pour cela que le Seigneur dit ces choses. Voici :
mes serviteurs seront rassasiés, et vous languirez de
faim; mes serviteurs seront dans la joie, et vous dans la
confusion; mes serviteurs chanteront des cantiques de
l'abondance de la joie de leur cœur, et vous pousserez
des cris et des hurlements dans l'affliction de votre
esprit.

« Et vous laisserez votre nom en abomination à mes
élus. Le Seigneur vous exterminera, et nommera ses serviteurs d'un autre nom dans lequel celui qui sera béni
sur la terre sera béni en Dieu, etc., parce que les premières douleurs sont mises en oubli. Car voici : je crée
de nouveaux cieux et une nouvelle terre, et les choses
passées ne seront plus en mémoire et ne viendront plus
en la pensée.

« Mais vous vous réjouirez à jamais dans les choses
nouvelles que je crée, car je crée Jérusalem qui n'est
autre chose que joie, et son peuple réjouissance. Et je
me plairai en Jérusalem et en mon peuple, et on n'y entendra plus de cris et de pleurs.

« Je l'exaucerai avant qu'il demande; je les ouïrai
quand ils ne feront que commencer à parler. Le loup
et l'agneau paîtront ensemble, le lion et le bœuf mange-
ront la même paille; le serpent ne mangera que la pous-

sière et on ne commettra plus d'homicide et de violence
en toute ma sainte montagne. »

Is., LVI, 3 : « Le Seigneur dit ces choses : Soyez justes
et droits, car mon salut est proche, et ma justice va être
révélée. Bienheureux est celui qui fait ces choses et qui
observe mon sabbat, et garde ses mains de commettre
aucun mal.

« Et que les étrangers qui s'attachent à moi ne disent
point : Dieu me séparera d'avec son peuple. Car le Seigneur dit ces choses : Quiconque gardera mon sabbat,
et choisira de faire mes volontés, et gardera mon alliance,
je leur donnerai place dans ma maison, et je leur donnerai un nom meilleur que celui que j'ai donné à mes
enfants : ce sera un nom éternel qui ne périra jamais. »

Is., LIX, 9 : « C'est pour nos crimes que la justice s'est
éloignée de nous. Nous avons attendu la lumière et nous
ne trouvons que les ténèbres; nous avons espéré la clarté
et nous marchons dans l'obscurité; nous avons tâté contre
la muraille comme des aveugles et nous avons heurté en
plein midi comme au milieu d'une nuit, et comme des
morts en des lieux ténébreux.

« Nous rugirons tous comme des ours, nous gémirons
comme des colombes. Nous avons attendu la justice, et
elle ne vient point; nous avons espéré le salut, et il
s'éloigne de nous. »

Is., LXVI, 18 : « Mais je visiterai leurs œuvres et leurs
pensées quand je viendrai pour les assembler avec toutes
les nations et les peuples, et ils verront ma gloire. Et je
leur imposerai un signe, et de ceux qui seront sauvés
j'en enverrai aux nations en Afrique, en Lydie, en Italie,
en Grèce et aux peuples qui n'ont point ouï parler de moi,
et qui n'ont point vu ma gloire. Et ils amèneront vos
frères. »

Jér., VII. *Réprobation du temple :* « Allez en Silo, où
j'avais établi mon nom au commencement, et voyez ce
que j'y ai fait à cause des péchés de mon peuple. Et
maintenant, dit le Seigneur, parce que vous avez fait les
mêmes crimes, je ferai de ce temple où mon nom est
invoqué, et sur lequel vous vous confiez, et que j'ai moi-
même donné à vos prêtres, la même chose que j'ai faite
de Silo. (Car je l'ai rejeté, et je me suis fait un temple
ailleurs.)

« Et je vous rejetterai loin de moi, de la même manière
que j'ai rejeté vos frères les enfants d'Ephraïm (Rejetés
sans retour.) Ne priez donc point pour ce peuple. »

Jér., VII, 22 : « A quoi vous sert-il d'ajouter sacrifice sur sacrifice ? Quand je retirai vos pères hors d'Egypte, je ne leur parlai pas des sacrifices et des holocaustes; je ne leur en donnai aucun ordre et le précepte que je leur ai donné a été en cette sorte : Soyez obéissants et fidèles à mes commandements, et je serai votre Dieu, et vous serez mon peuple. (Ce ne fut qu'après qu'ils eurent sacrifié au veau d'or que je me donnai des sacrifices pour tourner en bien une mauvaise coutume.)

Jér., VII, 4 : « N'ayez point confiance aux paroles de mensonge de ceux qui vous disent : Le temple du Seigneur, le temple du Seigneur, le temple du Seigneur sont. »

714-491-493-496-497. — Juifs témoins de Dieu. Is., XLIII, 9; XLIV, 8.

Prophéties accomplies. — III R., XIII, 2. — IV R., XXIII, 16. — Jos. VI, XXVI. — III R., XVI, 34. — Deut., XXIII.

Malach., I, 11. Le sacrifice des Juifs réprouvé, et le sacrifice des païens (même hors de Jérusalem) et en tous les lieux.

Moïse prédit la vocation des Gentils avant que de mourir, XXXII, 21, et la réprobation des Juifs.

Moïse prédit ce qui doit arriver à chaque tribu.

Prophéties. — « Votre nom sera en exécration à mes élus et je leur donnerai un autre nom. »

« Endurcis leur cœur » et comment ? en flattant leur concupiscence et leur faisant espérer de l'accomplir.

715-498. — *Prophéties.* — Amos et Zacharie : Ils ont vendu le juste, et pour cela ne seront jamais rappelés. — Jésus-Christ trahi.

On n'aura plus mémoire d'Egypte; voyez Is., XLIII, 16, 17, 18, 19; Jérém., XXIII, 6, 7.

Prophéties. — Les Juifs seront répandus partout. Is., XXVII, 6. — Loi nouvelle. Jér., XXXI, 32.

Malachie, *Grotius.* — Le deuxième temple glorieux. Jésus-Christ viendra. Agg., II, 7, 8, 9, 10.

Vocation des Gentils. Joel., II, 28. Osée, II, 24. Deut. XXXII, 21. Mal., I, 11.

716-334. — Osée, III. — Is., XLII, XLVIII, LIV, LX, LXI, dernier : « Je l'ai prédit depuis longtemps afin qu'ils sachent que c'est moi. » Jaddus à Alexandre.

717-455. [*Prophéties.* — Serment que David aura toujours des successeurs. Jér.]

718-348. — Le règne éternel de la race de David, II *Chron.*, par toutes les prophéties, et avec serment. Et n'est point accompli temporellement : Jérém., XXIII, 20.

719-266. — On pourrait peut-être penser que quand les prophètes ont prédit que le sceptre ne sortirait pas de Juda jusqu'au roi éternel, ils auraient parlé pour flatter le peuple, et que leur prophétie se serait trouvée fausse à Hérode. Mais pour montrer que ce n'est pas leur sens, et qu'ils savaient bien au contraire que ce royaume temporel devait cesser, ils disent qu'ils seront sans roi et sans prince, et longtemps durant. Osée (III, 4).

*720-340. — *Non habemus regem nisi Caesarem.* Donc Jésus-Christ était le Messie, puisqu'ils n'avaient plus de roi qu'un étranger, et qu'ils n'en voulaient point d'autre.

721-490. — Nous n'avons point de roi que César.

722-485. — Daniel, II. « Tous vos devins et vos sages ne peuvent vous découvrir le mystère que vous demandez. Et il y a un Dieu au Ciel, qui le peut, et qui vous a révélé dans votre songe les choses qui doivent arriver dans les derniers temps. (Il fallait que ce songe lui tînt bien au cœur.)

« Et ce n'est point par ma propre science que j'ai eu connaissance de ce secret, mais par la révélation de ce même Dieu, qui me l'a découverte pour la rendre manifeste en votre présence.

« Votre songe était donc de cette sorte. Vous avez vu une statue grande, haute et terrible, qui se tenait debout devant vous : la tête en était d'or; la poitrine et les bras étaient d'argent; le ventre et les cuisses étaient d'airain; et les jambes étaient de fer, mais les pieds étaient mêlés de fer et de terre (argile). Vous la contempliez toujours en cette sorte, jusqu'à ce que la pierre taillée sans mains a frappé la statue par les pieds mêlés de fer et de terre et les a écrasés.

« Et alors s'en sont allés en poussière et le fer, et la terre, et l'airain, et l'argent, et l'or, et se sont dissipés en l'air; mais cette pierre, qui a frappé la statue, est crue en une grande montagne, et elle a rempli toute la terre. Voilà quel a été votre songe, et maintenant je vous en donnerai l'interprétation.

« Vous qui êtes le plus grand des rois et à qui Dieu a donné une puissance si étendue que vous êtes redoutable à tous les peuples, vous êtes représenté par la tête d'or que vous avez vue. Mais un autre empire succédera au vôtre, qui ne sera pas si puissant; et ensuite il en viendra un autre, d'airain, qui s'étendra par tout le monde.

« Mais le quatrième sera fort comme le fer; et, de
même que le fer brise et perce toutes choses, de même
cet empire brisera et écrasera tout. Et ce que vous avez
vu que les pieds et les extrémités des pieds étaient composés en partie de terre et en partie de fer, cela marque
que cet empire sera divisé, et qu'il tiendra en partie de
la fermeté du fer et en partie de la fragilité de la terre.
Mais comme le fer ne peut s'allier solidement avec la
terre, de même ceux qui sont représentés par le fer et par
la terre ne pourront faire d'alliance durable, quoiqu'ils
s'unissent par des mariages.

« Or ce sera dans le temps de ces monarques, que Dieu
suscitera un royaume qui ne sera jamais détruit, ni jamais
transporté à un autre peuple. Il dissipera et finira tous
ces autres empires; mais, pour lui, il subsistera éternellement selon ce qui vous a été révélé de cette pierre, qui
n'étant pas taillée de main est tombée de la montagne et
a brisé le fer, la terre et l'argent et l'or. Voilà ce que Dieu
vous a découvert des choses qui doivent arriver dans la
suite des temps. Ce songe est véritable, et l'interprétation
en est fidèle.

« Lors Nabuchodonosor tomba le visage contre
terre, etc. »

Daniel, VIII, 8. « Daniel ayant vu le combat du bélier
et du bouc qui le vainquit, et qui domina sur la terre,
duquel la principale corne étant tombée, quatre autres
en étaient sorties vers les quatre vents du ciel; de l'une
desquelles étant sortie une petite corne qui s'agrandit vers
le midi, vers l'Orient et vers la terre d'Israël, et s'éleva
contre l'armée du ciel, en renversa des étoiles, et les foula
aux pieds, et enfin abattit le Prince, et fit cesser le sacrifice perpétuel et mis en désolation le sanctuaire.

« Voilà ce que vit Daniel. Il en demandait l'explication, et une voix cria en cette sorte : « Gabriel, faites-lui
entendre la vision qu'il a eue », et Gabriel lui dit :

« Le bélier que vous avez vu est le roi des Mèdes et
des Perses; et le bouc est le roi des Grecs, et la grande
corne qu'il avait entre les yeux est le premier Roi de cette
monarchie. Et ce que, cette corne étant rompue, quatre
autres sont venues en la place, c'est que quatre rois de
cette nation lui succéderont, mais non pas en la même
puissance.

« Or, sur le déclin de ces royaumes, les iniquités étant
accrues, il s'élèvera un roi insolent et fort, mais d'une
puissance empruntée, auquel toutes choses succéderont à

son gré; et il mettra en désolation le peuple saint et réussissant dans ses entreprises avec un esprit double et trompeur, il en tuera plusieurs, et s'élèvera enfin contre le prince des princes, mais il périra malheureusement, et non pas néanmoins par une main violente. »

Daniel, IX, 20. « Comme je priais Dieu de tout cœur, et qu'en confessant mon péché et celui de tout mon peuple, j'étais prosterné devant mon Dieu, voici que Gabriel, lequel j'avais vu en vision dès le commencement, vint à moi et me toucha, au temps du sacrifice du vêpre, et, me donnant l'intelligence, me dit : « Daniel je suis venu à vous pour vous ouvrir la connaissance des choses. Dès le commencement de vos prières je suis venu pour vous découvrir ce que vous désirez, parce que vous êtes l'homme de désirs. Entendez donc la parole, et entrez dans l'intelligence de la vision. Septante semaines sont prescrites et déterminées sur votre peuple et sur votre sainte cité, pour expier les crimes, pour mettre fin aux péchés, et abolir l'iniquité, et pour introduire la justice éternelle, pour accomplir les visions et les prophéties, et pour oindre le saint des saints. (Après quoi ce peuple ne sera plus votre peuple, ni cette cité la sainte cité. Le temps de colère sera passé, les ans de grâce viendront pour jamais.) »

« Sachez donc et entendez. Depuis que la parole sortira pour rétablir et réédifier Jérusalem, jusqu'au prince Messie, il y aura sept semaines et soixante-deux semaines. (Les Hébreux ont accoutumé de diviser les nombres et de mettre le petit le premier; ces 7 et 62 font 69 : de ces 70 il en restera donc la 70ᵉ, c'est-à-dire les 7 dernières années, dont il parlera ensuite.)

« Après que la place et les murs seront édifiés dans un temps de trouble et d'affliction, et après ces 62 semaines (qui auront suivi les 7 premières. Le Christ sera donc tué après les 69 semaines, c'est-à-dire en la dernière semaine), le Christ sera tué, et un peuple viendra avec son prince, qui détruira la ville et le sanctuaire, et inondera tout; et la fin de cette guerre consommera la désolation. »

« Or une semaine (qui est la 70ᵉ qui reste) établira l'alliance avec plusieurs; et même la moitié de la semaine (c'est-à-dire les derniers trois ans et demi) abolira le sacrifice et l'hostie, et rendra étonnante l'étendue de l'abomination, qui se répandra et durera sur ceux mêmes qui s'en étonneront jusqu'à la consommation. »

Daniel, XI. « L'ange dit à Daniel : Il y aura encore (après Cyrus, sous lequel ceci est encore) trois rois de Perse (Cambyse, Smerdis, Darius), et le quatrième qui viendra ensuite (Xercès) sera plus puissant en richesses et en forces, et élèvera tous ses peuples contre les Grecs.

« Mais il s'élèvera un puissant roi (Alexandre), dont l'empire aura une étendue extrême, et qui réussira en toutes ses entreprises selon son désir. Mais quand sa monarchie sera établie, elle périra et sera divisée en quatre parties vers les quatre vents du ciel (comme il avait dit auparavant, VI, 6; VIII, 8), mais non pas à des personnes de sa race; et ses successeurs n'égaleront pas sa puissance, car même son royaume sera dispersé à d'autres outre ceux-ci (ces quatre principaux successeurs).

« Et celui de ses successeurs qui régnera vers le midi (Egypte, Ptolémée, fils de Lagus), deviendra puissant; mais un autre le surmontera et son Etat sera un grand Etat (Séleucus, roi de Syrie. Appianus nous dit que c'est le plus puissant des successeurs d'Alexandre).

« Et dans la suite des années, ils s'allieront; et la fille du roi du midi (Bérénice, fille de Ptolémée Philadelphe, fils de l'autre Ptolémée) viendra au roi d'Aquilon (à Antiochus II, roi de Syrie et d'Asie, neveu de Séleucus Lagidas) pour établir la paix entre ces princes.

« Mais ni elle ni ses descendants n'auront une longue autorité; car elle et ceux qui l'avaient envoyée, et ses enfants et ses amis, seront livrés à la mort (Bérénice et son fils furent tués par Séleucus Callinicus).

« Mais il s'élèvera un rejeton de ses racines (Ptolemeus Evergetes naîtra du même père que Bérénice), qui viendra avec une puissante armée dans les terres du roi d'Aquilon, où il mettra tout sous sa sujétion et emmènera en Egypte leurs dieux, leurs princes, leur or, leur argent, et toutes leurs plus précieuses dépouilles (s'il n'eût pas été rappelé en Egypte par des raisons domestiques, il aurait entièrement dépouillé Séleucus, dit Justin); et sera quelques années sans que le roi d'Aquilon puisse rien contre lui.

« Et ainsi il reviendra en son royaume; mais les enfants de l'autre, irrités, assembleront de grandes forces (Séleucus Ceraunus, Antiochus Magnus). Et leur armée viendra et ravagera tout; dont le roi du Midi, étant irrité, formera aussi un grand corps d'armée et livrera bataille (Ptolemeus Philopator contre Antiochus Magnus, à

Raphia), et vaincra; et ses troupes en deviendront inso-
lentes, et son cœur s'en enflera (ce Ptolemeus profana le
temple : Josèphe); il vaincra des milliers d'hommes, mais
sa victoire ne sera pas ferme. Car le roi d'Aquilon (Antiochus Magnus) reviendra avec encore plus de forces que
la première fois, et alors aussi un grand nombre d'ennemis s'élèvera contre le roi du Midi (le jeune Ptolémée
Epiphanes régnant), et même des hommes apostats, vio-
lents, de ton peuple, s'élèveront afin que les visions soient
accomplies, et ils périront (ceux qui avaient quitté leur
religion pour plaire à Evergetes quand il envoya ses
troupes à Scopas, car Antiochus reprendra Scopas et les
vaincra). Et le roi d'Aquilon détruira les remparts, et
prendra les villes les plus fortifiées, et toute la force du
Midi ne pourra lui résister, et tout cédera à sa volonté;
il s'arrêtera dans la terre d'Israël, et elle lui cédera. Et
ainsi il pensera à se rendre maître de tout l'empire
d'Egypte (méprisant la jeunesse d'Epiphane, dit Justin).
Et pour cela il fera alliance avec lui et lui donnera sa fille
(Cléopâtre, afin qu'elle trahît son mari; sur quoi Appianus dit que se défiant de pouvoir se rendre maître
d'Egypte par force, à cause de la protection des Romains,
il voulut l'attenter par finesse). Il la voudra corrompre,
mais elle ne suivra pas son intention; ainsi il se jettera à
d'autres desseins et pensera à se rendre maître de
quelques îles (c'est-à-dire lieux maritimes), et il en prendra plusieurs (comme dit Appianus).

« Mais un grand chef s'opposera à ses conquêtes (Sci-
pion l'Africain, qui arrêta les progrès d'Antiochus
Magnus, à cause qu'il offensait les Romains en la personne de leurs alliés), et arrêtera la honte qui lui en
reviendrait. Il retournera donc dans son royaume, et y
périra (il fut tué par les siens), et ne sera plus.

« Et celui qui lui succédera (Séleucus Philopator ou
Soter, fils d'Antiochus Magnus), sera un tyran, qui affli-
gera d'impôts la gloire du royaume (qui est le peuple);
mais, en peu de temps, il mourra, mais non par sédition
ni par guerre. Et il succédera à sa place un homme méprisable et indigne des honneurs de la royauté, qui s'y intro-
duira adroitement et par caresses. Toutes les armées flé-
chiront devant lui, il les vaincra et même le prince avec
qui il avait fait alliance; car ayant renouvelé l'alliance avec
lui, il le trompera, et, venant avec peu de troupes dans
ses provinces calmes et sans crainte il prendra les meilleures places, et fera plus que ses pères n'avaient jamais

fait, et ravageant de toutes parts il formera de grands
desseins pendant son temps. »

*723-341. — *Prophéties.* — Les septante semaines de
Daniel sont équivoques pour le terme du commencement, à cause des termes de la prophétie; et pour le terme
de la fin, à cause des diversités des chronologistes. Mais
toute cette différence ne va qu'à deux cents ans.

*724-338. — *Prédictions.* — Qu'en la quatrième monarchie, avant la destruction du second temple, avant que la
domination des Juifs fût ôtée, en la septante semaine de
Daniel, pendant la durée du second temple, les païens
seraient instruits, et amenés à la connaissance du Dieu
adoré par les Juifs; que ceux qui l'aiment seraient délivrés de leurs ennemis, et remplis de sa crainte et de son
amour.

Et il est arrivé qu'en la quatrième monarchie, avant la
destruction du second temple, etc., les païens en foule
adorent Dieu et mènent une vie angélique; les filles
consacrent à Dieu leur virginité et leur vie; les hommes
renoncent à tous plaisirs. Ce que Platon n'a pu persuader
à quelque peu d'hommes choisis et si instruits, une force
secrète le persuade à cent millions d'hommes ignorants,
par la vertu de peu de paroles.

Les riches quittent leur bien, les enfants quittent la
maison délicate de leurs pères pour aller dans l'austérité
d'un désert, etc. (Voyez Philon juif.) Qu'est-ce que tout
cela ? C'est ce qui a été prédit si longtemps auparavant.
Depuis deux mille années aucun païen n'avait adoré le
Dieu des Juifs; et dans le temps prédit, la foule des
païens adore cet unique Dieu. Les temples sont détruits,
les rois mêmes se soumettent à la croix. Qu'est-ce tout
cela ? C'est l'esprit de Dieu qui est répandu sur la terre.

Nul païen depuis Moïse jusqu'à Jésus-Christ, selon
les Rabbins même. La foule des païens, après Jésus-
Christ, croit en les livres de Moïse, et en observe l'essence et l'esprit, et n'en rejette que l'inutile.

725-330. — *Prophéties.* — La conversion des Egyptiens (Isaïe, xix, 19); un autel en Egypte au vrai Dieu.

726-483. — *Prophéties.* — En Egypte, *Pug[io Fidei]*,
p. 659, *Talmud :* « C'est une tradition entre nous que,
quand le Messie arrivera, la maison de Dieu, destinée à
la dispensation de sa parole, sera pleine d'ordure et
d'impureté, et que la sagesse des scribes sera corrompue
et pourrie. Ceux qui craindront de pécher seront réprouvés du peuple, et traités de fous et d'insensés. »

Is., XLIX : « Ecoutez, peuples éloignés, et vous habitants des îles de la mer : le Seigneur m'a appelé par mon nom dès le ventre de ma mère, il me protège sous l'ombre de sa main, il a mis mes paroles comme un glaive aigu, et m'a dit : Tu es mon serviteur; c'est par toi que je ferai paraître ma gloire. Et j'ai dit : Seigneur, ai-je travaillé en vain ? est-ce inutilement que j'ai consommé toute ma force ? faites-en le jugement, Seigneur, mon travail est devant vous. Lors le Seigneur, qui m'a formé lui-même dès le ventre de ma mère pour être tout à lui, afin de ramener Jacob et Israël, m'a dit : Tu seras glorieux en ma présence, et je serai moi-même ta force; c'est peu de chose que tu convertisses les tribus de Jacob; je t'ai suscité pour être la lumière des Gentils, et pour être mon salut jusqu'aux extrémités de la terre. Ce sont les choses que le Seigneur a dites à celui qui a humilié son âme, qui a été en mépris et en abomination aux Gentils et qui s'est soumis aux puissants de la terre. Les princes et les rois t'adoreront, parce que le Seigneur qui t'a élu est fidèle.

« Le Seigneur m'a dit encore : Je t'ai exaucé dans les jours de salut et de miséricorde, et je t'ai établi pour être l'alliance du peuple, et te mettre en possession des nations les plus abandonnées; afin que tu dises à ceux qui sont dans les chaînes : Sortez en liberté; et à ceux qui sont dans les ténèbres : Venez à la lumière, et possédez des terres abondantes et fertiles. Ils ne seront plus travaillés ni de la faim, ni de la soif, ni de l'ardeur du soleil, parce que celui qui a eu compassion d'eux sera leur conducteur : il les mènera aux sources vivantes des eaux, et aplanira les montagnes devant eux. Voici, les peuples aborderont de toutes parts, d'orient, d'occident, d'aquilon et de midi. Que le ciel en rende gloire à Dieu; que la terre s'en réjouisse, parce qu'il a plu au Seigneur de consoler son peuple, et qu'il aura enfin pitié des pauvres qui espèrent en lui.

« Et cependant Sion a osé dire : Le Seigneur m'a abandonnée, et n'a plus mémoire de moi. Une Mère peut-elle mettre en oubli son enfant, et peut-elle perdre la tendresse pour celui qu'elle a porté dans son sein ? mais quand elle en serait capable, je ne t'oublierai pourtant jamais, Sion : je te porte toujours entre mes mains, et tes murs sont toujours devant mes yeux. Ceux qui doivent te rétablir accourent, et tes destructeurs seront éloignés. Lève les yeux de toutes parts, et considère toute

cette multitude qui est assemblée pour venir à toi. Je
jure que tous ces peuples te seront donnés comme l'or-
nement duquel tu seras à jamais revêtue; tes déserts et
tes solitudes, et toutes tes terres qui sont maintenant déso-
lées seront trop étroites pour le grand nombre de tes
habitants, et les enfants qui te naîtront dans les années
de la stérilité te diront : La place est trop petite, écarte
les frontières, et fais-nous place pour habiter. Alors tu
diras en toi-même : Qui est-ce qui m'a donné cette
abondance d'enfants, moi qui n'enfantais plus, qui étais
stérile, transportée et captive ? et qui est-ce qui me les a
nourris, moi qui étais délaissée sans secours ? D'où sont
donc venus tous ceux-ci ? Et le Seigneur te dira : Voici,
j'ai fait paraître ma puissance sur les Gentils, et j'ai élevé
mon étendard sur les peuples, et ils t'apporteront des
enfants dans leurs bras et dans leurs seins; les rois et les
reines seront tes nourriciers, ils t'adoreront le visage
contre terre, et baiseront la poussière de tes pieds; et tu
connaîtras que je suis le Seigneur, et que ceux qui
espèrent en moi ne seront jamais confondus; car qui
peut ôter la proie à celui qui est fort et puissant ? Mais
encore même qu'on la lui pût ôter, rien ne pourra empêcher que je ne sauve tes enfants, et que je ne perde tes
ennemis, et tout le monde reconnaîtra que je suis le
Seigneur ton sauveur et le puissant rédempteur de Jacob.

« Le Seigneur dit ces choses : Quel est ce libelle de
divorce par lequel j'ai répudié la synagogue ? et pourquoi
l'ai-je livrée entre les mains de nos ennemis ? n'est-ce pas
pour ses impiétés et pour ses crimes que je l'ai répudiée ?

« Car je suis venu, et personne ne m'a reçu; j'ai appelé,
et personne n'a écouté. Est-ce que mon bras est accourci,
et que je n'ai pas la puissance de sauver ?

« C'est pour cela que je ferai paraître les marques de
ma colère; je couvrirai les cieux de ténèbres et les cacherai sous des voiles.

« Le Seigneur m'a donné une langue bien instruite,
afin que je sache consoler par ma parole celui qui est
dans la tristesse. Il m'a rendu attentif à ses discours, et
je l'ai écouté comme un maître.

« Le Seigneur m'a révélé ses volontés et je n'y ai point
été rebelle.

« J'ai livré mon corps aux coups et mes joues aux
outrages; j'ai abandonné mon visage aux ignominies et
aux crachats; mais le Seigneur m'a soutenu, et c'est pourquoi je n'ai point été confondu.

« Celui qui me justifie est avec moi : qui osera m'accuser de péché, Dieu étant lui-même mon protecteur ?

« Tous les hommes passeront et seront consommés par le temps ; que ceux qui craignent Dieu écoutent donc les paroles de son serviteur ; que celui qui languit dans les ténèbres mette sa confiance au Seigneur. Mais pour vous, vous ne faites qu'embraser la colère de Dieu sur vous, vous marchez sur les brasiers et entre les flammes que vous-mêmes vous avez allumées. C'est ma main qui a fait venir ces maux sur vous ; vous périrez dans les douleurs.

« Ecoutez-moi, vous qui suivez la justice et qui cherchez le Seigneur. Regardez à la pierre d'où vous êtes taillés, et à la citerne d'où vous êtes tirés. Regardez à Abraham votre père, et à Sara qui vous a enfantés. Voyez qu'il était seul et sans enfants quand je l'ai appelé et que je lui ai donné une postérité si abondante ; voyez combien de bénédictions j'ai répandues sur Sion, et de combien de grâces et de consolations je l'ai comblée.

« Considérez toutes ces choses, mon peuple, et rendez-vous attentif à mes paroles, car une loi sortira de moi, et un jugement qui sera la lumière des Gentils. »

Amos, VIII : « Le prophète ayant fait un dénombrement des péchés d'Israël, dit que Dieu a juré d'en faire la vengeance.

« Dit ainsi : En ce jour-là, dit le Seigneur, je ferai coucher le soleil à midi, et je couvrirai la terre de ténèbres dans le jour de lumière, je changerai vos fêtes solennelles en pleurs, et tous vos cantiques en plaintes.

« Vous serez tous dans la tristesse et dans les souffrances, et je mettrai cette nation en une désolation pareille à celle de la mort d'un fils unique ; et ces derniers temps seront des temps d'amertume. Car voici, les jours viennent, dit le Seigneur, que j'enverrai sur cette terre la famine, la faim, non pas la faim et la soif de pain et d'eau, mais la faim et la soif d'ouïr des paroles de la part du Seigneur. Ils iront errants d'une mer jusqu'à l'autre, et se porteront d'aquilon en orient ; ils tourneront de toutes parts en cherchant qui leur annonce la parole du Seigneur, et ils n'en trouveront point.

« Et leurs vierges et leurs jeunes hommes périront en cette soif, eux qui ont suivi les idoles de Samarie, qui ont juré par le Dieu adoré en Dan, et qui ont suivi le culte de Bersabée ; ils tomberont et ne se relèveront jamais de leur chute. »

Amos, III, 2 : « De toutes les nations de la terre, je n'ai reconnu que vous pour être mon peuple. »

Daniel, XII, 7, ayant décrit toute l'étendue du règne du Messie, dit : « Toutes ces choses s'accompliront lorsque la dispersion du peuple d'Israël sera accomplie. »

Aggée, II, 4 : « Vous qui, comparant cette seconde maison à la gloire de la première, la méprisez, prenez courage, dit le Seigneur, à vous Zorobabel, et à vous Jésus grand prêtre, et à vous, tout le peuple de la terre, et ne cessez point d'y travailler. Car je suis avec vous, dit le seigneur des armées; la promesse subsiste, que j'ai faite quand je vous ai retirés d'Egypte; mon esprit est au milieu de vous. Ne perdez point espérance, car le Seigneur des armées dit ainsi : Encore un peu de temps, et j'ébranlerai le ciel et la terre, et la mer et la terre ferme (façon de parler pour marquer un changement grand et extraordinaire); et j'ébranlerai toutes les nations. Alors viendra celui qui est désiré par tous les Gentils, et je remplirai cette maison de gloire, dit le Seigneur.

« L'argent et l'or sont à moi, dit le Seigneur (c'est-à-dire que ce n'est pas de cela que je veux être honoré; comme il est dit ailleurs : Toutes les bêtes des champs sont à moi; à quoi sert de me les offrir en sacrifice ?); la gloire de ce nouveau temple sera bien plus grande que la gloire du premier, dit le Seigneur des armées; et j'établirai ma maison en ce lieu-ci, dit le Seigneur. »

« En Horeb, au jour que vous y étiez assemblés, et que vous dites : Que le Seigneur ne parle plus lui-même à nous et que nous ne voyions plus ce feu, de peur que nous ne mourions. Et le Seigneur me dit : Leur prière est juste; je leur susciterai un prophète tel que vous du milieu de leurs frères, dans la bouche duquel je mettrai mes paroles; et il leur dira toutes les choses que je lui aurai ordonnées; et il arrivera que quiconque n'obéira point aux paroles qu'il lui portera en mon nom, j'en ferai moi-même le jugement. »

Genèse, XLIX : « Vous, Juda, vous serez loué de vos frères, et vainqueur de vos ennemis; les enfants de votre père vous adoreront. Juda, faon de lion, vous êtes monté à la proie, ô mon fils! et vous êtes couché comme un lion, et comme une lionnesse qui s'éveillera.

« Le sceptre ne sera point ôté de Juda, ni le législateur d'entre ses pieds, jusqu'à ce que Silo vienne; et les nations s'assembleront à lui, pour lui obéir. »

*727-487. — *Pendant la durée du Messie.* — *Aenigmatis,* Ezéch., XVIII.

Son précurseur. Malachie, III.

Il naîtra enfant. Is., IX.

Il naîtra de la ville de Bethléem. Mich., V. Il paraîtra principalement en Jérusalem et naîtra de la famille de Juda et de David.

Il doit aveugler les sages et les savants. Is., VI, VIII, XXIX, etc., et annoncer l'Evangile aux petits, Is., XXIX, ouvrir les yeux des aveugles et rendre la santé aux infirmes, et mener à la lumière ceux qui languissent dans les ténèbres. Is., LXI.

Il doit enseigner la voie parfaite, et être le précepteur des Gentils. Is., LV, XLII, 1-7.

Les prophéties doivent être inintelligibles aux impies. Dan., XII; Osée, ult. 10, mais intelligibles à ceux qui sont bien instruits.

Les prophéties qui le représentent pauvre le représentent maître des nations. Is., LII, 14, LIII, etc.; Zach., IX, 9.

Les prophéties qui prédisent le temps ne le prédisent que maître des Gentils et souffrant, et non dans les nuées, ni juge. Et celles qui le représentent ainsi, jugeant et glorieux, ne marquent point le temps.

Qu'il doit être la victime pour les péchés du monde. Is., XXXIX, LIII, etc.

Il doit être la pierre fondamentale précieuse. Is., XXVIII, 16.

Il doit être la pierre d'achoppement et de scandale. Is., VIII. Jérusalem doit heurter contre cette pierre.

Les édifiants doivent réprouver cette pierre. Ps. CXVII, 22.

Dieu doit faire de cette pierre le chef du coin.

Et cette pierre doit croître en une immense montagne, et doit remplir toute la terre. Dan., II.

Qu'ainsi il doit être rejeté, méconnu, trahi, Ps. CVIII, 8, vendu, Zach., XI, 12; craché, souffleté, moqué, affligé en une infinité de manières, abreuvé de fiel, Ps. LXVIII, transpercé, Zach., XII, les pieds et les mains percés, tué, et ses habits jetés au sort.

Qu'il ressusciterait, Ps. XV, le troisième jour, Osée, VI, 3.

Qu'il monterait au ciel pour s'asseoir à la droite. Ps. CX.

Que les rois s'armeraient contre lui. Ps. II.

Qu'étant à la droite du Père, il serait victorieux de ses ennemis.

Que les rois de la terre et tous les peuples l'adoreraient. Is., LX.

Que les Juifs subsisteraient en nation. Jér.

Qu'ils seraient errants, sans rois, etc., Osée, III, sans prophètes, Amos, attendant le salut et ne le trouvant point. Is.

Vocation des Gentils par Jésus-Christ. Is., LII, 15; LV, 5; LX, etc., *Ps.* LXXXI.

Os., I, 9 : « Vous ne serez plus mon peuple, et je ne serai plus votre Dieu, après que vous serez multipliés de la dispersion. Les lieux où l'on n'appelle pas mon peuple, je l'appellerai mon peuple. »

*728-258. — Il n'était point permis de sacrifier hors Jérusalem, qui était le lieu que le Seigneur avait choisi, ni même de manger ailleurs les décimes. *Deut.*, XII, 5, etc.; *Deut.*, XIV, 23, etc.; XV, 20; XVI, 2, 7, 11, 15.

Osée a prédit qu'ils seraient sans roi, sans prince, sans sacrifice et sans idole; ce qui est accompli aujourd'hui, ne pouvant faire sacrifice légitime hors de Jérusalem.

*729-346. — *Prédictions.* — Il est prédit qu'au temps du Messie, il viendrait établir une nouvelle alliance, qui ferait oublier la sortie d'Egypte, Jérém., XXIII, 5; Is., XLIII, 16; qui mettrait sa loi non dans l'extérieur, mais dans les cœurs; qu'il mettrait sa crainte, qui n'avait été qu'au dehors, dans le milieu du cœur. Qui ne voit la loi chrétienne en tout cela ?

*730-324. — ...Qu'alors l'idolâtrie serait renversée; que ce Messie abattrait toutes les idoles, et ferait entrer les hommes dans le culte du vrai Dieu.

Que les temples des idoles seraient abattus, et que parmi toutes les nations et en tous les lieux du monde, lui serait offerte une hostie pure, non pas des animaux.

Qu'il serait roi des Juifs et des Gentils. Et voilà ce roi des Juifs et des Gentils, opprimé par les uns et les autres qui conspirent à sa mort, dominateur des uns et des autres, et détruisant et le culte de Moïse dans Jérusalem, qui en était le centre, dont il fait sa première Eglise, et le culte des idoles dans Rome, qui en était le centre, et dont il fait sa principale Eglise.

731-624. — *Prophéties.* — Que Jésus-Christ sera à la droite, pendant que Dieu lui assujettira ses ennemis.

Donc il ne les assujettira pas lui-même.

732-328. — « ... Qu'alors on n'enseignera plus son prochain, disant : Voici le Seigneur, *car Dieu se fera sentir à tous.* » — « *Vos fils prophétiseront.* » — « Je mettrai mon esprit et ma crainte *en votre cœur.* »

Tout cela est la même chose. Prophétiser, c'est parler de Dieu, non par preuves du dehors, mais par sentiment intérieur *et immédiat.*

*733-325. — Qu'il enseignerait aux hommes la voie parfaite.

Et jamais il n'est venu, ni devant, ni après lui, aucun homme qui ait enseigné rien de divin approchant de cela.

734-329. — ... Que Jésus-Christ serait petit en son commencement et croîtrait ensuite. La petite pierre de Daniel.

Si je n'avais ouï parler en aucune sorte du Messie, néanmoins après les prédictions si admirables de l'ordre du monde que je vois accomplies, je vois que cela est divin. Et si je savais que ces mêmes livres prédisent un Messie, je m'assurerais qu'il serait venu ; et voyant qu'ils mettent son temps avant la destruction du deuxième temple, je dirais qu'il serait venu.

*735-347. — *Prophéties.* — Que les Juifs réprouveraient Jésus-Christ et qu'ils seraient réprouvés de Dieu, par cette raison. Que la vigne élue ne donnerait que du verjus. Que le peuple choisi serait infidèle, ingrat et incrédule, *populum non credentem et contradicentem.* Que Dieu les frappera d'aveuglement, et qu'ils tâtonneraient en plein midi comme les aveugles. Qu'un précurseur viendrait avant lui.

*736-609. — *Transfixerunt*, Zach., XII, 10.

Qu'il devait venir un libérateur qui écraserait la tête au démon, qui devait délivrer son peuple de ses péchés, *ex omnibus iniquitatibus;* qu'il devait y avoir un Nouveau Testament, qui serait éternel ; qu'il devait y avoir une autre prêtrise selon l'ordre de Melchisédech ; que celle-là serait éternelle ; que le Christ devait être glorieux, puissant, fort, et néanmoins si misérable qu'il ne serait pas reconnu ; qu'on ne le prendrait pas pour ce qu'il est ; qu'on le rebuterait, qu'on le tuerait ; que son peuple, qui l'aurait renié, ne serait plus son peuple ; que les idolâtres le recevraient, et auraient recours à lui ; qu'il quitterait Sion pour régner au centre de l'idolâtrie ; que néanmoins les Juifs subsisteraient toujours ; qu'il devait être de Juda, et quand il n'y aurait plus de roi.

ARTICLE XII

LES PREUVES DE JÉSUS-CHRIST

*737-793. — ... Dès là je refuse toutes les autres religions. Par là je trouve réponse à toutes les objections. Il est juste qu'un Dieu si pur ne se découvre qu'à ceux dont le cœur est purifié. Dès là, cette religion m'est aimable, et je la trouve déjà assez autorisée par une si divine morale; mais j'y trouve de plus.

Je trouve d'effectif que, depuis que la mémoire des hommes dure, voici un peuple qui subsiste plus ancien que tout autre peuple; il est annoncé constamment aux hommes qu'ils sont dans une corruption universelle, mais qu'il viendra un Réparateur : un peuple entier le prédit avant sa venue, un peuple entier l'adore après sa venue; que ce n'est pas un homme qui le dit, mais une infinité d'hommes et un peuple entier prophétisant et fait exprès durant quatre mille ans... Leurs livres dispersés durent 400 ans.

Plus je les examine, plus j'y trouve de vérités; et ce qui a précédé et ce qui a suivi; enfin eux sans idoles, ni rois, et cette synagogue qui est prédite, et ces misérables qui la suivent, et qui, étant nos ennemis, sont d'admirables témoins de la vérité de ces prophéties, où leur misère et leur aveuglement même est prédit.

Je trouve cet enchaînement, cette religion, toute divine dans son autorité, dans sa durée, dans sa perpétuité, dans sa morale, dans sa conduite, dans sa doctrine, dans ses effets; les ténèbres des Juifs effroyables et prédites : *Eris palpans in meridie. Dabitur liber scienti litteras, et dicet : « Non possum legere »* : le sceptre étant encore entre les mains du premier usurpateur étranger, le bruit de la venue de Jésus-Christ.

Ainsi je tends les bras à mon *Libérateur* qui, ayant été prédit durant quatre mille ans, est venu souffrir et mourir pour moi sur la terre dans les temps et dans toutes les circonstances qui en ont été prédites; et, par sa grâce, j'attends la mort en paix, dans l'espérance de lui être éternellement uni; et je vis cependant avec joie, soit dans les biens qu'il lui plaît de me donner, soit dans les maux qu'il m'envoie pour mon bien, et qu'il m'a appris à souffrir par son exemple.

738-339. — Les prophéties ayant donné diverses marques qui devaient toutes arriver à l'avènement du Messie, il fallait que toutes ces marques arrivassent en un même temps. Ainsi il fallait que la quatrième monarchie fût venue lorsque les Septante semaines de Daniel seraient accomplies et que le sceptre fût alors sorti de Juda, et tout cela est arrivé sans aucune difficulté; et qu'alors il arrivât le Messie, et Jésus-Christ est arrivé alors, qui s'est dit le Messie, et tout cela est encore sans difficulté, et cela marque bien la vérité des prophéties.

*739-462. — Les prophètes ont prédit, et n'ont pas été prédits. Les saints ensuite prédits, non prédisants. Jésus-Christ prédit et prédisant.

*740-388. — Jésus-Christ, que les deux Testaments regardent, l'Ancien comme son attente, le Nouveau comme son modèle, tous deux comme leur centre.

741-811. — Les deux plus anciens livres du monde sont Moïse et Job, l'un juif, l'autre païen, qui tous deux regardent Jésus-Christ comme leur centre commun et leur objet : Moïse, en rapportant les promesses de Dieu à Abraham, Jacob, etc., et ses prophéties; et Job : *Quis mihi det ut*, etc. *Scio enim quod redemptor meus vivit*, etc.

*742-299. — L'Evangile ne parle de la virginité de la Vierge que jusques à la naissance de Jésus-Christ. Tout par rapport à Jésus-Christ.

743-304. — *Preuves de Jésus-Christ.*
Pourquoi le livre de Ruth conservé ?
Pourquoi l'histoire de Thamar ?

*744-550. — « Priez, de peur d'entrer en tentation. » Il est dangereux d'être tenté; et ceux qui le sont, c'est parce qu'ils ne prient pas.

Et tu conversus confirma fratres tuos. Mais auparavant, *conversus Jesus respexit Petrum.*

Saint Pierre demande permission de frapper Malchus et frappe devant que d'ouïr la réponse, et Jésus-Christ répond après.

Le mot de *Galilée*, que la foule des Juifs prononça comme par hasard, en accusant Jésus-Christ devant

Pilate, donna sujet à Pilate d'envoyer Jésus-Christ à Hérode; en quoi fut accompli le mystère, qu'il devait être jugé par les Juifs et les Gentils. Le hasard, en apparence, fut la cause de l'accomplissement du mystère.

*745-273. — Ceux qui ont peine à croire en cherchent un sujet en ce que les Juifs ne croient pas. « Si cela était si clair, dit-on, pourquoi ne croiraient-ils pas ? » Et voudraient quasi qu'ils crussent, afin de n'être pas arrêtés par l'exemple de leur refus. Mais c'est leur refus même qui est le fondement de notre créance. Nous y serions bien moins disposés, s'ils étaient des nôtres. Nous aurions alors un plus ample prétexte. Cela est admirable, d'avoir rendu les Juifs grands amateurs des choses prédites, et grands ennemis de l'accomplissement.

*746-264. — Les Juifs étaient accoutumés aux grands et éclatants miracles, et ainsi, ayant eu les grands coups de la mer Rouge et la terre de Canaan comme un abrégé des grandes choses de leur Messie, ils en attendaient donc de plus éclatants, dont ceux de Moïse n'étaient que les échantillons.

747-222. — Les Juifs charnels et les païens ont des misères, et les chrétiens aussi. Il n'y a point de Rédempteur pour les païens, car ils n'en espèrent pas seulement. Il n'y a point de Rédempteur pour les Juifs, ils l'espèrent en vain. Il n'y a de Rédempteur que pour les Chrétiens. (Voyez perpétuité.)

*748-331. — Au temps du Messie, le peuple se partage. Les spirituels ont embrassé le Messie; les grossiers sont demeurés pour lui servir de témoins.

*749-391. — « Si cela est clairement prédit aux Juifs, comment ne l'ont-ils pas cru ? ou comment n'ont-ils point été exterminés, de résister à une chose si claire ? »

— Je réponds : premièrement, cela a été prédit, et qu'ils ne croiraient point une chose si claire, et qu'ils ne seraient point exterminés. Et rien n'est plus glorieux au Messie; car il ne suffisait pas qu'il y eût des prophètes; il fallait qu'ils fussent conservés sans soupçon. Or, etc.

*750-592. — Si les Juifs eussent été tous convertis par Jésus-Christ, nous n'aurions plus que des témoins suspects. Et s'ils avaient été exterminés, nous n'en aurions point du tout.

*751-228. — Que disent les prophètes de Jésus-Christ ? Qu'il sera évidemment Dieu ? Non; mais qu'il est un Dieu véritablement caché; qu'il sera méconnu; qu'on ne pensera point que ce soit lui; qu'il sera une pierre d'achoppement, à laquelle plusieurs heurteront, etc. Qu'on ne nous reproche donc plus le manque de clarté, puisque nous en faisons profession.

— Mais, dit-on, il y a des obscurités. — Et sans cela, on ne serait pas aheurté à Jésus-Christ, et c'est un des desseins formels des prophètes : *Excaeca...*

752-315. — Moïse d'abord enseigne la trinité, le péché originel, le Messie.

David, grand témoignage : roi, bon, pardonnant, belle âme, bon esprit, puissant; il prophétise, et son miracle arrive; cela est infini.

Il n'avait qu'à dire qu'il était le Messie, s'il eût eu de la vanité : car les prophéties sont plus claires de lui que de Jésus-Christ. Et saint Jean de même.

*753-337. — Hérode cru le Messie. Il avait ôté le sceptre de Juda, mais il n'était pas de Juda. Cela fit une secte considérable. Et Barcosba, et un autre reçu par les Juifs. Et le bruit qui était partout en ce temps-là. Suétone. Tacite. Josèphe.

Malédiction des Grecs contre ceux qui comptent trois périodes des temps.

Comment fallait-il que fût le Messie, puisque par lui le sceptre devait être éternellement en Juda, et qu'à son arrivée le sceptre devait être ôté de Juda.

Pour faire qu'en voyant ils ne voient point, et qu'en entendant ils n'entendent point, rien ne pouvait être mieux fait.

754-730. — *Homo existens te Deum facit.*
Scriptum est « Dii estis » et non potest solvi Scriptura.
Haec infirmitas non est ad vitam et est ad mortem.
« *Lazarus dormit* », *et deinde dixit : Lazarus mortuus est.*

755-318. — La discordance apparente des Evangiles.

756-344. — Que peut-on avoir, sinon de la vénération, d'un homme qui prédit clairement des choses qui arrivent, et qui déclare son dessein et d'aveugler et d'éclairer, et qui mêle des obscurités parmi les choses claires qui arrivent ?

*757-261. — Le temps du premier avènement est prédit; le temps du second ne l'est point, parce que le premier devait être caché; le second devait être éclatant et tellement manifeste que ses ennemis mêmes le devaient reconnaître. Mais, comme il ne devait venir qu'obscurément, et que pour être connu de ceux qui sonderaient les Ecritures...

*758-255. — Dieu, pour rendre le Messie connaissable

aux bons et méconnaissable aux méchants, l'a fait prédire
en cette sorte. Si la manière du Messie eût été prédite
clairement, il n'y eût point eu d'obscurité, même pour
les méchants. Si le temps eût été prédit obscurément, il
y eût eu obscurité, même pour les bons; car la [bonté
de leur cœur] ne leur eût pas fait entendre que, par
exemple, le *mem* fermé signifie six cents ans. Mais le
temps a été prédit clairement, et la manière en figures.

Par ce moyen, les méchants, prenant les biens promis
pour matériels, s'égarent, malgré le temps prédit clairement, et les bons ne s'égarent pas. Car l'intelligence des
biens promis dépend du cœur, qui appelle « bien » ce
qu'il aime; mais l'intelligence du temps promis ne dépend
point du cœur. Et ainsi la prédiction claire du temps,
et obscure des biens, ne déçoit que les seuls méchants.

759-102. — Il faut que les Juifs ou les Chrétiens soient
méchants.

*760-593. — Les Juifs le refusent, mais non pas tous :
les saints le reçoivent, et non les charnels. Et tant s'en
faut que cela soit contre sa gloire, que c'est le dernier
trait qui l'achève. Comme la raison qu'ils en ont, et la
seule qui se trouve dans tous leurs écrits, dans le Talmud
et dans les Rabbins, n'est que parce que Jésus-Christ n'a
pas dompté les nations en main armée, *gladium tuum,
potentissime* [N'ont-ils que cela à dire ? Jésus-Christ a été
tué, disent-ils; il a succombé; il n'a pas dompté les païens
par sa force; il ne nous a pas donné leurs dépouilles; il
ne donne point de richesses. N'ont-ils que cela à dire ?
C'est en cela qu'il m'est aimable. Je ne voudrais pas celui
qu'ils se figurent] il est visible que ce n'est que sa vie
qui les a empêchés de le recevoir; et par ce refus, ils sont
des témoins sans reproche, et, qui plus est, par là ils
accomplissent les prophéties.

[Par le moyen de ce que ce peuple ne l'a pas reçu, est
arrivée cette merveille que voici : les prophéties sont les
seuls miracles subsistants qu'on peut faire, mais elles sont
sujettes à être contredites.]

*761-488. — Les Juifs, en le tuant, pour ne le point
recevoir pour Messie, lui ont donné la dernière marque
de Messie.

Et en continuant à le méconnaître, ils se sont rendus
témoins irréprochables; et en le tuant, et continuant à le
renier, ils ont accompli les prophéties (Is., LX. *Ps.* LXX).

*762-262. — Que pouvaient faire les Juifs, ses enne-
mis ? S'ils le reçoivent, ils le prouvent par leur réception,

car les dépositaires de l'attente du Messie le reçoivent;
s'ils le renoncent, ils le prouvent par leur renonciation.

763-306. — Les Juifs, en éprouvant s'il était Dieu, ont
montré qu'il était homme.

*764-307. — L'Eglise a eu autant de peine à montrer
que Jésus-Christ était homme, contre ceux qui le
niaient, qu'à montrer qu'il était Dieu; et les apparences
étaient aussi grandes.

*765-241. — *Sources des contrariétés.* — Un Dieu
humilié, et jusqu'à la mort de la croix, un Messie triom-
phant de la mort par sa mort. Deux natures en Jésus-
Christ, deux avènements, deux états de la nature de
l'homme.

*766-607-608. — *Figures.* — Sauveur, père, sacrificateur, hostie, nourriture, roi, sage, législateur, affligé,
pauvre, devant produire un peuple qu'il devait conduire
et nourrir, et introduire dans sa terre...

Jésus-Christ. Offices. — Il devait lui seul produire un
grand peuple, élu, saint et choisi; le conduire, le nourrir,
l'introduire dans le lieu de repos et de sainteté; le rendre
saint à Dieu; en faire le temple de Dieu, le réconcilier à
Dieu, le sauver de la colère de Dieu, le délivrer de la
servitude du péché, qui règne visiblement dans l'homme;
donner des lois à ce peuple, graver ces lois dans leur cœur,
s'offrir à Dieu pour eux, se sacrifier pour eux, être une
hostie sans tache, et lui-même sacrificateur : devant s'offrir lui-même, son corps et son sang, et néanmoins offrir
pain et vin à Dieu...

Ingrediens mundum.

« Pierre sur pierre. »

Ce qui a précédé et ce qui a suivi. Tous les Juifs subsistants et vagabonds.

767-355. — De tout ce qui est sur la terre, il ne prend
part qu'aux déplaisirs, non aux plaisirs. Il aime ses
proches, mais sa charité ne se renferme pas dans ces
bornes, et se répand sur ses ennemis, et puis sur ceux de
Dieu.

*768-570. — Jésus-Christ figuré par Joseph : bien-aimé
de son père, envoyé du père pour voir ses frères, etc.,
innocent, vendu par ses frères vingt deniers, et par là
devenu leur seigneur, leur sauveur, et le sauveur des
étrangers, et le sauveur du monde; ce qui n'eût point été
sans le dessein de le perdre, la vente et la réprobation
qu'ils en firent.

Dans la prison, Joseph innocent entre deux criminels;

Jésus-Christ en la croix entre deux larrons. Il prédit le salut à l'un et la mort à l'autre, sur les mêmes apparences. Jésus-Christ sauve les élus et damne les réprouvés sur les mêmes crimes. Joseph ne fait que prédire; Jésus-Christ fait. Joseph demande à celui qui sera sauvé qu'il se souvienne de lui quand il sera venu en sa gloire; et celui que Jésus-Christ sauve lui demande qu'il se souvienne, quand il sera en son royaume.

*769-447. — La conversion des païens n'était réservée qu'à la grâce du Messie. Les Juifs ont été si longtemps à les combattre sans succès : tout ce qu'en ont dit Salomon et les prophètes a été inutile. Les sages, comme Platon et Socrate, n'ont pu le persuader.

*770-327. — Après que bien des gens sont venus devant, il est venu enfin Jésus-Christ dire : « Me voici, et voici le temps. Ce que les prophètes ont dit devoir avenir dans la suite des temps, je vous dis que mes apôtres le vont faire. Les Juifs vont être rebutés, Jérusalem sera bientôt détruite; et les païens vont entrer dans la connaissance de Dieu. Mes apôtres le vont faire après que vous aurez tué l'héritier de la vigne. »

Et puis les apôtres ont dit aux Juifs : « Vous allez être maudits » *(Celsus s'en moquait);* et aux païens : « Vous allez entrer dans la connaissance de Dieu. » Et cela arrive alors.

*771-235. — Jésus-Christ est venu aveugler ceux qui voyaient clair, et donner la vue aux aveugles; guérir les malades, et laisser mourir les sains; appeler à la pénitence et justifier les pécheurs, et laisser les justes dans leurs péchés; remplir les indigents, et laisser les riches vides.

*772-301. — *Sainteté. — Effundam spiritum meum.* Tous les peuples étaient dans l'infidélité et dans la concupiscence, toute la terre fut ardente de charité, les princes quittent leurs grandeurs, les filles souffrent le martyre. D'où vient cette force ? C'est que le Messie est arrivé; voilà l'effet et les marques de sa venue.

773-323. — Ruine des Juifs et des païens par Jésus-Christ : *omnes gentes venient et adorabunt eum. Parum est ut,* etc. *Postula a me. Adorabunt eum omnes reges. Testes iniqui. Dabit maxillam percutienti. Dederunt fel in escam.*

*774-221. — Jésus-Christ pour tous. Moïse pour un peuple.

Les Juifs bénis en Abraham : « Je bénirai ceux qui te béniront. » Mais : « Toutes nations bénies en sa semence », *Parum est ut,* etc.

Lumen ad revelationem gentium.

Non fecit taliter omni nationi, disait David en parlant
de la loi. Mais, en parlant de Jésus-Christ, il faut dire :
Fecit taliter omni nationi. Parum est ut, etc., Isaïe. Aussi
c'est à Jésus-Christ d'être universel ; l'Eglise même n'offre
le sacrifice que pour les fidèles : Jésus-Christ a offert
celui de la croix pour tous.

775-571. — Il y a hérésie à expliquer toujours *omnes*
de tous, et hérésie à ne le pas expliquer quelquefois de
tous. *Bibite ex hoc omnes :* les huguenots, hérétiques, en
l'expliquant de tous. *In quo omnes peccaverunt;* les huguenots, hérétiques, en exceptant les enfants des fidèles. Il
faut donc suivre les Pères et la tradition pour savoir
quand, puisqu'il y a hérésie à craindre de part et
d'autre.

776-785. — *Ne timeas pusillus grex. Timore et tremore.*
— *Quid ergo? Ne timeas,* [modo] *timeas :* Ne craignez
point, pourvu [*que*] vous craigniez ; mais si vous ne craignez pas, craignez.

Qui me recipit, non me recipit, sed eum qui me misit.

Nemo scit, neque Filius.

Nubes lucida obumbravit.

Saint Jean devait convertir les cœurs des pères aux
enfants, et Jésus-Christ mettre la division. Sans contradiction.

777-791. — Les effets, *in communi* et *in particulari.* Les
semi-pélagiens errent en disant de *in communi,* ce qui
n'est vrai que *in particulari;* et les calvinistes, en disant
in particulari, ce qui est vrai *in communi* (ce me semble).

778-544. — *Omnis Judaea regio, et Jerosolomytae uni-
versi, et baptizabantur.* A cause de toutes les conditions
d'hommes qui y venaient.

Des pierres *peuvent* être enfants d'Abraham.

779-548. — Si on se connaissait, Dieu guérirait et par-
donnerait. *Ne convertantur et sanem eos, et dimittantur eis
peccata.*

780-549. — Jésus-Christ n'a jamais condamné sans
ouïr. A Juda : *Amice, ad quid venisti?* A celui qui n'avait
pas la robe nuptiale, de même.

781-910-911-912. — Les figures de la totalité de la
rédemption, comme que le soleil éclaire à tous, ne
marquent qu'une totalité ; mais [*les figures*] des exclusions,
comme des Juifs élus à l'exclusion des Gentils, marquent
l'exclusion.

« Jésus-Christ rédempteur de tous. » — Oui, car il

a offert, comme un homme qui a racheté tous ceux qui voudront venir à lui. Ceux qui mourront en chemin, c'est leur malheur, mais quant à lui, il leur offrait rédemption. — Cela est bon en cet exemple, où celui qui rachète et celui qui empêche de mourir sont deux, mais non pas en Jésus-Christ, qui fait l'un et l'autre. — Non, car Jésus-Christ, en qualité de rédempteur, n'est pas peut-être maître de tous; et ainsi, en tant qu'il est en lui, il est rédempteur de tous.

Quand on dit que Jésus-Christ n'est pas mort pour tous, vous abusez d'un vice des hommes qui s'appliquent incontinent cette exception, ce qui est favoriser le désespoir; au lieu de les en détourner pour favoriser l'espérance. Car on s'accoutume ainsi aux vertus intérieures par ces habitudes extérieures.

782-818. — La victoire sur la mort. Que sert à l'homme de gagner tout le monde, s'il perd son âme ? Qui veut garder son âme, la perdra.

« Je ne suis pas venu détruire la loi, mais l'accomplir. »

« Les agneaux n'ôtaient point les péchés du monde, mais je suis l'agneau qui ôte les péchés. »

« Moïse ne vous a point donné le pain du ciel. Moïse ne vous a point tirés de captivité, et ne vous a pas rendus véritablement libres. »

*783-433. — ... Alors Jésus-Christ vient dire aux hommes qu'ils n'ont point d'autres ennemis qu'eux-mêmes, que ce sont leurs passions qui les séparent de Dieu, qu'il vient pour les détruire, et pour leur donner sa grâce, afin de faire d'eux tous une Eglise sainte, qu'il vient ramener dans cette Eglise les païens et les Juifs, qu'il vient détruire les idoles des uns et la superstition des autres. A cela s'opposent tous les hommes, non seulement par l'opposition naturelle de la concupiscence; mais, par-dessus tous, les rois de la terre s'unissent pour abolir cette religion naissante, comme cela avait été prédit (*Proph. : Quare fremerunt gentes... reges terrae... adversus Christum*).

Tout ce qu'il y a de grand sur la terre s'unit, les savants, les sages, les rois. Les uns écrivent, les autres condamnent, les autres tuent. Et nonobstant toutes ces oppositions, ces gens simples et sans force résistent à toutes ces puissances et se soumettent même ces rois, ces savants, ces sages, et ôtent l'idolâtrie de toute la terre. Et tout cela se fait par la force qui l'avait prédit.

*784-547. — Jésus-Christ n'a point voulu du témoignage des démons, ni de ceux qui n'avaient pas vocation; mais de Dieu et Jean-Baptiste.

785-946. — Je considère Jésus-Christ en toutes les personnes et en nous-mêmes : Jésus-Christ comme père en son Père, Jésus-Christ comme frère en ses frères, Jésus-Christ comme pauvre en les pauvres, Jésus-Christ comme riche en les riches, Jésus-Christ comme docteur et prêtre en les prêtres, Jésus-Christ comme souverain en les princes, etc. Car il est par sa gloire tout ce qu'il y a de grand, étant Dieu, et par sa vie mortelle tout ce qu'il y a de chétif et d'abject. Pour cela il a pris cette malheureuse condition, pour pouvoir être en toutes les personnes, et modèle de toutes conditions.

*786-300. — Jésus-Christ dans une obscurité (selon ce que le monde appelle obscurité) telle que les historiens, n'écrivant que les importantes choses des Etats, l'ont à peine aperçu.

787-746. — *Sur ce que Josèphe, ni Tacite, et les autres historiens n'ont point parlé de Jésus-Christ.* — Tant s'en faut que cela fasse contre, qu'au contraire, cela fait pour. Car il est certain que Jésus-Christ a été et que sa religion a fait grand bruit, et que ces gens-là ne l'ignoraient pas, et qu'ainsi il est visible qu'ils ne l'ont celé qu'à dessein; ou bien qu'ils en ont parlé, et qu'on l'a supprimé ou changé.

788-719. — « Je m'en suis réservé sept mille. » J'aime les adorateurs inconnus au monde, et aux prophètes mêmes.

*789-225. — Comme Jésus-Christ est demeuré inconnu parmi les hommes, ainsi sa vérité demeure parmi les opinions communes, sans différence à l'extérieur. Ainsi l'Eucharistie parmi le pain commun.

790-940. — Jésus-Christ n'a pas voulu être tué sans les formes de la justice, car il est bien plus ignominieux de mourir par justice que par une sédition injuste.

791. — La fausse justice de Pilate ne sert qu'à faire souffrir Jésus-Christ; car il le fait fouetter pour sa fausse justice et puis le tue. Il vaudrait mieux l'avoir tué d'abord. Ainsi les faux justes : ils font de bonnes œuvres et de méchantes pour plaire au monde et montrer qu'ils ne sont pas tout à fait à Jésus-Christ, car ils en ont honte. Et enfin, dans les grandes tentations et occasions, ils le tuent.

*792-499. — Quel homme eut jamais plus d'éclat ? Le peuple juif tout entier le prédit avant sa venue. Le peuple gentil l'adore après sa venue. Les deux peuples, gentil et juif, le regardent comme leur centre.

Et cependant quel homme jouit jamais moins de cet éclat ? De trente-trois ans, il en vit trente sans paraître. Dans trois ans, il passe pour un imposteur; les prêtres et les principaux le rejettent; ses amis et ses plus proches le méprisent. Enfin il meurt trahi par un des siens, renié par l'autre et abandonné par tous.

Quelle part a-t-il donc à cet éclat ? Jamais homme n'a eu tant d'éclat, jamais homme n'a eu plus d'ignominie. Tout cet éclat n'a servi qu'à nous, pour nous le rendre reconnaissable; et il n'en a rien eu pour lui.

*793-308. — La distance infinie des corps aux esprits figure la distance infiniment plus infinie des esprits à la charité, car elle est surnaturelle.

Tout l'éclat des grandeurs n'a point de lustre pour les gens qui sont dans les recherches de l'esprit.

La grandeur des gens d'esprit est invisible aux rois, aux riches, aux capitaines, à tous ces gens de chair.

La grandeur de la sagesse, qui n'est nulle sinon de Dieu, est invisible aux charnels et aux gens d'esprit. Ce sont trois ordres différents de genre.

Les grands génies ont leur empire, leur éclat, leur grandeur, leur victoire, leur lustre, et n'ont nul besoin des grandeurs charnelles, où elles n'ont pas de rapport. Ils sont vus non des yeux, mais des esprits, c'est assez.

Les saints ont leur empire, leur éclat, leur victoire, leur lustre, et n'ont nul besoin des grandeurs charnelles ou spirituelles, où elles n'ont nul rapport, car elles n'y ajoutent ni ôtent. Ils sont vus de Dieu et des anges, et non des corps ni des esprits curieux : Dieu leur suffit.

Archimède, sans éclat, serait en même vénération. Il n'a pas donné des batailles pour les yeux, mais il a fourni à tous les esprits ses inventions. Oh! qu'il a éclaté aux esprits!

Jésus-Christ, sans biens et sans aucune production au dehors de science, est dans son ordre de sainteté. Il n'a point donné d'invention, il n'a point régné; mais il a été humble, patient, saint, saint à Dieu, terrible aux démons, sans aucun péché. Oh! qu'il est venu en grande pompe et en une prodigieuse magnificence, aux yeux du cœur qui voient la sagesse.

Il eût été inutile à Archimède de faire le prince dans ses livres de géométrie, quoiqu'il le fût.

Il eût été inutile à Notre-Seigneur Jésus-Christ, pour éclater dans son règne de sainteté, de venir en roi; mais il y est bien venu avec l'éclat de son ordre!

Il est bien ridicule de se scandaliser de la bassesse de Jésus-Christ, comme si cette bassesse était du même ordre, duquel est la grandeur qu'il venait faire paraître. Qu'on considère cette grandeur-là dans sa vie, dans sa Passion, dans son obscurité, dans sa mort, dans l'élection des siens, dans leur abandon, dans sa secrète résurrection, et dans le reste, on la verra si grande, qu'on n'aura pas sujet de se scandaliser d'une bassesse qui n'y est pas.

Mais il y en a qui ne peuvent admirer que les grandeurs charnelles, comme s'il n'y en avait pas de spirituelles; et d'autres qui n'admirent que les spirituelles, comme s'il n'y en avait pas d'infiniment plus hautes dans la sagesse.

Tous les corps, le firmament, les étoiles, la terre et ses royaumes, ne valent pas le moindre des esprits; car il connaît tout cela, et soi; et les corps, rien.

Tous les corps ensemble, et tous les esprits ensemble, et toutes leurs productions, ne valent pas le moindre mouvement de charité. Cela est d'un ordre infiniment plus élevé.

De tous les corps ensemble, on ne saurait en faire réussir une petite pensée : cela est impossible, et d'un autre ordre. De tous les corps et esprits on n'en saurait tirer un mouvement de vraie charité, cela est impossible, et d'un autre ordre, surnaturel.

794-389. — Pourquoi Jésus-Christ n'est-il pas venu d'une manière visible, au lieu de tirer sa preuve des prophéties précédentes ? Pourquoi s'est-il fait prédire en figures ?

*795-237. — Si Jésus-Christ n'était venu que pour sanctifier, toute l'Ecriture et toutes choses y tendraient, et il serait bien aisé de convaincre les infidèles. Si Jésus-Christ n'était venu que pour aveugler, toute sa conduite serait confuse, et nous n'aurions aucun moyen de convaincre les infidèles. Mais comme il est venu *in sanctificationem et in scandalum*, comme dit Isaïe, nous ne pouvons convaincre les infidèles et ils ne peuvent nous convaincre; mais, par là-même, nous les convainquons, puisque nous disons qu'il n'y a point de conviction dans toute sa ·conduite de part ni d'autre.

*796-233. — Jésus-Christ ne dit pas qu'il n'est pas de Nazareth, pour laisser les méchants dans l'aveuglement, ni qu'il n'est pas fils de Joseph.

*797-309. — *Preuves de Jésus-Christ*. — Jésus-Christ a dit les choses grandes si simplement qu'il semble qu'il ne les a pas pensées, et si nettement néanmoins, qu'on voit bien ce qu'il en pensait. Cette clarté jointe à cette naïveté est admirable.

*798-812. — Le style de l'Evangile est admirable en tant de manières, et entre autres en ne mettant jamais aucune invective contre les bourreaux et ennemis de Jésus-Christ. Car il n'y en a aucune des historiens contre Judas, Pilate ni aucun des Juifs.

Si cette modestie des historiens évangéliques avait été affectée, aussi bien que tant d'autres traits d'un si beau caractère, et qu'ils ne l'eussent affecté que pour le faire remarquer, s'ils n'avaient osé le remarquer eux-mêmes, ils n'auraient pas manqué de se procurer des amis qui eussent fait ces remarques à leur avantage. Mais comme ils ont agi de la sorte sans affectation, et par un mouvement tout désintéressé, ils ne l'ont fait remarquer à personne. Et je crois que plusieurs de ces choses n'ont point été remarquées jusqu'ici, et c'est ce qui témoigne la froideur avec laquelle la chose a été faite.

799-303. — Un artisan qui parle des richesses, un procureur qui parle de la guerre, de la royauté, etc.; mais le riche parle bien des richesses, le roi parle froidement d'un grand don qu'il vient de faire, et Dieu parle bien de Dieu.

*800-316. — Qui a appris aux évangélistes les qualités d'une âme parfaitement héroïque, pour la peindre si parfaitement en Jésus-Christ ? Pourquoi le font-ils faible dans son agonie ? Ne savent-ils pas peindre une mort constante ? Oui, car le même saint Luc peint celle de saint Etienne plus forte que celle de Jésus-Christ.

Ils le font donc capable de crainte, avant que la nécessité de mourir soit arrivée, et ensuite tout fort.

Mais quand ils le font si troublé, c'est quand il se trouble lui-même; et quand les hommes le troublent, il est tout fort.

*801-310. — *Preuve de Jésus-Christ*. — L'hypothèse des apôtres fourbes est bien absurde. Qu'on la suive tout au long; qu'on s'imagine ces douze hommes assemblés après la mort de Jésus-Christ, faisant le complot de dire qu'il est ressuscité. Ils attaquent par là toutes les puissances. Le cœur des hommes est étrangement penchant à la légèreté, au changement, aux promesses, aux biens. Si peu qu'un de ceux-là se fût démenti par tous ces attraits, et, qui plus est, par les prisons, par les tortures et par la mort, ils étaient perdus. Qu'on suive cela.

*802-322. — Les apôtres ont été trompés, ou trompeurs; l'un ou l'autre est difficile, car il n'est pas possible de prendre un homme pour être ressuscité...

Tandis que Jésus-Christ était avec eux, il les pouvait soutenir; mais après cela, s'il ne leur est apparu, qui les a fait agir ?

ARTICLE XIII

LES MIRACLES

*803-832. — *Commencement.* — Les miracles discernent la doctrine, et la doctrine discerne les miracles.

Il y a de faux et de vrais. Il faut une marque pour les
connaître; autrement, ils seraient inutiles. Or, ils ne
sont pas inutiles, et sont au contraire fondement. Or, il
faut que la règle qu'il nous donne soit telle, qu'elle ne
détruise la preuve que les vrais miracles donnent de la
vérité, qui est la fin principale des miracles.

Moïse en a donné deux : que la prédiction n'arrive
pas, *Deut.*, XVIII, et qu'ils ne mènent point à l'idolâtrie,
Deut., XIII; et Jésus-Christ une.

Si la doctrine règle les miracles, les miracles sont inutiles pour la doctrine. Si les miracles règlent...

Objection à la règle. — Le discernement des temps.
Autre règle durant Moïse, autre règle à présent.

804-891. — *Miracle.* — C'est un effet qui excède la
force naturelle des moyens qu'on y emploie; et non-
miracle est un effet qui n'excède pas la force naturelle
des moyens qu'on y emploie. Ainsi ceux qui guérissent
par l'invocation du diable ne font pas un miracle; car
cela n'excède pas la force naturelle du diable. Mais...

805-861. — Les deux fondements, l'un intérieur,
l'autre extérieur : la grâce, les miracles; tous deux surnaturels.

806-848. — Les miracles et la vérité sont nécessaires,
à cause qu'il faut convaincre l'homme entier, en corps
et en âme.

807-860. — Toujours ou les hommes ont parlé du vrai
Dieu, ou le vrai Dieu a parlé aux hommes.

*808-846. — Jésus-Christ a vérifié qu'il était le Messie,
jamais en vérifiant sa doctrine sur l'Écriture et les prophéties, et toujours par ses miracles.

Il prouve qu'il remet les péchés par un miracle.

Ne vous éjouissez point de vos miracles, dit Jésus-Christ, mais de ce que vos noms sont écrits aux cieux.

S'ils ne croient point Moïse, ils ne croiront point un ressuscité.

Nicodème reconnaît, par ses miracles, que sa doctrine est de Dieu : *Scimus quia venisti a Deo magister; nemo enim potest haec signa facere quae tu facis nisi Deus fuerit cum eo.* Il ne juge pas des miracles par la doctrine, mais de la doctrine par les miracles.

Les Juifs avaient une doctrine de Dieu comme nous en avons une de Jésus-Christ, et confirmée par miracles ; et défense de croire à tous faiseurs de miracles, et, de plus, ordre de recourir aux grands-prêtres, et de s'en tenir à eux.

Et ainsi toutes les raisons que nous avons pour refuser de croire les faiseurs de miracles, ils les avaient à l'égard de leurs prophètes.

Et cependant ils étaient très coupables de refuser les prophètes, à cause de leurs miracles, et Jésus-Christ ; et n'eussent pas été coupables s'ils n'eussent point vu les miracles : *Nisi fecissem..., peccatum non haberent.* Donc toute la créance est sur les miracles.

La prophétie n'est point appelée miracle : comme saint Jean parle du premier miracle en Cana, et puis de ce que Jésus-Christ dit à la Samaritaine qui découvre toute sa vie cachée, et puis guérit le fils d'un sergent, et saint Jean appelle cela « le deuxième signe ».

809-302. — Les combinaisons des miracles.

810-831. — Le second miracle peut supposer le premier ; mais le premier ne peut supposer le second.

811-184. — On n'aurait point péché en ne croyant pas Jésus-Christ, sans les miracles.

812-169. — Je ne serais pas chrétien sans les miracles, dit saint Augustin.

813-872. — *Miracles.* — Que je hais ceux qui font les douteurs de miracles ! Montaigne en parle comme il faut dans les deux endroits. On voit, en l'un, combien il est prudent ; et néanmoins il croit, en l'autre, et se moque des incrédules.

Quoi qu'il en soit, l'Eglise est sans preuves s'ils ont raison.

814-863. — Montaigne contre les miracles.

Montaigne pour les miracles.

815-568. — Il n'est pas possible de croire raisonnablement contre les miracles.

816-224. — Incrédules, les plus crédules. Ils croient
les miracles de Vespasien, pour ne pas croire ceux de
Moïse.

*817-734. — TITRE : *D'où vient qu'on croit tant de
menteurs qui disent qu'ils ont vu des miracles et qu'on ne
croit aucun de ceux qui disent qu'ils ont des secrets pour
rendre l'homme immortel ou pour rajeunir.* — Ayant considéré d'où vient qu'on ajoute tant de foi à tant d'imposteurs qui disent qu'ils ont des remèdes, jusques à mettre
souvent sa vie entre leurs mains, il m'a paru que la véritable cause est qu'il y en a de vrais ; car il ne serait pas
possible qu'il y en eût tant de faux, et qu'on y donnât
tant de créance, s'il n'y en avait de véritables. Si jamais
il n'y eût eu remède à aucun mal, et que tous les maux
eussent été incurables, il est impossible que les hommes
se fussent imaginé qu'ils en pourraient donner ; et encore
plus que tant d'autres eussent donné croyance à ceux
qui se fussent vantés d'en avoir : de même que, si un
homme se vantait d'empêcher de mourir, personne ne le
croirait, parce qu'il n'y a aucun exemple de cela. Mais
comme il y eut quantité de remèdes qui se sont trouvés
véritables, par la connaissance même des plus grands
hommes, la créance des hommes s'est pliée par là ; et cela
s'étant connu possible, on a conclu de là que cela était.
Car le peuple raisonne ordinairement ainsi : « Une chose
est possible, donc elle est » ; parce que la chose ne pouvant être niée en général, puisqu'il y a des effets particuliers qui sont véritables, le peuple, qui ne peut discerner
quels d'entre ces effets particuliers sont les véritables, les
croit tous. De même ce qui fait qu'on croit tant de faux
effets de la lune, c'est qu'il y en a de vrais, comme le flux
de la mer.

Il en est de même des prophéties, des miracles, des
divinations par les songes, des sortilèges, etc. Car si de
tout cela il n'y avait jamais eu rien de véritable, on n'en
aurait jamais rien cru : et ainsi, au lieu de conclure qu'il
n'y a point de vrais miracles parce qu'il y en a tant de
faux, il faut dire au contraire qu'il y a certainement de
vrais miracles, puisqu'il y en a de faux, et qu'il n'y en a
de faux que par cette raison qu'il y en a de vrais. Il faut
raisonner de la même sorte pour la religion ; car il ne
serait pas possible que les hommes se fussent imaginé
tant de fausses religions, s'il n'y en avait une véritable.

L'objection à cela, c'est que les sauvages ont une religion : mais on répond à cela que c'est qu'ils en ont ouï parler, comme il paraît par le déluge, la circoncision, la croix de saint André, etc.

818-735. — Ayant considéré d'où vient qu'il y a tant de faux miracles, de fausses révélations, sortilèges, etc., il m'a paru que la véritable cause est qu'il [y] en a de vrais; car il ne serait pas possible qu'il y eût tant de faux miracles s'il n'y en avait de vrais, ni tant de fausses révélations s'il n'y en avait une véritable. Car s'il n'y avait jamais eu de tout cela, il est comme impossible que les hommes se le fussent imaginé, et encore plus impossible que tant d'autres l'eussent cru. Mais comme il y a eu de très grandes choses véritables, et qu'ainsi elles ont été crues par de grands hommes, cette impression a été cause que presque tout le monde s'est rendu capable de croire aussi les fausses.

Et ainsi, au lieu de conclure qu'il n'y a point de vrais miracles, puisqu'il y en a tant de faux, il faut dire au contraire qu'il y a de vrais miracles, puisqu'il y en a tant de faux, et qu'il n'y en a de faux que par cette raison qu'il y en a de vrais, et qu'il n'y a de même de fausses religions que parce qu'il y en a une vraie. — L'objection à cela : que les sauvages ont une religion; mais c'est qu'ils ont ouï parler de la véritable, comme il paraît par la croix de saint André, le déluge, la circoncision, etc. Cela vient de ce que l'esprit de l'homme, se trouvant plié de ce côté-là par la vérité, devient susceptible par là de toutes les faussetés de cette...

819-857. — Jérémie, XXIII, 32, les *miracles* des faux prophètes. En l'hébreu et Vatable, il y a les *légèretés*.

Miracle ne signifie pas toujours miracle. I *Rois*, 15, *miracle* signifie *crainte*, et est ainsi en l'hébreu. De même en Job manifestement, XXXIII, 7. Et encore Isaïe, XXI, 4; Jérémie, XLIV, 12. *Portentum* signifie *simulacrum*, Jér., L, 38; et est ainsi en l'hébreu et en Vatable, Is., VIII, 18 : Jésus-Christ dit que lui et les siens seront en *miracles*.

820-875. — Si le diable favorisait la doctrine qui le détruit, il serait divisé, comme disait Jésus-Christ. Si Dieu favorisait la doctrine qui détruit l'Eglise, il serait divisé : *Omne regnum divisum*. Car Jésus-Christ agissait contre le diable et détruisait son empire sur les cœurs, dont l'exorcisme est la figuration, pour établir le royaume de Dieu. Et ainsi il ajoute : *In digito Dei... regnum Dei ad vos*.

*821-850. — Il y a bien de la différence entre tenter et induire en erreur. Dieu tente, mais il n'induit pas en erreur. Tenter est procurer les occasions, qui n'imposant point de nécessité, si on n'aime pas Dieu, on fera une certaine chose. Induire en erreur est mettre l'homme dans la nécessité de conclure et suivre une fausseté.

822-892. — Abraham, Gédéon : [*signes*] au-dessus de la révélation. Les Juifs s'aveuglaient en jugeant des miracles par l'Ecriture. Dieu n'a jamais laissé ses vrais adorateurs.

J'aime mieux suivre Jésus-Christ qu'aucun autre parce qu'il a le miracle, prophéties, doctrine, perpétuité, etc.

Donatistes : point de miracle, qui oblige à dire que c'est le diable.

Plus on particularise, Dieu, Jésus-Christ, l'Eglise...

*823-837. — S'il n'y avait point de faux miracles, il y aurait certitude. S'il n'y avait point de règle pour les discerner, les miracles seraient inutiles, et il n'y aurait pas de raison de croire.

Or, il n'y a pas humainement de certitude humaine, mais raison.

*824-873. — Ou Dieu a confondu les faux miracles, ou il les a prédits; et, par l'un et par l'autre, il s'est élevé au-dessus de ce qui est surnaturel à notre égard, et nous y a élevés nous-mêmes.

825-379. — Les miracles ne servent pas à convertir, mais à condamner. (Q. 113, A. 10, *Ad. 2.*)

*826-834. — *Raisons pourquoi on ne croit point.*

Joh., XII, 37. — *Cum autem tanta signa fecisset, non credebant in eum, ut sermo Isaiae impleretur. Excaecavit*, etc.

Haec dixit Isaias, quando vidit gloriam ejus et locutus est de eo.

« *Judaei signa petunt et Graeci sapientiam quaerunt, nos autem Jesum crucifixum.* » *Sed plenum signis, sed plenum sapientia; vos autem Christum non crucifixum et religionem sine miraculis et sine sapientia.*

Ce qui fait qu'on ne croit pas les vrais miracles, est le manque de charité. Joh. : *Sed vos non creditis, quia non estis ex ovibus.* Ce qui fait croire les faux est le manque de charité. I *Thess.*, II.

Fondement de la religion. C'est les miracles. Quoi donc ? Dieu parle-t-il contre les miracles, contre les fondements de la foi qu'on a en lui ?

S'il y a un Dieu, il fallait que la foi de Dieu fût sur la terre. Or, les miracles de Jésus-Christ ne sont pas pré-

dits par l'Antechrist, mais les miracles de l'Antechrist
sont prédits par Jésus-Christ; et ainsi, si Jésus-Christ
n'était pas le Messie, il aurait bien induit en erreur; mais
l'Antechrist ne peut bien induire en erreur. Quand Jésus-
Christ a prédit les miracles de l'Antechrist a-t-il cru
détruire la foi de ses propres miracles ?

Moïse a prédit Jésus-Christ, et ordonné de le suivre;
Jésus-Christ a prédit l'Antechrist, et défendit de le suivre.

Il était impossible qu'au temps de Moïse on réservât
sa croyance à l'Antechrist, qui leur était inconnu; mais
il est bien aisé, au temps de l'Antechrist, de croire en
Jésus-Christ, déjà connu.

Il n'y a nulle raison de croire en l'Antechrist, qui ne
soit à croire en Jésus-Christ; mais il y en a en Jésus-
Christ, qui ne sont pas en l'autre.

*827-839. — *Juges*, XIII, 23 : « Si le Seigneur nous eût
voulu faire mourir, il ne nous eût pas montré toutes ces
choses. »

Ezéchias. Sennachérib.

Jérémie. Hananias, faux prophète, meurt le septième
mois.

II *Mach.*, III : Le temple prêt à piller secouru miracu-
leusement. — II *Mach.*, XV.

III *Rois*, XVII : La veuve à Elie, qui avait ressuscité
l'enfant : « Par là je connais que tes paroles sont vraies. »

III *Rois*, XVII : Elie avec les prophètes de Baal.

Jamais en la contention du vrai Dieu, de la vérité de
la religion, il n'est arrivé de miracle du côté de l'erreur,
et non de la vérité.

*828-856. — *Contestation.* — Abel, Caïn; Moïse, magiciens; Elie, faux prophètes; Jérémie, Hananias; Michée,
faux prophètes; Jésus-Christ, Pharisiens; saint Paul, Barjésu; Apôtres, exorcistes; les chrétiens et les infidèles;
les catholiques, les hérétiques; Elie, Enoch; Antechrist.

Toujours le vrai prévaut en miracles. Les deux croix.

*829-841. — Jésus-Christ dit que les Ecritures
témoignent de lui, mais il ne montre pas en quoi.

Même les prophéties ne pouvaient pas prouver Jésus-
Christ pendant sa vie; et ainsi, on n'eût pas été coupable
de ne pas croire en lui avant sa mort, si les miracles
n'eussent pas suffi sans la doctrine. Or, ceux qui ne
croyaient pas en lui, encore vivant, étaient pécheurs,
comme il le dit lui-même, et sans excuse. Donc il fallait
qu'ils eussent une démonstration à laquelle ils résis-
tassent. Or, ils n'avaient pas la nôtre, mais seulement les

miracles; donc ils suffisent, quand la doctrine n'est pas
contraire, et on doit y croire.

Jean, VII, 40. *Contestation entre les Juifs, comme entre
les chrétiens aujourd'hui.* Les uns croyaient en Jésus-
Christ, les autres ne le croyaient pas, à cause des prophéties qui disaient qu'il devait naître de Bethléem. Ils
devaient mieux prendre garde s'il n'en était pas. Car ses
miracles étant convaincants, ils devaient bien s'assurer
de ces prétendues contradictions de sa doctrine à l'Ecriture; et cette obscurité ne les excusait pas, mais les aveuglait. Ainsi ceux qui refusent de croire les miracles d'aujourd'hui, pour une prétendue contradiction chimérique,
ne sont pas excusés.

Le peuple, qui croyait en lui sur ses miracles; les pharisiens leur disaient : « Ce peuple est maudit, qui ne sait
pas la loi; mais y a-t-il un prince ou un pharisien qui ait
cru en lui ? Car nous savons que nul prophète ne sort
de Galilée. » Nicodème répondit : « Notre loi juge-t-elle
un homme devant que de l'avoir ouï [et encore, un tel
homme qui fait de tels miracles]. »

830-718. — Les prophéties étaient équivoques : elles
ne le sont plus.

831-880. — Les cinq propositions étaient équivoques,
elles ne le sont plus.

832-865. — Les miracles ne sont plus nécessaires, à
cause qu'on en a déjà. Mais quand on n'écoute plus la
tradition, quand on ne propose plus que le Pape, quand
on l'a surpris, et qu'ainsi ayant exclu la vraie source de
la vérité, qui est la tradition, et ayant prévenu le Pape,
qui en est le dépositaire, la vérité n'a plus de liberté de
paraître : alors les hommes ne parlant plus de la vérité,
la vérité doit parler elle-même aux hommes. C'est ce qui
arriva au temps d'Arius. (Miracles sous Dioclétien et
sous Arius.)

*833-648. — *Miracle.* — Le peuple conclut cela de soi-
même; mais s'il vous en faut donner la raison...

Il est fâcheux d'être dans l'exception de la règle. Il
faut même être sévère, et contraire à l'exception. Mais
néanmoins, comme il est certain qu'il y a des exceptions
de la règle, il en faut juger sévèrement, mais justement.

834-855. — Joh., VI, 26 : *Non quia vidistis signa, sed
quia saturati estis.*

Ceux qui suivent Jésus-Christ à cause de ses miracles
honorent sa puissance dans tous les miracles qu'elle produit; mais ceux qui, en faisant profession de le suivre

pour ses miracles, ne le suivent en effet que parce qu'il
les console et les rassasie des biens du monde, ils déshonorent ses miracles, quand ils sont contraires à leurs
commodités.

Joh., IX : *Non est hic homo a Deo, qui sabbatum non cus-
todit. Alii : Quomodo potest homo peccator haec signa
facere ?*

Lequel est le plus clair ?

Cette maison n'est pas de Dieu; car on n'y croit pas
que les cinq propositions soient dans Jansénius. — Les
autres : cette maison est de Dieu, car il y fait d'étranges
miracles.

Lequel est le plus clair ?

*Tu quid dicis ? Dico quia propheta est. Nisi esset hic a
Deo, non poterat facere quidquam.*

*835-852. — Dans le vieux Testament, quand on vous
détournera de Dieu. Dans le Nouveau, quand on vous
détournera de Jésus-Christ. Voilà les occasions d'exclusion à la foi des miracles, marquées. Il ne faut pas y
donner d'autres exclusions.

S'ensuit-il de là qu'ils auraient droit d'exclure tous les
prophètes qui leur sont venus ? Non. Ils eussent péché
en n'excluant pas ceux qui niaient Dieu, et eussent péché
d'exclure ceux qui ne niaient pas Dieu.

D'abord donc qu'on voit un miracle, il faut, ou se
soumettre, ou avoir d'étranges marques du contraire. Il
faut voir s'il nie un Dieu, ou Jésus-Christ, ou l'Eglise.

*836-843. — Il y a bien de la différence entre n'être
pas pour Jésus-Christ et le dire, ou n'être pas pour
Jésus-Christ et feindre d'en être. Les uns peuvent faire
des miracles, non les autres; car il est clair des uns qu'ils
sont contre la vérité, non des autres; et ainsi les miracles
sont plus clairs.

837-844. — C'est une chose si visible, qu'il faut aimer
un seul Dieu, qu'il ne faut pas de miracles pour le prouver.

*838-180. — Jésus-Christ a fait des miracles, et les
apôtres ensuite, et les premiers saints, en grand nombre;
parce que, les prophéties n'étant pas encore accomplies,
et s'accomplissant par eux, rien ne témoignait que les
miracles. Il était prédit que le Messie convertirait les
nations. Comment cette prophétie se fût-elle accomplie,
sans la conversion des nations ? Et comment les nations
se fussent-elles converties au Messie, ne voyant pas ce
dernier effet des prophéties qui le prouvent ? Avant donc

qu'il ait été mort, ressuscité, et converti les nations, tout n'était pas accompli; et ainsi il a fallu des miracles pendant tout ce temps. Maintenant il n'en faut plus contre les Juifs, car les prophéties accomplies sont un miracle subsistant.

839-854. — « Si vous ne croyez en moi, croyez au moins aux miracles. » Il les renvoie comme au plus fort.

Il avait été dit aux Juifs, aussi bien qu'aux Chrétiens, qu'ils ne crussent pas toujours les prophètes; mais néanmoins, les pharisiens et les scribes font grand état de ses miracles, et essayent de montrer qu'ils sont faux, ou faits par le diable : étant nécessité d'être convaincus, s'ils reconnaissent qu'ils sont de Dieu.

Nous ne sommes pas aujourd'hui dans la peine de faire ce discernement. Il est pourtant bien facile à faire : ceux qui ne nient ni Dieu, ni Jésus-Christ, ne font point de miracles qui ne soient sûrs. *Nemo facit virtutem in nomine meo, et cito possit de me male loqui.*

Mais nous n'avons point à faire ce discernement. Voici une relique sacrée. Voici une épine de la couronne du Sauveur du monde, en qui le prince de ce monde n'a point puissance, qui fait des miracles par la propre puissance de ce sang répandu pour nous. Voici que Dieu choisit lui-même cette maison pour y faire éclater sa puissance.

Ce ne sont point des hommes qui font ces miracles par une vertu inconnue et douteuse, qui nous oblige à un difficile discernement. C'est Dieu même; c'est l'instrument de la Passion de son Fils unique, qui, étant en plusieurs lieux, choisit celui-ci, et fait venir de tous côtés les hommes pour y recevoir ces soulagements miraculeux dans leurs langueurs.

840-858. — L'Eglise a trois sortes d'ennemis : les Juifs, qui n'ont jamais été de son corps; les hérétiques, qui s'en sont retirés; et les mauvais Chrétiens, qui la déchirent au dedans.

Ces trois sortes de différents adversaires la combattent d'ordinaire diversement. Mais ici ils la combattent d'une même sorte. Comme ils sont tous sans miracles, et que l'Eglise a toujours eu contre eux des miracles, ils ont tous eu le même intérêt à les éluder, et se sont tous servis de cette défaite : qu'il ne faut pas juger de la doctrine par les miracles, mais des miracles par la doctrine. Il y avait deux partis entre ceux qui écoutaient Jésus-Christ : les uns qui suivaient sa doctrine pour ses miracles; les

autres qui disaient... Il y avait deux partis au temps de
Calvin... Il y a maintenant les Jésuites, etc.

*841-901-902. — Les miracles discernent aux choses
douteuses : entre les peuples juif et païen, juif et chrétien ;
catholique, hérétique ; calomniés et calomniateurs ; entre
les deux croix.

Mais aux hérétiques, les miracles seraient inutiles ; car
l'Eglise, autorisée par les miracles qui ont préoccupé la
créance, nous dit qu'ils n'ont pas la vraie foi. Il n'y a
pas de doute qu'ils n'y sont pas, puisque les premiers
miracles de l'Eglise excluent la foi des leurs. Il y a ainsi
miracle contre miracle, et premiers et plus grands du
côté de l'Eglise.

Ces filles, étonnées de ce qu'on dit, qu'elles sont dans
la voie de perdition ; que leurs confesseurs les mènent à
Genève ; qu'ils leur inspirent que Jésus-Christ n'est point
en l'Eucharistie, ni en la droite du Père ; elles savent que
tout cela est faux, elles s'offrent donc à Dieu en cet état :
Vide si via iniquitatis in me est. Qu'arrive-t-il là-dessus ?
Ce lieu, qu'on dit être le temple du diable, Dieu en fait
son temple. On dit qu'il faut en ôter les enfants : Dieu
les y guérit. On dit que c'est l'arsenal de l'enfer : Dieu
en fait le sanctuaire de ses grâces. Enfin on les menace
de toutes les fureurs et de toutes les vengeances du ciel ;
et Dieu les comble de ses faveurs. Il faudrait avoir perdu
le sens pour en conclure qu'elles sont donc en la voie
de perdition.

(On en a sans doute les mêmes marques que saint
Athanase.)

842-851. — *Si tu es Christus, dic nobis.*

*Opera quae ego facio in nomine patris mei, haec testimo-
nium perhibent de me. Sed vos non creditis quia non estis ex
ovibus meis. Oves meae vocem meam audiunt.*

Joh., VI, 30 : *Quod ergo tu facis signum ut videamus et
credamus tibi ? — Non dicunt : Quam doctrinam prædicas ?*

*Nemo potest facere signa quae tu facis nisi Deus fuerit
cum eo.*

II Mach., XIV, 15. *Deus qui signis evidentibus suam por-
tionem protegit.*

Volumus signum videre de coelo, tentantes eum. Luc, XI,
16.

Generatio prava signum quaerit ; et non dabitur.

Et ingemiscens ait : Quid generatio ista signum quaerit ?
(Marc., VIII, 12.) Elle demandait signe à mauvaise intention.

Et non poterat facere. Et néanmoins il leur promet le
signe de Jonas, de sa résurrection, le grand et l'incomparable.

Nisi videritis signa, non creditis. Il ne les blâme pas de
ce qu'ils ne croient pas qu'il y ait de miracles; mais sans
qu'ils en soient eux-mêmes les spectateurs.

— L'Antechrist *in signis mendacibus,* dit saint Paul,
II *Thess.,* II.

*Secundum operationem Satanae, in seductione iis qui
pereunt eo quod charitatem veritatis non receperunt ut salvi
fierent, ideo mittet illis Deus optationes erroris ut credant
mendacio.*

Comme au passage de Moïse : *tentat enim vos Deus,
utrum diligatis eum.*

Ecce praedixi vobis : vos ergo videte.

*843-840. — Ce n'est point ici le pays de la vérité, elle
erre inconnue parmi les hommes. Dieu l'a couverte d'un
voile, qui la laisse méconnaître à ceux qui n'entendent
pas sa voix. Le lieu est ouvert au blasphème, et même
sur des vérités au moins bien apparentes. Si l'on publie
les vérités de l'Evangile, on en publie de contraires, et
on obscurcit les questions en sorte que le peuple ne peut
discerner. Et on demande : « Qu'avez-vous pour vous
faire plutôt croire que les autres ? Quel signe faites-vous ?
Vous n'avez que des paroles, et nous aussi. Si vous aviez
des miracles, bien! » Cela est une vérité, que la doctrine
doit être soutenue par les miracles dont on abuse pour
blasphémer la doctrine. Et si les miracles arrivent, on
dit que les miracles ne suffisent pas sans la doctrine; et
c'est une autre vérité pour blasphémer les miracles.

Jésus-Christ guérit l'aveugle-né, et fit quantité de
miracles, au jour du sabbat. Par où il aveuglait les pharisiens qui disaient qu'il fallait juger des miracles par la
doctrine.

« Nous avons Moïse : mais celui-là, nous ne savons
d'où il est. » C'est ce qui est admirable, que vous ne savez
d'où il est; et cependant il fait de tels miracles.

Jésus-Christ ne parlait ni contre Dieu ni contre
Moïse.

L'Antechrist et les faux prophètes, prédits par l'un et
l'autre Testament, parleront ouvertement contre Dieu et
contre Jésus-Christ. Qui n'est point caché... Qui serait
ennemi couvert, Dieu ne permettrait pas qu'il fît des
miracles ouvertement. Jamais en une dispute publique
où les deux parties se disent à Dieu, à Jésus-Christ, à

l'Eglise, les miracles ne sont du côté des faux chrétiens, et l'autre côté sans miracles.

« Il a le diable. » John., X, 21. Et les autres disaient : « Le Diable peut-il ouvrir les yeux des aveugles ? »

Les preuves que Jésus-Christ et les apôtres tirent de l'Ecriture ne sont pas démonstratives : car ils disent seulement que Moïse a dit qu'un prophète viendrait, mais ils ne prouvent pas par là que ce soit celui-là, et c'était toute la question. Ces passages ne servent donc qu'à montrer qu'on n'est pas contraire à l'Ecriture, et qu'il n'y paraît point de répugnance, mais non pas qu'il y ait accord. Or, cela suffit, exclusion de répugnance, avec miracles.

Il y a un devoir réciproque entre Dieu et les hommes, pour faire et pour donner. *Venite. Quid debui ?* « Accusez-moi », dit Dieu dans Isaïe.

Dieu doit accomplir ses promesses, etc.

Les hommes doivent à Dieu de recevoir la religion qu'il leur envoie. Dieu doit aux hommes de ne les point induire en erreur. Or, ils seraient induits en erreur, si les faiseurs [de] miracles annonçaient une doctrine qui ne parût pas visiblement fausse aux lumières du sens commun, et si un plus grand faiseur de miracles n'avait déjà averti de ne les pas croire.

Ainsi, s'il y avait division dans l'Eglise et que les Ariens, par exemple, qui se disaient fondés en l'Ecriture comme les catholiques, eussent fait des miracles et non les catholiques, on eût été induit en erreur.

Car, comme un homme qui nous annonce les secrets de Dieu n'est pas digne d'être cru sur son autorité privée, et que c'est pour cela que les impies en doutent, aussi un homme qui, pour marque de la communication qu'il a avec Dieu, ressuscite les morts, prédit l'avenir, transporte les mers, guérit les malades, il n'y a point d'impie qui ne s'y rende, et l'incrédulité de Pharao et des Pharisiens est l'effet d'un endurcissement surnaturel.

Quand donc on voit les miracles et la doctrine non suspecte tout ensemble d'un côté, il n'y a pas de difficulté. Mais quand on voit les miracles et [la] doctrine [suspecte] d'un même côté, alors il faut voir quel est le plus clair. Jésus-Christ était suspect.

Barjésu aveuglé. La force de Dieu surmonte celle de ses ennemis.

Les exorcistes juifs battus par les diables disant : « Je connais Jésus et Paul, mais vous, qui êtes-vous ? »

Les miracles sont pour la doctrine, et non pas la doctrine pour les miracles.

Si les miracles sont vrais, pourra-t-on persuader toute doctrine ? non, car cela n'arrivera pas. *Si angelus*...

Règle : Il faut juger de la doctrine par les miracles, il faut juger des miracles par la doctrine. Tout cela est vrai, mais cela ne se contredit pas.

Car il faut distinguer les temps.

Que vous êtes aise de savoir les règles générales, pensant par là jeter le trouble, et rendre tout inutile! On vous en empêchera, mon Père : la vérité est une et ferme.

Il est impossible, par le devoir de Dieu, qu'un homme cachant sa mauvaise doctrine, et n'en faisant apparaître qu'une bonne, et se disant conforme à Dieu et à l'Eglise, fasse des miracles pour couler insensiblement une doctrine fausse et subtile : cela ne se peut.

Et encore moins que Dieu, qui connaît les cœurs, fasse des miracles en faveur d'un tel.

844-894-899. — Les trois marques de la religion : la perpétuité, la bonne vie, les miracles. Ils détruisent la perpétuité par la probabilité, la bonne vie par leur morale; les miracles, en détruisant ou leur vérité, ou leur conséquence.

Si on les croit, l'Eglise n'aura que faire de perpétuité, sainteté, ni miracles. Les hérétiques les nient, ou en nient la conséquence; eux de même. Mais il faudrait n'avoir point de sincérité pour les nier, ou encore perdre le sens pour en nier la conséquence.

Jamais on ne s'est fait martyriser pour les miracles qu'on dit avoir vus, car [*pour*] ceux que les Turcs croient par tradition, la folie des hommes va peut-être jusqu'au martyre, mais non pour ceux qu'on a vus.

845-870. — Les hérétiques ont toujours combattu ces trois marques qu'ils n'ont point.

846-878. — *Première objection* : « Ange du ciel. Il ne faut pas juger de la vérité par les miracles, mais des miracles par la vérité. Donc les miracles sont inutiles. »

Or ils servent, et il ne faut point être contre la vérité, donc ce qu'a dit le P. Lingendes que « Dieu ne permettra pas qu'un miracle puisse induire à erreur » ...

Lorsqu'il y aura contestation dans la même Eglise, le miracle décidera.

Deuxième objection : « Mais l'Antechrist fera des signes. »

Les magiciens de Pharao ne séduisaient point à erreur.

Ainsi on ne pourra pas dire à Jésus-Christ sur l'Antechrist : « Vous m'avez induit à erreur. » Car l'Antechrist
les fera contre Jésus-Christ et ainsi ils ne peuvent induire
à erreur. Ou Dieu ne permettra point de faux miracles,
ou il en procurera de plus grands.

[Depuis le commencement du monde Jésus-Christ
subsiste : cela est plus fort que tous les miracles de l'Antechrist.]

Si dans la même Eglise, il arrivait miracle du côté des
errants, on serait induit à erreur. Le schisme est visible,
le miracle est visible. Mais le schisme est plus marqué
d'erreur que le miracle n'est marque de vérité : donc le
miracle ne peut induire à erreur.

Mais, hors le schisme, l'erreur n'est pas si visible que
le miracle est visible, donc le miracle induirait à erreur.

Ubi est Deus tuus? Les miracles le montrent, et sont
un éclair.

847-777. — Une des antiennes des vêpres de Noël :
Exortum est in tenebris lumen rectis corde.

*848-438. — Que si la miséricorde de Dieu est si
grande qu'il nous instruit salutairement, même lorsqu'il
se cache, quelle lumière n'en devons-nous pas attendre,
lorsqu'il se découvre ?

849-877. — *Est et non est* sera-t-il reçu dans la foi
même, aussi bien que les miracles ? Et s'il en est inséparable dans les autres...

Quand saint Xavier fait des miracles. — [Saint Hilaire.
— Misérables qui nous obligez à parler des miracles.]

Juges injustes, ne faites pas des lois sur l'heure, jugez
par celles qui sont établies, et par vous-mêmes : *Vae qui
conditis leges iniquas.*

Miracles continuels, faux.

Pour affaiblir vos adversaires, vous désarmez toute
l'Eglise.

S'ils disent que notre salut dépend de Dieu, ce sont
des « hérétiques ». S'ils disent qu'ils sont soumis au Pape,
c'est une « hypocrisie ». S'ils sont prêts à souscrire toutes
ses constitutions, cela ne suffit pas. S'ils disent qu'il ne
faut pas tuer pour une pomme, « ils combattent la morale
des catholiques ». S'il se fait des miracles parmi eux, ce
n'est point une marque de sainteté, et c'est au contraire
un soupçon d'hérésie.

La manière dont l'Eglise a subsisté est que la vérité
a été sans contestation, ou si elle a été contestée, il y a eu
le Pape, sinon, il y a eu l'Eglise.

*850-881. — Les cinq propositions condamnées, point de miracle, car la vérité n'était point attaquée. Mais la Sorbonne..., mais la bulle...

Il est impossible que ceux qui aiment Dieu de tout leur cœur méconnaissent l'Eglise, tant elle est évidente. — Il est impossible que ceux qui n'aiment pas Dieu soient convaincus de l'Eglise.

Les miracles ont une telle force qu'il a fallu que Dieu ait averti qu'on n'y pense point contre lui, tout clair qu'il soit qu'il y a un Dieu; sans quoi ils eussent été capables de troubler.

Et ainsi tant s'en faut que ces passages, *Deut.*, XIII, fussent contre l'autorité des miracles, que rien n'en marque davantage la force. Et de même pour l'Antechrist : « Jusqu'à séduire les élus, s'il était possible. »

851-903. — L'histoire de l'aveugle-né.

Que dit saint Paul ? dit-il le rapport des prophéties à toute heure ? Non, mais son miracle. Que dit Jésus-Christ ? dit-il le rapport des prophéties ? Non : sa mort ne les avait pas accomplies; mais il dit : *si non fecissem.* Croyez aux œuvres.

Deux fondements surnaturels de notre religion toute surnaturelle : l'un visible, l'autre invisible. Miracles avec la grâce, miracles sans la grâce.

La synagogue qui a été traitée avec amour comme figure de l'Eglise, et avec haine, parce qu'elle n'en était que la figure, a été relevée, étant prête à succomber quand elle était bien avec Dieu; et ainsi figure.

Les miracles prouvent le pouvoir que Dieu a sur les cœurs, par celui qu'il exerce sur les corps.

Jamais l'Eglise n'a approuvé un miracle parmi les hérétiques.

Les miracles, appui de la religion : ils ont discerné les juifs, ils ont discerné les chrétiens, les saints, les innocents, les vrais croyants.

Un miracle parmi les schismatiques n'est pas tant à craindre; car le schisme, qui est plus visible que le miracle, marque visiblement leur erreur. Mais quand il n'y a point de schisme et que l'erreur est en dispute, le miracle discerne.

Si non fecissem quae alius non fecit. Ces malheureux, qui nous ont obligé de parler des miracles.

Abraham, Gédéon confirment la foi par miracles.

Judith. Enfin Dieu parle dans les dernières oppressions.

Si le refroidissement de la charité laisse l'Eglise

presque sans vrais adorateurs, les miracles en exciteront.
C'est un des derniers effets de la grâce.

S'il se faisait un miracle aux Jésuites!

Quand le miracle trompe l'attente de ceux en présence
desquels il arrive, et qu'il y a disproportion entre l'état
de leur foi et l'instrument du miracle, alors il doit les
porter à changer. Mais vous, autrement. Il y aurait autant
de raison à dire que si l'Eucharistie ressuscitait un mort,
il faudrait se rendre calviniste que demeurer catholique.
Mais quand il couronne l'attente, et que ceux qui ont
espéré que Dieu bénirait les remèdes se voient guéris
sans remèdes...

Impies. — Jamais signe n'est arrivé de la part du diable
sans un signe plus fort de la part de Dieu, au moins sans
qu'il eût été prédit que cela arriverait.

852-859. — Injustes persécuteurs de ceux que Dieu
protège visiblement : s'ils vous reprochent vos excès, « ils
parlent comme les hérétiques »; s'ils disent que la grâce
de Jésus-Christ nous discerne, « ils sont hérétiques »;
s'il se fait des miracles, « c'est la marque de leur hérésie ».

Il est dit : « Croyez à l'Eglise », mais il n'est pas dit :
« Croyez aux miracles », à cause que le dernier est naturel,
et non pas le premier. L'un avait besoin de précepte, non
pas l'autre.

Ezéchiel. — On dit : Voilà le peuple de Dieu qui
parle ainsi. — Ezéchias.

La synagogue était la figure, et ainsi ne périssait point;
et n'était que la figure, et ainsi est périe. C'était une
figure qui contenait la vérité, et ainsi, elle a subsisté
jusqu'à ce qu'elle n'a plus eu la vérité.

Mon révérend Père, tout cela se passait en figures. Les
autres religions périssent; celle-là ne périt point.

Les miracles sont plus importants que vous ne pensez :
ils ont servi à la fondation, et serviront à la continuation
de l'Eglise, jusqu'à l'Antechrist, jusqu'à la fin.

Les deux Témoins.

En l'Ancien Testament et au Nouveau, les miracles
sont faits par l'attachement des figures. Salut, ou chose
inutile, sinon pour montrer qu'il faut se soumettre aux
Ecritures : figure des sacrements.

853-524. — [Il faut sobrement juger des ordonnances
divines, mon Père.

Saint Paul en l'île de Malte.]

854. — La dureté des Jésuites surpasse donc celle des
Juifs, puisqu'ils ne refusaient de croire Jésus-Christ

innocent que parce qu'ils doutaient si ses miracles étaient de Dieu. Au lieu que les Jésuites ne pouvant douter que les miracles de Port-Royal ne soient de Dieu, ils ne laissent pas de douter encore de l'innocence de cette maison.

855-836. — Je suppose qu'on croit les miracles. Vous corrompez la religion ou en faveur de vos amis, ou contre vos ennemis. Vous en disposez à votre gré.

856-922. — *Sur le miracle.* — Comme Dieu n'a pas rendu de famille plus heureuse, qu'il fasse aussi qu'il n'en trouve point de plus reconnaissante.

ARTICLE XIV

FRAGMENTS POLÉMIQUES

857-758. — *Clarté, obscurité.* — Il y aurait trop d'obscurité, si la vérité n'avait pas des marques visibles. C'en est une admirable d'être toujours conservée dans une Eglise et assemblée [d'hommes] visible. Il y aurait trop de clarté s'il n'y avait qu'un sentiment dans cette Eglise; celui qui y a toujours été est la vérité, car le vrai y a toujours été, et aucun faux n'y a toujours été.

*858-776. — L'histoire de l'Eglise doit être proprement appelée l'histoire de la vérité.

*859-743. — Il y a plaisir d'être dans un vaisseau battu de l'orage, lorsqu'on est assuré qu'il ne périra point. Les persécutions qui travaillent l'Eglise sont de cette nature.

860-884. — Après tant de marques de piété, ils ont encore la persécution, qui est la meilleure des marques de la piété.

861-845. — Bel état de l'Eglise quand elle n'est plus soutenue que de Dieu.

*862-733. — L'Eglise a toujours été combattue par des erreurs contraires, mais peut-être jamais en même temps, comme à présent. Et si elle en souffre plus, à cause de la multiplicité d'erreurs, elle en reçoit cet avantage qu'elles se détruisent.

Elle se plaint des deux, mais bien plus des calvinistes, à cause du schisme.

Il est certain que plusieurs des deux contraires sont trompés; il faut les désabuser.

La foi embrasse plusieurs vérités qui semblent se contredire. *Temps de rire, de pleurer, etc. Responde. Ne respondeas*, etc.

La source en est l'union des deux natures en Jésus-Christ; et aussi les deux mondes (la création d'un nouveau ciel et nouvelle terre; nouvelle vie, nouvelle mort;

toutes choses doublées, et les mêmes noms demeurant);
et enfin les deux hommes qui sont dans les justes (car ils
sont les deux mondes, et un membre et image de Jésus-
Christ. Et ainsi tous les noms leur conviennent : de
justes, pécheurs; mort, vivant; vivant, mort; élu,
réprouvé, etc.).

Il y a donc un grand nombre de vérités, et de foi et
de morale, qui semblent répugnantes, et qui subsistent
toutes dans un ordre admirable. La source de toutes les
hérésies est l'exclusion de quelques-unes de ces vérités
et la source de toutes les objections que nous font les
hérétiques est l'ignorance de quelques-unes de nos vérités. Et d'ordinaire il arrive que, ne pouvant concevoir le
rapport de deux vérités opposées, et croyant que l'aveu
de l'une enferme l'exclusion de l'autre, ils s'attachent à
l'une, ils excluent l'autre, et pensent que nous, au
contraire. Or l'exclusion est la cause de leur hérésie; et
l'ignorance que nous tenons l'autre, cause leurs objections.

1ᵉʳ exemple : Jésus-Christ est Dieu et homme. Les
Ariens, ne pouvant allier ces choses qu'ils croient incompatibles, disent qu'il est homme : en cela ils sont catholiques. Mais ils nient qu'il soit Dieu : en cela ils sont
hérétiques. Ils prétendent que nous nions son humanité :
en cela ils sont ignorants.

2ᵉ exemple : sur le sujet du Saint Sacrement. Nous
croyons que la substance du pain étant changée, et trans-
substantiellement, en celle du corps de Notre-Seigneur,
Jésus-Christ y est présent réellement. Voilà une des vérités. Une autre est que ce Sacrement est aussi une figure
de la croix et de la gloire, et une commémoration des
deux. Voilà la foi catholique, qui comprend ces deux vérités qui semblent opposées.

L'hérésie d'aujourd'hui, ne concevant pas que ce
Sacrement contienne tout ensemble et la présence de
Jésus-Christ et sa figure, et qu'il soit sacrifice et commémoration de sacrifice, croit qu'on ne peut admettre l'une
de ces vérités sans exclure l'autre pour cette raison.

Ils s'attachent à ce point seul, que ce Sacrement est
figuratif; et en cela ils ne sont point hérétiques. Ils
pensent que nous excluons cette vérité; de là vient
qu'ils nous font tant d'objections sur les passages des
Pères qui le disent. Enfin ils nient la présence; et en cela
ils sont hérétiques.

3ᵉ exemple : les indulgences.

C'est pourquoi le plus court moyen pour empêcher les hérésies est d'instruire de toutes les vérités; et le plus sûr moyen de les réfuter est de les déclarer toutes. Car que diront les hérétiques ?

Pour savoir si un sentiment est d'un Père...

*863-443. — Tous errent d'autant plus dangereusement qu'ils suivent chacun une vérité. Leur faute n'est pas de suivre une fausseté, mais de ne pas suivre une autre vérité.

864-739. — La vérité est si obscurcie en ce temps, et le mensonge si établi, qu'à moins que d'aimer la vérité, on ne saurait la connaître.

865-786. — S'il y a jamais un temps auquel on doive faire profession des deux contraires, c'est quand on reproche qu'on en omet un. Donc les Jésuites et les Jansénistes ont tort en les celant; mais les Jansénistes plus, car les Jésuites en ont mieux fait profession des deux.

866-752. — Deux sortes de gens égalent les choses, comme les fêtes aux jours ouvriers, les chrétiens aux prêtres, tous les péchés entre eux, etc. Et de là les uns concluent que ce qui est donc mal aux prêtres l'est aussi aux chrétiens; et les autres, que ce qui n'est pas mal aux chrétiens est permis aux prêtres.

867-285. — Si l'ancienne Eglise était dans l'erreur, l'Eglise est tombée. Quand elle y serait aujourd'hui ce n'est pas de même; car elle a toujours la maxime supérieure de la tradition, de la main de l'ancienne Eglise; et ainsi cette soumission et cette conformité à l'ancienne Eglise prévaut et corrige tout. Mais l'ancienne Eglise ne supposait pas l'Eglise future et ne la regardait pas, comme nous supposons et regardons l'ancienne.

*868-517. — Ce qui nous gâte pour comparer ce qui s'est passé autrefois dans l'Eglise à ce qui s'y voit maintenant, est qu'ordinairement on regarde saint Athanase, sainte Thérèse, et les autres, comme couronnés de gloire et [agissant avec nous] comme des dieux. A présent que le temps a éclairci les choses, cela paraît ainsi. Mais au temps où on le persécutait, ce grand saint était un homme qui s'appelait Athanase; et sainte Thérèse, une fille. « Elie était un homme comme nous, et sujet aux mêmes passions que nous », dit saint [Jacques], pour désabuser les Chrétiens de cette fausse idée qui nous fait rejeter l'exemple des saints, comme disproportionné à notre état. « C'étaient des saints, disons-nous, ce n'est pas

comme nous. » Que se passait-il donc alors ? Saint Athanase était un homme appelé Athanase, accusé de plusieurs
crimes, condamné en tel et tel concile, pour tel et tel
crime ; tous les évêques y consentaient, et le pape enfin.
Que dit-on à ceux qui y résistent ? Qu'ils troublent la
paix, qu'ils font schisme, etc.

Zèle, lumière. Quatre sortes de personnes : zèle sans
science ; science sans zèle ; ni science ni zèle ; et zèle et
science. Les trois premiers le condamnent, et les derniers
l'absolvent, et sont excommuniés de l'Eglise et sauvent
néanmoins l'Eglise.

869-517. — Si saint Augustin venait aujourd'hui et
qu'il fût aussi peu autorisé que ses défenseurs, il ne ferait
rien. Dieu conduit bien son Eglise de l'avoir envoyé
devant avec autorité.

870-706. — Dieu n'a pas voulu absoudre sans Eglise.
Comme elle a part à l'offense, il veut qu'elle ait part au
pardon. Il l'associe à ce pouvoir comme les rois les parle-
ments ; mais si elle absout ou si elle lie sans Dieu, ce n'est
plus l'Eglise : comme au parlement ; car encore que le roi
ait donné grâce à un homme, si faut-il qu'elle soit entéri-
née ; mais si le parlement entérine sans le roi ou s'il refuse
d'entériner sur l'ordre du roi, ce n'est plus le parlement
du roi, mais un corps révolté.

871-604. — *Eglise, Pape. Unité, multitude.* — En considérant l'Eglise comme unité, le Pape, qui en est le chef,
est comme tout. En la considérant comme multitude, le
Pape n'en est qu'une partie. Les Pères l'ont considérée,
tantôt en une manière, tantôt en l'autre ; et ainsi ont
parlé diversement du Pape. (Saint Cyprien : *Sacerdos
Dei.*) Mais en établissant une de ces deux vérités, ils n'ont
pas exclu l'autre. La multitude qui ne se réduit pas à
l'unité est confusion ; l'unité qui ne dépend pas de la
multitude est tyrannie. Il n'y a presque plus que la
France où il soit permis de dire que le Concile est au-dessus du Pape.

872-569. — Le Pape est premier. Quel autre est connu
de tous ? Quel autre est reconnu de tous, ayant pouvoir
d'insinuer dans tout le corps, parce qu'il tient la maîtresse
branche, qui s'insinue partout ? Qu'il était aisé de faire
dégénérer cela en tyrannie ! C'est pourquoi Jésus-Christ
leur a posé ce précepte : *Vos autem non sic.*

873-677. — Le Pape hait et craint les savants, qui ne
lui sont pas soumis par vœu.

874-567. — Il ne faut pas juger de ce qu'est le Pape

par quelques paroles des Pères, comme disaient les Grecs dans un concile, règles importantes, mais par les actions de l'Eglise et des Pères, et par les canons.

Duo aut tres. In unum. L'unité et la multitude : Erreur à exclure l'une des deux, comme font les papistes qui excluent la multitude, ou les huguenots qui excluent l'unité.

875-867. — Le pape serait-il déshonoré, pour tenir de Dieu et de la tradition ses lumières ? et n'est-ce pas le déshonorer de le séparer de cette sainte union.

876-726. — Dieu ne fait point de miracles dans la conduite ordinaire de son Eglise. C'en serait un étrange, si l'infaillibilité était dans un; mais d'être dans la multitude, cela paraît si naturel, que la conduite de Dieu est cachée sous la nature, comme en tous ses autres ouvrages.

877-708. — Les rois disposent de leur empire; mais les Papes ne peuvent disposer du leur.

878-85. — *Summum jus, summa injuria.*

La pluralité est la meilleure voie, parce qu'elle est visible, et qu'elle a la force pour se faire obéir; cependant c'est l'avis des moins habiles.

Si l'on avait pu, l'on aurait mis la force entre les mains de la justice : mais, comme la force ne se laisse pas manier comme on veut, parce que c'est une qualité palpable, au lieu que la justice est une qualité spirituelle dont on dispose comme on veut, on l'a mise entre les mains de la force; et ainsi on appelle juste ce qu'il est force d'observer.

De là vient le droit de l'épée, car l'épée donne un véritable droit. Autrement on verrait la violence d'un côté et la justice de l'autre. (Fin de la douzième *Provinciale*.) De là vient l'injustice de la Fronde, qui élève sa prétendue justice contre la force. Il n'en est pas de même dans l'Eglise, car il y a une justice véritable et nulle violence.

879-67. — *Injustice.* — La juridiction ne se donne pas pour [*le*] juridiciant, mais pour le juridicié. Il est dangereux de le dire au peuple; mais le peuple a trop de croyance en vous; cela ne lui nuira pas, et peut vous servir. Il faut donc le publier. *Pasce oves meas*, non *tuas*. Vous me devez pâture.

880-516. — On aime la sûreté. On aime que le Pape soit infaillible en la foi, et que les docteurs graves le soient dans les mœurs, afin d'avoir son assurance.

881-874. — L'Eglise enseigne et Dieu inspire, l'un et l'autre infailliblement. L'opération de l'Eglise ne sert qu'à préparer à la grâce ou à la condamnation. Ce qu'elle fait suffit pour condamner, non pour inspirer.

882-914. — Toutes les fois que les Jésuites surprendront le Pape, on rendra toute la chrétienté parjure.

Le Pape est très aisé à être surpris à cause de ses affaires et de la créance qu'il a aux Jésuites; et les Jésuites sont très capables de surprendre à cause de la calomnie.

883-862. — Les malheureux, qui m'ont obligé de parler du fond de la religion.

884-864. — Des pécheurs purifiés sans pénitence, des justes justifiés sans charité, tous les chrétiens sans la grâce de Jésus-Christ, Dieu sans pouvoir sur la volonté des hommes, une prédestination sans mystère, une rédemption sans certitude!

*885-602. — Est fait prêtre qui veut l'être, comme sous Jéroboam. C'est une chose horrible qu'on nous propose la discipline de l'Eglise d'aujourd'hui pour tellement bonne, qu'on fait un crime de la vouloir changer. Autrefois elle était bonne infailliblement, et on trouve qu'on a pu la changer sans péché; et maintenant, telle qu'elle est, on ne la pourra souhaiter changée! Il a bien été permis de changer la coutume de ne faire des prêtres qu'avec tant de circonspection, qu'il n'y en avait presque point qui en fussent dignes : et il ne sera pas permis de se plaindre de la coutume qui en fait tant d'indignes!

*886-563. — *Hérétiques.* — Ezéchiel. Tous les païens disaient du mal d'Israël, et le prophète aussi : et tant s'en faut que les Israélites eussent droit de lui dire : « Vous parlez comme les païens », qu'il fait sa plus grande force sur ce que les païens parlent comme lui.

887-900. — Les jansénistes ressemblent aux hérétiques par la réformation des mœurs; mais vous leur ressemblez en mal.

888-961. — Vous ignorez les prophéties si vous ne savez que tout cela doit arriver : princes, prophètes, Pape et même les prêtres; et néanmoins l'Eglise doit subsister. Par la grâce de Dieu nous n'en sommes pas là. Malheur à ces prêtres! mais nous espérons que Dieu nous fera la miséricorde que nous n'en serons point.

Saint Pierre, chap. II : faux prophètes passés, image des futurs.

889-965. — ... De sorte que s'il est vrai, d'une part, que quelques religieux relâchés et quelques casuistes corrompus, qui ne sont pas membres de la hiérarchie, ont trempé dans ces corruptions, il est constant, de l'autre, que les véritables pasteurs de l'Eglise, qui sont les véritables dépositaires de la parole divine, l'ont conservée immuablement contre les efforts de ceux qui ont entrepris de la ruiner.

Et ainsi les fidèles n'ont aucun prétexte de suivre ces relâchements, qui ne leur sont offerts que par les mains étrangères de ces casuistes, au lieu de la saine doctrine, qui leur est présentée par les mains paternelles de leurs propres pasteurs. Et les impies et les hérétiques n'ont aucun sujet de donner ces abus pour des marques du défaut de la providence de Dieu sur son Eglise, puisque l'Eglise étant proprement dans le corps de la hiérarchie, tant s'en faut qu'on puisse conclure de l'état présent des choses que Dieu l'ait abandonnée à la corruption, qu'il n'a jamais mieux paru qu'aujourd'hui que Dieu la défend visiblement de la corruption.

Car, si quelques-uns de ces hommes qui, par une vocation extraordinaire, ont fait profession de sortir du monde et de prendre l'habit de religieux pour vivre dans un état plus parfait que le commun des chrétiens, sont tombés dans des égarements qui font horreur au commun des chrétiens et sont devenus entre nous ce que les faux prophètes étaient entre les Juifs, c'est un malheur particulier et personnel qu'il faut, à la vérité, déplorer, mais dont on ne peut rien conclure contre le soin que Dieu prend de son Eglise; puisque toutes ces choses sont si clairement prédites, et qu'il a été annoncé depuis si longtemps que ces tentations s'élèveraient de la part de ces sortes de personnes; et que quand on est bien instruit on voit plutôt en cela des marques de la conduite de Dieu que de son oubli à notre égard.

890-868. — Tertullien : *nunquam Ecclesia reformabitur*.

891-986. — Il faut faire connaître aux hérétiques qui se prévalent de la doctrine des Jésuites que [*ce n'est pas*] celle de l'Eglise... la doctrine de l'Eglise; et que nos divisions ne nous séparent pas d'autel.

892-987. — Si en différant nous condamnions, vous auriez raison. L'uniformité sans diversité inutile aux autres, la diversité sans uniformité ruineuse pour nous. — L'une nuisible au-dehors, l'autre au-dedans.

893-847. — En montrant la vérité, on la fait croire; mais en montrant l'injustice des ministres, on ne la corrige pas. On assure la conscience en montrant la fausseté; on n'assure pas la bourse en montrant l'injustice.

894-679. — Ceux qui aiment l'Eglise se plaignent de

voir corrompre les mœurs; mais au moins les lois subsistent. Mais ceux-ci corrompent les lois : le modèle est gâté.

*895-813. — Jamais on ne fait le mal si pleinement et si gaiement que quand on le fait par conscience.

896-967. — C'est en vain que l'Eglise a établi ces mots d'anathèmes, hérésies, etc. : on s'en sert contre elle.

897-939. — Le serviteur ne sait ce que le maître fait, car le maître lui dit seulement l'action et non la fin; et c'est pourquoi il s'y assujettit servilement et pèche souvent contre la fin. Mais Jésus-Christ nous a dit la fin. Et vous détruisez cette fin.

898-707. — Ils ne peuvent avoir la perpétuité, et ils cherchent l'universalité; et pour cela, ils font toute l'Eglise corrompue, afin qu'ils soient sains.

899-775. — *Contre ceux qui abusent des passages de l'Ecriture et qui se prévalent de ce qu'ils en trouvent quelqu'un qui semble favoriser leur erreur.* — Le chapitre de Vêpres, le dimanche de la Passion, l'oraison pour le roi.

Explication de ces paroles : « Qui n'est pas pour moi est contre moi. » Et de ces autres : « Qui n'est point contre vous est pour vous. » Une personne qui dit : « Je ne suis ni pour ni contre »; on doit lui répondre...

900-251. — Qui veut donner le sens de l'Ecriture et ne le prend point de l'Ecriture, est ennemi de l'Ecriture. (Aug. *d. d. ch.*)

901-825. — « *Humilibus dat gratiam »; an ideo non dedit humilitatem?*

« *Sui eum non receperunt; quotquot autem non receperunt » an non erant sui?*

902-962. — « Il faut bien, dit le Feuillant, que cela ne soit pas si certain; car la contestation marque l'incertitude (saint Athanase, saint Chrysostome; la morale, les infidèles). »

Les Jésuites n'ont pas rendu la vérité incertaine, mais ils ont rendu leur impiété certaine.

La contradiction a toujours été laissée, pour aveugler les méchants; car tout ce qui choque la vérité ou la charité est mauvais : voilà le vrai principe.

*903-769. — Toutes les religions et les sectes du monde ont eu la raison naturelle pour guide. Les seuls Chrétiens ont été astreints à prendre leurs règles hors d'eux-mêmes, et à s'informer de celles que Jésus-Christ a laissées aux anciens pour être transmises aux fidèles. Cette contrainte lasse ces bons Pères. Ils veulent avoir, comme les autres peuples, la liberté de suivre leurs imaginations. C'est en vain que nous leur crions, comme les prophètes disaient autrefois aux Juifs : « Allez au milieu de l'Eglise; informez-vous des lois que les anciens lui ont laissées, et suivez ces sentiers. » Ils ont répondu comme les Juifs : « Nous n'y marcherons pas; mais nous suivrons les pensées de notre cœur »; et ils nous ont dit : « Nous serons comme les autres peuples. »

904-727. — Ils font de l'exception la règle.

Les anciens ont donné l'absolution avant la pénitence ? Faites-le en esprit d'exception. Mais, de l'exception, vous faites une règle sans exception, en sorte que vous ne voulez plus même que la règle soit en exception.

905-923. — *Sur les confessions et absolutions sans marques de regret.* — Dieu ne regarde que l'intérieur : l'Eglise ne juge que par l'extérieur. Dieu absout aussitôt qu'il voit la pénitence dans le cœur; l'Eglise, quand elle la voit dans les œuvres. Dieu fera une Eglise pure au-dedans, qui confonde par sa sainteté intérieure et toute spirituelle l'impiété intérieure des sages superbes et des pharisiens : et l'Eglise fera une assemblée d'hommes, dont les mœurs extérieures soient si pures, qu'elles confondent les mœurs des païens. S'il y en a d'hypocrites, mais si bien déguisés qu'elle n'en reconnaisse pas le venin, elle les souffre; car, encore qu'ils ne sont pas reçus de Dieu, qu'ils ne peuvent tromper, ils le sont des hommes, qu'ils trompent. Et ainsi elle n'est pas déshonorée par leur conduite, qui paraît sainte. Mais vous voulez que l'Eglise ne juge, ni de l'intérieur, parce que cela n'appartient qu'à Dieu, ni de l'extérieur, parce que Dieu ne s'arrête qu'à l'intérieur; et ainsi, lui ôtant tout choix des hommes, vous retenez dans l'Eglise les plus débordés, et ceux qui la déshonorent si fort, que les synagogues des Juifs et [les] sectes des philosophes les auraient exilés comme indignes, et les auraient abhorrés comme impies.

*906-693. — Les conditions les plus aisées à vivre selon le monde sont les plus difficiles à vivre selon Dieu; et au contraire : rien n'est si difficile selon le monde que la vie religieuse; rien n'est plus facile que de la passer selon Dieu. Rien n'est plus aisé que d'être dans une grande charge et dans de grands biens selon le monde; rien n'est plus difficile que d'y vivre selon Dieu, et sans y prendre de part et de goût.

907-601. — Les casuistes soumettent la décision à la

raison corrompue et le choix des décisions à la volonté corrompue, afin que tout ce qu'il y a de corrompu dans la nature de l'homme ait part à sa conduite.

*908-599. — Mais est-il *probable* que la *probabilité* assure ?

Différence entre repos et sûreté de conscience. Rien ne donne l'assurance que la vérité; rien ne donne le repos que la recherche sincère de la vérité.

909-993. — Toute la société entière de leurs casuistes ne peut assurer la conscience dans l'erreur, et c'est pourquoi il est important de choisir de bons guides.

Ainsi, ils seront doublement coupables : et pour avoir suivi des voies qu'ils ne devaient pas suivre, et pour avoir ouï des docteurs qu'ils ne devaient pas ouïr.

910-644. — Peut-ce être autre chose que la complaisance du monde qui vous fasse trouver les choses probables ? Nous ferez-vous accroire que ce soit la vérité, et que, si la mode du duel n'était point, vous trouveriez probable qu'on se peut battre, en regardant la chose en elle-même ?

911-659. — Faut-il tuer pour empêcher qu'il n'y ait des méchants ? c'est en faire deux au lieu d'un : *Vince in bono malum.*

912-720. — *Universel.* — Morale et langage sont des sciences particulières, mais universelles.

913-653. — *Probabilité.* — Chacun peut mettre, nul ne peut ôter.

914-363. — Ils laissent agir la concupiscence et retiennent le scrupule, au lieu qu'il faudrait faire au contraire.

915-692. — *Montalte.* — Les opinions relâchées plaisent tant aux hommes, qu'il est étrange que les leurs déplaisent. C'est qu'ils ont excédé toute borne. Et, de plus, il y a bien des gens qui voient le vrai, et qui n'y peuvent atteindre. Mais il y en a peu qui ne sachent que la pureté de la religion est contraire à nos corruptions. Ridicule de dire qu'une récompense éternelle est offerte à des mœurs escobartines.

916-906. — *Probabilité.* — Ils ont quelques principes vrais; mais ils en abusent. Or, l'abus des vérités doit être autant puni que l'introduction du mensonge.

Comme s'il y avait deux enfers, l'un pour les péchés contre la charité, l'autre contre la justice!

917-721. — *Probabilité.* — L'ardeur des saints à chercher le vrai était inutile, si le probable est sûr. La peur des saints qui avaient toujours suivi le plus sûr (sainte Thérèse ayant toujours suivi son confesseur).

918-981. — Otez la *probabilité*, on ne peut plus plaire au monde; mettez la *probabilité*, on ne peut plus lui déplaire.

919-973. — Ce sont les effets des péchés des peuples et des Jésuites : les grands ont souhaité d'être flattés; les Jésuites ont souhaité d'être aimés des grands. Ils ont tous été dignes d'être abandonnés à l'esprit du mensonge, les uns pour tromper, les autres pour être trompés. Ils ont été avares, ambitieux, voluptueux : *Coacervabunt sibi magistros*. Dignes disciples de tels maîtres, *digni sunt*, ils ont cherché des flatteurs et en ont trouvé.

920-916. — S'ils ne renoncent à la probabilité, leurs bonnes maximes sont aussi peu saintes que les méchantes, car elles sont fondées sur l'autorité humaine; et ainsi, si elles sont plus justes, elles seront plus raisonnables, mais non pas plus saintes. Elles tiennent de la tige sauvage sur quoi elles sont entées.

Si ce que je dis ne sert à vous éclaircir, il servira au peuple.

Si ceux-là se taisent, les pierres parleront.

Le silence est la plus grande persécution : jamais les saints ne se sont tus. Il est vrai qu'il faut vocation, mais ce n'est pas des arrêts du Conseil qu'il faut apprendre si l'on est appelé, c'est de la nécessité de parler. Or, après que Rome a parlé, et qu'on pense qu'il a condamné la vérité, et qu'ils l'ont écrit; et que les livres qui ont dit le contraire sont censurés, il faut crier d'autant plus haut qu'on est censuré plus injustement, et qu'on veut étouffer la parole plus violemment, jusqu'à ce qu'il vienne un Pape qui écoute les deux parties, et qui consulte l'antiquité pour faire justice. Aussi les bons Papes trouveront encore l'Eglise en clameurs.

L'Inquisition et la Société, les deux fléaux de la vérité.

Que ne les accusez-vous d'Arianisme ? Car ils ont dit que Jésus-Christ est Dieu : peut-être ils l'entendent, non par nature, mais comme il est dit, *Dii estis*.

Si mes lettres sont condamnées à Rome, ce que j'y condamne est condamné dans le ciel : *Ad tuum, Domine Jesu, tribunal appello*.

Vous-mêmes êtes corruptibles.

J'ai craint que je n'eusse mal écrit, me voyant condamné, mais l'exemple de tant de pieux écrits me fait croire au contraire. Il n'est plus permis de bien écrire, tant l'Inquisition est corrompue ou ignorante!

« Il est meilleur d'obéir à Dieu qu'aux hommes. »

Je ne crains rien, je n'espère rien. Les évêques ne sont pas ainsi. Le Port-Royal craint, et c'est une mauvaise politique de les séparer, car ils ne craindront plus et se feront plus craindre. Je ne crains pas même vos censures particulières, si elles ne sont fondées sur celles de la tradition. Censurez-vous tout? Quoi! même mon respect? Non. Donc dites quoi, ou vous ne ferez rien, si vous ne désignez le mal, et pourquoi il est mal. Et c'est ce qu'ils auront bien peine à faire.

Probabilité. — Ils ont plaisamment expliqué la sûreté; car après avoir établi que toutes leurs voies sont sûres, ils n'ont plus appelé *sûr* ce qui mène au ciel, sans danger de n'y pas arriver par là, mais ce qui y mène sans danger de sortir de cette voie.

Qu'avez-vous gagné en m'accusant de railler des choses saintes? Vous ne gagnerez pas plus en m'accusant d'imposture.

Je n'ai pas tout dit, vous le verrez bien...

921-960. — ... Les saints subtilisent pour se trouver criminels et accusent leurs meilleures actions. Et ceux-ci subtilisent pour excuser les plus méchantes.

Un bâtiment également beau par dehors, mais sur un mauvais fondement, les païens sages le bâtissaient; et le diable trompe les hommes par cette ressemblance apparente fondée sur le fondement le plus différent.

Jamais homme n'a eu si bonne cause que moi; et jamais d'autres n'ont donné si belle prise que vous.

Plus ils marquent de faiblesse en ma personne, plus ils autorisent ma cause.

Vous dites que je suis hérétique. Cela est-il permis?

NOTES

Les numéros renvoient aux fragments. Les mots en italique indiquent la partie du fragment à laquelle se rapporte la note.

3. « Juger par le sentiment... » : sur les notions de sentiment, de cœur, de raison, de principe chez Pascal, se référer à l'étude de J. Laporte, *Le Cœur et la Raison selon Pascal*, Elzévir, 1950.

4. « La vraie éloquence... » : La *Logique* de Port-Royal rend hommage à Pascal théoricien de la rhétorique en ces termes : « Feu M. Pascal, qui savait autant de véritable rhétorique que personne en ait jamais su... » Cette « véritable rhétorique » s'oppose à la rhétorique traditionnelle, trop formaliste. Port-Royal reprochait surtout à la rhétorique de n'être qu'une codification des passions humaines dans le discours.

5. « Par les conversations » : Idée sur laquelle Nicole s'est étendu dans l'un de ses *Essais de Morale (Discours où l'on fait voir combien les Entretiens des Hommes sont dangereux)*. Cette remarque avait déjà été faite par Montaigne (*Essais*. III. 8).

9. « Sont toujours vraies » : Ce fragment doit être interprété par rapport à d'autres textes pascaliens, en particulier l'*Esprit Géométrique* et l'*Art de Persuader*. La remarque finale ne contredit pas ce que Pascal écrit ailleurs sur les erreurs des sens : le témoignage des sens ne peut en lui-même être trompeur; c'est sur lui que se fonde l'expérimentation scientifique. Mais on peut faire, dans le jugement, mauvais usage des données sensorielles.

10. « On se persuade mieux... » : Ce fragment définit parfaitement l'attitude de Pascal par rapport à son lecteur dans les *Pensées*. Voir notre Introduction.

12. « Scaramouche » : Allusion à un acteur de la comédie italienne.

13. « Cléobuline » : Allusion à un personnage du *Grand Cyrus*, de Mlle de Scudéry. Fragment composé par l'abbé Bossut, éditeur des *Pensées* au XVIIIe siècle, d'après différents textes reflétant les idées de Pascal sur l'art de persuader.

18. « Salomon de Tultie » : Pascal a souvent employé des pseudonymes : Louis de Montalte pour les *Provinciales*, Amos Dettonville dans ses recherches sur la Roulette. Salomon de Tultie est un anagramme de ces pseudonymes, et désigne sans doute Pascal lui-même.

20. « Abstine et sustine » : Maxime de morale stoïcienne : « Abstiens-toi et supporte. »

29. « Plus poetice... » : « Tu t'es exprimé en poète plutôt qu'en homme » (Pétrone, 90).

30. Les passages en italique sont barrés dans le manuscrit.

33. « Beauté poétique » : Le goût littéraire de Pascal s'oppose à l'esthétique baroque. Lire pour compléter la lettre d'Etienne Pascal, père de Blaise, au Père Noël (avril 1648), dans l'édition de J. Mesnard (*Œuvres complètes*, II, pp. 584 sq.) et la onzième *Provinciale*.

35. « Ne quid nimis » : « Rien de trop. »

41. « Ambitiosa... » : « Il supprimera les ornements ambitieux. » Horace, *Epître aux Pisons*, v. 447.

53. Antoine Le Maistre, auteur d'un recueil de *Plaidoyers et Harangues*.

60. « Par la nature même » : « Par » a ici le sens instrumental : il s'agit de démontrer la corruption de la nature en se fondant sur l'étude de la nature elle-même.

61. « Ce discours d'ordre » : Critique de la méthode scolastique par divisions, dont a usé saint Thomas d'Aquin.

62. « Charron » : Auteur d'un *Traité de la Sagesse* et d'un *Traité des Trois Vérités*. C'est l'une des sources importantes de Pascal. Sur Montaigne et l'interprétation que donne Pascal de sa pensée, voir l'*Entretien avec Monsieur de Saci*.

63. « Mademoiselle de Gournay » : Née en 1565, publia les *Essais* de Montaigne en 1595 d'après les manuscrits.

70. « Zôa trékei » : « Les animaux courent » ; en grec, un sujet au neutre pluriel s'accorde avec un verbe au singulier.

72. « Disproportion » : Pascal avait d'abord écrit : « incapacité ». L'édition de Port-Royal remplace le passage entre crochets par le texte suivant : « La première chose qui

s'offre à l'homme quand il se regarde, c'est son corps, c'est-
à-dire une certaine portion de matière qui lui est propre.
Mais, pour comprendre ce qu'elle est, il faut qu'il la
compare avec tout ce qui est au-dessus de lui, et tout ce
qui est au-dessous, afin de reconnaître ses justes bornes.
Qu'il ne s'arrête donc pas à regarder simplement les objets
qui l'environnent. » Le fragment 72 a été profondément
corrigé par Pascal; ne pouvant reproduire dans le texte
même les ratures et les hésitations de Pascal, nous indiquons en note les passages barrés. Nous nous en sommes
tenus, autant que possible, à celles qui peuvent présenter
un intérêt pour le lecteur non spécialiste. Pour l'analyse
de ces ratures, voir Y. Maeda, « Le premier jet du fragment
pascalien sur les deux infinis », in *Etudes de Langue et
Littérature françaises*, n⁰ 4, Société japonaise de Langue et
Littérature françaises, Tokyo, 1964. « Qui l'environnent » :
« qu'il les étende à ces feux innombrables qui roulent si
fièrement sur lui, que cette immense étendue de l'univers,
vaste route que le soleil décrit en son tour lui paraisse... »
(Barré.)

§ 2. « Vaste tour que cet astre décrit » : « lui fasse regarder
la terre comme un point (...) et que ce vaste tour lui-même
ne soit considéré comme un point... » (Barré.)

« Elle se lassera plutôt de concevoir » : « des immensités
d'espace ». (Barré.)

« Nous n'enfantons que des atomes au prix de la réalité » :
« de cette vastitude infinie. » (Barré.)

§ 3. « Que l'homme étant revenu à soi considère ce qu'il
est au prix de ce qui est, qu'il se regarde comme égaré » :
le texte de Pascal est très raturé : « dans l'immense étendue
des choses et logé dans ce petit cachot qui ne lui découvre la
vue que de l'univers seulement qui lui paraissait – si – d'une
grandeur si étonnante (...) que ce n'est qu'un point (atome)
insensible dans l'immensité réelle des choses (...) et qu'il
s'étonne de ce que dans ce petit cachot où il se trouve logé
il n'aperçoive autre chose qu'un univers... « Nous omettons
des fragments d'expressions inachevées; on appréciera le
travail opéré par Pascal sur son style et son argumentation.

« Il apprenne à estimer » : « la terre entière (...) l'univers
qu'il découvre ». (Barré.)

« Qu'est-ce qu'un homme, dans » : « la nature ». (Barré.)

§ 4. « L'extrême petitesse de la nature » : « Je veux lui en
montrer l'infinie grandeur. » (Barré.)

« Dans cette terre des animaux, et enfin des cirons » : « Et
dans ces cirons une infinité d'univers semblables à ceux
qu'il vient d'entendre, et toujours deux profondeurs pareilles, sans fin et sans repos. » Puis : « Voilà une idée imparfaite
de la vérité des choses, laquelle quiconque aura considérée
(...) aura pour la nature le respect qu'il doit (...) et pour soi
(...) le mépris tel à peu près qu'il doit avoir. » (Barré.)

§ 7. « Tout autre ne le peut faire. » : « De ces deux infinis de nature, en grandeur et en petitesse, l'homme en conçoit plus aisément celui de grandeur que celui de petitesse. » (Barré.)

§ 10. « Disait Démocrite » : « Mais outre que c'est peu de gloire d'en parler simplement, sans prouver et connaître, il est néanmoins impossible de le faire, le multitude infinie des choses nous étant si cachée que tout ce que nous pouvons exprimer par paroles ou par pensées n'en est qu'un trait invisible — d'où il paraît combien est sot, vain et ignorant, ce titre de quelques livres, de omni scibili. » Puis, barré aussi : « On voit d'une première vue que l'arithmétique seule fournit des propriétés sans nombre, et chaque science de même. »

§ 11. « De omni scibili » : « De tout ce qui est connaissable » ; titre d'une thèse de Pic de la Mirandole.

§ 15. « Beneficia » : « Les bienfaits ne sont agréables que dans la mesure où l'on pense pouvoir les rendre ; lorsqu'ils sont excessifs, on rend de la haine au lieu de reconnaissance. » Tacite. *Annales*. IV. XVIII.

« Et non pas sensibles » : « Nous les souffrons — ne les sentons plus. » (Barré.)

« Enfin les choses extrêmes sont pour nous » : « insensibles ». (Barré.)

§ 16. « Poussés d'un bout vers l'autre ; » : « côté et d'autre sans jamais nous prendre ni à un ni d'autre côté ». (Barré.)

§ 17. « Notre raison » : « déçue tant de fois ». (Barré.)

« Rien » : « en effet peut affirmir ». (Barré.)

§ 20. « Il verrait » : « Tant de causes de l'impuissance où il est. »

« De passer outre » : « qu'il y bornerait sa curiosité, mais il ne la voit pas. Je crois qu'on voit assez par là que l'homme n'étant qu'une... » à la place de « mais il ne la voit pas », Lafuma lit : « mais il ne l'a pas rempli ».

§ 22. « Je tiens impossible de connaître » : « aucune seule sans toutes les autres c'est-à-dire impossible purement et absolument ». (Barré.)

§ 24. Et ce qui achève notre impuissance » : « est la simplicité des choses comparée avec notre état double et composé. Il y a des absurdités invincibles à combattre ce point, car il est aussi absurde qu'impie de nier que l'homme est composé de deux parties de différente nature d'âme et de corps. Cela nous rend impuissants à connaître toutes choses ». Ce passage barré, qui constitue le premier jet, est suivi d'un autre, également barré, qui s'y rattache : « Que si on nie cette composition et qu'on prétende que nous sommes tous corporels je laisse à juger combien la matière est incapable de connaître la matière — rien n'est plus impossible que cela. » Le début d'un paragraphe sui-

vant a été barré également : « Concevons donc que ce
mélange d'esprit et de matière nous disproportionne ».
Suit enfin un début de phrase, barré aussi : « Et ainsi un
être tout matériel ne pouvant se connaître... »

§ 25. « Connaître parfaitement les choses simples » :
« car comment connaîtrions-nous, distinctement, la matière,
puisque notre suppôt qui agit en cette connaissance est
en partie spirituel, et comment connaîtrions-nous nettement les substances spirituelles ayant un corps qui nous
aggrave et nous baisse vers la terre, l'âme empêchant que
le suppôt entier ne... » (Barré.)

§ 28. « Modus quo corporibus... » : « La façon dont l'esprit se tient au corps ne peut être comprise par les hommes
et pourtant c'est cela même qui est l'homme. » Saint
Augustin, Cité de Dieu. XXI. 10. Suit un texte barré par
Pascal : « Voilà une partie des causes qui rendent l'homme
si imbécile à connaître la nature. Elle est infinie en deux
manières, il est fini et limité. Elle dure et se maintient
perpétuellement en son être; il passe et est mortel. Les
choses en particulier se corrompent et se changent à
chaque instant, il ne les voit qu'en passant. Elles ont leur
principe et leur fin, il ne conçoit ni l'un ni l'autre. Elles
sont simples et il est composé de deux natures différentes.
Et pour consommer la preuve de notre faiblesse, je finirai
par cette réflexion sur l'état de notre nature. » (Barré.)

73. « Felix qui... » : « Heureux celui qui a pu connaître
les causes de la nature. » Virgile. Géorgiques. II. 489.
« Nihil mirari... » : « Ne s'étonner de rien est la seule chose
qui puisse donner le bonheur et le conserver. » Horace.
Ep. I. VI. I. « Harum sententiarum... » : « De ces opinions
(quelle est la véritable ? Un dieu seul le verra.) » Cicéron.
Tusculanes. I. II.

74. « Felix qui... » : voir note précédente. « Nihil
admirari » : « Heureux qui ne s'étonne de rien. » Horace.
Ep. II. II. 16. Maximes épicuriennes citées par Montaigne.

75. Ce fragment renvoie aux recherches de Pascal sur
le vide; voir le Traité du Vide et la correspondance avec le
Père Noël. « Ce n'est pas tout » : « leur horreur serait sans
effet s'ils n'avaient des forces pour l'exécuter, aussi on
leur en assigne et de très puissantes. On dit que non seulement ils ont peur du vide, mais qu'ils ont faculté de l'éviter... » (Barré.)

80. « Epictète demande... » : Entretiens. IV. 6.

82. § 4. « Cette faculté imaginante » : « Quel pouvoir
exerce-t-elle sur les âmes, sur les corps, combien de maladies guéries, combien de santés altérées, de malades lui
sont redevables de leur santé et combien de sains de leurs
maladies... » (Barré.)

§ 6. « Une planche plus large » : « que le chemin qu'il

occupe en marchant à son ordinaire ». (Barré.) Montaigne donne cet exemple dans son *Apologie de Raymond Sebond*.

§ 11. « Ce n'est pas le seul » : « L'homme a bien eu raison d'allier ces deux puissances, quoique dans cette paix l'imagination ait bien amplement l'avantage, car dans la guerre elle l'a bien plus entier. » Le passage qui suit est très raturé : « Jamais la raison ne surmonte totalement l'imagination, mais le contraire est ordinaire. » (Version définitive, barrée.)

§ 12. « En chaffourés » : « font trembler le peuple en qui l'imagination abonde. Ils ne peuvent pas croire qu'un homme qui n'a pas de soutane soit aussi grand médecin, les crocheteurs sont en habit court ». (Barré.)

§ 13. « Trognes armées » : on lit, dans certaines éditions, « troupes armées ».

§ 15. « Dell'opinione... » : « Que l'opinion est la reine du monde. » On ignore de quel livre il s'agit.

84. Ce fragment est essentiel pour comprendre le fragment 82. L'imagination fait perdre à l'homme le sens des proportions, de la mesure des choses. Ce principe vaut pour la connaissance et pour la morale, mais aussi pour l'art : ce que Pascal condamne dans l'esthétique baroque, ce sont les « mots d'enflure », disproportionnés par rapport au sujet du discours. Voir le fragment 33.

87. « Quasi quidquam... » : « Comme s'il pouvait y avoir plus malheureux qu'un homme que dominent ses passions. » Pline. II. 7. Lafuma fait précéder cette citation de la deuxième citation du fragment 90.

89. « Et ne croit autre chose » : « L'analogie de cette expression avec le début du fragment 233, dit « argument du pari », saute aux yeux. Ce fragment se trouve d'ailleurs sur la même feuille du manuscrit.

90. « Quod crebro... » : « Ce que l'on voit souvent n'étonne pas, même quand on en ignore la cause ; ce que l'on n'a jamais vu auparavant, si cela arrive, passe pour un prodige. » Cicéron, *De Divinatione*. II. 49. « Nae iste... » : « Le voilà qui va se donner grand mal pour dire de grandes sottises. » Térence. *Heautontimoroumenos*. IV. I. 18.

91. « L'éponge de soleil », pierre phosphorescente, avait été découverte en 1604. R. Jasinski note que les propriétés de cette pierre avaient bouleversé les conceptions de l'époque sur la chaleur et la lumière.

94. « Omne animal » : « Tout animal. » *Ecclésiaste*. XIII. 19.

96. La circulation du sang venait d'être découverte par Harvey.

98. « De la Provence » : Voir Montaigne. *Essais*. I. XXII. « C'est par l'entremise de la coutume que chacun est

content du lieu où nature l'a planté ; et les sauvages d'Ecosse n'ont que faire de la Touraine, ni les Scythes de la Thessalie. »

106. Voir sur ce point l'opuscule sur l'*Art de Persuader*.

107. « Lustravit... » : Renvoi, à travers Montaigne (II, 12), à un passage de l'*Odyssée* : « Les pensées des hommes changent avec les rayons du soleil, dont Jupiter les inonde. »

108. A rapprocher du fragment 801, par exemple. L'un des plus profonds problèmes pascaliens est celui de l'établissement d'une logique du témoignage.

114. « Desargues » : Le géomètre Desargues, maître de Pascal, possédait une vigne à Condrieu. Voir J. Douillet, « Desargues, Pascal et les raisins de Condrieu », in *Ecrits sur Pascal*, Editions du Luxembourg, Paris, 1959.

136. « Divertissement » : « Misère de l'homme. » (Barré.)

§ 1. « Pour aller sur la mer » : « voir une ville étrangère, ou aller chercher du poivre ». (Barré.)

« Une charge à l'armée si cher » : « pour aller tous les ans se faire blesser et assommer ». (Barré.)

« Avec plaisir » : « C'est pour éviter ce mal insupportable qu'on achète des charges pour... » Suit un paragraphe barré : « Toutes les peines qu'on souffre ne viennent donc que de cela seulement qu'on ne sait pas demeurer chez soi en repos et avec plaisir. »

§ 3. « Qui joue et qui se divertit » : Tout un paragraphe barré : « L'unique bien des hommes consiste donc à être divertis de penser à leur condition ou par une occupation qui les en détourne, ou par quelque passion agréable et nouvelle qui les occupe, ou par le jeu, la chasse, quelque spectacle attachant, et enfin par ce qu'on appelle divertissement, et de là vient... »

§ 4. « Et nous divertit » : En marge, Pascal a écrit : « Raison pourquoi on aime mieux la chasse que la prise. »

§ 6. Ce paragraphe a été écrit par Pascal en marge.

§ 7. « Nous en garantit » : « Et ainsi on philosophe sottement en disant que les rois ne sont pas heureux parce que les choses qu'ils possèdent ne... »

§ 13. Ce paragraphe est constitué d'additions écrites en marge par Pascal. A la fin du paragraphe précédent, un long passage a été raturé et barré, avant « ils ne répondent pas cela » : « en croyant comme ils font qu'ils seront ensuite dans un heureux repos ils donnent beau à se faire battre, mais dans la vérité on ne combat que les objets qu'ils s'imaginent avoir et non pas celui qu'ils ont en effet et qui se cache et se dérobe à leur vue dans le fond de leur cœur. » Après : « ils ne répondent pas cela parce qu'ils... » Pascal a écrit, puis barré : « sont trompés eux-mêmes et qu'ils ont d'autres pensées. Ils croient en effet que ce qu'ils

cherchent est capable de les satisfaire et... » Certains éditeurs insèrent directement les deux notes marginales dans
le texte, dont ils rompent ainsi le fil argumentatif.

§ 16. « Le repos devient insupportable » : Pascal avait
écrit ensuite : « par l'ennui qu'il engendre. Il faut en sortir
et mendier le tumulte ». Il a barré ces mots par erreur, puis
les a rétablis, de sorte qu'il faut les rattacher au texte défi-
nitif. Suit un texte barré : « Nulle condition n'est heureuse
sans bruit et sans divertissement et toute condition est
heureuse tandis qu'on jouit de quelque divertissement,
mais qu'on juge quel est ce bonheur qui consiste à être
diverti de penser à soi. »

§ 17. Ce paragraphe est une addition que Pascal a écrite,
ou plutôt fait écrire, en fin de fragment, avec le signe de
renvoi « B », qui permet de la placer à la suite des mots
« de remplir l'esprit de son venin » (§ 16). En tête de cette
addition figure le passage suivant, qui a été barré : « Le
divertissement est une chose si nécessaire aux gens du
monde qu'ils sont misérables sans cela (...); tantôt un
accident leur arrive, tantôt ils pensent à ceux qui leur
peuvent arriver, ou même quand ils n'y penseraient pas et
qu'ils n'auraient aucun sujet de chagrin, l'ennui de son
autorité privée ne laisse pas de sortir du fonds du cœur où
il a une racine naturelle et remplir tout l'esprit de son
venin. » Pascal a éliminé ce passage, et le lecteur doit passer
sans transition du paragraphe 16 au paragraphe 17.

A la suite du paragraphe 17, Pascal a écrit, puis barré :
« D'où vient que cet homme qui a perdu son fils unique
depuis peu de mois et qui est accablé de procès et de
querelles et de tant d'affaires importantes qui le rendaient
tantôt si chagrin n'y pense plus à présent. Ne vous en
étonnez pas. Il est tout occupé à savoir par où passera ce
sanglier que ses chiens poursuivent. »

A la fin du paragraphe 17, un signe de renvoi « C » est
tracé; ce signe se retrouve en tête du paragraphe 18 (« Mais,
direz-vous, quel objet a-t-il en tout cela ? ») Mais devant
ce passage, le signe de renvoi a été barré, et il se retrouve,
non barré, en tête du paragraphe 20 (« D'où vient que cet
homme qui a perdu depuis peu de mois son fils unique,
et qui accablé de procès et de querelles... ») Il est donc
possible de lire le développement de Pascal dans l'ordre
suivant : lire d'abord le paragraphe 16, puis le paragraphe
17, puis se reporter au paragraphe 20.

Au-dessus du paragraphe 18, Pascal avait d'abord écrit,
puis barré : « poursuivent. Il n'en faut pas davantage pour
chasser tant de pensées tristes. Voilà l'esprit de ce maître
du monde rempli de ce seul souci ».

§ 18. Le paragraphe avait d'abord été rédigé comme suit :
« Car quel objet a celui-ci qui se tue, aujourd'hui, à la chasse
sinon... » (Barré.)

« Une question d'algèbre » : « insurmontable à tout
autre ». (Barré.)

« Qu'on n'aurait pu trouver jusqu'ici » : « et tant d'autres
qui se font blesser en une campagne pour se vanter l'hiver
des dangers qu'il a courus .... » (Barré.)

§ 19. « Et qu'il excite » : « ses passions sur cela pour ne
point sentir passer le temps pour empêcher l'ennui de se
répandre et sa misère de paraître à sa pensée ». (Barré.)

§ 20. Voir note sur le paragraphe 17. Le paragraphe 20
est précédé du texte barré suivant : « L'homme sans divertissement quelqu'heureux qu'on l'imagine sèchera d'ennui,
et l'homme quelque plein de tristesse qu'il soit si on peut
gagner sur lui de le divertir le voilà heureux. »

« Se maintenir en cet état » : « Car pour parler selon la
vérité des diverses conditions des hommes, ceux que nous
appelons de grande qualité comme un... » (Barré.) Le
problème des gens de grande condition a toujours intéressé
Pascal et Port-Royal; voir sur ce point les *Trois Discours
sur la Condition des Grands*.

§ 21. « De tous côtés » : « chez eux pour les entretenir de
diverses affaires à leur réveil... » (Barré.)

143. La phrase finale est décrite en marge du fragment,
et non à la suite.

144. « Communication » : Le peu de personnes avec
lesquelles on peut communiquer. Il s'agit peut-être là
d'une réflexion de Pascal sur son propre itinéraire philo-
sophique.

151. Allusion, sans doute, aux Petites Ecoles de Port-
Royal.

156. « Ferox... » : « Peuple brutal, qui pense qu'il n'y a
pas de vie sans guerre. » Tite-Live. XXXIV. 17.

159. Le renvoi à une page 184 concerne sans doute
l'édition des *Essais* dont se servait Pascal.

160. Le mot « besogne » désigne l'acte sexuel. L'éternuement que l'on se procure est peut-être une allusion
au tabac à priser.

162. « Un je ne sais quoi » : Corneille. *Médée*. II. 16.

165. « In omnibus... » : « J'ai recherché le repos en toutes
choses. » *Ecclésiaste*. XXIV. II.

174. Pascal considère que Salomon est l'auteur de l'*Ecclésiaste*.

176. Cromwell est mort en 1658. En 1660, Monk rend
le pouvoir au fils de Charles Ier.

177. Charles Ier fut décapité. La reine Christine de Pologne dut abdiquer (1654); Jean Casimir de Pologne perdit
son trône, puis le retrouva en 1656.

178. Historien latin du Ve siècle.

184. « Travaillent » : voir le mot latin « laborare », au sens d'inquiéter.

185. « Terrorem... » : « la terreur plutôt que la religion ».

186. « Ne si terrerentur... » : « De peur, si l'on employait envers (les incroyants) la terreur, et non l'instruction, que cela semble être une domination tyrannique. » Saint Augustin. *Ep.* 48.

192. Miton : libertin et esprit fort, ami de Pascal.

193. « Quid fiet... » : « Qu'adviendra-t-il des hommes qui méprisent les petites choses et ne croient pas les grandes ? »

194. § 1. « Deus absconditus » : « Dieu caché. » *Isaïe.* XLV. 15.

§ 18. « Enchantement » : Evénement ou chose extraordinaire, miracle.

203. « Fascinatio... » : « Fascination de la frivolité. » *Livre de la Sagesse,* IV. 12.

205. « Memoria... » : « Le souvenir d'un hôte d'une journée, qui passe. » *Livre de la Sagesse.* V. 15.

233. Ce fragment est souvent appelé « argument du pari ». Sur le manuscrit, le texte et l'argumentation, on consultera avec profit :

Jean MESNARD, *Pascal*, Coll. Les Ecrivains devant Dieu, Desclée de Brouwer, 1965, pp. 36-44.

Henri GOUHIER, *Blaise Pascal, Commentaires*, Vrin, 1971 (2e tirage), chap. V, pp. 245-306.

Georges BRUNET, *Le Pari de Pascal*, Desclée de Brouwer, 1956.

La bibliographie du pari est démesurée. Les trois titres que nous indiquons permettront au lecteur d'éviter des contresens malheureux. L'argument du pari ne vise aucunement à démontrer l'existence de Dieu ; il prouve seulement que, raisonnablement, l'homme doit vivre comme si Dieu existait. Il doit pousser le libertin à abandonner les habitudes de l'incroyance, à se mettre en état de recevoir la foi. Jean Mesnard a bien montré que l'acte du pari n'est nullement équivalent à celui de la conversion, qui est un don de Dieu. Une interprétation différente, plus difficile, est donnée par E. Morot-Sir dans son étude *La Métaphysique de Pascal* (P.U.F., 1973), pp. 111-118.

Une analyse du raisonnement mathématique a été donnée par J. Levillain : « Exégèse du fragment sur le pari », in *Ecrits sur Pascal*, Editions du Luxembourg, 1959, p. 125 sq. Il se décompose schématiquement ainsi.

Si l'on « prend croix que Dieu est », deux possibilités s'offrent à la fin de l'existence : si Dieu existe, le gain est infini ; si Dieu n'est pas, on ne perd qu'un bien fini, un « néant » devant l'infini.

Le jeu est équitable (c'est-à-dire que l'on peut raisonnablement parier) lorsqu'on vérifie la formule :
chances de gagner x gain réel = chances de perdre enjeu.

Le gain réel est égal au gain en fin de partie moins l'enjeu.

Si l'on a deux vies à gagner pour une, avec une chance
de gagner et une chance de perdre, on a :

$$1 \times (2 - 1) = 1 \times 1$$

Le jeu est donc possible, et l'on peut raisonnablement
parier. S'il y a trois vies à gagner, pour une à engager, avec
une chance de gagner et une chance de perdre, on a :

$$1 \times (3 - 1) > 1 \times 1$$

Soit :

$$1 \times 2 > 1 \times 1$$

Le jeu est alors avantageux, et il serait déraisonnable de
ne pas engager sa vie, du moment que l'on est forcé de
parier.

S'il y a une éternité de vie et de bonheur à gagner, on a :

$$1 \times \text{infini} > y \times 1$$

Cela étant, même s'il y avait une infinité de chances de
perdre (y) le jeu serait encore équitable :

$$1 \times \text{infini} = \text{infini} \times 1$$

En fait, le pari est bien plus avantageux, car il y a une
infinité de vie heureuse à gagner, avec un nombre fini de
chances de perdre, et au moins une chance de gagner :

$$1 \times \text{infini} > y \times 1$$

Quel que soit le nombre de vies à miser, le pari reste
avantageux. Le seul cas où il ne le serait pas serait celui où
l'enjeu serait infini; mais « ce que vous pariez est fini ».

§ 8. « Stultitiam » : Dans le vocabulaire stoïcien, désigne
la sottise, ou plus exactement le manque de sagesse.

235. « Rem viderunt... » : « Ils ont vu le fait, mais sans
en voir la cause. » Saint Augustin. *Contre Pélage.* IV. 60.

242. « Nemo novit... » : « Nul ne connaît le Père sinon
par le Fils, et celui à qui le Fils a voulu le révéler. » *Matthieu.* XI. 27. « Vere tu es... » : « Vraiment tu es le Dieu
caché. » *Isaïe.* XLV. 15.

245. « Ne evacuetur... » : « Pour que ne reste pas vaine
la croix du Christ. » Saint Paul. *Ep. Cor.* I. 17.

248. « Justus... » : « Le juste vit de la foi. » Saint Paul.
Ep. Rom. I. 17. « Fides... » : « La foi d'avoir entendu. »
Saint Paul, *Ep. Rom.* X. 17. « Scio, credo » : je sais, je crois.

252. « Automate » : L'automate désigne, dans la tradition cartésienne, la partie corporelle de l'homme, mue par
« figure et mouvement ». Par extension, le mot désigne les
habitudes, prises par automatisme, par opposition à la

pensée. « Inclina... » : « Incline mon cœur, ô Dieu, vers ton témoignage, et non vers le gain. » *Psaumes*, CXVIII. 36.

258. « Unusquisque... » : « Chacun se forge son Dieu. » *Livre de la Sagesse*. XV. 8.

260. « Si le consentement général... » : Si le consentement universel est le critère du vrai, que serait la vérité si « tous les hommes étaient péris » ?

271. « Nisi efficiamini... » : « Si vous ne vous rendez pas semblables aux petits enfants (vous n'entrerez pas dans le royaume des cieux). » *Matthieu*. XVIII. 3.

276. Monsieur de Roannez (1627-1696), ami intime de Pascal, qui eut une grande influence sur sa vie spirituelle et celle de sa sœur ; il fit partie du comité d'édition des *Pensées*.

282. Le passage entre parenthèses est en marge dans le manuscrit ; un signe de renvoi permet de le situer dans le fragment.

283. § 2. « Echauffer » : Lafuma lit « rabaisser ».

284. « Incline ... » : « Incline, mon Dieu, mon cœur vers tes témoignages. » *Psaumes*. CXVIII. 36.

287. Dans les marges du manuscrit, on lit :
       « Eorum qui amant ».
       Dieu incline le cœur de ceux qu'il aime.
       « Deus inclinat corda eorum ».
       Celui qui l'aime. Celui qu'il aime.
Les fragments latins se complètent : « Dieu incline le cœur de ceux qui l'aiment. » D'après le *Psaume* CXVIII. 36.

294. Le début du fragment est barré : « En vérité la vanité des lois il s'en délivrerait, il est donc utile de l'abuser. »

« Il l'ignore. » : « Qu'il confesse franchement que si ce n'est sur la véritable justice, les lois seront injustes, et comment se régler sur l'essentielle justice qu'il ignore. » (Barré).

« Nihil amplius... » : « Il n'y a plus rien qui soit nôtre ; ce que nous appelons nôtre relève de la convention. » Cicéron. *De Finibus*. V. 21. « Ex senatus-consultis... » : « C'est en vertu des sénatus-consultes et des plébiscites que l'on commet des crimes. » Sénèque. *Lettres*. 95. « Ut olim vitiis... » : « Comme autrefois nous étions écrasés par les vices, maintenant nous le sommes par les lois. » Tacite, *Annales*. III. 25. « Cum veritatem... » : « Comme il ignore la vérité qui peut le libérer, il est bon qu'on le trompe. » Saint Augustin. *Cité de Dieu*. IV. 27.

297. « Veri juris » : « Du véritable droit (et de la pure justice, nous ne tenons pas un modèle solide et positif ; nous n'en avons qu'une ombre et des images). » Cicéron. *De Officiis*. III. 17.

316. « Brave » a ici le sens de « mis, équipé avec magnificence ».

338. « Omnis... » : « Toute créature est sujette à la vanité. » *Ecclésiaste*. III. 19. « Liberabitur » : « Elle sera délivrée. » Saint Paul. *Ep. Rom*. VIII. 20-21. Le respect des grands n'est légitime que s'il répond à la volonté d'obéir à Dieu et de se soumettre à sa volonté.

340. Pascal lui-même est l'inventeur de la machine arithmétique.

341. On ignore de quelle anecdote il s'agit. Brunschvicg note qu'elle devait concerner l'automatisme animal. Le duc de Liancourt, ami de Port-Royal, se vit refuser l'absolution par un confesseur hostile aux jansénistes, ce qui fut en partie à l'origine de la querelle des *Provinciales*.

350. Epictète parle en effet des « galiléens » en ces termes. Voir *Dissert*. IV. 7.

354. « Plerumque... » : « Les changements plaisent souvent aux princes. » Horace. *Odes*. III. XXIV. v. 13.

355. « Itus et reditus » : « Aller et retour. »

361. « Ut sis contentus... » : « Pour que tu sois satisfait avec toi-même et les biens dont tu es l'origine. » Sénèque. *Lettres à Lucilius*. XX. 8.

362. « Ex senatus-consultis... » : Voir note 294.

363. Idem. « Nihil tam absurde... » : « Il n'y a rien de si absurde qui n'ait été dit par quelque philosophe. » Cicéron. *De Divinatione*. II. 58. « Quibusdam... » : « Voués à certaines opinions définies, ils sont forcés de défendre cela même qu'ils désapprouvent. » Cicéron. *Tusculanes*. II. 2. « Ut omnium rerum... » : « Comme de tout le reste, nous sommes aussi écrasés par l'excès des lettres. » Sénèque. *Lettres*. CVI. « Id maxime... » : « Ce qui convient le mieux à chacun, c'est ce qui lui est le plus naturel. » Cicéron. *De Officiis*. I. XXXI. « Hos natura... » : « Ce sont les limites que leur assigne d'abord la nature. » Virgile. *Géorgiques*. II. 20. « Paucis opus... » : « Il n'est pas besoin de beaucoup de lettres pour atteindre la sagesse. » Sénèque. *Lettres*. CVI. « Si quando... » : « Quand bien même cela ne serait pas honteux, cela l'est pourtant, pour peu que la multitude l'approuve. » Cicéron. *De Finibus*. II. 15. « Mihi sic usus... » : « Moi, j'en use ainsi, toi, fais ce que tu veux. » Térence. *Heautontimoroumenos*. I. I. 28.

364. « Rarum est... » : « Il est rare que l'on se respecte assez soi-même. » Quintilien. X. 7. « Tot circa... » : « Tant de dieux s'agitant autour d'une seule tête. » Sénèque. *Suasoriae*. I. 4. « Nihil turpius... » : « Il n'y a rien de plus honteux que d'affirmer avant de savoir. » Cicéron. *Acade-*

miques. I. 45. « Nec me pudet... » : « Et je n'ai pas honte d'avouer que j'ignore ce que j'ignore. » Cicéron. *Tusculanes*. I. 25. « Melius... » : « Ils auront moins de mal à ne pas commencer qu'à s'arrêter. » Sénèque. *Ep.* LXXII.

366. « Oh, le très ridicule héros ! » Allusion à une affiche placardée à la porte de l'Assemblée Générale du Clergé de France après l'expulsion d'Arnauld de la Sorbonne.

368. « Conatus recedendi » : Force centrifuge propre, selon Descartes, aux corps qui « se meuvent en rond ».

375. Arcésilas : fondateur de la Nouvelle Académie, de tendance sceptique.

376. Il s'agit des sceptiques.

390. Ces discours supposent en effet que l'homme est en mesure de juger la justice divine. Le scepticisme rectifie cette vanité, et sert à discréditer ces objections contre la religion chrétienne.

392. « Les Académiciens » : Par opposition aux Pyrrhonniens, absolument sceptiques, les Académiciens admettaient l'existence de propositions vraisemblables.

399. « Ego vir... » : « Moi, je suis un homme qui vois (ma misère). » Jérémie. *Lamentations*. III. I.

409. Paul-Emile fut vainqueur de Persée en 166 av. J.-C.

413. Des Barreaux : Libertin, épicurien, tour à tour athée et croyant selon l'état de sa santé.

415. « Animum arcendi » : « Instinct d'écarter », propre au chien de garde.

416. « APR » : On suppose, sans pouvoir le démontrer de façon certaine, que ces lettres, qui forment aussi le titre d'une liasse du manuscrit, désignent les fragments que Pascal aurait préparés pour faire « à Port-Royal » une conférence de présentation de son projet apologétique (1658). Cette interprétation se heurte cependant à de nombreuses objections.

430. § 4. « La sagesse de Dieu » : Formule biblique; personnification de la parole de Dieu.

§ 8. « Ils ne savent ni quel est votre véritable bien, ni quel est... » : Les mots « véritable état » sont barrés, ainsi que le passage suivant : « Je suis la seule qui puis vous apprendre ces choses et quel est votre véritable bien. Je les enseigne à ceux qui m'écoutent et les livres que j'ai mis entre les mains des hommes les découvrent bien nettement, mais je n'ai pas voulu que cette connaissance fût si ouverte. J'apprends aux hommes ce qui les peut rendre heureux; pourquoi refusez-vous de m'ouïr ?

« Ne cherchez point de satisfaction dans la terre, n'espérez rien des hommes. Votre bien n'est qu'en Dieu et la souveraine félicité consiste à connaître Dieu, à s'unir à lui pour jamais dans l'éternité. Votre devoir est à l'aimer de tout votre cœur. »

§ 9. « Vous faire entendre qui vous êtes, à... » : « Je ne demande pas de vous une créance aveugle ». (Barré.)

432. « Quod ergo... » : « Ce que vous cherchez sans le connaître, la religion vous l'annonce. » Saint Paul. *Actes des apôtres.*

434. § 1. « Une preuve convainquante de leur vérité puisque » : « La nature peut nous les avoir donnés faux, puisque hors la foi on ne peut dire ou qu'on est créé au hasard et que ces principes sont... » (Barré.)

§ 10. « Qui démêlera cet embrouillement ? » : « Certainement cela passe le dogmatisme et pyrrhonnisme, et toute la philosophie humaine. L'homme passe l'homme. Qu'on accorde donc aux pyrrhonniens ce qu'ils ont tant crié, que la vérité n'est pas de notre portée, ni de notre gibier, qu'elle ne demeure pas en terre, qu'elle est domestique du ciel, qu'elle loge dans le sein de Dieu et que l'on ne la peut connaître qu'à mesure qu'il lui plaît de la révéler. Apprenons donc de la vérité incréée et incarnée notre véritable nature.» Des additions en marge précédant la suite du texte ont été barrées comme le texte ci-dessus : « On ne peut éviter en cherchant la vérité par la raison, l'une de ces trois sectes... »; « On ne peut être pyrrhonnien ni académicien sans étouffer la nature, on ne peut être dogmatiste sans renoncer à la raison... »

§ 11. « Ecoutez Dieu » : « N'est-il pas clair comme le jour que la condition de l'homme est double ? Certainement... » (Barré.)

§ 12. « Malheureusement déchus » : « Concevons donc que la condition de l'homme est double. » (Barré.) Puis : « Concevons donc que l'homme passe infiniment l'homme, et qu'il était inconcevable à soi-même sans le secours de la foi. Car qui ne voit que sans la connaissance de cette double condition de la nature on était dans une ignorance invincible de la vérité de sa nature. » (Barré.)

§ 15. « Deliciae meae... » : « Mes délices sont d'être avec les fils des hommes. » *Proverbes.* VII. 31. « Effundam... » « Je répandrai mon esprit sur toute chair. » *Joël.* II. 28. « Dii estis... » : « Vous êtes les dieux. » *Psaumes.* LXXXI. 6. « Omnis caro... » : « Toute chair est une herbe pourrie. » *Isaïe.* XL. 6. « Homo assimilatus... » : « L'homme a été comparé aux bêtes sans raison et leur est devenu semblable. *Psaumes.* XLVIII. 13. « Dixi... » : « Et je me dis aussi des hommes (qu'ils sont ainsi, pour que Dieu les montre tels qu'ils sont, et fasse constater qu'ils sont de vraies bêtes). » *Ecclésiaste.* III. 18.

435. § 1. Au début du paragraphe : « Nous pouvons marcher sûrement à la clarté de ces célestes lumières. »

La suite du fragment porte un passage barré, avec de nombreuses hésitations : « Que pouvaient-ils sinon suivre une de ces routes égarées, dans cette impuissance de voir la vérité entière s'ils connaissaient la dignité de notre condition, ils en ignoraient la corruption ou s'ils en connaissaient l'infirmité ils en ignoraient l'excellence, et suivant l'une ou l'autre de ces routes qui leur faisait voir la nature ou comme incorrompue, ou comme irréparable, ils se perdaient ou dans la superbe ou dans le désespoir selon qu'ils considéraient... Ne voyant de vérité que confondue avec l'erreur ils n'avaient de vertu... » (Barré.)

§ 2. « Avec tant de justesse » : « par cette capacité commune à tous et de la grâce et du péché qu'elle intimide l'élévation grandeur et sainteté des justes et qu'elle console l'humiliation des autres, ceux qu'elle humilie par cette double capacité... » (Barré.)

« Et du péché » : « C'est donc elle seule qui donne les vérités épurées d'erreur et qui donne les vertus épurées de vice... »

445. Voir un argument analogue dans le fragment 233. « Sapientius... » : « Ce qui est folie en Dieu est plus sage que les hommes. » Saint Paul. *Ep. Cor.* I. 25.

446. Pascal tire ses sources, sur le problème juif, du *Pugio Fidei*, ou plus exactement *Pugio Christianorum ad Impiorum Perfidiam Jugulandam, et maxime Judaeorum,* écrit au XIII⁰ siècle par Raimond Martin. Ce livre, malgré son ancienneté, constituait une source de renseignements remarquable. Il n'avait été édité qu'en 1651.

447. « Nemo... » : « Personne n'est heureux avant la mort. » D'après Ovide. *Métamorphoses.* III. 135.

453. « Figmentum malum » : passion mauvaise.

458. « Libido... » : « Désir de jouir, désir de savoir, désir de dominer. » Jean. *Première Ep.* II. 16.

460. « Qui gloriatur... » : « Celui qui se glorifie, qu'il se glorifie en Dieu. » Saint Paul. *Ep. Cor.* I. 31.

466. « Via... » : « Je suis la Voie, la Vérité, la Vie. » Jean. XIV. 6. Zénon est un philosophe stoïcien de l'Ancien Portique.

479. *Sagesse.* II. 6. « Venez donc et jouissons des biens qui existent et usons de la créature comme il convient dans la jeunesse, rapidement. »

483. « Qui adhaeret... » : « Qui s'attache à Dieu ne fait qu'un seul esprit avec lui. » Saint Paul. *Ep. Cor.* VI. 17.

484. Il s'agit des deux premiers commandements de Dieu. Voir *Matthieu.* XXII. 35.

497. Après le titre : « La justice de Dieu et sa miséricorde sont deux qualités que Dieu nous fait voir en lui pour

opposer aux deux sources de tous les péchés des hommes qui sont l'orgueil et la paresse. » (Barré). « Non intres... » : « N'entre pas en jugement avec ton serviteur. » *Psaumes.* CXLII. 2. Les citations suivantes proviennent de saint Paul. *Ep. Rom.* II. 4. et *Jonas.* III. 2.

498: « Je suis venu apporter... » : *Matthieu.* X. 34. et *Luc.* XII. 49.

502. « Sub te... » : « Mais si tu n'es pas bien disposé, le péché n'est-il pas à la porte, une bête tapie qui te convoite et que tu dois dominer. » *Genèse.* IV. 17.

512. Ce fragment est une discussion de la théorie cartésienne de l'Eucharistie. Voir *Lettre* au P. Mesland (9 fév. 1645). Brunschvicg explique que pour Descartes, l'identité d'un corps se définit par l'identité de l'âme qui lui est associée. La Transsubstantiation serait alors le changement de l'âme auquel le corps est joint. La matière du pain devient corps du Christ parce qu'elle est unie à l'âme du Christ. D'où l'on peut tirer que l'hostie est toute le corps du Christ, mais non qu'elle est tout le corps du Christ : il y a en effet plusieurs hosties consacrées. Les exemples qui suivent montrent qu'aucune analogie naturelle ne saurait constituer un modèle de compréhension de l'Eucharistie : on ne sort pas de la simple juxtaposition. L'identité « de numero » : « quand nous parlons d'un corps en général, nous entendons une partie déterminée de la matière, et ensemble de la quantité dont l'univers est composé, en sorte qu'on ne saurait ôter tant soit peu de cette quantité, que nous ne jugions incontinent que le corps est moindre et qu'il n'est plus entier; ni changer aucune particule de cette matière, que nous ne pensions pas après que le corps n'est plus totalement le même, ou idem numero. »

513. « Meruit... » : « Il a mérité d'avoir un Rédempteur. » *Office du Samedi Saint.* « Meruit... » : « Il a mérité de toucher des membres si sacrés. » *Office du Vendredi Saint.* « Digno... » : « Digne de toucher des membres si sacrés. » *Vexilla Regis.* « Non sum dignus » : « Je ne suis pas digne (que tu entres sous mon toit). » *Luc.* VII. 6. « Qui manducat... » : « Car qui en mange (et en boit) indignement. » « Dignus est accipere... » : « Il est digne de recevoir. » Voir : « Seigneur notre Dieu, tu es digne de recevoir gloire, honneur et puissance. » *Apocalypse.* IV. II. « Dignare me » : « Juge-moi digne... » *Office de la Sainte Vierge.*

514. « Preuves de la prière. » Lafuma lit « Pauvres de la grâce. » Voir les *Ecrits sur la Grâce* : « Les pauvres de la grâce ne manquent jamais du pouvoir d'obtenir, s'ils demandent. » « Petenti... » : « Demandez, et l'on vous donnera. » *Matthieu.* VII. 7.

515. *Matthieu.* XXV. 37.

518. « Dieu caché. »

519. « Multi crediderunt... » : « Beaucoup crurent en lui.
Jésus disait donc : Si vous demeurez dans ma parole, vous
serez vraiment mes disciples, et la vérité vous libérera. Ils
répondirent : nous sommes la race d'Abraham et jamais
nous n'avons été les esclaves de qui que ce soit. » *Jean*,
VIII. 31-33.

531. « Qui justus... » : « Celui qui est juste, qu'il soit
encore justifié. » *Apocalypse*. XXII. II.

533. Lafuma lit « comminuentes ». « Incline le cœur
vers l'humilité. » Saint Paul. *Ep. Rom.* XII. 16. Le vers
de Corneille est tiré de *Horace*.

536. « Corrumpunt mores... » : « Les mauvais entretiens
corrompent les bonnes mœurs. » Saint Paul. *Ep. Cor.* XV.
33.

543. « Quod curiositate... » : « Ce qu'ils avaient appris
par curiosité, ils l'ont oublié par leur superbe. » Saint
Augustin. *Sermons*. CXLI.

547. « Quia... non cognovit... » : « Parce que (les hommes)
n'ont pas su reconnaître Dieu par la sagesse, il a plu à
Dieu de les sauver par la folie de la prédication. » Saint
Paul. *Ep. Cor.* I. 21.

549. « Quo quisquam... » : « Meilleur on est, pire on
devient, si l'on s'attribue cela même en quoi on est bon. »
Saint Bernard. *In Cantica Sermones*. LXXXIV.

551. « Dignior... » : « Méritant des coups plutôt que des
baisers, je ne crains pas parce que j'aime. » Saint Bernard.
In Cantica Sermones. LXXXIV.

553. Ce texte date sans doute de 1655. Il n'aurait pro-
bablement pas fait partie de l'Apologie définitive. « Turbare... » : « Jésus frémit intérieurement. » *Jean*. XI. 33.
« Eamus... » : « Allons. Il s'avança. » *Matthieu*. XXVI. 40
et *Jean*. VIII. 4. « Ut immundus... » : « Ulysse "aurait vécu
comme un chien immonde, attaché à sa fange ". Horace. *Ep.*
I. 2. v. 26. « Eritis sicut... » : « Vous serez comme des dieux
connaissant le bien et le mal. » *Genèse*. III. 5.

554. « Noli... » : « Ne me touchez pas. » *Jean*. XX. 17.

564. « Vere discipuli... » : « Vrais disciples, vrai israélite,
vraiment libres, vraie nourriture. » *Jean*. VI. VIII et X.

571. « Signa legem... » : « Mets le sceau de ma loi en mes
disciples. » *Isaïe*. VIII. 16.

583. Lafuma lit « malins » au lieu de « malingres ».

585. « Vere tu es... » : « Vraiment tu es le Dieu caché. »
Isaïe. XLV. 15.

588. « Ne evacuata... » : « Pour que ne reste pas vaine la
croix du Christ. » Saint Paul. *Ep. Cor.* I. 17.

593. Une *Histoire de la Chine* avait paru en 1658, écrite par le P. Martini. On en tirait que les dynasties chinoises remontaient à une époque antérieure à la dispersion des langues, posant ainsi de graves problèmes aux chronologistes chrétiens.

596. Lafuma lit la fin du fragment de la façon suivante : « La qualité de témoins fait qu'il faut qu'ils soient toujours et partout, et misérables. Il est seul. »

603. Cette pensée a été supprimée car on y a reconnu, non pas un texte de Pascal, mais un fragment détaché par Port-Royal du nᵒ 737.

610. « Scindite... » : : « Déchirez votre cœur (et non vos vêtements, et revenez à Yahvé, votre Dieu). » « Miserere » : *Psaume*. XVIII. « Mandata... » : : « Vos holocaustes ne me plaisent pas. » *Jérémie*. VI. 20. « Dixit... » : : « Le Seigneur a parlé. » *Psaumes*. CX.

612. « Statuam... » : : « J'établirai entre moi et toi, par une alliance éternelle, le pacte par lequel je serai ton Dieu. « Et tu... » : : « Et tu conserveras mon alliance. »

613. « Qu'il a salué de loin. » : : « Abraham, votre père, exulta à l'idée de voir mon jour ; il l'a vu et s'en est réjoui. » *Jean*. VIII. 56. « Salutare... » : : « J'espère en ton salut, Seigneur. » *Genèse*. XLIX. 18.

623. Voir nᵒ 711.

628. « Et un livre que fait lui-même un peuple » : lire, selon les derniers éditeurs : « un livre *qui* fait lui-même... » « Moïse, quasi-contemporain de la Création » (Sellier), a écrit un livre qui a formé le peuple juif.

629. « Quis mihi... » : : « Qui pourra me donner que tous prophétisent ? » *Nombres*. XI. 29.

630. Massor : Remarques faites par les docteurs juifs sur le texte de l'Ancien Testament pour en conserver l'intégrité.

632. Esdras : Auteur de quatre livres, dont les deux premiers sont reconnus canoniques. La fable en question est celle selon laquelle Esdras aurait reconstitué sous la dictée de Dieu les Ecritures détruites pendant la captivité d'Israël. « Nullus penitus... » : : « Aucun des Anciens Hébreux n'a rapporté que les livres aient été détruits et reconstitués par Esdras, sauf le quatrième livre d'Esdras. » Baronius. X. XVIII. « Illa lingua... : Le langage et l'alphabet dans lesquels la loi a été écrite demeurèrent les mêmes jusqu'en soixante-dix. » Philon. II. « Perinde potuit... » : : « Il a pu reconstituer en esprit ce (livre) que la violence d'un cataclysme avait détruit, tout comme on sait qu'Esdras a su restaurer l'ensemble des livres judaïques, détruits lors de la prise de Babylone. » Tertullien. *De Cultu Femin*. I. 3.

Le texte grec qui suit a le même sens que le texte latin
(« Deus glorificatus est... ») : « Dieu a été glorifié, et les vraies
Ecritures divines ont été crues, que tous récitaient dans
les mêmes termes exactement depuis le début jusqu'à la fin,
afin que les peuples présents connussent que les Ecritures
ont été interprétées par l'inspiration divine, et qu'il n'est
pas étonnant que Dieu ait accompli en eux cette œuvre,
puisque, dans la captivité du peuple sous Nabuchodonosor,
les Ecritures étant détruites, et soixante-dix ans plus tard
les Juifs retournant dans leur pays, et ensuite du temps
d'Artaxerxès, roi des Perses, il inspira à Esdras, prêtre de
la tribu de Lévi, l'idée de rappeler les prophéties et de
restituer au peuple la loi qu'il avait donnée par Moïse. »
La version latine de ce texte est sans doute de Pascal.

635. Notes techniques prises par Pascal sur le *Pugio
Fidei.*

636. « Si volumus » : « Si vous voulez... » *Isaïe.* I. 19.
« In quacumque die » : « Chaque fois que. » « Si » peut marquer la nécessité (pour peu que...).

642. Moïse Maïmonide, théologien, médecin et philosophe juif d'Espagne (1135-1204); il rédigea un commentaire de *La Mishna*, code de la tradition hébraïque. La
Cabale est une doctrine mystique juive.

643. « Ut sciatis... » : « Pour que vous sachiez que le fils
de l'homme a le pouvoir de remettre les péchés, je te dis :
lève-toi. » *Marc.* II. 10-11.

650. Apocalyptiques : Commentateurs de l'*Apocalypse*,
qui en tiraient des conclusions fantaisistes.

651. Apocalyptiques : Voir note précédente. Les Préadamites affirment qu'Adam n'est pas le premier homme,
mais seulement l'origine des Israélites. Les Millénaires
relèvent des prédictions de la fin du monde pour l'An 1000.

654. « Sermo in Missus » : Il s'agit en fait d'un passage
de saint Luc, où le mot Missus (envoyé) est appliqué à
l'ange Gabriel (I. 26).

655. Havet explique que les six âges du monde répètent
les six jours de la Création selon la Genèse. Pascal tire cette
indication de saint Augustin (*De Genesi Contra Manicheos*).

656. « Forma futuri » : « Modèle de ce qui est à venir. »
Saint Paul. *Ep. Rom.* V. 14.

657. « Particuliers » désigne les prophéties, lorsqu'elles
se rapportent à un événement singulier. Voir *Exode.* II.
11-14.

658. Le sourd : *Marc.* VII. 32-35. Le muet : *Luc.* XI. 14.
L'aveugle : *Jean.* IX. Le paralytique : *Matthieu.* IX. 2-7.
Lazare : *Jean.* XI. Le possédé : *Matthieu.* VIII. 28.

666. « Fascination de la frivolité. » *Livre de la Sagesse.*
IV. 12. « Somnum... » : « Leur sommeil. » *Psaumes.* LXXV.
« Figura... » : « La figure de ce monde. » Saint Paul. *Ep. Cor.*
VIII. 31. « Comedes... » : « Tu mangeras mon pain, »
« notre pain. » *Deutéronome.* VIII. 9. et *Luc.* XI. 3.
« Inimici... » : « Les ennemis de Dieu lècheront la terre. »
Psaumes. LXXI. « Cum amaritudinibus » : « avec des laitues
sauvages. » *Exode.* XII. 8. « Singularis... » : « Moi, je suis
seul, jusqu'à ce que je passe. » *Psaumes.* CXL. 10.

667. Voir n° 760.

673. « Fac secundum... » : « Fais selon le modèle qui t'a
été montré sur la montagne. » *Exode.* XXV. 40. Ratière
doit sans doute être pris au sens de piège.

675. Voir note 643.

679. *Epître aux Hébreux.* II. 14.

681. « Veri... » : « Les vrais adorateurs. » *Jean.* IV. 29.
« Ecce agnus... » : « Voici l'agneau de Dieu qui enlève les
péchés du monde. » *Jean.* I. 29.

682. « Pravum... » : « Le cœur de tous est dépravé et
incrustable ; qui le connaîtra. » *Jérémie.* XVII. 9. « Ego
Dominus (scrutans cor et probans renes) » : « C'est moi le
Seigneur qui scrute le cœur et qui éprouve les reins. » *Ibid.*
10. « Quia non sum locutus... » : « Parce que je n'ai point
parlé (à vos pères, je ne leur ai rien commandé au jour où je
les ai tirés de la terre d'Egypte, au sujet des holocaustes et
des victimes). » *Jérémie.* VII. 22. « Faciam domui... » : « Je
ferai à cette maison dans laquelle a été invoqué mon nom,
et en laquelle vous avez confiance, et à ce lieu que je vous
ai donné à vous et à vos pères, comme j'ai fait à Silo. » *Ibid.*
VII. 14. « Secundum numerum... » : « Car selon le nombre
de tes cités étaient tes dieux, ô Juda... » *Jérémie.* XI. 13.

684. Voir fragment 659.

685. « Agnus... » : « L'agneau a été tué dès l'origine du
monde. » *Apocalypse.* XIII. 8.

687. « Sede... » : « Assieds-toi à ma droite. » *Psaumes.*
CXIX. « Iratus est... » : « Il entra en colère contre son
peuple. » *Isaïe.* V. 25. « Quia... » : « Car il a renforcé les
serrures de tes portes. » *Psaumes.* CXLVII. Le Mem est
une lettre de l'alphabet hébraïque, qui peut s'écrire ouverte
ou fermée, ce qui en change la valeur numérique.

692. « Et non pas Dieu » : Lafuma lit « ennemis ». Le
mot « ennemi » est pris ici dans deux sens différents ; au
début du fragment, il désigne tout ce qui s'oppose à la réali-
sation d'une fin, au sens que Pascal donne à ce mot. La
concupiscence est l'ennemie du chrétien parce qu'elle
prend le moi, et non Dieu, comme Fin. A la fin du fragment,
le mot est pris au sens propre, et désigne les adversaires
des chrétiens en général.

695. Voir Plutarque qui rapporte dans le *Traité de la Cessation des Oracles* qu'une voix aurait été entendue, proférant la phrase citée par Pascal. Par jeu de mots, « Pan » peut signifier en grec « Tout ».

696. « Ils (les Apôtres) ont reçu la parole avec la plus extrême avidité, en cherchant dans les Ecritures s'il en était bien ainsi. » Saint Paul. *Actes des Apôtres*. XVII. 2.

697. « Lis ce qui a été annoncé. Vois ce qui a été accompli. Recueille ce qui est à accomplir. »

701. « Du côté de la cuisse » : « Non auferetur sceptrum de Juda, et dux de femore ejus. » *Genèse*. XLIX. 10. Traduction : « Le sceptre ne s'éloignera pas de Juda, ni le bâton de chef d'entre ses pieds. »

713. § 7. « Toute la terre. » *Isaïe*. XLIII. 8.

720. « Non habemus ... » : « Nous n'avons d'autre roi que César. » *Jean*. XIX. 15.

723. Les termes de la prophétie sont, suivant la Vulgate : « Ab exitu sermonis ut iterum aedificetur Jerusalem. » Soit comme l'indique Havet, pour Pascal : « Depuis que la parole sortira pour rétablir et réédifier Jésuralem. » On peut comprendre qu'il s'agit de l'édit de Cyrus en faveur des Juifs, ou de celui d'Artaxerxès à Esdras ou à Néhémie. Mais, note encore Havet, on peut penser que la « parole qui annonce le rétablissement de Jérusalem » est la prophétie de Jérémie sur laquelle médite Daniel. « Il y a entre cette date et celle du second édit d'Artaxerce... une différence de plus de 150 ans. » Mais de plus, poursuit-il, les chronologies des rabbins sont diverses.

727. « Aenigmatis » : parole mystérieuse ou obscure. *Ezéchiel*. XVII. 2. « Il doit aveugler... » : « Car Yahvé a versé sur vous un esprit de torpeur, et il a fermé vos yeux... » *Isaïe*. XXIX. 10. « Les prophéties doivent être... » : « Les méchants ne comprendront pas ; les doctes comprendront. » *Daniel*. XII. 10.

732. « Qu'alors on n'enseignera... » *Jérémie*. XXXI. 34. « Vos fils... » *Joël*. II. 28. « En votre cœur... » *Jérémie*. XXXI. 34.

734. *Daniel*. II. 31-45. Il s'agit de la vision de la statue au pied d'argile, détruite par une pierre.

735. « Populum... » : « (J'ai tout le jour étendu mes mains) au peuple rebelle et rétif. » Paul. *Ep. Rom*. X. 21. Citation d'*Isaïe*. LXV. 2.

736. « Transfixerunt » : « (Ils regarderont celui qu'ils) ont transpercé. » *Zacharie*. XII. 10. « Ex omnibus... » : « de toutes les injustices ». *Psaumes*. CXXIX.

737. « Eris palpans... » : « Tu tâtonneras en plein midi. »

Deutéronome. XXVIII. 29. « Dabitur... » : « On donnera un livre à quelqu'un qui sait lire, et il dira : Je ne puis pas lire. » *Isaïe.* XXIX. 11.

741. « Quis mihi det... » : « Qui me donnera (de tracer dans un livre mes paroles ?) Je sais qu'il existe un rédempteur pour moi. » *Job.* XIX. 23-25.

744. « Et tu... » : « Et toi, quand tu seras converti, confirme tes frères. » *Luc.* XXII. 32. « Conversus... » : « Se retournant, Jésus regarda Pierre. » *Luc.* XXII. 61.

751. « Excaeca... » : « (Appesantis le cœur de ce peuple, rends-le sourd,) bouche-lui les yeux... » *Isaïe.* VI. 10.

754. « Homo... » : « Etant homme, tu te fais Dieu. » *Jean.* X. 33-35. Lire « facis » et non « facit. » « Scriptum est... » : « Il est écrit : vous êtes des dieux, et l'Ecriture ne peut être démentie. » *Jean.* X. 33-35. « Haec infirmitas... » : « Cette infirmité n'est pas pour la mort, mais pour la vie. » D'après *Jean.* XI. 4. « Lazarus... » : « Lazare dort; et ensuite, il dit : Lazare est mort. » *Jean.* XI. 11-14.

760. « Gladium tuum... » : « (Ceins) ton sabre, ô Très Puissant. » *Psaumes.* XLIV.

766. « Ingrediens mundum » : « (C'est pourquoi) en entrant dans le monde (il dit : Vous n'avez pas voulu de sacrifice ni d'oblation, mais vous m'avez formé un corps.) » *Ad. Hebr.* X. 5. « Pierre sur pierre » : voir *Marc.* XIII. 2.

772. « Effundam... » : « Je répandrai mon esprit (sur toute chair). » *Joël.* III. 1.

773. « Omnes gentes... » : « Tous les peuples viendront et l'adoreront. » *Psaumes.* XXX. 8. « Parum est ut... » : « C'est trop peu que (tu sois mon serviteur pour relever les tribus de Jacob. » *Isaïe.* XLIX. 6. « Postula... » : « Demandez (et je vous donnerai les peuples en héritage. » *Psaumes.* II. 8. « Adorabunt... » : « Tous les rois l'adoreront. » *Psaumes.* LXXI. 2. « Testes... » : « Des témoins de mensonge (se lèvent). » *Psaumes.* XXXIV. 11. « Dabit... » : « Il tendra la joue à celui qui le frappera. » Jérémie. *Lamentations.* III. 30. « Dederunt... » : « Ils ont donné du vinaigre dans ma nourriture. » *Psaumes.* LXVIII. 22.

774. « Parum... » : Voir note précédente. « Lumen... » : « (Je t'établis pour être) la lumière des nations. » Même référence. « Non fecit... » : « Il n'a pas fait ainsi pour tous les peuples. » *Psaumes.* CXLVII. « Fecit... » : « Il a fait ainsi pour tous les peuples. »

775. « Bibite... » : « Buvez-en tous. » *Matthieu.* XVI. 27. « In quo... » : « En quoi ils ont tous péché. » Saint Paul. *Ep. Rom.* V. 12.

776. « Ne timeas... » : « Ne craignez rien, petit troupeau. » *Luc.* XII. 32. « Timore... » : « Avec crainte et tremblement. »

Saint Paul. *Ep. Phil.* II. 12. « Quid ergo... » : « Quoi donc, ne craignez pas, pourvu que vous craigniez. » « Qui me recipit... » : « Celui qui me reçoit, ce n'est pas moi qu'il reçoit, mais celui qui m'a envoyé. » *Marc.* IX. 36. « Nemo scit... » : « Nul ne sait,... ni le Fils. » *Marc.* XIII. 32. « Nubes... » : « Voici qu'une nuée resplendissante les couvrit. » *Matthieu.* XVII. 5.

777. « En général, en particulier. »

778. « Omnis... » : « Toute la Judée et tous les habitants de Jérusalem étaient baptisés. » *Marc.* I. 5.

779. « Ne convertantur... » : « Afin qu'ils se ne convertissent pas, afin que je ne les guérisse pas, et ne leur remette pas leurs péchés. » *Marc.* IV. 12. Isaïe. VI. 10.

780. « Amice... » : « Mon ami, pourquoi es-tu venu ? » *Matthieu.* XXVI. 50.

782. « Je ne suis pas venu... » Saint Paul. *Ep. Cor.* XV. 57. Les autres citations proviennent de *Luc.* IX. 25. et IX. 24, *Matthieu.* V. 17. et VI. 32.

783. « Quare... » : « C'est pourquoi les nations frémirent... Les rois de la terre... contre le Christ. » *Psaumes.* II.

788. « Je m'en suis... » *Rois*, XIX. 18.

795. « In sanctificationem... » : « Pour la sanctification et comme pierre de scandale. » *Isaïe.* VI. 10.

799. Ce fragment résume peut-être toute la réflexion pascalienne dans les *Pensées*.

808. « Scimus... » : « Nous savons que tu es venu de Dieu, maître ; car personne ne peut faire les miracles que tu fais, si Dieu n'est avec lui. » *Jean.* III. 2. « Nisi... » : « Si je n'avais pas fait (en eux des œuvres que personne d'autre n'a faites) ils n'auraient pas péché. » *Jean.* XV. 24.

810. Commentaire de la fin du fragment 808.

819. Portentum : présage. Simulacrum : image, représentation figurée.

820. « Omne regnum... » : « Tout royaume divisé. » *Luc.* XI. 17. « In digito... » : « Par le doigt de Dieu... C'est que le royaume de Dieu est venu jusqu'à vous. » *Luc.* XI. 20.

826. « Cum autem... » : « Et quoi qu'il eût fait de si grands signes, ils ne crurent pas en lui, pour que fût accomplie la parole d'Isaïe. Il les a aveuglés... » *Jean.* XII. 37. « Haec dixit... » : « C'est ce que dit Isaïe, lorsqu'il vit sa gloire et qu'il parla de lui. » *Jean.* XII. 41. « Judaei signa... » : « Les Juifs demandent des signes, les Grecs recherchent la sagesse, mais nous proclamons le Christ crucifié. » Saint Paul. *Ep. Cor.* I. I. 22. « Sed plenum... » : « Mais plein de signes, plein de sagesse ; mais vous annon-

cez un Christ non crucifié et une religion sans miracle ni sagesse. » Pascal. « Sed vos non... » : « Mais vous ne croyez pas, parce que vous n'êtes pas de mes brebis. » Jean. X. 26.

831. Il s'agit des cinq propositions tirées soi-disant de l'*Augustinus* de Jansénius. Voir les *Provinciales*.

834. « Non quia... » : « Non parce que vous avez vu des miracles, mais parce que vous avez été rassasiés. » *Jean.* VI. 26. « Non est hic... » : « Cet homme n'est point de Dieu, car il ne respecte pas le Sabbat. D'autres disaient : Comment un simple pécheur peut-il accomplir de pareils miracles ? » *Jean.* IX. 16. « Tu quid dicis... » : « Et toi, que dis-tu ?... Il répondit : Je dis : parce que c'est un prophète... S'il ne venait pas de Dieu, il ne pourrait rien faire du tout. » *Jean.* IX. 17 et 33.

839. « Nemo facit... » : « Personne ne peut en mon nom faire vertu, et aussitôt mal parler de moi. » *Marc.* IX. 38.

841. « Vide... » : « Vois si la voie d'iniquité est en moi. » *Psaumes.* CXXXVIII.

842. « Si tu es... » : « Si tu es le Christ, dis-le nous. » *Jean.* X. 24. « Oprea... » : « Les œuvres que j'accomplis au nom du Père rendent témoignage de moi. Mais vous ne me croyez pas, parce que vous n'êtes pas de mes brebis. Mes brebis écoutent ma voix. » *Jean.* X. 25. « Quod ergo... » : « Quel miracle fais-tu donc pour que nous voyions et que nous croyions en toi ? » *Jean.* VI. 30. « Non dicunt... »: « Ils ne disent pas : quelle doctrine prêches-tu ? » Pascal. « Nemo potest... » : « Personne ne pourrait faire les pro-diges que tu fais, si Dieu n'est pas à ses côtés. » *Jean.* III. 2. « Deus qui signis... » : « Dieu qui, par des miracles écla-tants, protège son héritage. » *Macchabées.* II. XIV. 15. « Volumus signum... » : « Ils dirent pour le tenter : nous voulons un signe du ciel. » *Luc.* II. 16. « Generatio prava... »: « Une génération mauvaise... demande un miracle, et elle n'en recevra pas (d'autre que celui du prophète Jonas.) » *Matthieu.* XII. 39. « Et ingemiscens... » : « Et gémissant en lui-même, il dit : Pourquoi cette génération elle-même demande-t-elle un miracle ? » *Marc.* VIII. 12. « Et non poterat... » : « Et il ne put faire (là aucun miracle). » *Marc.* VI. 5. « Nisi videritis... » : « Si vous ne voyez pas de miracles, vous ne croyez pas. » *Jean.* IV. 48. « In signis... » : « Avec des miracles menteurs. » Saint Paul. *Ep. Thess. II.* II. 9. « Se-cundum... » : « Par l'opération de Satan. » Saint Paul. *Ibid.* « In seductione... » : « Avec une séduction pour ceux qui périssent, parce que l'amour de la vérité ne leur est pas donné pour qu'ils soient sauvés. C'est pourquoi Dieu leur enverra une opération d'erreur, de manière qu'ils croient au mensonge. » Saint Paul. *Ibid.* « Tentat enim... » : « Car Dieu vous met à l'épreuve pour voir si vous l'aimez. » *Deuté-ronome.* XIII. 3. « Ecce... » : « Voilà que je vous l'ai prédit...

lorsque vous verrez toutes ces choses. » *Matthieu.* XXIV. 25 et 33.

843. « Venite. » : « Venez. » « Quid debui ? » : « Qu'ai-je donc dû faire... que je n'ai pas fait ? » *Isaïe.* V. 4. « Si angelus... » : « Même si un ange (vous prêchait un autre Evangile que le nôtre, qu'il soit anathème). » Saint Paul. *Ep. Gal.* I. 8.

844. « Ils désigne les Jésuites. » Sur ces fragments, voir les *Provinciales.*

846. « Ange du ciel » : Voir note 843. Le père de Lingendes est un prédicateur jésuite. « Ubi est... » : « Où est ton Dieu ? » *Psaumes.* XLI.

847. « Exortum est... » : « La lumière s'est élevée dans les ténèbres pour ceux qui sont droits de cœur. » *Psaumes.* CXI.

849. « Est et non est » : « Cela est et n'est pas. » Allusion aux disputes des casuistes, qui tenaient pour également probables des opinions contraires. « Vae qui... » : « Malheur à vous qui établissez des lois injustes. » *Isaïe.* X. 1.

851. « Si non fecissem... » : « Si je n'avais pas fait des choses que personne d'autre n'a faites (ils n'auraient pas de péché). » *Jean.* XV. 24.

852. Fragment polémique contre les Jésuites. Ceux que Dieu protège visiblement, ce sont les gens de Port-Royal. Le miracle en question est celui de la Sainte Epine.

856. Il s'agit de la reconnaissance due à Dieu par la famille de Pascal pour la guérison miraculeuse de Marguerite Périer par la Sainte Epine.

860. « Ils » désigne les Jansénistes. La persécution leur est une grâce. Voir là-dessus Gouhier, *Commentaires,* pp. 307-356.

862. « Responde... » : « Réponds ; ne réponds pas. » *Provinciales.* XXVII. Pour la fin du fragment, voir le fragment 684.

865. Ce fragment ne donne aucunement raison, comme on l'a cru, aux Jésuites contre les Jansénistes. La théologie de la grâce doit établir ces deux vérités que Pascal a expliquées dans ses *Ecrits sur la Grâce,* que l'homme est libre et que Dieu est tout-puissant (ou que sa grâce est efficace et détermine notre vouloir). Pascal note seulement, écrit P. Sellier, que les exposés des molinistes ont été plus habiles que ceux des jansénistes sur ce point. Cela ne signifie pas que Pascal approuve leur théologie ; c'est même expressément contre elle qu'il a composé les *Ecrits sur la Grâce.*

871. « Sacerdos... » : « Evêque de Dieu. »

872. « Vos autem... » : « Mais il n'en est pas ainsi de vous. » *Luc*. XXII. 26.

874. « Duo aut... » : « (Que) deux ou trois (prophètes parlent)... » Saint Paul. *Ep. Cor.* I. XIV. 29. « In unum. » : « Si l'Eglise entière se réunit ensemble... » *Ibid.* XIV. 23.

879. « Pasce... » : « Pais mes brebis », non « les tiennes ». *Jean*. XXI. 17.

885. Voir la *Comparaison des chrétiens des premiers temps avec ceux d'aujourd'hui*.

890. « Jamais l'Eglise ne sera réformée. »

899. Citations de *Matthieu*. XII. 30. et *Marc*. IX. 39.

900. Le *De Doctrina Christiana* est un traité d'herméneutique de saint Augustin dont Pascal se sert beaucoup.

901. « Humilibus... » : « Dieu fait grâce aux humbles. » Saint Jacques. *Ep*. IV. 6. « An ideo... » : « Est-ce alors qu'il n'a pas donné l'humilité ? » Pascal. « Sui... » : « (Il vint chez lui et) les siens ne le reçurent pas. Mais tous ceux qui ne l'ont pas reçu... » *Jean*. I. II. « An non... » : « (tous ceux qui ne l'ont pas reçu) n'étaient-ils pas des siens ? » Pascal.

903. Une première version, barrée, donnait les textes cités en latin. Puis : « Ils ont dit aux peuples : venez avec nous, suivons les opinions des nouveaux auteurs ; la raison naturelle sera notre guide ; nous serons comme les autres peuples qui suivent chacun sa lumière naturelle. Les philosophes ont... »

911. « Vince... » : « Vaincs le mal par le bien. » Saint Paul. *Ep. Rom*. XII. 21.

915. Montalte : pseudonyme de Pascal dans les *Provinciales*.

919. « Coacervabunt... » : « Ils se donneront des maîtres en quantité. » Saint Paul. *Seconde Ep. Tim*. IV. 3. « Digni sunt... » : « Ils sont dignes. »

920. « Dii estis... » : « Vous êtes des dieux. » *Psaumes*. LXXXI. 6. « Ad tuum... » : « J'en appelle, Seigneur Jésus, à ton tribunal. »

921. Brunschvicg a voulu éviter de publier un certain nombre de remarques et de notes prises par Pascal, en vue des *Provinciales* essentiellement. Ce fragment réduit à l'extrême des textes fragmentaires, dont nous donnons ici la version complète :

« Qu'avez-vous gagné en m'accusant de railler des choses saintes ? Vous ne gagnerez pas plus en m'accusant d'imposture.

Je n'ai pas tout dit, vous le verrez bien.

Je ne suis point hérétique. Je n'ai point soutenu les

cinq propositions. Vous le dites et ne le prouvez pas. Je dis que vous avez dit cela et je le prouve.

Je vous ai dit que vous êtes des imposteurs et je le prouve. Et que vous ne le cachez pas insolemment. Brisacier, Meynier, d'Alby. Et que vous l'autorisez; « Elidere ».

Quand vous croyiez M. Puys ennemi de la Société il était indigne pasteur de son église, ignorant, hérétique, de mauvaise foi et mœurs; depuis il est digne pasteur de bonne foi et mœurs.

Calomnier « haec est magna caecitas cordis ».

N'en pas voir le mal, « haec est major caecitas cordis ».

Le défendre au lieu de s'en confesser comme d'un péché, « tunc concludit profunditas iniquitatis », etc.

Les grands seigneurs se divisent dans les guerres civiles. Et ainsi vous dans la guerre civile des hommes.

(Je veux vous le dire à vous-même afin que cela ait plus de force.)

(Ceux qui examinent les livres, je suis sûr de leur approbation, mais ceux qui ne lisent que les titres et ceux-là sont le plus grand nombre, ceux-là pourraient croire sur votre parole. (Il faut) ne... pas que des religieux fussent des imposteurs, on a déjà désabusé les nôtres par la force des citations. Il faut désabuser les autres par « Elidere ».)

« Ex senatus consultis et plebiscitis. »

Demander des passages pareils.

Je suis bien aise que vous publiez le même chose que moi.

« Ex contentione », saint Paul.

« Me causam fecit. »

(Ce n'est pas que je ne voie combien vous êtes embarrassés, car si vous vouliez vous dédire cela serait fait, mais, etc.)

Les saints subtilisent pour se trouver criminels et accuser leurs meilleures actions, et ceux-ci subtilisent pour excuser les plus méchantes.

Ne prétendez pas que ceci se passe en disputes. On ferait imprimer vos ouvrages entiers et en français; on en fera tout le monde juge.

Un bâtiment également beau par dehors, mais sur un mauvais fondement, les payens sages le bâtissaient et le diable trompe les hommes par cette ressemblance apparente fondée sur le fondement le plus différent.

Jamais homme n'a vu si bonne cause que moi, et jamais d'autres n'ont donné si belle prise que vous.

Les gens du monde ne croient pas être dans les bonnes voies.

Plus ils marquent de faiblesse en ma personne plus ils autorisent ma cause.

Vous dites que je suis hérétique. Cela est-il permis ? Et si vous ne craignez pas que les hommes ne rendent point de justice ne craignez-vous pas que Dieu me la rende.

Vous sentirez la force de la vérité et vous lui céderez.

Je prie qu'on me fasse la justice de ne plus les croire sur leur parole.

Il faudrait obliger le monde à vous croire sur peine de péché mortel. « Elidere. »

C'est péché de croire témérairement les médisances.

« Non credebant temere calumniatori. » Saint Aug.

« Fecitque cadendo undique me cadere » par la maxime de la médisance.

Il y a quelque chose de surnaturel en un tel aveuglement. « Digna necessitas. »

Je suis seul contre trente mille — point. Gardez-vous la Cour? Vous l'imposture, moi la vérité. C'est toute ma force. Si je la perds je suis perdu, je ne manquerai pas d'accusateurs et de punisseurs. Mais j'ai la vérité et nous verrons qui l'emportera.

Je ne mérite pas de défendre la religion, mais vous ne méritez pas de défendre l'erreur. Et j'espère que Dieu par sa miséricorde, n'ayant pas égard au mal qui est en moi et ayant égard au bien qui est en vous nous fera à tous la grâce que la vérité ne succombera pas entre mes mains et que le mensonge ne...

« Mentiris impudentissime. »

230. Extrême péché c'est de le défendre. « Elidere. »

340. 23. L'heur des méchants.

« Doctrina sua noscetur vir. »

66. « Labor mendacii. »

80. Aumône.

Fausse piété, double péché.

« Elidere », Caramuel.

Vous me menacez.

Puisque vous n'avez touché que cela c'est approuver tout le reste. » « Digna necessitas » : « Une juste nécessité ». *Sagesse*. XIX. 4.

INDEX

Les numéros renvoient aux fragments correspondants.

Aimer, amour, aimable : 11, 14, 99, 100, 104, 123, 135, 162,
163, 209, 238, 280, 283, 284, 286, 287, 332, 423, 430,
455, 463, 468, 471, 474, 476, 477, 479, 482, 483, 485,
489, 491, 499, 541, 542, 544, 545, 550, 553, 582, 606,
608, 609, 610, 666, 675, 713, 724, 737, 760, 767, 821,
837, 850, 851, 864, 919.
Amour-propre : 11, 100, 492, 544.
Athée : 190, 221, 222, 225, 228.
Bien : 44, 73, 74, 85, 100, 106, 107, 139, 181, 187, 194,
195, 209, 233, 300, 314, 317, 324, 361, 362, 380, 404,
407, 408, 422, 423, 425, 426, 434, 436, 442, 456, 462,
475, 485, 499, 500, 501, 526, 538, 540, 544, 556, 571, 577,
610, 643, 645, 659, 663, 675, 692, 758, 793, 834, 921.
Charité : 100, 194, 261, 283, 314, 400, 451, 504, 568, 571,
579, 663, 665, 668, 670, 680, 767, 772, 793, 826, 884,
902, 916, 930.
Chrétien, christianisme : 11, 142, 176, 226, 233, 241, 245,
251, 256, 268, 287, 289, 337, 338, 350, 433, 435, 441,
443, 467, 477, 484, 503, 520, 533, 538, 540, 541, 542,
563, 601, 606, 607, 608, 609, 610, 611, 615, 619, 663,
671, 676, 690, 693, 704, 729, 747, 759, 812, 828, 839,
840, 841, 866, 882, 889, 903, 924.
Cœur : 11, 14, 30, 100, 139, 143, 150, 185, 194, 195, 198,
226, 242, 248, 252, 256, 275, 277, 278, 281, 282, 283,
284, 286, 287, 288, 289, 404, 417, 446, 467, 498, 507,
550, 553, 556, 564, 610, 670, 675, 683, 689, 690, 713,
714, 722, 737, 758, 766, 793, 801, 850, 903, 905, 924.
Comédie : 11, 24, 41, 210.
Concupiscence : 262, 314, 334, 402, 403, 423, 430, 446, 450,
451, 452, 453, 454, 460, 461, 479, 485, 491, 493, 523,
544, 550, 553, 564, 579, 660, 664, 692, 714, 747, 772,
783, 914.
Connaître, connaissance : 13, 66, 72, 100, 139, 208, 231,
233, 280, 282, 286, 287, 288, 294, 327, 375, 397, 416,
423, 424, 430, 434, 435, 443, 460, 477, 479, 482, 483,

CONCORDANCE
DES ÉDITIONS BRUNSCHVICG ET LAFUMA

Les premiers numéros renvoient au classement Lafuma
(Ed. de l'Intégrale);
les seconds renvoient à l'édition Brunschvicg.

1	596	38	71	74	454	110	282
2	227	39	141	75	389	111	339
3	227-244	40	134	76	73	112	344
4	247	41	69	77	152	113	348
6	60	42	207	78	126	114	397
7	248	43	136	79	128	115	349
8	602	44	82	80	317	116	398
9	291	45	83	81	299	117	409
10	167	46	163	82	271	118	402
11	246	47	172	83	237	119	423
12	187	48	366	84	79	120	148
13	133	49	132	85	878	121	418
14	338	50	305	86	297	122	416
15	410	51	293	87	307	123	157
16	161	52	388	88	302	124	125
17	113	53	429	89	315	125	92
18	955	54	112	90	337	126	93
19	318	55	111	91	336	127	415
20	292	56	181	92	335	128	396
21	381	57	379	93	328	129	116
22	367	58	332	94	313	130	420
23	67	59	296	95	316	131	434
24	127	60	294	96	329	132	170
25	308	61	309	97	334	133	168
26	330	62	177	98	80	134	169
27	354	63	151	99	80 et 36	135	469
28	436	64	295	100	467	136	139
29	156	65	115	101	324	137	142
30	320	66	326	102	759	138	166
31	149	67	879	103	298	139	143
32	317	68	205	104	322	140	466
33	374	69	voir 174	105	342	141	509
34	376	70	voir 165	106	403	142	463
35	117	71	405	107	343	143	464
36	164	72	66	108	voir 339	144	360
37	158	73	110	109	392	145	461

146	350	196	86	246	657	296	625
147	361	197	voir 163	247	674	297	702
148	425	198	693	248	653	298	283
149	430	199	72	249	681	299	742
150	226	200	347	250	667	300	786
151	211	201	206	251	900	301	772
152	213	202	517	252	648	302	809
153	238	203	595	253	679	303	799
154	237	204	592	254	649	304	743
155	281	205	489	255	758	305	638
156	190	206	235	256	662	306	763
157	225	207	597	257	684	307	764
158	236	208	435	258	728	308	793
159	204	209	599	259	685	309	797
160	257	210	451	260	678	310	801
161	221	211	453	261	757	311	640
162	189	212	528	262	762	312	697
163	200	213	551	263	686	313	569
164	218	214	491	264	746	314	639
165	210	215	433	265	677	315	752
166	183	216	493	266	719	316	800
167	269	217	650	267	680	317	701
168	224	218	598	268	683	318	755
169	812	219	251	269	692	319	699
170	268	220	468	270	670	320	178
171	696	221	774	271	545	321	600
172	185	222	747	272	687	322	802
173	273	223	570	273	745	323	773
174	270	224	816	274	642	324	730
175	563	225	789	275	643	325	733
176	261	226	523	276	691	326	694
177	384	227	223	277	635	327	770
178	voir 747	228	751	278	446	328	732
179	256	229	444	279	690	329	734
180	383	230	voir 430	280	614	330	725
181	255	231	511	281	613	331	748
182	272	232	566	282	616	332	710
183	253	233	796	283	655	333	708
184	811	234	581	284	605	334	716
185	265	235	771	285	867	335	706
186	947	236	578	286	867	336	709
187	254	237	795	287	607	337	753
188	267	238	645	288	689	338	724
189	547	239	510	289	608	339	738
190	543	240	705	290	626	340	720
191	549	241	765	291	587	341	723
192	527	242	585	292	624	342	637
193	98	243	601	293	voir 204	343	695
194	208	244	228	294	703	344	756
195	37	245	647	295	629	345	voir 727

346	729	396	471	445	558	495	641
347	735	397	426	446	586	496	714
348	718	398	525	447	769	497	714
349	652	399	438	448	559	498	715
350	623	400	427	449	556	499	792
351	537	401	437	450	494	500	700
352	526	402	290	451	620	501	659
353	529	403	174	452	631	502	571
354	524	404	424	453	610	503	675
355	767	405	421	454	619	504	260
356	539	406	395	455	717	505	260
357	541	407	465	456	618	506	90 et 87
358	538	408	74	457	572	507	363
359	481	409	220	458	voir 588	508	364
360	482	410	413	459	voir 713	509	49
361	209	411	400	460	544	510	7
362	472	412	414	461	584	511	2
363	914	413	162	462	739	512	1
364	249	414	171	463	243	513	4
365	496	415	130	464	419	514	356
366	voir 747	416	546	465	321	515	48
367	672	417	548	466	428	516	880
368	474	418	233	467	449	517	869
369	611	419	89	468	562	518	378
370	480	420	231	469	577	519	70
371	473	421	477	470	404	520	375
372	483		et 606	471	441	521	387
373	476	422	535	472	574	522	140
374	475	423	277	473	500	523	145
375	503	424	278	474	622	524	853
376	484	425	604	475	676	525	325
377	280	426	542	476	688	526	408
378	470	427	194	477	406	527	40
379	825	428	195	478	137	528	57
380	284	429	229	479	voir 74	529	105
381	286	430	431	480	590	530	274
382	287	431	560	481	594	531	85
383	197	432	voir 194	482	289	532	373
384	630	433	783	483	726	533	331
385	707	434	199	484	711	534	5
386	203	435	621	485	722	535	102
387	241	436	628	486	628	536	579
388	740	437	399	487	727	537	407
389	794	438	848	488	761	538	531
390	617	439	565	489	713	539	99
391	749	440	voir 559	490	721	540	380
392	644	441	201	491	439	541	120
393	442	442	voir 560	492	630	542	370
394	288	443	863	493	714	543	938
395	478	444	557	494	714	544	778

545	458	595	450	645	312	696	22
546	515	596	202	646	95	697	383
547	784	597	455	647	35	698	119
548	779	598	868	648	833	699	382
549	780	599	908	649	65	700	
550	744	600	440	650	333	701	9
551	84	601	907	651	369	702	507
552	107	602	885	652	14	703	516
553	76	603	502	653	913	704	
554	303	604	871	654	939	705	180
555	47	605	36	655	377	706	870
556	371	606	155	656	372	707	898
557	45	607	766	657	452	708	877
558	114	608	766	658	391	709	175
559	27	609	736	659	911	710	24
560	552	610	30	660	91	711	301
561	173	611	30	661	81	712	530
562	534	612	219	662	521	713	923
563	886	613	443	663	121	714	
564	485	614	664	664	voir 94	715	118
565	591	615	663	665	311	716	215
566	575	616	660	666	931	717	17
567	874	617	492	667	25	718	830
568	815	618	479	668	457	719	788
569	872	619	394	669	188	720	912
570	768	620	146	670	46	721	917
571	775	621	412	671	44	722	922
572	54	622	131	672	124	723	69
573	646	623	495	673	123	724	352
574	263	624	731	674	359	725	voir 884
575	651	625	214	675	29	726	876
576	567	626	462	676	937	727	904
577	234	627	150	678	358	728	31
578	26	628	153	679	894	729	
579	53	629	417	680	63	730	754
580	28	630	94	681	353	731	196
581	12	631	422	682	232	732	38
582	669	632	198	683	20	733	862
583	56	633	411	684	21	734	817
584	15	634	97	685	401	735	818
585	32	635	13	686	368	736	96
586	33	636	42	687	144	737	10
587	34	637	59	688	323	738	341
588	279	638	109	689	64	739	864
589	704	639	109	690	506	740	583
590	656	640	182	691	432	741	340
591	186	641	129	692	915	742	108
592	750	642	448	693	906	743	859
593	760	643	159	694	61	744	18
594	576	644	910	695	445	745	voir 18

746	787	795	160	844	837	894	844
747	589	796	314	845	861	895	285
748	239	797	310	846	808	896	390
749	456	798	41	847	893	897	533
750	176	799	612	848	806	898	
751	3	800	532	849	665	899	844
752	866	801	660	850	821	900	887
753	179	802	122	851	842	901	841
754	501	803	386	852	835	902	841
755	258	804	447	853	192	903	851
756	365	805	106	854	839	904	
757	212	806	147	855	834	905	385
758	857	807	519	856	828	906	916
759	346	808	245	857	819	907	55
760	568	809	230	858	840	908	262
761	voir 568	810	193	859	852	909	924
762	voir 568	811	741	860	807	910	781
763	568			861	805	911	781
764	11	812	798	862	883	912	781
765	39	813	895	863	814	913	
766	8	814	6	864	884	914	882
767	306	815	259	865	832	915	voir 902
768	345	816	240	866		916	920
769	903	817	615	867	875	917	540
770	103	818	782	868	890	918	459
771	355	819	712	869	508	919	553
772	58	820	561	870	845		et 791
773	135	821	252	871	voir 844	920	
774	497	822	593	872	813	921	518
775	899	823	217	873	824	922	856
776	858	824	522	874	881	923	905
777	847	825	901	875	820	924	498
778	68	826	673	876	300	925	520
779	88	827	673	877	849	926	582
780	62	828	304	878	846	927	505
781	242	829	351	879	138	928	499
782	266	830		880	831	929	555
783	357	831	810	881	850	930	513
784	23	832	803	882	222	931	550
785	776	833	487	883		932	191
786	865	834	826	884	860	933	460
787	843	835	564	885		934	580
788	486	836	855	886	51	935	580
789	50	837	823	887	78	936	698
790	627	838	671	888	52	937	104
791	776	839	827	889	165	938	658
791	777	840	843	890	voir 436	939	897
792	101	841	829	891	804	940	790
793	737	842	588	892	822	941	264
794	393	843	836	893	573	942	

943	554	956		968	654	981	918
944	250	957	512	969	514	982	voir 918
945	661	958	75	970	632	983	276
946	785	959	636	971	633	984	216
947	504	960	362	972	634	985	
948	668		et 921	973	919	986	891
949		961	888	974		987	892
950		962	902	975	275	988	488
951		963		976	19	989	
952		964		977	320	990	
953		965	889	978	100	991	
954		966		979		992	
955		967	896	980	voir 918	993	909

TABLE DES MATIÈRES

PENSÉES

LA PHILOSOPHIE DANS LA GF

GF-CORPUS

GF Flammarion

98/08/66402-IX-1998 — Impr. MAURY Eurolivres, 45300 Manchecourt.
Nº d'édition FG026619. — 4ᵉ trimestre 1976. — Printed in France.